O livro tibetano do viver e do morrer

SOGYAL RINPOCHE

Edição de 30º aniversário

TRADUÇÃO
Luiz Carlos Lisboa

REVISÃO TÉCNICA
Lia Diskin, Lídia La Marck e Tônia Van Acker, com a colaboração de Manoela Pavan e Rigpa Translations.

Palas Athena

Título original: *The Tibetan Book of Living and Dying*

Coordenação editorial: Lia Diskin
Revisão de provas: Tônia Van Acker e Rejane Moura
Produção e diagramação: Maria do Carmo de Oliveira e Studio 3

Dados Internacionais de Catalogação na Publicação (CIP)
(Câmara Brasileira do Livro, SP, Brasil)

Rinpoche, Sogyal.
O livro tibetano do viver e do morrer / Sogyal Rinpoche ; tradução Luiz Carlos Lisboa ; revisão técnica Lia Diskin, Lídia La Marck e Tônia Van Acker, com colaboração de Manoela Pavan e Rigpa Translations. - 1ª ed. - São Paulo : Palas Athena, 2013.

Título original: The Tibetan Book of Living and Dying
Bibliografia.
ISBN 978-85-60804-19-1

1. Budismo - Doutrina. 2. Vida religiosa - Tibete. 3. Espiritualidade 4. Literatura budista tibetana I. Título.

13-09805 CDD-294.3923

Índices para catálogo sistemático:
1. Budismo tibetano : Religião 294.3923

8ª edição pocket, julho de 2024

PALAS ATHENA EDITORA
Rua Alameda Lorena, 355 - Jardim Paulista
01424-001 - São Paulo - SP - Brasil
Fone: (11) 3050.6188
www.palasathena.org
editora@palasathena.org.br

GOSTARIA DE DEDICAR ESTE LIVRO *a Jamyang Khyentse Chöky Lodrö, Dudjom Rinpoche, Dilgo Khyentse Rinpoche, Nyoshul Khen Rinpoche, Khyentse Sangyum Khandro Tsering Chödrön e a todos os meus queridos mestres, que foram a inspiração de minha vida.*

Que este livro possa ser um guia para a liberação,
que será lido pelos vivos, para os que estão morrendo
e para os mortos.

Que ele possa ajudar a todos os leitores e incentivá-los
no caminho da iluminação.

ÍNDICE

TERCEIRA PARTE: MORTE E RENASCIMENTO

QUARTA PARTE: CONCLUSÃO

APÊNDICES:

PRÓLOGO

por Sua Santidade o Dalai Lama

A compreensão do verdadeiro significado da vida, a aceitação da morte, a maneira de ajudar os que estão morrendo e os mortos: eis os temas estudados neste oportuno livro de Sogyal Rinpoche.

A morte é parte natural da vida, que todos nós com certeza teremos de enfrentar um dia. Para mim, há dois modos de abordar a questão enquanto estamos vivos. Podemos escolher entre ignorar ou então olhar de frente para a perspectiva de nossa própria morte e, pensando claramente nela, tentar minimizar o sofrimento que traz. Entretanto, em nenhum desses casos podemos de fato vencê-la.

Como budista, vejo a morte como um processo normal, uma realidade que aceito vá ocorrer ao fim da minha existência terrena. Não vejo sentido em me preocupar com ela, uma vez que dela não posso escapar. Tendo a pensar na morte como uma troca de roupa – uma roupa que envelheceu e já não presta – mais do que como um fim absoluto. No entanto, a morte é imprevisível: não sabemos como ou quando ela vai acontecer. Portanto, é apenas sensato tomar certas precauções antes que ela ocorra.

Naturalmente, a maioria de nós gostaria de morrer de maneira tranquila, mas também é claro que não podemos esperar morrer tranquilamente se nossa vida foi cheia de violência, ou nossa mente foi quase sempre agitada por emoções como ódio, apego ou medo. Assim, se queremos morrer bem, devemos aprender a viver bem: se esperamos morrer em paz, devemos cultivar a paz em nossa mente e modo de vida.

Como você lerá aqui, do ponto de vista do budismo, a verdadeira experiência da morte é muito importante. Embora como e onde vamos renascer sejam condições que, em geral, dependem de forças cármicas, nosso estado de espírito no momento da morte pode influir na qualidade do nosso próximo renascimento. Desse modo, no instante da morte, apesar da grande diversidade de carma que acumulamos, se fizermos um esforço especial para produzir um estado mental virtuoso, poderemos fortalecer e ativar um carma também virtuoso, e assim propiciar um renascimento feliz.

O momento em que a morte acontece é também aquele em que as experiências interiores mais profundas e benéficas podem emergir. Familiarizando-se com o processo da morte repetidamente na meditação, um meditador consumado pode usar sua morte real para obter uma grande realização espiritual. Por isso, alguns praticantes muito experientes fazem práticas meditativas enquanto morrem. Uma indicação do seu desenvolvimento é o fato de que, com frequência, seus corpos não começam a se decompor senão muito depois de terem sido considerados clinicamente mortos.

Não menos significativa do que a preparação da nossa própria morte é a ajuda que podemos dar à morte dos outros. Como recém-nascidos, cada um de nós veio indefeso e, sem o cuidado e a bondade que recebemos, não teríamos sobrevivido. Uma vez que os que morrem também não podem socorrer a si próprios, devemos aliviá-los do desconforto e da ansiedade assistindo-os o quanto pudermos, para que morram com serenidade.

A questão mais importante, no caso, consiste em evitar que a mente da pessoa que está morrendo fique mais perturbada do que possivelmente já era. Nossa principal meta é ajudar aquele que morre a acalmar-se, e há muitas maneiras de conseguir fazer isso. Uma pessoa que está morrendo e que tenha familiaridade com a prática espiritual pode se sentir encorajada e inspirada se for lembrada desse fato, mas mesmo uma suave tranquilização de nossa parte àquele que está fazendo sua passagem pode promover a paz e uma disposição descontraída em sua mente.

A morte e o morrer estabelecem um ponto de encontro entre o budismo tibetano e as tradições científicas modernas. Acredito que ambos tenham muitas contribuições a fazer um ao outro, no que diz respeito a conhecimento e benefícios práticos. Sogyal Rinpoche é especialmente dotado para facilitar esse encontro; tendo nascido e crescido dentro da tradição tibetana, recebeu instrução de alguns dos nossos maiores lamas. Tendo sido beneficiado igualmente por uma educação moderna, vivido e trabalhado no Ocidente por muitos anos como professor, ele se tornou íntimo conhecedor do pensamento ocidental.

Este livro oferece aos seus leitores não apenas um relato teórico sobre a morte e o morrer, mas também medidas práticas para compreender e preparar a si e aos outros com calma e plenitude.

2 de junho de 1992

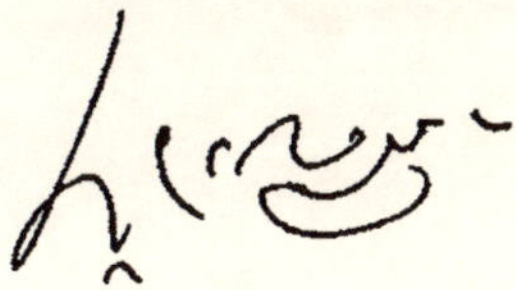

INTRODUÇÃO À EDIÇÃO DE 30º ANIVERSÁRIO

Não sabíamos o que esperar quando *O Livro Tibetano do Viver e do Morrer* foi publicado pela primeira vez em 1992. A proposta era apresentar uma visão abrangente da vida e da morte do ponto de vista da tradição do budismo tibetano. Naquela época, as pessoas se questionavam se a vida seria mais do que apenas progresso material, e buscavam respostas a inquietações espirituais mais profundas. No entanto, este era ainda um território desconhecido, especialmente por causa do nosso temor generalizado de abordar a questão da morte.

Mas a obra foi recebida com entusiasmo e interesse surpreendentes, e sendo um dos coeditores, presenciei, estupefato, como a divulgação foi acontecendo "boca a boca", até que o livro foi se tornando cada vez mais conhecido. Jamais imaginamos que teria tamanho impacto. Com o passar do tempo, ficou claro que muitas pessoas encontraram grande apoio e consolo no livro. Ficamos sabendo disso devido às incontáveis cartas que recebemos dos leitores ao longo dos anos, mensagens muitas vezes bastante emotivas, que descreviam como o livro os tinha inspirado ou lhes dado um senso claro de sentido e propósito. Muitos diziam que ele tinha transformado a morte de um ente querido, ou ajudado em outros momentos críticos da vida, como por exemplo a luta contra o luto e a depressão, ou o momento de enfrentar sua própria morte em casa, num hospital, unidade de cuidados paliativos (*hospice* em inglês), ou mesmo no corredor da morte na prisão. Alguns contavam que tinham lido o livro de capa a capa duas ou três vezes, voltando a ele em momentos de crise. Para outros, tornou-se um livro de cabeceira, no qual mergulham repetidamente em busca de orientação e inspiração.

Em muitas localidades, instituições da área médica ou educacional adotaram a obra em seus cursos de formação e utilizam seus métodos e práticas. Um renomado médico especialista em cuidados paliativos afirmou que "estas ferramentas me ofereceram um modo de ajudar aqueles que padecem de sofrimentos que não podem ser aliviados no âmbito da medicina". Uma senhora de Chenai, na Índia, foi tão impactada pelo livro que fundou uma instituição médica para o tratamento de doentes terminais. Nos Estados Unidos um homem estava lendo o livro quando seu filho foi baleado ao entregar uma pizza. Junto com o pai do atirador adolescente, ele criou uma fundação para ensinar não violência nas escolas. Hoje o livro está disponível em 80 países e 34 idiomas (em breve teremos uma edição em tibetano). Três milhões de exemplares já foram impressos, e talvez pudéssemos falar em quatro milhões se incluíssemos os exemplares produzidos na China. Porém, é impossível estimar com exatidão quantas pessoas foram tocadas pelo *Livro Tibetano do Viver e do Morrer* ao longo dos anos, pois os exemplares são emprestados a amigos, familiares, colegas, ou mesmo passados adiante para desconhecidos quando são doados para que outros o descubram.

O fato é que os leitores compreenderam a mensagem universal da obra, que não tem intenção alguma de converter. Muitos disseram que ele fortaleceu sua fé na própria religião, enquanto aqueles sem uma religião específica sentiram que o livro renovou seu propósito de vida. Para outros, a obra serviu como introdução ao caminho espiritual, pois começaram a meditar ou enveredaram pelas práticas budistas e procuraram um mestre genuíno. *O Livro Tibetano do Viver e do Morrer* também serviu para desmistificar e dissipar muitos equívocos, de modo que os familiares de pessoas que começavam a se interessar pelo budismo deixassem de olhar com desagrado para seus filhos, irmãos e irmãs.

Os ensinamentos do budismo tibetano têm sido considerados uma das tradições de sabedoria mais antigas do mundo. São extraordinariamente profundos e relevantes, pois transmitem uma compreensão especial da mente ou, para ser mais exato, do conhecimento da nossa verdadeira natureza – a natureza essencial, mais fundamental da mente. Na prática, esses ensinamentos nos empoderam para vivermos no mundo com bondade, compaixão, resiliência e equanimidade. Têm sido transmitidos metodicamente ao longo de séculos de mestre para discípulo, passados como experiência viva de sabedoria numa linha ininterrupta até os presentes dias. Este livro contém, portanto, a essência do coração dessa tradição oral, e estes são os mesmos ensinamentos que Sogyal Rinpoche recebeu de seus mestres. Portanto, esta obra está repleta de bênçãos dessa linhagem, e do ponto de vista da tradição, só pode ser esta a fonte do impacto e dos benefícios que ela produziu.

Assim, num sentido bastante concreto, podemos considerar *O Livro Tibetano do Viver e do Morrer* como um porta-voz da linhagem, bem como um tributo à bondade e generosidade de muitas gerações de grandes mestres e praticantes. É o som de sua voz e de sua sabedoria que nos fala nestas páginas com toda a proximidade de um mestre vivo. Quando este livro estava sendo escrito, ainda era possível fazer perguntas aos maiores mestres do século passado e registrar suas respostas. Você as encontrará aqui. Mas agora essa geração se foi.

Quando perguntaram a Sogyal Rinpoche qual era sua visão do livro, ele respondeu que visava "ajudar a inspirar uma revolução silenciosa quanto ao modo como vemos a morte e cuidamos dos que estão morrendo e, a partir daí, poderemos rever toda a nossa maneira de ver a vida e o cuidado com os vivos". Em retrospecto, percebemos que *O Livro Tibetano do Viver e do Morrer* ajudou muitas pessoas a viverem e a morrerem mais pacificamente e com menos medo. É claro que ao longo dos últimos 25 anos nossa visão da morte mudou, e a opinião pública foi despertada para os muitos aspectos do cuidado com o fim da vida. Temos redes como os Cafés da Morte (*death cafés*), bem como websites, organizações, livros, guias, documentários e programas de televisão que voltam nossa atenção para o relevante diálogo sobre a morte. Aumentou o número de hospitais e clínicas de cuidados paliativos que buscam unir médicos, pacientes e famílias para oferecer cuidado compassivo aos que estão deixando a vida. Descobriu-se a importância singular de ajudar as pessoas a falarem sobre a morte e formularem seus desejos quanto aos cuidados que querem receber, bem como a necessidade de preparar os médicos para falar sobre a morte. Embora muita coisa tenha mudado, ainda há muito por fazer. Por exemplo, informar as pessoas, inclusive os jovens, sobre essas questões a fim de desenvolver um cuidado mais integrado e manter vivo o espírito original das unidades de cuidados paliativos.

Ao lermos esta obra, percebemos que o modo como morremos é da maior importância, pois a necessidade central da pessoa que está morrendo é sua dimensão espiritual mais profunda, aquilo que dá à sua vida significado e conexão. Uma consequência direta do *Livro Tibetano do Viver e do Morrer* é o programa de formação chamado Spiritual Care, concebido para oferecer a profissionais da saúde, voluntários e cidadãos uma formação inspirada pela sabedoria e compaixão da abordagem budista no tocante ao viver e ao morrer, em especial os cuidados no fim da vida. Até o momento o programa formou 40 mil profissionais de saúde, e centros de tratamento específicos foram construídos na Irlanda e na Alemanha.

O Livro Tibetano do Viver e do Morrer contribuiu para desafiar as atitudes frente à morte e ajudou a abrir o diálogo sobre a questão dos cuidados com os que estão morrendo. Talvez tenha contribuído também para o crescente interesse na meditação, na compaixão e na interdependência que vimos nas últimas duas décadas. Contudo, sua maior contribuição será sempre a de ter revelado a natureza eterna da sabedoria da tradição tibetana, mostrando que esses ensinamentos, em risco de extinção na sua terra natal, podem continuar a trazer benefícios ao mundo, agora e no futuro. Que maravilha seria se fossem facilmente acessíveis para pessoas jovens e idosas de todos os lugares. Afinal, a compreensão e desenvolvimento espiritual são, sem dúvida, uma necessidade básica para a sobrevivência humana. Por isso esta obra representa um chamado à ação com seu sonoro apelo por "servidores da paz" – cada vez mais indivíduos que levem esses valores de sabedoria e compaixão para a vida diária e as lutas do mundo.

Impossível ignorar o fato de que hoje o mundo enfrenta desafios novos e perturbadores. Como todos sabemos, em muitos lugares o isolamento, a depressão e as doenças mentais estão aumentando, e nossa recusa em reconhecer a natureza interdependente de todas as coisas vem fomentando a destruição da natureza e do planeta. Portanto, se precisávamos conhecer esses ensinamentos há um quarto de século, agora a urgência é ainda mais crucial. Isto porque esses ensinamentos oferecem uma visão de mundo na qual encontramos liberdade da ignorância, do desespero, do cinismo, da ganância, da falta de sentido e valor próprio, e do medo da morte e da própria vida. Eles nos oferecem um caminho verdadeiro e ferramentas para mudar. Seria realmente uma grande transformação se pudéssemos olhar a vida e a morte como um todo, se víssemos a morte não como uma tragédia, mas como oportunidade para transformação; e a vida como impregnada de sentido, inspirada pela compaixão ativa e consciência da natureza interior da mente. Esta seria realmente a revolução almejada pelo autor desta obra.

Por fim, uma dica que vem da experiência de alguns leitores do *Livro Tibetano do Viver e do Morrer*. Eles perceberam que se você tem uma pergunta que vem se repetindo em sua mente, e se a mantiver serenamente em seu coração enquanto lê, talvez descubra que uma intuição, compreensão ou descoberta se revelará. E talvez ela se manifeste ainda mais se você continuar lendo.

Sogyal Rinpoche foi um mestre prolífico que viajou de modo incansável levando sua mensagem a públicos no mundo inteiro. Ele era uma figura carismática e inspiradora, por vezes também desafiadora e provocante. Em agosto de 2019, depois de dois anos de tratamento contra o câncer, Sogyal Rinpoche faleceu em seu retiro na Tailândia. Lamentavelmente, várias denúncias foram feitas contra Sogyal Rinoche e o Rigpa durante os anos finais de sua vida. A resposta do Rigpa está nas páginas 564 a 565.

A composição desta obra foi uma jornada que levou vários anos e envolveu incontáveis horas de pesquisa, discussão, redação, leituras, edição e assim por diante. Considero esse período um dos mais férteis e criativos da minha vida, em que trabalhei com intensa paixão e cuidado, e que constituiu uma experiência incrivelmente positiva.

Desempenhei uma pequena parte na sua redação, e sou profundamente grato a Sogyal Rinpoche e a todos os meus mestres até os dias de hoje por terem me oferecido essa preciosa oportunidade.

Patrick Gaffney

PREFÁCIO

Nasci no Tibete e tinha seis meses quando fui levado ao mosteiro de meu mestre Jamyang Khyentse Chökyi Lodrö, na província de Kham. No Tibete, temos a singular tradição de descobrir as reencarnações de grandes mestres, após seu falecimento. Eles são escolhidos ainda jovens e uma educação especial lhes é dada para que se tornem os mestres do futuro. Recebi o nome de Sogyal, embora só mais tarde meu mestre me tenha reconhecido como a encarnação de Tertön Sogyal, um renomado místico que foi um de seus próprios professores e um mestre do Décimo Terceiro Dalai Lama.

Meu mestre Jamyang Khyentse era alto para um tibetano e parecia sempre estar, a bem dizer, uma cabeça acima das outras no meio da multidão. Tinha o cabelo prateado muito curto e olhos bondosos que cintilavam com humor. Suas orelhas eram longas como as do Buda. Mas o que mais chamava a atenção nele era a presença. Seu olhar e porte evidenciavam que ele era um homem sábio e santo. Possuía uma voz rica, profunda e encantadora e, quando ensinava, inclinava a cabeça levemente para trás. Os ensinamentos fluíam dele numa torrente de poesia e eloquência. E apesar de todo o respeito e até reverência que inspirava, havia humildade em tudo o que fazia.

Jamyang Khyentse é a base da minha existência e a inspiração desta obra. Ele foi a encarnação de um mestre que transformou a prática do budismo em nosso país. No Tibete, nunca foi suficiente ter atrás de si o nome de uma encarnação; sempre foi preciso ganhar o respeito de todos através da erudição e da prática espiritual. Meu mestre passou anos em retiro, e contam-se muitas histórias miraculosas sobre ele. Tinha profundo conhecimento e grande realização espiritual, e vim a descobrir que era como uma enciclopédia de sabedoria, tendo resposta para qualquer pergunta que lhe fizessem. Há muitas tradições espirituais no Tibete, e Jamyang Khyentse era aclamado como autoridade em todas elas. Para os que o conheceram ou ouviram falar dele, foi a corporificação do budismo tibetano, prova viva de como é aquele que vivenciou os ensinamentos e os praticou completamente.

Ouvi dizer que meu mestre achava que eu poderia ajudar na continuação do seu trabalho, e certamente ele sempre me tratou como um filho. Sinto que aquilo que consegui realizar hoje com minhas atividades, e o público que fui capaz de alcançar, representam o amadurecimento das bênçãos que ele me deu.

Todas as minhas primeiras lembranças são dele. Ele foi o ambiente em que cresci e sua influência dominou minha infância. Era como um pai para mim. Concedia-me tudo o que lhe pedia. Sua companheira espiritual, Khandro Tsering Chödrön, que era também minha tia, costumava dizer: “Não incomode Rinpoche[1], ele deve estar ocupado”, mas eu queria sempre estar perto dele, e ele ficava feliz por me ter por perto. Eu o importunava com perguntas o tempo todo e ele sempre me respondia pacientemente. Fui uma criança travessa, e nenhum dos meus tutores conseguiu me disciplinar. Todas as vezes que um deles tentava me bater, eu corria para meu mestre e me pendurava em suas costas, onde ninguém ousaria ir. Agarrado a ele, sentia-me orgulhoso e satisfeito comigo mesmo, e ele apenas ria. Então um dia, sem meu conhecimento, meu tutor pediu a Rinpoche que, para meu próprio benefício, isso não prosseguisse. De outra vez que procurei proteção junto a ele, esse tutor entrou no quarto, fez três prostrações para meu mestre e me puxou para fora. Lembro-me que, enquanto estava sendo arrastado para fora do quarto, achei estranho que ele não parecesse ter medo do meu mestre.

Jamyang Khyentse vivia no quarto onde sua encarnação anterior teve visões e lançou o renascimento da cultura e da espiritualidade que se alastrou pelo leste do Tibete, no último século. Era um quarto fantástico, não especialmente grande, mas com uma atmosfera mágica, cheio de objetos, pinturas e livros sagrados. O lugar era chamado de "paraíso dos budas", ou "sala de iniciação", e se há um lugar de que me lembro no Tibete é desse quarto. Meu mestre descansava ali num assento baixo, feito de madeira e tiras de couro, e eu me sentava a seu lado. Recusava-me a comer se não fosse de sua tigela. No pequeno quarto vizinho havia uma varanda, mas ele estava sempre escuro e ali havia uma chaleira fervendo continuamente, num fogãozinho de canto. Costumava dormir perto do meu mestre, numa caminha aos pés da sua. Um som que nunca vou esquecer é o do estalido das contas do seu *mala*, o rosário budista, enquanto murmurava suas orações. Quando eu ia dormir, ele ficava ali, sentado e praticando; quando me levantava, de manhã, ele já estava acordado, sentado e praticando de novo, transbordante de bênçãos e poder. Logo que abria os olhos e o via, sentia-me preenchido por uma felicidade cálida e aconchegante. Havia uma atmosfera de paz em torno dele.

À medida que eu crescia, Jamyang Khyentse me fazia presidir cerimônias, enquanto ele liderava os cânticos. Testemunhei todos os ensinamentos e iniciações que meu mestre deu aos outros; mais que os detalhes, no entanto, o que me lembro hoje é da atmosfera. Para mim ele era o Buda – não havia a menor dúvida em minha mente. E todo o mundo reconhecia isso da mesma forma. Quando ele dava iniciações, seus discípulos eram inundados por tamanho assombro que mal ousavam olhá-lo no rosto. Alguns o viam de fato na forma do seu predecessor, ou como diferentes budas e bodisatvas[2]. E todos o chamavam de *Rinpoche*, "o Precioso", título dado a um mestre; quando ele estava presente, nenhum outro mestre era chamado assim. Sua presença era tão impressionante que muitos o chamavam carinhosamente de "o Buda Primordial".[3]

Se eu não tivesse encontrado meu mestre Jamyang Khyentse, teria sido uma pessoa inteiramente diferente. Com seu calor, sabedoria e compaixão, ele personificou a verdade sagrada dos ensinamentos, e assim tornou-os práticos, vigorosos e vibrantes. Sempre que partilho com outras pessoas essa atmosfera que havia em torno dele, também elas podem experimentar o sentimento profundo que ele despertava em mim. O que, então, Jamyang Khyentse me inspirou? Uma inabalável confiança nos ensinamentos e uma forte convicção na importância marcante e central do mestre. Qualquer compreensão que tenha conquistado, é a ele que devo. Isso é algo que nunca vou poder retribuir-lhe, mas que posso transmitir a outros.

Ao longo de minha juventude no Tibete, vi o tipo de amor que Jamyang Khyentse costumava irradiar na comunidade, especialmente ao orientar os que estavam morrendo e os mortos. Um lama no Tibete não era só um guia espiritual, mas também um sábio, um terapeuta, um sacerdote, um médico e curador espiritual, que ajudava os enfermos e os moribundos. Mais tarde eu aprenderia as técnicas específicas para orientar os que estavam à beira da morte e os mortos, provenientes dos ensinamentos ligados ao *Livro Tibetano dos Mortos*. Mas as maiores lições que aprendi sobre a morte – e a vida – vieram da observação do meu mestre quando ele, com sabedoria, compreensão e compaixão infinitas, ajudava os que morriam.

Minhas orações são para que este livro transmita ao mundo algo dessa sabedoria e compaixão imensas de Jamyang Khyentse e que, através disso, você também possa, onde quer que esteja, juntar-se à mente de sabedoria de meu mestre e encontrar uma conexão viva com ele.

I
VIVER

UM

NO ESPELHO DA MORTE

Tive minha primeira experiência com a morte por volta dos sete anos. Nós nos preparávamos para deixar as montanhas do leste rumo ao Tibete central. Samten, um dos assistentes do meu mestre, era um monge maravilhoso que fora sempre muito bom comigo em minha infância. Seu rosto era alegre, redondo e gorducho, sempre pronto a se abrir num sorriso. Era o favorito de todos no mosteiro, por sua boa índole. Todos os dias meu mestre transmitia seus ensinamentos e iniciações, e conduzia práticas e rituais. Ao fim do dia eu me reunia com meus amigos e, fazendo um teatrinho, reproduzia os acontecimentos da manhã. Era sempre Samten que me emprestava os trajes que meu mestre havia usado pela manhã. Ele nunca me negou isso.

Então um dia Samten adoeceu, e ficou claro que não sobreviveria. Tivemos que adiar nossa partida. Nunca vou esquecer as duas semanas que se seguiram. O odor nauseante da morte pairava sobre tudo como uma nuvem e, sempre que me lembro daqueles dias, eu o sinto novamente. O mosteiro estava tomado por uma intensa consciência da morte. Não havia medo ou morbidez no ar, apesar de tudo; com o meu mestre presente, a morte de Samten ganhava um significado especial, tornando-se um ensinamento para todos nós.

Samten estava deitado em uma cama perto da janela de um pequeno oratório, na residência do meu mestre. Eu sabia que ele estava morrendo. De quando em quando, ia até ele e me sentava ao seu lado. Ele não podia mais falar, e eu estava impressionado com a mudança do seu rosto, agora tão pálido e abatido. Compreendi que ia nos deixar e que nunca mais iríamos vê-lo. Senti-me profundamente triste e solitário.

A morte de Samten não foi fácil. O som da sua respiração penosa nos acompanhava por toda parte, e podíamos sentir o odor do seu corpo que se decompunha. O mosteiro estava envolvido em pesado silêncio, e tudo o que se ouvia era a respiração de Samten. Tudo se concentrava nele. Apesar de tanto sofrimento pela sua agonia prolongada, podíamos sentir que no fundo ele estava tranquilo e confiante. No começo não consegui explicar isso, mas logo entendi de onde vinha essa força: de sua fé, do seu treinamento e da presença do nosso mestre. E embora me sentisse triste, eu sabia de algum modo que, com ele lá, tudo se resolveria bem, uma vez que conseguiria ajudar Samten a alcançar a liberação. Mais tarde aprendi que o sonho de todo praticante é morrer na presença do mestre e ter a sorte de ser guiado por ele através da morte.

Ao guiar Samten, calmamente, em sua passagem, Jamyang Khyentse ia lhe apresentando todos os estágios do processo que atravessava, um a um. Eu estava admirado com a precisão dos conhecimentos do meu mestre, com a sua confiança e paz. Quando ele estava presente, a sua confiança serena tranquilizava até a pessoa mais ansiosa. Jamyang Khyentse nos revelava naquele momento seu destemor da morte. Não que ele alguma vez a tivesse tratado levianamente: sempre nos havia dito que a temia, e nos advertia do erro de enfrentá-la de forma ingênua ou complacente. Apesar disso, o que lhe permitia enfrentar a morte de um modo ao mesmo tempo tão sóbrio e leve, tão prático e misteriosamente despreocupado? Essa pergunta me fascinava e absorvia.

A morte de Samten me abalou. Aos sete anos, tive meu primeiro vislumbre do vasto poder da tradição da qual eu estava me tornando parte, e comecei a entender o sentido da prática espiritual. A prática dera a Samten a aceitação da morte, bem como a clara compreensão de que o sofrimento e a dor podem ser parte de um processo natural e profundo de purificação. A prática havia dado a meu mestre um conhecimento completo do que é a morte e uma tecnologia precisa para guiar os indivíduos através dela.

Após a morte de Samten seguimos para Lhasa, capital do Tibete, numa viagem de três meses a cavalo por uma estrada tortuosa. De lá continuamos nossa peregrinação para os santuários do centro e do sul do Tibete. Esses são os lugares sagrados dos santos, reis e estudiosos que trouxeram o budismo ao Tibete a partir do século VII. Meu mestre era a emanação de vários mestres de todas essas tradições e, devido à sua reputação, aonde quer que fosse era-lhe oferecida clamorosa recepção.

Para mim aquela viagem era muito empolgante, e dela trago ainda belas recordações. Os tibetanos se levantam cedo a fim de aproveitar toda a luz natural. Íamos para a cama ao cair da noite e nos levantávamos antes do alvorecer; os iaques já se punham a caminho à primeira luz do dia, levando a bagagem. As tendas eram desarmadas e as últimas eram sempre as da cozinha e a do meu mestre. Um batedor ia à frente para escolher um bom lugar para acampar; nós parávamos por volta do meio-dia, e lá ficávamos até a manhã seguinte. Para mim era delicioso acampar perto de um rio e ouvir o som da água, ou ficar sentado na tenda escutando a chuva tamborilando no teto.

Éramos um pequeno grupo com cerca de trinta tendas ao todo. Durante o dia eu montava um cavalo de pelo dourado, ao lado do meu mestre. Enquanto cavalgávamos, ele dava ensinamentos, contava histórias, fazia sua prática e compunha muitas práticas especialmente para mim. Um dia, quando nos aproximávamos do lago sagrado de Yamdrok Tso, avistando o turquesa cintilante das suas águas, um lama do nosso grupo, Lama Tseten, começou a morrer.

A morte de Lama Tseten trouxe para mim um outro ensinamento importante. Ele era tutor da esposa espiritual do meu mestre, Khandro Tsering Chödrön. Ela era, para muita gente, a mais destacada praticante mulher do Tibete, uma mestra oculta que para mim personifica a devoção, que era capaz de ensinar através da simplicidade da sua presença amorosa. Lama Tseten era uma personalidade profundamente humana, a própria imagem do avô. Tinha mais de sessenta anos, era muito alto e de cabelos brancos, e emanava uma suavidade espontânea. Era também um praticante de meditação altamente realizado; o simples fato de estar a seu lado fazia nascer em mim um sentimento de paz e serenidade. Às vezes me repreendia, e eu tinha então um certo temor dele; mas, apesar de sua ocasional severidade, ele jamais perdeu seu calor humano.

Lama Tseten morreu de um modo extraordinário. Embora houvesse por perto um mosteiro, ele se recusou a ser levado até lá, dizendo que não queria deixar um cadáver que viesse a dar trabalho a alguém. Então, acampamos e armamos nossas tendas em círculo, como de costume. Uma vez que Lama Tseten era seu tutor, cabia a Khandro ocupar-se dele. Estávamos em sua tenda, eu e ela apenas, quando de repente ele a chamou. Tinha um modo afetuoso de a chamar *A-mi*, que significa "minha criança", no seu dialeto. "A-mi" – disse ele ternamente – "venha cá. O momento chegou... Não tenho mais conselhos a dar. Você está bem como é: estou orgulhoso de você. Sirva seu mestre exatamente como tem feito até agora".

Ela imediatamente se voltou para sair da tenda, mas ele a segurou pela manga. "Aonde vai?", perguntou. "Vou chamar Rinpoche", ela respondeu.

"Não o incomode, não é preciso", ele sorriu. "Com o mestre não há isso de distância." Dizendo isso, ele fitou o céu e expirou. Khandro soltou-se da sua mão e correu para chamar meu mestre. Fiquei sentado, incapaz de me mover.

Estava assombrado com o fato de alguém em face da morte ter aquela confiança. Lama Tseten poderia ter o seu lama em pessoa para ajudá-lo – algo que todo o mundo ansiaria por ter – mas achou que isso não era necessário. Agora entendo o porquê: ele já tinha conquistado a presença do mestre dentro de si mesmo. Jamyang Khyentse estava sempre com ele, na sua mente e no seu coração. Nunca, por um momento sequer, sentia alguma separação.

Khandro foi buscar Jamyang Khyentse[1]. Nunca vou me esquecer do modo como ele se curvou para entrar na tenda. Olhou para o rosto de Lama Tseten e então, perscrutando seus olhos, começou a rir. Ele sempre o chamava de *La Gen,* "Velho Lama", como sinal de afeto. "La Gen", disse ele, "não fique nesse estado!" Meu mestre podia ver, agora eu sei, que Lama Tseten estava fazendo uma prática específica de meditação em que o praticante funde a natureza de sua mente com o espaço da verdade e que pode permanecer nesse estado por muitos dias. "*La Gen*, somos viajantes. Somos peregrinos. Não temos tempo para esperar tanto. Vamos. Eu o guiarei."

Petrificado, observei o que aconteceu em seguida, e se não tivesse visto com meus próprios olhos não acreditaria. *Lama Tseten voltou à vida!* Então meu mestre se sentou ao seu lado e o conduziu através de *phowa*, prática para direcionar a consciência no momento antes da morte. Há várias maneiras de fazer essa prática, e a que usou na ocasião culminou com o mestre pronunciando a vogal "A" três vezes. Quando meu mestre proferiu o primeiro "A", ouvimos Lama Tseten acompanhá-lo de forma bem audível. Da segunda vez sua voz era menos nítida, e da terceira fez-se silêncio. Ele havia partido.

A morte de Samten me ensinou o propósito da prática espiritual. A morte de Lama Tseten me mostrou que não raro praticantes do seu calibre ocultam suas qualidades notáveis durante a vida inteira. Às vezes, na realidade, elas são visíveis apenas uma vez –, no instante da morte. Mesmo sendo criança pude compreender a enorme diferença entre a morte de Samten e a de Lama Tseten, e percebi a diferença entre a morte de um bom monge que praticou durante sua vida e a de um praticante muito mais realizado. Samten morreu de um modo comum, em meio à dor, embora com a confiança da fé; a morte de Lama Tseten foi uma manifestação de maestria espiritual.

Logo após o funeral de Lama Tseten, seguimos para o mosteiro de Yamdrok. Como de hábito, fui dormir perto de meu mestre, no seu quarto, e me recordo de ficar observando, naquela noite, as sombras das lamparinas de manteiga tremulando na parede. Enquanto todos os demais dormiam pesadamente, permaneci acordado e chorei a noite toda. Entendi então que a morte era real e que eu também teria de morrer um dia. Enquanto estava deitado ali, pensando sobre a morte e sobre a minha própria morte, um sentido profundo de aceitação começou lentamente a emergir de minha tristeza, e com ele a determinação de dedicar minha vida à prática espiritual.

Foi assim que comecei, ainda muito jovem, a encarar a morte e suas implicações. Naquela ocasião jamais poderia imaginar quantas formas de morte iriam se seguir, acumulando-se uma sobre a outra. A morte trágica que foi a perda do meu país, o Tibete, depois da sua ocupação pela China. A morte que é o exílio. A morte que foi perder tudo o que minha família e eu possuíamos. Minha família, Lakar Tsang, estava entre as mais ricas do Tibete. Desde o século XIV ela se tornara famosa como uma das maiores benfeitoras do budismo, apoiando o ensinamento do Buda e ajudando os grandes mestres em seu trabalho.[2]

Porém, a mais dilacerante das mortes ainda estava por ocorrer – a do meu mestre Jamyang Khyentse. Ao perdê-lo, senti que havia perdido a base da minha existência. Foi em 1959, ano da queda do Tibete. Para os tibetanos, a morte do meu mestre foi um segundo golpe devastador. Para o Tibete, marcou o fim de uma era.

A MORTE NO MUNDO MODERNO

Quando vim pela primeira vez ao Ocidente, fiquei chocado com o contraste entre as atitudes em relação à morte com que eu havia sido criado e as que então encontrei. Apesar de todas as suas conquistas tecnológicas, a sociedade ocidental moderna não tem uma compreensão real da morte ou do que acontece durante ou depois dela.

Notei que as pessoas hoje aprendem a negar a morte e a crer que ela nada significa, a não ser aniquilação e perda. Isso quer dizer que a maior parte do mundo vive negando a morte ou aterrorizado por ela. Até falar da morte é considerado mórbido, e muitos acham que fazer uma simples menção a ela pode atraí-la sobre si.

Outros olham a morte de modo ingênuo, com uma jovialidade irrefletida, achando que por alguma razão desconhecida vão se sair bem ao passar por ela, não havendo motivo para preocupação. Quando penso neles, lembro-me do que diz um mestre tibetano: "As pessoas frequentemente cometem o erro de ser frívolas em relação à morte e pensam: 'Ora, a morte chega para todo o mundo. Não é nada de mais, é apenas natural. Tudo irá bem para mim'. Essa é uma bela teoria, até que se esteja morrendo".[3]

Dessas duas atitudes diante da morte, uma a vê como algo de que se deve fugir correndo, outra como um fato que simplesmente seguirá seu curso natural. Como ambas estão distantes da compreensão do seu verdadeiro significado!

Todas as grandes tradições espirituais do mundo, inclusive, é claro, o cristianismo, dizem explicitamente que a morte não é o fim. Todas falam em algum tipo de vida futura, o que infunde em nossa vida atual um sentido sagrado. Mas, não obstante esses ensinamentos, a sociedade moderna é em larga escala um deserto espiritual em que a maioria imagina que *esta vida* é tudo o que existe. Sem nenhuma fé autêntica ou real numa vida futura, a maioria das pessoas vive toda a sua existência destituída de um significado supremo.

Cheguei à conclusão de que os efeitos desastrosos da negação da morte vão muito além da esfera individual: eles afetam o planeta inteiro. Crendo basicamente que esta é a única vida, as pessoas do mundo moderno não desenvolveram uma visão de longo prazo. Assim, nada as refreia de saquear o planeta em que vivem para atingir suas metas imediatas, e agem com um egoísmo que pode tornar-se fatal no futuro. De quantas novas advertências ainda precisamos, além dessa do ministro brasileiro do Meio Ambiente, responsável pela floresta amazônica?

> *A moderna sociedade industrial é uma religião fanática. Estamos derrubando, envenenando e destruindo todos os sistemas vivos do planeta. Estamos assumindo dívidas que nossos filhos não poderão pagar... Agimos como se fôssemos a última geração do planeta. Sem uma mudança radical no coração, na mente, na visão, a Terra se extinguirá como Vênus, calcinada e morta.*[4]

O medo da morte e a ignorância sobre a vida após a morte estão alimentando essa destruição do meio ambiente que está ameaçando tudo em nossa vida. Portanto, é muito estranho que as pessoas não recebam instrução sobre o que é a morte, ou como morrer. Por que não têm esperança alguma no que vem após a morte, no que está por trás da vida? Pode alguma coisa ser mais irônica do que a existência de jovens altamente educados em todos os campos do conhecimento, exceto naquele que detém a chave do sentido global da vida, e talvez até da nossa sobrevivência?

Sempre me intrigou que alguns mestres budistas que eu conhecia fizessem uma simples pergunta às pessoas que se aproximavam deles buscando ensinamento: "Você acredita numa vida depois desta?" Não se trata de saber se a pessoa acredita nisso como uma proposição filosófica, mas se sente isso no fundo do seu coração. O mestre sabe que, se alguém acredita numa vida futura, sua visão de mundo será diferente e terá um outro senso de responsabilidade e moralidade pessoal. O que os mestres suspeitam é que aqueles que não têm uma crença firme numa vida após a morte, vão criar uma sociedade fixada em resultados de curto prazo, sem muita preocupação com as consequências dos seus atos. Seria essa a principal razão pela qual criamos um mundo brutal como este em que vivemos, um mundo em que a verdadeira compaixão está quase ausente?

Às vezes penso que os países mais poderosos e influentes do mundo desenvolvido são como o reino dos deuses descrito nos ensinamentos budistas. Diz-se que esses deuses vivem sua vida em meio a um luxo fabuloso, mergulhados em todos os prazeres imagináveis, sem um único pensamento sobre a dimensão espiritual da vida. Todos parecem muito felizes até que a morte se aproxima, e aí alguns sinais inesperados de desintegração aparecem. Então, as esposas e amantes desses deuses não mais se atrevem a se aproximar deles, atirando-lhes flores à distância, com preces ocasionais para que eles renasçam novamente como deuses. Nenhuma de suas lembranças de felicidade ou conforto pode agora protegê-los do sofrimento que eles enfrentam; isso só faz com que fiquem mais desesperados, de tal modo que esses deuses são deixados para morrer sozinhos e miseravelmente.

O destino dos deuses me faz pensar na maneira como os velhos, os doentes e os que estão morrendo são tratados hoje. Nossa sociedade é obcecada por juventude, sexo e poder, e nós nos esquivamos da velhice e da decadência. Não é terrível que desprezemos as pessoas idosas quando sua vida de trabalho se encerrou e elas já não mais pareçam úteis? Não é perturbador que nós as joguemos em asilos, onde morrem solitárias e abandonadas?

Não é tempo também de olharmos de um modo diferente a maneira como tratamos os que sofrem de doenças terminais como o câncer e a AIDS? Conheci um bom número de pessoas que morreram de AIDS, e sei como elas foram muitas vezes tratadas como párias, até por seus amigos, e como o estigma da doença levou-as ao desespero e fez com que achassem a vida horrível, sentindo que aos olhos do mundo já estavam acabadas.

Mesmo quando alguém que conhecemos ou amamos está morrendo, muito frequentemente percebemos que não temos quase nenhuma ideia de como ajudar; e quando morre, não nos animamos a pensar no futuro do morto, como seguirá, ou como poderemos continuar a ajudá-lo. De fato, toda tentativa de pensar nessas coisas corre o risco de ser rejeitada como disparatada e ridícula.

O que tudo isso nos mostra, com uma clareza dolorosa, é que agora mais do que nunca estamos precisando de uma mudança fundamental em nossa atitude em relação à morte e aos que estão morrendo.

Felizmente, as atitudes estão começando a mudar. O *hospice movement**, por exemplo, está fazendo um excelente trabalho ao oferecer cuidados práticos e psicológicos. Mas esses cuidados não bastam. As pessoas que estão morrendo precisam de amor e carinho, porém também precisam de alguma coisa ainda mais profunda. Precisam descobrir um significado real para a morte e para a vida. Sem isso, como podemos dar-lhes conforto definitivo? A ajuda aos que estão morrendo, então, deve incluir a possibilidade de ajuda espiritual, porque só com conhecimento espiritual podemos de fato encarar e compreender a morte.

Sinto-me encorajado com a abertura que ocorreu no Ocidente, nos últimos anos, para o tema da morte e do morrer, graças a pioneiros como Elisabeth Kübler-Ross e Raymond Moody. Olhando profundamente para o modo como cuidamos dos que estão morrendo, Elisabeth Kübler-Ross mostrou que, com amor incondicional e uma atitude mais esclarecida, morrer pode se tornar uma experiência pacífica e até transformadora. Estudos científicos dos muitos diferentes aspectos da experiência da morte, que se seguiram ao corajoso trabalho de Raymond Moody, deram à humanidade forte e viva esperança de que a vida não acaba com a morte, e de que há, de fato, uma "vida após a vida".

Alguns, infelizmente, não entenderam o significado completo dessas revelações sobre a morte e o morrer, indo ao extremo de querer tornar a morte atraente, e cheguei a ouvir falar de casos trágicos em que jovens cometeram suicídio porque acreditaram

---

* Designação comum na Idade Média para entidade criada por monges com o propósito de acolher viajantes cansados e doentes. Na Grã-Bretanha e nos Estados Unidos de hoje, nome de serviço de atendimento concebido por Cicely Saunders e dirigido por enfermeiros para dar conforto, assistir e sedar pacientes terminais, ou aqueles para os quais a medicina não tem senão recursos paliativos. Esse serviço, feito em locais especialmente destinados a esse fim ou na própria casa do paciente, garante assistência também a familiares e amigos, e será nesta obra sempre referido pelos vocábulos *hospice* ou *hospice movement,* dada a inexistência de instituição equivalente no Brasil. [N. do T.]

que a morte era bela, e uma saída para a depressão de sua vida. Mas, quer tenhamos medo da morte e nos recusemos a encará-la, quer a romantizemos, ela é banalizada. O desespero e a euforia diante da morte são formas de evasão. Ela não é nem deprimente nem excitante, mas tão somente um fato da vida.

Como é triste que a maioria de nós apenas comece a apreciar a vida quando estamos a ponto de morrer! Penso sempre nas palavras do grande mestre budista Padmasambhava: "Os que creem ter muito tempo, preparam-se somente na hora da morte. Aí são devastados pelo remorso. Mas já não será tarde demais?" Não há comentário mais desalentador sobre o mundo moderno do que este: a maioria das pessoas morre despreparada para morrer, como viveu despreparada para viver.

A JORNADA ATRAVÉS DA VIDA E DA MORTE

De acordo com a sabedoria do Buda, *podemos* realmente usar nossa vida para nos preparar para a morte. Não precisamos esperar pela dolorosa morte de alguém próximo a nós, ou pelo choque da doença terminal, para forçar-nos a olhar para a nossa vida. Também não estamos condenados a enfrentar a morte de mãos vazias para encontrar o desconhecido. Podemos começar, aqui e agora, a encontrar significado na vida. Podemos fazer de cada momento uma oportunidade para mudar e nos preparar – de todo o coração, de modo preciso e com paz de espírito – para a morte e a eternidade.

Na abordagem budista, a vida e a morte são vistas como um todo, onde a morte é o começo de um novo capítulo da vida. A morte é um espelho no qual o inteiro significado da vida é refletido.

Essa visão é central nos ensinamentos da mais antiga escola do budismo tibetano. Muitos de vocês já ouviram falar no *Livro Tibetano dos Mortos*. O que estou procurando fazer neste volume é explicar e ampliar o *Livro Tibetano dos Mortos* para abranger não apenas a morte mas também a vida, apresentando em detalhes a totalidade do ensinamento de que o *Livro Tibetano dos Mortos* é apenas uma parte. Nesse maravilhoso ensinamento podemos encontrar o todo da vida e da morte apresentado como uma série de realidades transitórias em constante mudança, conhecidas como *bardos*. A palavra "bardo" é comumente usada para designar o estado intermediário entre a morte e o renascimento, mas na realidade os bardos *estão continuamente ocorrendo tanto na vida quanto na morte*, e são momentos críticos em que as possibilidades de liberação, ou iluminação, são intensificadas.

Os bardos são oportunidades particularmente poderosas para a liberação porque são, segundo nos mostram os ensinamentos, certos momentos muito mais poderosos do que outros, e muito mais carregados de potencial; tudo o que se faz neles tem um efeito crucial e de longo alcance. Penso num bardo como sendo um momento em que se marcha para a beira de um precipício; tal momento, por exemplo, ocorre quando um mestre introduz um discípulo à natureza essencial, original e mais profunda da mente. O maior e mais intenso desses momentos, no entanto, é o momento da morte.

Assim, do ponto de vista do budismo tibetano, podemos dividir toda nossa existência em quatro realidades continuamente interligadas: 1ª) a vida, 2ª) o morrer e a morte, 3ª) o após a morte e 4ª) o renascimento. Elas são conhecidas como os quatro bardos: 1º) o bardo natural desta vida, 2º) o doloroso bardo da morte, 3º) o luminoso bardo do *dharmata** e 4º) o bardo cármico do vir a ser.

Devido à vastidão e à abrangência ilimitada dos ensinamentos sobre o bardo, este livro foi cuidadosamente estruturado. Você será guiado, estágio por estágio, através da reveladora visão da jornada da vida e da morte. Nossa exploração começa necessariamente com uma reflexão direta sobre o que a morte significa e sobre as muitas facetas da realidade da impermanência – o tipo de reflexão que pode nos tornar capazes de fazer um uso valioso desta vida enquanto ainda temos tempo, assegurando-nos de que, quando morrermos, não teremos remorso ou autorrecriminação por a

---

* *Dharmata*: A realidade absoluta; a essência pura de toda a realidade. [N. da Revisão Técnica]

termos desperdiçado. Como disse Milarepa, o poeta e santo do Tibete: "Minha religião é viver – e morrer – sem arrependimento".

A contemplação profunda da mensagem secreta da impermanência – aquilo que de fato está além da impermanência e da morte – leva diretamente ao coração dos antigos e poderosos ensinamentos tibetanos: a introdução à essencial "natureza da mente". A percepção da natureza da mente, que pode ser chamada de nossa essência mais profunda, aquela verdade que todos nós buscamos, é a chave para a compreensão da vida e da morte. Porque o que ocorre no momento da morte é que a mente comum e suas ilusões se extinguem e, nesse momento de abertura, a natureza da nossa mente – ilimitada e como o céu – se revela. Essa natureza essencial da mente é o pano de fundo para o todo da vida e da morte, como o céu que envolve todo o universo num abraço.

Os ensinamentos deixam claro que, se tudo o que sabemos da mente é o aspecto que dela se dissolve quando morremos, ficaremos sem ter a mínima ideia do que continua, e sem nenhum conhecimento da nova dimensão da realidade mais profunda da natureza da mente. Assim, é vital para todos nós que nos familiarizemos com a natureza da mente enquanto ainda estamos vivos. Desse modo estaremos preparados e, quando ela se revelar espontânea e poderosamente no momento da morte, seremos capazes de reconhecê-la "de modo tão natural" – dizem os ensinamentos – "quanto uma criança que corre para o colo de sua mãe". E permanecendo nesse estado, a liberação final pode ser alcançada.

A descrição da natureza da mente conduz de maneira natural a uma instrução completa sobre a meditação, uma vez que esta é o único caminho pelo qual podemos repetidamente revelar e gradualmente compreender e estabelecer a natureza da mente. Uma explicação sobre a natureza da evolução humana, renascimento e carma será dada, de modo a proporcionar a você o mais completo possível significado e contexto do nosso trajeto através da vida e da morte.

Nesta altura, você terá conhecimento suficiente para entrar confiantemente no coração deste livro – uma exposição abrangente, obtida em muitas fontes diferentes, de tudo sobre os quatro bardos e de todos os diferentes estágios da morte e do morrer. Instruções, conselhos práticos e práticas espirituais são apresentados em detalhes para ajudar a nós e aos demais através da vida, do morrer, da morte e do pós-morte. O livro termina, então, com uma visão de como os ensinamentos do bardo podem nos auxiliar a entender a natureza mais profunda da mente humana e do universo.

Meus alunos me perguntam com frequência: como saber o que são esses bardos, e de onde vem a espantosa precisão dos seus ensinamentos, bem como o conhecimento desconcertantemente claro de cada estágio do morrer, da morte e do renascimento? Para muitos leitores a resposta pode parecer, de início, difícil de entender, devido ao conceito de mente por demais limitado que tem o Ocidente contemporâneo. Apesar da grande abertura dos últimos anos, em especial na ciência que estuda o conjunto corpo/mente e na psicologia transpessoal, a grande maioria dos cientistas continua a reduzir a mente aos processos físicos do cérebro, o que se opõe ao testemunho de milhares de anos de experiência dos místicos e meditadores de todas as religiões.

A partir de que fonte ou autoridade, então, pode um livro como este ser escrito? A "ciência interna" do budismo é baseada, como um erudito americano acentuou, "num completo e abrangente conhecimento da realidade, numa bem avaliada e profunda compreensão do eu e do seu ambiente. Em outras palavras, na completa iluminação do Buda".[5] A fonte dos ensinamentos sobre o bardo é a mente iluminada, a mente búdica totalmente desperta, como experimentada, explicada e transmitida por uma longa linhagem de mestres que remonta ao Buda Primordial. Suas cuidadosas, meticulosas – pode-se quase dizer científicas – explorações e formulações das descobertas da mente ao longo de muitos séculos deram-nos o quadro mais completo possível tanto da vida quanto da morte. É esse quadro completo que, inspirado em Jamyang Khyentse e em todos os meus outros grandes mestres, estou humildemente tentando transmitir ao Ocidente pela primeiríssima vez.

Durante muitos anos de contemplação, ensinamentos e prática, esclarecendo questões com meus professores, escrevi *O Livro Tibetano do Viver e do Morrer* como a quintessência das informações vindas do coração de todos os meus mestres, para ser um novo *Livro Tibetano dos Mortos* e um *Livro Tibetano da Vida.* Quero que ele seja um manual, um guia, uma obra de consulta e uma fonte de inspiração sagrada. Somente examinando detalhadamente este livro e relendo-o várias vezes, eu sugiro, seus muitos níveis de significado podem ser revelados. Você descobrirá que, quanto mais usá-lo, mais profundamente sentirá suas implicações, e mais perceberá a profundidade da sabedoria passada a você pelos ensinamentos.

Os ensinamentos do bardo nos mostram com precisão o que acontecerá se nos prepararmos para a morte, e o que ocorrerá se não nos prepararmos. A escolha não poderia ser mais clara. Se nos recusarmos a aceitar a morte agora, enquanto ainda estamos vivos, pagaremos caro por isso no correr de nossa vida, no momento da morte e depois dela. Os efeitos dessa recusa vão arruinar esta vida, e todas as outras que virão. Não seremos capazes de viver nossa vida plenamente; ficaremos aprisionados no exato aspecto de nós mesmos que deve morrer. Essa ignorância nos despojará do elemento principal da nossa jornada para a iluminação, capturando-nos para sempre no reino da ilusão – ciclo incontrolado de nascimento e morte, aquele oceano de sofrimento que nós, budistas, chamamos *samsara.*

Entretanto, a mensagem fundamental dos ensinamentos do budismo é a de que, se estivermos preparados, há uma enorme esperança, tanto na vida quanto na morte. Os ensinamentos nos revelam a possibilidade de uma estarrecedora e ilimitada liberdade, que pode ser conquistada por nós nesta vida – a liberdade que também nos permite escolher nossa morte e assim o nosso nascimento. Para quem se preparou e praticou, a morte não chega como uma derrota, mas como um triunfo, o coroamento da vida e o seu mais glorioso instante.

DOIS

IMPERMANÊNCIA

Não há lugar na Terra onde a morte não nos encontre – mesmo que voltemos a cabeça uma e outra vez olhando em todas as direções, como numa terra estranha e suspeita... Se houvesse algum modo de conseguir abrigo contra os golpes da morte – não sou homem de recuar diante dela... Mas é loucura pensar que se pode vencê-la...

Os homens vão, vêm, trotam e dançam, e nem um pio sobre a morte. Tudo parece bem com eles. Mas aí quando ela lhes chega e às suas mulheres, filhos e amigos, pegando-os de surpresa e despreparados, que tormentas de paixão os esmagam, que gritos, que fúria, que desespero!... Para começar a tirar da morte seu grande trunfo sobre nós, adotemos o caminho contrário ao usual; vamos privar a morte da sua estranheza, vamos frequentá-la, acostumarmo-nos a ela; não tenhamos nada senão ela em mente... Não sabemos onde a morte nos espera: então vamos por ela esperar em toda parte. Praticar a morte é praticar a liberdade. Um homem que aprendeu como morrer desaprendeu a ser escravo. (Montaigne[1])

Por que é tão difícil praticar a morte e praticar a liberdade? E por que temos tanto medo da morte que evitamos por completo olhar para ela? De algum modo, no fundo, sabemos que é impossível evitar encará-la para sempre. Sabemos que, nas palavras de

Milarepa, "essa coisa chamada 'cadáver' que tanto nos apavora, vive conosco aqui e agora". Quanto mais adiamos esse encontro, quanto mais o ignoramos, maior é o medo e a insegurança que surgem para nos perseguir... Quanto mais tentamos fugir do medo, mais monstruoso ele se torna.

A morte *é* um vasto mistério, mas há duas coisas que é possível dizer a seu respeito: *é absolutamente certo que morreremos um dia, e é incerto quando e onde essa hora vai chegar.* Então, a única certeza que temos é essa incerteza sobre o instante da nossa morte, a que nos agarramos como desculpa para adiar o confronto. Somos como crianças que fecham os olhos no jogo de esconde-esconde e pensam que assim ninguém as vê.

Por que vivemos em tal pavor da morte? Porque nosso desejo instintivo é viver e seguir vivendo, e a morte é um selvagem fim de tudo o que nos é familiar. Sentimos que quando ela vier seremos lançados em algo realmente desconhecido, ou nos tornaremos alguém totalmente diferente. Imaginamos que estaremos perdidos e confusos, em algum lugar terrivelmente estranho. Imaginamos que será como acordar sozinho, numa tormenta de ansiedade, num país estrangeiro, sem conhecimento da terra ou da língua, sem dinheiro, contatos, passaporte, amigos...

Talvez a razão mais profunda de termos medo da morte é que não sabemos quem somos. Acreditamos numa identidade pessoal única e separada, mas se ousarmos examiná-la, descobriremos que essa identidade depende inteiramente de uma série infindável de coisas que a sustentam: nosso nome, nossa "biografia", nossos companheiros, família, lar, emprego, amigos, cartões de crédito... É nesse suporte provisório e frágil que apoiamos nossa segurança. Assim, quando isso tudo nos for retirado, saberemos de fato quem somos?

Sem esses sustentáculos familiares, ficamos frente a frente conosco, alguém que não conhecemos, um estranho amedrontador com o qual estivemos convivendo todo o tempo mas com quem nunca desejamos realmente nos encontrar. Não é por isso que sempre tentamos preencher cada instante de tempo com barulho e atividade, ainda que sem graça e superficial, para nos assegurarmos de nunca ficar sozinhos em silêncio frente àquele estranho?

E isso não aponta para algo fundamentalmente trágico em nossa maneira de viver? Vivemos sob uma identidade presumida, num mundo neurótico de conto de fadas menos real que a Tartaruga Zombeteira de *Alice no País das Maravilhas.* Hipnotizados pela emoção de construir, erguemos sobre areia as casas da nossa vida. Esse mundo pode parecer maravilhosamente convincente até que a morte destrói a ilusão e nos expulsa do nosso esconderijo. Que nos acontecerá então se não temos nenhuma pista de uma realidade mais profunda?

Quando morremos deixamos tudo para trás, especialmente este corpo que sempre tratamos com tanto carinho, em que confiamos tão cegamente, e que com tanto empenho tentamos conservar vivo. Mas nossa mente não é mais confiável do que nosso corpo. Olhe só para sua mente por alguns minutos. Você verá que ela é como uma pulga, saltando sem cessar de um lugar para o outro. Verá que os pensamentos surgem sem razão nenhuma, desconexos. Levados de roldão pelo caos de cada instante, somos vítimas da inconstância da nossa mente. Se esse é o único estado de consciência com que temos familiaridade, então confiar em nossa mente no instante da morte é uma aposta absurda.

A GRANDE DECEPÇÃO

> *O nascimento de um homem é o nascimento de sua dor. Quanto mais ele vive, mais estúpido se torna, porque sua ansiedade para evitar a morte inevitável torna-se mais e mais aguda. Que amargura! Ele vive por aquilo que está sempre fora do seu alcance! Sua sede de sobreviver no futuro faz com que seja incapaz de viver no presente.* (Chuang-Tsu)

Após a morte de meu mestre, aproximei-me muito de Dudjom Rinpoche, um dos maiores mestres de meditação, místico e iogue dos tempos modernos. Uma vez ele dirigia pelas estradas da França, com sua mulher, admirando a paisagem que ia se descortinando. Ao passar por um grande cemitério que fora há pouco pintado e decorado com flores, ela disse: "Rinpoche, veja só como tudo é limpo e arrumado no Ocidente. Até os lugares onde deixam os cadáveres parecem imaculados. No Oriente, nem mesmo as casas onde as pessoas vivem são tão limpas assim".

"Ah, sim", ele respondeu, "é verdade. Este é um país tão civilizado. Eles têm casas tão belas para os cadáveres. Mas você percebeu? Eles têm casas maravilhosas para os cadáveres vivos também."

Sempre que penso nessa história ela me faz lembrar quão vazia e fútil a vida pode ser quando se apoia numa falsa crença de continuidade e permanência. Quando vivemos assim, nós nos tornamos, como disse Dudjom Rinpoche, cadáveres vivos, inconscientes.

A maior parte de nós realmente vive assim, de acordo com um plano preordenado. Passamos a juventude recebendo educação. Achamos então um emprego e encontramos alguém com quem nos casamos e temos filhos. Compramos uma casa, tentamos ser bem-sucedidos em nosso negócio e lutamos por sonhos como os de possuir uma casa de campo ou um segundo carro. Saímos de férias com os amigos. Planejamos nossa aposentadoria. Os maiores dilemas com que muitos de nós nos defrontamos são onde vamos passar o próximo feriado ou quem convidaremos para o Natal. Nossa vida é monótona, insignificante e repetitiva, desperdiçada em busca de banalidades, porque parece que não conhecemos nada melhor.

O ritmo da nossa vida é tão febril que a última coisa em que temos tempo de pensar é na morte. Abafamos nosso medo secreto da impermanência, cercando nossa vida de mais e mais bens, de mais e mais coisas, de mais e mais confortos, só para nos tornarmos escravos de tudo isso. Todo nosso tempo e energia se exaurem simplesmente para manter coisas. Nossa única meta na vida logo se torna manter tudo tão seguro e garantido quanto possível. Quando mudanças ocorrem, encontramos o remédio mais rápido, alguma solução astuta e temporária. E assim nossa vida transcorre, a menos que uma doença séria ou um desastre nos arranquem do nosso estupor.

E nem é que dispensemos tanto tempo e tanto esforço na vida. Pense nessas pessoas que passam anos trabalhando e aí se aposentam, somente para descobrir que não sabem o que fazer consigo mesmas quando envelhecem e a morte se aproxima. Apesar de toda conversa sobre sermos práticos, ser prático no Ocidente significa ter uma visão curta, ignorante e egoísta. Nossa focalização míope nesta vida, e nesta vida apenas, é uma grande decepção, fonte do frio e destrutivo materialismo do mundo moderno. Ninguém fala na morte e ninguém fala na vida depois da morte porque as pessoas são preparadas para acreditar que esse assunto só impede o chamado "progresso" no mundo.

Mas se nosso desejo mais profundo é verdadeiramente viver e seguir vivendo, por que insistimos teimosamente em afirmar que a morte é o fim? Por que ao menos não tentar investigar a possibilidade de que possa haver uma vida depois? Por que, se somos pragmáticos como alegamos, não nos interrogamos seriamente: onde se situa nosso futuro *verdadeiro*? Afinal, ninguém vive mais de cem anos. E depois disso se estende a imensurável eternidade, inexplicada...

A PREGUIÇA ATIVA

Há uma velha história tibetana que aprecio muito, chamada "O Pai do 'Tão Célebre quanto a Lua' ". Um homem muito pobre, depois de um bocado de trabalho duro, conseguiu juntar um saco de sementes. Estava orgulhoso de si mesmo, e ao voltar para casa amarrou a boca do saco num caibro do seu telhado para mantê-lo a salvo dos ratos e ladrões. Deixou o fardo pendurado, e como precaução adicional postou-se debaixo dele para passar a noite. Ali deitado, sua mente pôs-se a divagar: "Se puder vender essas sementes em pequenas quantidades, terei um ótimo lucro. Com ele, posso comprar mais sementes e fazer o mesmo outra vez. Não demorará muito estarei rico e serei considerado em minha comunidade. Muitas mulheres se interessarão por mim. Casar-me-ei com uma bonita, e em breve teremos um bebê... tem que ser um filho homem... e, raios, que nome lhe daremos?" Olhando pelo quarto, deu com a janelinha por onde podia ver a Lua nascendo.

"Que bom presságio", pensou. "Que auspicioso! Esse é de fato um bom nome. Vamos chamá-lo 'Tão Célebre quanto a Lua'..." Assim arrebatado por suas especulações, não viu que um rato havia dado um jeito de subir até o saco de sementes e roía a corda. No instante em que pronunciava as palavras "Tão Célebre quanto a Lua", o saco de sementes despencou do teto e matou-o instantaneamente. "Tão Célebre quanto a Lua", claro, nunca chegou a nascer.

Quantos de nós, como o homem da história, somos levados de roldão pelo que chamo de "preguiça ativa"? Naturalmente, há diferentes tipos de preguiça: a oriental e a ocidental. O estilo oriental é aquele praticado à perfeição na Índia. Consiste em ficar ao sol o dia todo, sem fazer nada, evitando todo trabalho ou atividade útil, tomando xícaras de chá, ouvindo música de filmes hindus martelando no rádio e tagarelando com amigos. A ociosidade ocidental é muito diferente. Ela consiste em abarrotar nossa vida de atividades compulsivas, de modo que não sobre tempo para o confronto com os verdadeiros problemas.

Se observarmos nossa vida, veremos claramente quantas tarefas sem importância, as assim chamadas "responsabilidades", se acumulam para preenchê-la. Um mestre chega a compará-las a "fazer faxina num sonho". Dizemos a nós mesmos que queremos empregar o tempo nas coisas importantes da vida, mas nunca temos esse tempo. Mesmo no simples levantar-se pela manhã, há tanto o que fazer: abrir a janela, fazer a cama, tomar banho, escovar os dentes, alimentar o cachorro ou o gato, lavar a louça da véspera, descobrir que o açúcar ou o café acabou, sair para comprá-lo, fazer o café da manhã – a lista é interminável. Aí há roupa para arrumar, escolher, passar e dobrar de novo. E que dizer do cabelo ou da maquiagem? Incorrigíveis, vemos nossos dias se encherem de telefonemas e projetos insignificantes, com tantas responsabilidades – ou devemos chamá-las de "irresponsabilidades"?

Nossa vida parece viver-nos, possuir seu próprio ímpeto bizarro de arrastar-nos; no fim sentimos que não temos mais escolha ou controle sobre ela. É claro que algumas vezes nos sentimos mal a esse respeito, temos pesadelos e acordamos à noite banhados de suor, perguntando a nós mesmos: "O que estou fazendo com minha vida?" Mas nossos temores só duram até o café da manhã. Logo, pomos a pasta sob o braço e começamos tudo de novo.

Penso no santo indiano Ramakrishna, que disse a um dos seus discípulos: "Se você usasse para fazer prática espiritual um décimo do tempo que dedica a distrações como conquistar mulheres ou ganhar dinheiro, você se iluminaria em poucos anos!" Houve um mestre tibetano que viveu por volta da virada do século, uma espécie de Leonardo da Vinci do Himalaia, chamado Mipham. Dizem que inventou um relógio, um canhão e um aeroplano. Mas tão logo cada um deles ficou pronto, ele os destruiu dizendo que seriam motivo para mais distrações.

O termo tibetano para designar corpo é *lü*, que significa "algo que você deixa para trás", como bagagem. Cada vez que dizemos "lü", isto nos lembra que somos apenas viajantes, temporariamente abrigados nesta vida e neste corpo. Assim, no Tibete as pessoas não se distraíam muito gastando o tempo que tinham em tentar tornar mais confortáveis suas circunstâncias externas. Elas estavam satisfeitas se tivessem o bastante para comer, roupas sobre o corpo e um teto. Continuar pensando obsessivamente em melhorar as próprias condições, como fazemos no Ocidente, pode tornar-se um fim em si mesmo e uma distração sem sentido. Pode alguém no seu juízo perfeito pensar em redecorar seu quarto de hotel a cada vez que faz uma reserva? Adoro esse trecho em que Patrul Rinpoche nos aconselha:

Lembre-se do exemplo de uma velha vaca,
Feliz da vida por dormir em um celeiro.
Você precisa comer, dormir e defecar –

Isso é inevitável –
E tudo mais já não lhe diz respeito.

Às vezes penso que a maior aquisição da cultura moderna é sua brilhante promoção do samsara e suas estéreis distrações. A sociedade moderna me parece uma celebração de todas as coisas que nos afastam da verdade, tornando difícil uma vida voltada a ela e desencorajando as pessoas até mesmo de acreditar que ela existe. E pensar que tudo isso brota de uma civilização que alega adorar a vida, mas de fato a priva de qualquer significado real; que fala sem parar sobre fazer as pessoas "felizes", mas de fato impede seu caminho para a fonte da verdadeira felicidade.

Esse samsara moderno alimenta-se de ansiedade e depressão que ele próprio fomenta, e para as quais nos treina e cuidadosamente nutre com um mecanismo de consumo que precisa manter-nos ávidos para continuar funcionando. O samsara é altamente organizado, versátil e sofisticado. Ataca-nos de todos os lados com sua propaganda, criando à nossa volta um ambiente de dependência quase inexpugnável. Quanto mais tentamos escapar, mais nos sentimos enredar nas armadilhas que ele tão engenhosamente nos prepara. Como dizia no século XVIII o mestre tibetano Jikmé Lingpa: "Hipnotizados pela mera variedade de percepções, os seres vagam infinitamente perdidos no círculo vicioso do samsara".

Obcecados, então, por falsas esperanças, sonhos e ambições que nos prometem a felicidade mas conduzem somente à miséria, somos como forasteiros rastejando num deserto sem fim, morrendo de sede. E tudo o que esse samsara nos oferece para beber é um copo d'água salgada, com o propósito de deixar-nos ainda mais sedentos.

ENCARAR A MORTE

Sabendo e compreendendo isso, devíamos ouvir Gyalsé Rinpoche, quando diz:

Planejar o futuro é como ir pescar numa ravina seca;
Nada sai como você quer, portanto abandone todos os seus esquemas e ambições.
Se você tem que pensar em alguma coisa –
Pense na hora incerta de sua própria morte...

Para os tibetanos, a grande festa do ano é o Ano Novo, que é como o Natal, a Páscoa, o Dia de Ação de Graças e o seu aniversário, todos juntos numa festa só. Patrul Rinpoche foi um grande mestre que teve uma existência cheia de episódios excêntricos que se tornaram ensinamentos de vida. Em vez de celebrar o Ano Novo desejando às pessoas um "Feliz Ano Novo", como todo mundo, Patrul Rinpoche costumava chorar. Indagado por que, ele explicava que um outro ano se passara com tanta gente ainda despreparada para a morte, agora um ano mais perto.

Pense no que pode acontecer conosco, mais dia menos dia. Vamos perambulando pela rua vagando em inspirados pensamentos, especulando sobre coisas importantes ou simplesmente ouvindo nosso *walkman*. De repente, um carro passa por nós a toda velocidade e quase acaba com tudo.

Veja a televisão ou dê uma olhada nos jornais: a morte está em toda parte. Será que as vítimas desses acidentes de avião e de carro esperavam morrer? Elas davam a vida como certa, assim como nós. Quantas vezes ouvimos casos de conhecidos, até de amigos, que morreram inesperadamente? Nem precisamos estar doentes para morrer: nosso corpo pode simplesmente falhar e parar de funcionar, do mesmo modo que nossos carros. Podemos estar muito bem num dia e cair de cama e morrer no outro. Milarepa cantava:

Quando você é forte e saudável
Não pensa que a doença pode vir,
Mas ela chega com força repentina
Como o irromper do relâmpago.

Envolvido com as coisas do mundo,
Você não vê que a morte se aproxima;
Rápida ela chega como o trovão
Desabando sobre a sua cabeça.[2]

Às vezes precisamos nos sacudir e nos perguntar de fato: "E se eu morrer esta noite, o que vai ser?" Nunca sabemos se vamos acordar no dia seguinte, ou onde. Se você expira e não pode voltar a inspirar, está morto. É mesmo simples assim. Como diz um ditado tibetano: "Amanhã ou a próxima vida – o que vem primeiro, nunca se sabe".

Alguns dos renomados mestres contemplativos do Tibete, ao ir para a cama, à noite, costumavam esvaziar seus copos e deixá-los, com a boca para baixo, na cabeceira. Nunca sabiam se iriam acordar e precisar deles de manhã. Também apagavam seus braseiros à noite, sem se preocupar em manter as brasas acesas para o outro dia. Momento a momento eles conviviam com a possibilidade da morte iminente.

Perto do eremitério de Jikmé Lingpa havia um lago que ele tinha grande dificuldade de atravessar. Alguns de seus discípulos ofereceram-se para construir uma ponte, mas ele replicou: "Para que isso? Quem nos garante que eu estarei vivo para vir dormir aqui amanhã à noite?"

Alguns mestres tentam nos despertar para a fragilidade da vida com imagens ainda mais duras. Eles pedem que reflitamos sobre nós mesmos como um prisioneiro condenado à morte dando sua última volta na cela, um peixe lutando contra a rede ou um animal prestes a ser abatido no matadouro.

Outros encorajam seus estudantes a imaginar cenários vívidos de sua própria morte como parte de uma contemplação tranquila e estruturada: as sensações, a dor, o pânico, o desamparo, a dor dos entes queridos, a percepção do que fizeram e do que deixaram de fazer em sua vida.

> *O corpo jaz imóvel no seu último leito*
> *Vozes sussurrando algumas últimas palavras*
> *Uma lembrança final desliza sob o olhar da mente:*
> *Quando esse drama chegará para você?*[3]

É importante refletir com calma, muitas e muitas vezes, que *a morte é real, e chega sem aviso.* Não faça como o pombo do provérbio tibetano, que passa toda a noite fazendo barulho, preparando sua cama, e o alvorecer o surpreende antes que possa dormir. Como um importante mestre do século XII, Drakpa Gyaltsen, dizia: "Os seres humanos gastam toda a sua vida se preparando, se preparando, se preparando... para afinal chegarem a uma outra vida despreparados".

LEVAR A VIDA A SÉRIO

Talvez somente aqueles que compreendem como a vida é frágil saibam o quanto ela é preciosa. Uma vez fiz parte de uma conferência na Inglaterra em que os participantes eram entrevistados pela BBC. Ao mesmo tempo eles falavam com uma mulher que estava de fato morrendo. Ela estava perturbada pelo medo, porque nunca em sua vida pensara seriamente que a morte era uma realidade. Agora sabia. E tinha só um conselho para aqueles que iam seguir vivendo: levar a vida e a morte muito a sério.

Levar a vida a sério não quer dizer passar a vida inteira meditando, como se vivêssemos nas montanhas do Himalaia ou nos velhos dias do Tibete. No mundo moderno temos que trabalhar e ganhar nosso pão, mas não devemos nos enredar em uma existência rotineira onde vivemos sem noção do significado mais profundo da vida. Nossa tarefa é chegar a um equilíbrio, encontrar um caminho do meio, aprender a não nos estendermos além do possível em atividades e preocupações irrelevantes, e simplificar mais e mais nossa vida. *A chave para encontrar um equilíbrio feliz na vida moderna é a simplicidade.*

No budismo isso é o que realmente significa disciplina. Em tibetano, o termo para disciplina é *tsul trim. Tsul* significa "apropriado ou justo", e *trim* quer dizer "regra" ou "caminho". Assim, a disciplina é fazer o que é apropriado ou justo, isto é, em uma época excessivamente complexa, simplificar nossa vida.

A paz de espírito surgirá daí. Haverá mais tempo para tratar das coisas do espírito e do conhecimento que só a verdade espiritual pode trazer, e que podem ajudar a enfrentar a morte.

Infelizmente, só uns poucos de nós fazem isso. Talvez agora devamos perguntar a nós mesmos: "O que de fato consegui realizar na vida?" Com isso quero perguntar: o que de fato compreendemos sobre vida e morte? Fui inspirado pelos relatos obtidos nos estudos sobre a experiência de quase morte, como o livro do meu amigo Kenneth Ring e de outros. Um número surpreendente de pessoas que sobrevivem a um acidente quase fatal ou a uma experiência de quase morte relata uma "retrospectiva panorâmica da vida". Com vividez e acuidade extraordinárias eles revivem os eventos de sua vida. Às vezes vivenciam até os efeitos que suas ações tiveram sobre outros, e experienciam as emoções que seus atos provocaram. Um homem chegou a dizer a Kenneth Ring:

> *Percebi que há coisas que cada pessoa foi enviada à Terra para aprender. Por exemplo, partilhar mais amor, ser mais amorosa com os outros. Descobrir que o mais importante é o relacionamento humano e o amor, e não as coisas da matéria. E entender que cada pequena coisa que se faz na vida é registrada, e mesmo que você passe por ela sem pensar na ocasião, ela sempre vem à tona mais tarde.*[4]

Às vezes a retrospectiva de vida ocorre na companhia de uma presença gloriosa, "um ser de luz". O que se destaca em vários testemunhos é que o encontro com esse "ser" revela que a única finalidade verdadeiramente séria da vida é "aprender a amar outras pessoas e adquirir conhecimento".

Conta a pessoa de que fala Raymond Moody: "Quando a luz apareceu, a primeira coisa que me disse foi: 'Que fez você para mostrar-me que está quite com sua vida?', ou alguma coisa nesse sentido... E sempre assim expressando a importância do amor... Mostrou-se muito interessado também nas coisas relativas ao conhecimento..."[5] Outro contou a Kenneth Ring: "Alguém me perguntou – mas sem palavras, porque havia uma comunicação mental direta e instantânea – 'Que fez em benefício ou em auxílio da espécie humana?' "[6].

O que quer que tenhamos feito de nossa vida nos faz quem somos quando morremos. E tudo, absolutamente tudo, conta.

NUVENS DE OUTONO

Naquele dia, em seu mosteiro do Nepal, o mais velho dos discípulos do meu mestre, o grande Dilgo Khyentse Rinpoche, chegara ao fim de um ensinamento. Ele era um dos mais notáveis mestres do nosso tempo, professor do próprio Dalai Lama, e de muitos outros mestres que o viam como um tesouro inesgotável de sabedoria e compaixão. Todos admirávamos essa gentil e radiante montanha humana, um erudito, poeta e místico que passou vinte e dois anos de sua vida em retiro. Ele fez uma pausa e olhou ao longe:

"Tenho agora setenta e oito anos, e vi muita coisa durante minha vida. Tantos jovens morreram, tantas pessoas de minha própria idade morreram, tantos homens idosos morreram. Tanta gente que esteve no alto e que depois caiu. Tantas pessoas que, de baixo, se elevaram. Tantos países mudaram. Houve tanta confusão e tragédia, tantas guerras e epidemias, tanta destruição terrível ao redor do mundo. E apesar disso todas essas mudanças não são mais do que um sonho. Quando você olha em profundidade pode perceber que nada existe de permanente e constante, nada, nem mesmo o mais fino fio de cabelo do seu corpo. E isso não é teoria, mas algo que você pode de fato entender e até ver com precisão, com os seus próprios olhos."

Pergunto a mim mesmo com frequência: "Por que todas as coisas mudam?" Encontro apenas uma resposta: *é assim que a vida é.* Nada, nada mesmo, tem um caráter duradouro. Disse o Buda:

> *Esta nossa existência é transitória como as nuvens do outono.*
> *Ver o nascimento e a morte dos seres é como olhar os movimentos de uma dança.*
> *Uma vida é como o clarão de um relâmpago no céu,*
> *Rápida como uma torrente que se precipita montanha abaixo.*

É antes de tudo porque ignoramos a verdade da impermanência que sentimos tanta angústia face à morte e tanta dificuldade de encará-la frente a frente. Queremos tão desesperadamente que tudo continue como é, que teimamos em acreditar que as coisas ficarão sempre do mesmo jeito. Mas isso é faz de conta. E, como frequentemente descobrimos, essa crença tem pouco ou nada a ver com a realidade. Esse jogo de fingir, com suas desinformações, ideias e presunções, é um alicerce fraco sobre o qual construímos nossa vida. Não importa o quanto a verdade continue nos interrompendo: preferimos seguir, com nossa desesperançada bravata, tentando manter a farsa.

Em nossa mente, as mudanças estão sempre associadas à perda e ao sofrimento. E quando elas chegam, procuramos anestesiar-nos o mais possível. Concluímos, teimosamente e sem questionamento, que a permanência garante a segurança e a impermanência não. Mas, de fato, a impermanência é como algumas pessoas que encontramos na vida – difíceis e perturbadoras de início, mas muito mais amigáveis e menos enervantes do que imaginávamos, à medida que as conhecemos.

Reflita sobre isto: a compreensão da impermanência é paradoxalmente a única coisa a qual podemos nos agarrar, talvez nosso único bem duradouro. É como o céu ou a terra. Não importa quanto tudo mude ou se dissolva à nossa volta, a terra e o céu permanecem. Suponhamos que nos envolva uma profunda crise emocional... ou toda nossa vida esteja desabando... ou que a pessoa amada vá embora sem qualquer aviso. A terra e o céu estão lá, onde estiveram sempre. É claro, mesmo a terra treme uma ou outra vez, para nos lembrar que nada é certo ou garantido...

Até o Buda morreu. Sua morte foi um ensinamento para chocar o ingênuo, o indolente, o complacente, despertando-nos para a verdade de que tudo é impermanente e morrer é um fato inevitável da vida. Próximo à sua morte, o Buda disse:

De todas as pegadas
A do elefante é a maior;

De todas as meditações da mente
A da morte é a maior.[7]

A cada vez que perdemos esta perspectiva ou caímos vítimas da preguiça, refletir sobre a morte e a impermanência nos sacode e nos conduz de volta à verdade:

O que nasceu há de morrer,
O que foi reunido se dispersará,
O que foi acumulado há de se esgotar,
O que foi construído há de ruir,
E o que foi elevado há de baixar.

O universo inteiro, dizem agora os cientistas, não é nada senão mudança, atividade e processo – uma totalidade em fluxo que é a base de todas as coisas:

Toda interação subatômica consiste na aniquilação das partículas originais e na criação de novas partículas subatômicas. O mundo subatômico é uma dança sem fim de criação e aniquilação, de matéria transformando-se em energia, e de energia transformando-se em massa. Formas transitórias faíscam para dentro e para fora da existência, engendrando uma realidade sem fim, sempre recriada.[8]

O que é nossa vida senão uma dança de formas transitórias? Não está tudo sempre mudando: as folhas nas árvores do parque, a luz em seu quarto enquanto você lê este livro, as estações, o clima, as horas do dia, as pessoas passando por você na rua? E nós? Tudo o que fizemos no passado não parece agora um sonho? Os amigos com os quais crescemos, os fantasmas de nossa infância, os pontos de vista e opiniões que uma vez defendemos com tamanha e sincera paixão: deixamos tudo isso para trás. Agora, neste mesmo instante, ler este livro parece a você vividamente real. Mas esta mesma página não será, dentro em pouco, mais que uma lembrança.

As células do nosso corpo estão morrendo, os neurônios do nosso cérebro estão se deteriorando. Até a expressão em nosso rosto está sempre mudando, dependendo do nosso humor. O que nós chamamos nossa personalidade básica é apenas um "fluxo mental", nada mais. Hoje nos sentimos bem porque as coisas estão indo bem; amanhã sentiremos o contrário. Para onde foi esse sentir-se bem? Novas influências tomaram conta de nós à medida que as circunstâncias mudaram: somos impermanentes, as influências são impermanentes, e não há em parte alguma algo sólido ou duradouro a ser apontado.

O que pode ser mais imprevisível do que nossos pensamentos e emoções: você tem alguma ideia do que vai pensar ou sentir nos próximos minutos? Nossa mente, de fato, é tão vazia, tão impermanente e transitória quanto um sonho. Olhe para um pensamento, como ele vem, fica e vai. O passado é o passado, o futuro ainda não surgiu, e mesmo o pensamento presente, como nós o experimentamos, torna-se logo o passado.

A única coisa que realmente temos é o presente, é o agora.

Algumas vezes, quando ensino essas coisas, depois alguém se aproxima de mim e diz: "Tudo isso parece tão óbvio! Eu sempre soube disso. Diga alguma coisa nova". Respondo então: "Você realmente entendeu e incorporou a verdade da impermanência? Você de fato a integrou em cada um dos seus pensamentos, respirações e movimentos a tal ponto que sua vida se transformou? Faça a si mesmo estas duas perguntas: Lembro a cada instante que estou morrendo, e todos e tudo ao meu redor também, e desse modo trato todos os seres a todo momento de forma compassiva? Meu entendimento da morte e da impermanência tem sido tão forte e urgente para mim a ponto de dedicar cada segundo da existência à busca da iluminação? Se você pode responder 'sim' a ambas as perguntas, *então* você compreendeu *de fato* a impermanência."

TRÊS

REFLEXÃO E MUDANÇA

Quando eu era criança no Tibete, ouvi a história de Krisha Gotami, uma jovem mulher que teve a sorte de viver na mesma época do Buda. Quando seu primogênito tinha cerca de um ano, ficou doente e morreu. Acometida pelo pesar e agarrando o seu corpinho, Krisha Gotami perambulou pelas ruas implorando a todos que encontrava um remédio para restituir seu filho à vida. Alguns a ignoravam, outros riam dela, outros ainda pensavam que era louca, mas finalmente encontrou um sábio que lhe disse que a única pessoa no mundo que podia realizar o milagre que ela buscava era o Buda.

Assim ela foi até o Buda, deitou o corpo da criança a seus pés, e contou-lhe sua história. O Buda ouviu com infinita compaixão. Então ele disse suavemente: "Há apenas um modo de curar sua aflição. Vá para a cidade e me traga aqui uma semente de mostarda de uma casa onde nunca tenha ocorrido um falecimento".

Krisha Gotami sentiu-se exultante e partiu imediatamente para a cidade. Parou na primeira casa que viu e disse: "O Buda me pediu para vir buscar uma semente de mostarda de uma casa que nunca conheceu a morte".

"Muita gente morreu nesta casa", contaram-lhe. Ela passou para a casa seguinte. "Houve inúmeras mortes em nossa família", disseram-lhe. E assim foi na terceira e quarta casa, até que ela percorreu a cidade toda e percebeu que o requisito do Buda não poderia ser cumprido.

Tomou o corpo de seu filho, levou-o ao crematório e disse-lhe adeus pela última vez. Voltou então para o Buda. "Você trouxe o grão de mostarda?", ele perguntou.

"Não", disse ela. "Começo a entender a lição que está tentando me ensinar. O sofrimento me cegou e eu imaginei ser a única pessoa que sofria nas mãos da morte."

"Por que você voltou?", perguntou o Buda.

"Para lhe pedir que me ensine a verdade", ela respondeu, "sobre o que é a morte, o que pode haver por trás e além dela, e o que há em mim, se é que há algo, que não morrerá".

O Buda começou a ensinar-lhe: "Se quer saber a verdade da vida e da morte, precisa refletir continuamente sobre isto: há somente uma lei que nunca muda no universo – é a de que todas as coisas mudam, todas as coisas são impermanentes. A morte de seu filho ajudou você a ver que o reino em que estamos – samsara – é um oceano de insuportável sofrimento. Há um caminho, e apenas um caminho, para sair do ciclo incessante de nascimento e morte do samsara, que é o caminho da liberação. Uma vez que a dor agora a preparou para o aprendizado, e seu coração está se abrindo à verdade, vou mostrar-lhe esse caminho."

Krisha Gotami ajoelhou-se aos pés do Buda e o seguiu pelo resto de sua vida. Perto do fim, segundo se conta, ela alcançou a iluminação.

ACEITANDO A MORTE

A história de Krisha Gotami mostra-nos alguma coisa que podemos observar muitas e muitas vezes. Um encontro próximo com a morte pode produzir um verdadeiro despertar, uma transformação em toda a nossa relação com a vida.

Veja, por exemplo, a experiência de quase morte. Talvez uma de suas revelações mais importantes é como ela transforma a vida daqueles que passaram por ela. Pesquisadores constataram uma série surpreendente de efeitos e transformações posteriores: o medo diminui; surge uma aceitação mais profunda da morte, um interesse cada vez maior em ajudar os outros e uma visão em que a importância do amor é intensificada; há menos interesse em atividades materialistas, uma crença cada vez maior numa dimensão espiritual e no significado espiritual da vida e, é claro, maior abertura para a crença numa vida após a morte. Alguém declarou a Kenneth Ring:

> *De um homem que estava perdido e vagava sem rumo, sem outra meta na vida que o desejo pela riqueza material, fui transformado em alguém com uma profunda motivação e propósito na vida, com uma direção definida e com a convicção reforçada de que há um prêmio quando ela chega ao seu final. Meu interesse pela riqueza material e minha avidez por bens foram substituídos por uma sede de compreensão espiritual e um desejo apaixonado de ver as condições do mundo melhorarem.*[1]

Uma mulher disse a Margot Grey, pesquisadora inglesa que trabalha com a experiência de quase morte:

> *As coisas que devagarinho fui sentindo eram um sentimento de amor muito elevado, a capacidade para comunicar esse amor e encontrar alegria e prazer nas menores e mais insignificantes coisas a minha volta... Desenvolvi uma grande compaixão pelas pessoas doentes e que estão na iminência da morte, e queria muito avisá-las, conscientizá-las de algum modo que o processo da morte nada mais é do que uma extensão da vida de cada um.*[2]

Todos sabemos como as crises que ameaçam a vida, por exemplo as causadas por doenças graves, podem gerar transformações de semelhante profundidade. Freda Naylor, uma médica que corajosamente escreveu um diário enquanto morria de câncer, relata:

> *Tenho tido experiências que nunca havia tido, o que devo agradecer ao câncer: humildade, conciliação com minha própria mortalidade, conhecimento de minha força interior – que continuamente me surpreende – e mais coisas a meu respeito que descobri porque tive de interromper meus passos, reavaliar tudo e prosseguir.*[3]

Se pudermos de fato "reavaliar e prosseguir" com esta nova humildade e abertura, e uma aceitação real de nossa morte, vamos nos tornar mais receptivos às instruções e à prática espiritual. Essa receptividade pode muito bem abrir-nos ainda outra maravilhosa possibilidade: a da verdadeira cura.

Lembro-me de uma americana de meia-idade que, em 1976, veio ver Dudjom Rinpoche em Nova York. Ela não tinha nenhum interesse especial no budismo, mas ouvira que um grande mestre estava na cidade. Ela estava muito doente e, em seu desespero, queria tentar qualquer coisa, até ver um mestre tibetano! Nessa época eu era o tradutor do mestre.

Ela entrou no quarto e se sentou em frente a Dudjom Rinpoche. Estava tão emocionada com a sua situação e com a presença do mestre, que caiu em prantos. E se lamentava: "Meu médico me deu apenas poucos meses de vida. O senhor pode me ajudar? Estou morrendo".

Para sua surpresa, de modo suave porém compassivo, Dudjom Rinpoche começou a rir. Então, ele disse com tranquilidade: "Veja só, estamos todos morrendo. É só uma questão de tempo. Alguns realmente morrem antes que outros". Com essas poucas palavras ele a ajudou a ver a universalidade da morte, e que sua morte iminente não era excepcional. Isso aliviou sua ansiedade. Então ele falou da morte, e de como aceitá-la, e da esperança que há nela. Finalmente, ensinou-lhe uma prática curativa, que ela seguiu com entusiasmo.

Não apenas ela passou a aceitar a morte mas, seguindo a prática com total dedicação, ficou curada. Ouvi falar de muitos outros casos de pessoas que foram diagnosticadas como doentes terminais, com prognóstico de poucos meses de vida. Quando afinal ficaram sós, seguindo uma prática espiritual e encarando a si mesmas e a realidade da morte, curaram-se. O que é que isso nos diz? Que quando aceitamos a morte, e transformamos nossa atitude perante a vida, descobrindo a ligação fundamental entre vida e morte, uma possibilidade inesperada de cura pode ocorrer.

Os budistas tibetanos acreditam que doenças como o câncer podem ser um aviso para nos lembrar o quanto temos negligenciado aspectos profundos do nosso ser, como nossas necessidades espirituais.[4] Se tomarmos a sério esse aviso e mudarmos fundamentalmente a direção de nossa vida, há uma esperança muito real de cura, não apenas para nosso corpo mas para todo o nosso ser.

UMA MUDANÇA NO FUNDO DO CORAÇÃO

Refletir profundamente sobre a impermanência, como fez Krisha Gotami, é ser levado a compreender no fundo do coração a verdade que é expressa de modo tão direto neste verso do poema de um mestre contemporâneo, Nyoshul Khen Rinpoche:

A natureza de tudo é ilusória e efêmera,
Os que percebem de forma dualista veem o sofrimento como felicidade,
Como aqueles que lambem o mel que está no fio de uma navalha.
Como são lastimáveis os que se aferram à realidade concreta:
Voltem sua atenção para dentro, amigos do coração.[5]

Mas como pode ser difícil voltar nossa atenção para o nosso interior! Com que facilidade permitimos que nos dominem nossos velhos hábitos e padrões estabelecidos! Ainda que, como nos diz o poema de Nyoshul Khenpo, eles nos tragam sofrimento, nós os aceitamos com uma resignação quase fatalista, já que estamos habituados a ceder a eles. *Podemos idealizar a liberdade, mas quando se trata dos nossos hábitos, somos completamente escravizados.*

Ainda assim, a reflexão pode gradualmente trazer-nos a

sabedoria. Percebendo que caímos com frequência em arraigados padrões repetitivos de comportamento, começamos a ansiar por nos livrar deles. Podemos, é claro, recair neles muitas e muitas vezes, mas lentamente saímos deles até a mudança acontecer. O seguinte poema fala a todos nós. Chama-se "Autobiografia em Cinco Capítulos"[6].

1) Ando pela rua
Há um buraco fundo na calçada
Eu caio
Estou perdido... sem esperança.
Não é culpa minha.
Leva uma eternidade para encontrar a saída.

2) Ando pela mesma rua.
Há um buraco fundo na calçada
Mas finjo não vê-lo.
Caio nele de novo.
Não posso acreditar que estou no mesmo lugar.
Mas não é culpa minha.
Ainda assim leva um tempão para sair.

3) Ando pela mesma rua.
Há um buraco fundo na calçada
Vejo que ele ali está
Ainda assim caio... é um hábito.
Meus olhos se abrem
Sei onde estou
É minha *culpa.*
Saio imediatamente.

4) Ando pela mesma rua.
Há um buraco fundo na calçada
Dou a volta.

5) Ando por outra rua.

A finalidade de refletir sobre a morte é fazer uma mudança real nas profundezas do seu coração, e chegar a aprender como evitar o "buraco na calçada" e como "andar por outra rua". Com frequência isso vai exigir um período de retiro e de profunda contemplação, porque somente isso pode abrir nossos olhos para o que estamos fazendo da nossa vida.

Examinar a morte não precisa ser apavorante ou mórbido. Por que não refletir sobre a morte quando você está inspirado, relaxado e confortável, repousando na cama num fim de semana, ou ouvindo aquela música que especialmente o encanta? Por que não refletir sobre isso quando está feliz, gozando de boa saúde, confiante e em perfeito bem-estar? Você não percebe que há certos momentos em que está mais inclinado à introspecção? Trabalhe com esses instantes de modo cuidadoso, porque *esses são os momentos em que você pode entrar em uma experiência poderosa, capaz de mudar na hora sua concepção de mundo.* Esses são os momentos em que antigas crenças desmoronam por si mesmas e você pode sentir que está mudando.

A contemplação da morte vai trazer-lhe uma noção mais profunda daquilo que chamamos "renúncia", em tibetano *ngé jung*. *Ngé* quer dizer "realmente" ou "definitivamente", e *jung* é "sair", "emergir" ou "nascer". O resultado de uma reflexão frequente e profunda a respeito da morte permitirá que você se descubra "emergindo", geralmente com alguma repugnância, dos seus padrões habituais. Você se sentirá cada vez mais pronto a largá-los e, no fim, estará apto a libertar-se deles de modo tão suave, no dizer dos mestres, "quanto tirar um cabelo de um tablete de manteiga".

Esta renúncia a que você chegará tem em si ambos aspectos, a tristeza e a alegria: tristeza porque você percebe a futilidade dos seus antigos caminhos, e alegria por causa da visão mais ampla que começa a descortinar-se quando se livra deles. E essa não é uma alegria comum. É uma alegria que dá origem a uma força nova e profunda, uma confiança, uma permanente inspiração que provêm da compreensão de que você não está condenado aos seus hábitos, de que *pode* sair deles, de que *pode* mudar, e crescer cada vez mais livre.

A PULSAÇÃO DA MORTE

Não haveria nenhuma possibilidade de chegar a conhecer a morte se ela acontecesse só uma vez. Mas felizmente a vida não é mais que uma contínua dança de nascimento e morte, um bailado de mudanças. Toda vez que ouço o sussurrar de um ribeirão de montanha, ou as ondas quebrando na praia, ou ainda as batidas do meu coração, escuto o som da impermanência. Essas mudanças, essas pequenas mortes, são nossos elos vivos com a morte. Elas são o pulso da morte, o coração dela batendo, incitando-nos a largar todas as coisas a que somos apegados.

Vamos então trabalhar com essas mudanças agora, durante a vida: esse é o verdadeiro modo de nos prepararmos para a morte. A vida pode ser cheia de dor, de sofrimento e dificuldades, mas todas essas experiências são oportunidades que nos são dadas para nos ajudar a aceitar emocionalmente a morte. E só quando acreditamos que as coisas são permanentes, é que perdemos a oportunidade de aprender com a mudança.

Se desperdiçarmos essa possibilidade, fechamo-nos e deixamo-nos dominar pelo apego. O apego é a fonte de todos os nossos problemas. Uma vez que a impermanência para nós é sinônimo de angústia, agarramo-nos desesperadamente às coisas, mesmo que todas elas mudem. Vivemos com pavor de soltar, com pavor do próprio viver, já que *aprender a viver é aprender a soltar.* E essa é a tragédia e a ironia da nossa luta pela permanência: ela não só é impossível, como nos traz exatamente a dor que procuramos evitar.

A intenção por trás da atitude de agarrar pode não ser ruim em si mesma; não há nada de errado com o desejo de ser feliz, mas aquilo a que tentamos nos agarrar é por natureza impossível de ser agarrado. Os tibetanos dizem que não se pode lavar a mesma mão suja duas vezes na mesma água corrente, e acrescentam: "Não importa o quanto você esprema um punhado de areia, jamais obterá óleo dele".

Ter a impermanência no coração é tornar-se lentamente livre da ideia de apego, da nossa visão distorcida e destrutiva de permanência, da falsa paixão pela segurança que usamos como base para tudo o que construímos. Começamos a compreender, devagar, que toda dor no coração produzida pelo apego que nutrimos pelo que não podemos conservar é, no sentido mais profundo, desnecessária. No começo também isto pode ser doloroso de aceitar, porque parece muito estranho. Mas à medida que refletimos, e continuamos refletindo, nosso coração e nossa mente passam por uma transformação gradual. Soltar começa a parecer mais natural e vai se tornando cada vez mais fácil. Pode demorar um bom tempo mergulhar nisso, conforme a extensão da nossa insensatez, mas quanto mais refletimos mais desenvolvemos essa perspectiva de soltar; é então que ocorre uma mudança no nosso modo de olhar para tudo.

Contemplar a impermanência por si só não basta: é preciso trabalhar com isso em sua vida. Assim como os estudos médicos exigem teoria e prática, assim também a vida; e na vida o treinamento prático é aqui, é agora, no laboratório da mudança. Quando ocorrem mudanças, aprendemos a olhar para elas com nova compreensão; e embora continuem surgindo como antes, alguma coisa em nós estará diferente. A situação toda estará então mais descontraída, menos intensa e dolorosa; mesmo o impacto das mudanças que atravessamos nos parecerá menos chocante. A cada mudança sucessiva percebemos um pouco mais, e a nossa concepção da vida torna-se mais profunda e mais ampla.

TRABALHANDO COM MUDANÇAS

Vamos fazer uma experiência. Pegue uma moeda e imagine que ela representa o objeto pelo qual você tem apego. Segure-a firmemente nos seus dedos e alongue seu braço com a palma da mão para baixo. Agora, se você soltar ou relaxar seus dedos, perderá aquilo a que está ligado. Por isso você a segura.

Mas há outra possibilidade: você pode soltar e ainda assim conservar a moeda. Com seu braço ainda esticado, volte a palma de sua mão para cima. Afrouxe os dedos e a moeda não cairá, ficando na sua palma. Você soltou a moeda. E a moeda ainda é sua, mesmo com todo o espaço ao redor dela.

Assim, há um modo de aceitar a impermanência e ainda desfrutar da vida, de uma só vez e ao mesmo tempo, sem apego.

Vamos pensar agora no que acontece geralmente nos relacionamentos entre as pessoas. Com frequência elas só descobrem que amam seu parceiro quando de repente percebem que o estão perdendo. Então agarram-se a ele ainda com mais força. Mas quanto mais o agarram, mais ele lhes escapa e mais frágil a relação dos dois se torna.

Estamos sempre querendo a felicidade, mas o modo como a perseguimos é tão desastrado e inábil que tudo o que obtemos é mais tristeza. Normalmente presumimos que precisamos dominar para ter aquele algo que nos garantirá felicidade. E nos perguntamos: Como é possível saborear alguma coisa se não podemos possuí-la? Quantas vezes o apego é tomado por amor! Mesmo quando a relação é boa, o amor é estragado pelo apego, com sua insegurança, possessividade e orgulho; e aí, quando o amor acaba, tudo o que nos resta para exibir dele são lembranças de amor, as cicatrizes do apego.

Como então podemos trabalhar para vencer o apego? Apenas percebendo sua natureza impermanente; essa percepção nos liberta da sua garra. Chegamos a vislumbrar aquela que, no dizer dos mestres, pode ser a verdadeira atitude para mudar: como se fôssemos o céu que olha para as nuvens que passam, ou livres como o mercúrio. Quando o mercúrio cai no chão, sua própria natureza faz com que fique intacto; ele nunca se mistura com a poeira. À medida que tentamos seguir o conselho dos mestres e nos livramos lentamente do apego, uma grande compaixão é liberada em nós. As nuvens do apego se separam e se dispersam, e o sol do nosso coração compassivo resplandece. É então que começamos, em nosso eu mais profundo, a provar a exaltada verdade destas palavras de William Blake:

Aquele que a Alegria a si próprio ata,
A vida alada, de fato, mata.
Aquele que beija a Alegria voando em velocidade,
Vive na alvorada da Eternidade.[7]

O ESPÍRITO DO GUERREIRO

Embora tenhamos sido levados a acreditar que, se abrirmos mão acabaremos sem nada, a própria vida revela seguidamente o contrário: o desapego é a senda para a verdadeira liberdade.

Exatamente como os rochedos da orla do mar que açoitados pelas ondas não sofrem dano mas são esculpidos e erodidos em belas formas, nossa personalidade pode ser modelada e nossas arestas mais rudes atenuadas por mudanças. Podemos aprender com as mudanças desgastantes a desenvolver uma suave mas inabalável tranquilidade. Nossa autoconfiança cresce e fica tão maior, que a bondade e a compaixão começam a irradiar de nós naturalmente e a trazer felicidade aos outros. Essa bondade é o que sobrevive à morte, uma bondade fundamental que existe em cada um de nós. Nossa vida toda é um ensinamento sobre como revelar essa profunda bondade, e um treino para realizá-la.

Desse modo, cada vez que as perdas e decepções da vida nos ensinam alguma coisa sobre a impermanência, elas nos trazem mais perto da verdade. Quando você despenca de uma grande altura, só há um lugar possível para aterrissar: o solo; o solo da verdade. E se você possui o entendimento que deriva da prática espiritual, essa queda de modo algum é um desastre, mas a descoberta de um refúgio interno.

Dificuldades e obstáculos, se adequadamente compreendidos e usados, podem muitas vezes tornar-se uma fonte inesperada de energia. Nas biografias dos mestres, você verificará uma e outra vez que, se eles não tivessem enfrentado dificuldades e obstáculos, não teriam descoberto a força de que precisavam para superá-los. Isso aconteceu, por exemplo, com Gesar, o grande rei guerreiro do Tibete, cujas aventuras compõem o maior épico da literatura tibetana. *Gesar* significa "indomável", alguém que nunca pode ser derrotado. Desde o momento em que Gesar nasceu, Trotung, seu tio mau, tentou matá-lo de todas as maneiras. Mas a cada tentativa Gesar tornava-se mais forte. De fato, foi graças aos esforços de Trotung que Gesar se tornou tão grande. Isto deu origem a um provérbio tibetano: *Trotung tro ma tung na, Gesar ge mi sar*, o que quer dizer: "Se Trotung não tivesse sido tão mau e intrigante, Gesar nunca teria se erguido tão alto".

Para os tibetanos, Gesar não é somente um guerreiro marcial mas também um guerreiro espiritual. Ser um guerreiro espiritual significa desenvolver um tipo especial de coragem que é, desde a sua origem, inteligente, bondosa e destemida.[8] Os guerreiros espirituais podem ainda ter medo, mas mesmo assim eles são corajosos o bastante para experimentar o sofrimento, para relacionar-se de maneira franca com seu medo fundamental e, sem fugir, extrair lições das dificuldades. Como nos disse Chögyam Trungpa Rinpoche, tornar-se um guerreiro significa que "podemos trocar nosso mesquinho desejo de segurança por uma visão muito mais vasta – a do destemor, abertura e heroísmo genuínos..." Penetrar no campo transformador dessa visão muito mais vasta é aprender a se sentir em casa em plena mudança, e a fazer da impermanência um amigo.

A MENSAGEM DA IMPERMANÊNCIA: A ESPERANÇA CONTIDA NA MORTE

Analise mais profundamente a impermanência e você encontrará nela uma outra mensagem, uma outra face, de grande esperança, que abre seus olhos para a natureza fundamental do universo e nossa extraordinária relação com ele.

Se tudo é impermanente, então tudo é o que chamamos "vazio", o que significa ausência de qualquer existência durável, estável e inerente; e todas as coisas, quando vistas e compreendidas em sua verdadeira relação, não são independentes mas interdependentes. O Buda comparou o universo a uma vasta rede composta por uma infinita variedade de joias brilhantes, cada uma delas com um número incontável de facetas. Cada joia reflete em si mesma todas as outras joias do conjunto e é de fato una com todas as demais.

Pense numa onda no mar. Vista de um modo, parece ter uma identidade distinta, um fim e um começo, um nascimento e uma morte. Vista de outro modo, a onda não existe, mas é apenas o comportamento da água, "vazia" de toda identidade separada, mas "cheia" de água. Assim, quando você pensa a respeito da onda, vem a perceber que se trata de algo que se tornou temporariamente possível pelo vento e pela água, e que é dependente de um conjunto de circunstâncias permanentemente mutáveis. Você também percebe que cada onda está relacionada com todas as outras ondas.

Quando observamos atentamente, nada tem existência *inerente* e própria, e essa ausência de existência independente é o que chamamos "vacuidade". Pense numa árvore. Ao pensar nela, você tende a pensar num objeto distintamente definido; e num certo nível, como no caso da onda, é isso mesmo. Mas quando você analisa mais profundamente a árvore percebe que ela não tem existência independente. Ao contemplá-la, verá que ela se dissolve numa rede extremamente sutil de relações que se estende por todo o universo. A chuva que cai em suas folhas, o vento que a balança, a terra que a alimenta e sustenta, todas as estações e o tempo, o luar, a luz das estrelas e o Sol – tudo isso é parte dessa árvore. À medida que você começa a pensar mais e mais sobre a árvore, descobre que tudo no universo ajuda a fazer dela o que é; que ela não pode em momento algum ser separada de qualquer outra coisa; e que a cada instante a sua natureza está sutilmente se transformando. Este é o significado que queremos dar quando dizemos que as coisas são vazias, que não têm existência independente.

A ciência moderna nos fala de uma extraordinária série de inter-relações. Os ecologistas sabem que uma árvore queimando na floresta tropical da Amazônia altera de algum modo o ar que respira um cidadão de Paris, e que o tremor da asa de uma borboleta no Iucatã mexicano afeta a vida de uma samambaia nas

Hébridas. Biólogos estão começando a revelar a fantástica e complexa dança dos genes que criam a personalidade e a identidade, uma dança que se estende longe no passado e mostra que cada assim chamada "identidade" se compõe de um vórtice de diferentes influências. Os físicos nos apresentaram ao mundo dos quanta, um meio espantosamente parecido com o descrito pelo Buda na sua imagem da rede cintilante que se desdobra pelo universo. Tal como as joias na rede, todas as partículas existem potencialmente como combinações diferentes de outras partículas.

Assim, quando olhamos de verdade para nós mesmos e para as coisas à nossa volta que antes tomamos por tão sólidas, tão estáveis, tão duradouras, descobrimos que elas não têm mais realidade do que um sonho. O Buda disse:

Saiba que todas as coisas são assim:
Uma miragem, um castelo de nuvens,
Um sonho, uma aparição,
Sem essência mas com qualidades que podem ser vistas.

Saiba que todas as coisas são assim:
Como a Lua num céu brilhante
Em algum claro lago refletida,
Ainda que para aquele lago a Lua jamais se moveu.

Saiba que todas as coisas são assim:
Como um eco que provém
Da música, sons, e lamentos,
Embora nesse eco não haja melodia.

Saiba que todas as coisas são assim:
Como um mágico que fabrica ilusões
De cavalos, bois, carroças e outras coisas,
Nada é como parece.[9]

A contemplação dessa qualidade da realidade similar ao sonho não precisa de modo algum nos deixar indiferentes, desesperançados ou amargurados. Ao contrário, ela pode revelar em nós um humor cálido, uma suave e forte compaixão que mal sabíamos que existia em nós, e uma generosidade cada vez maior para com todos os seres e coisas. O grande santo tibetano Milarepa disse: "Ao ver a vacuidade, tenha compaixão". Quando através da contemplação vemos de fato a vacuidade e a interdependência de todas as coisas e de nós mesmos, o mundo se revela numa luz mais brilhante, fresca e viva, como a rede de joias com infinitos reflexos de que falava o Buda. Então, já não temos que nos proteger, nem precisamos fingir, e aos poucos se torna fácil fazer o que nos aconselha um mestre tibetano:

> *Reconheça sempre que a qualidade da vida é como a de um sonho e reduza o apego e a aversão. Pratique a boa vontade com todos os seres. Seja amoroso e compassivo, não importa o que os outros lhe façam. O que eles farão não tem tanta importância quando você vê tudo como um sonho. O truque é manter intenção positiva durante o sonho. Esse é o ponto essencial. Essa é a verdadeira espiritualidade.*[10]

A verdadeira espiritualidade consiste também em estar cônscio de que, se somos interdependentes de tudo e de todos, mesmo nosso menor e mais insignificante pensamento, palavra e ação têm consequências no universo. Atire uma pedra num laguinho. Ela causa um estremecimento que se estende por toda a superfície da água. As ondulações se fundem umas nas outras e criam mais ondulações. Tudo está inextricavelmente inter-relacionado: acabamos por perceber que somos responsáveis por tudo o que fazemos, dizemos, pensamos; somos responsáveis por nós mesmos, por todos e cada um, no universo inteiro. O Dalai Lama disse:

> *No mundo altamente interdependente de hoje, indivíduos e nações já não podem mais resolver muitos de seus problemas sozinhos. Precisamos uns dos outros. Devemos por isso desenvolver um sentido de responsabilidade universal... É nossa responsabilidade coletiva e individual proteger e alimentar a família global, amparando seus membros mais fracos, preservando e cuidando do meio ambiente em que todos vivemos.*[11]

O IMUTÁVEL

A impermanência já nos revelou muitas verdades, mas há um tesouro final ainda sob sua guarda, que fica profundamente escondido de nós, cuja existência não suspeitamos e não reconhecemos, embora seja nosso do modo mais íntimo.

O poeta ocidental Rainer Maria Rilke disse que nossos temores mais profundos são como dragões guardando nosso tesouro mais profundo[12]. O medo que a impermanência desperta em nós, de que nada seja real e de que nada tenha duração é, como chegamos a descobrir, nosso maior amigo porque nos leva a perguntar: se tudo morre e se transforma, então o que é realmente verdadeiro? Há alguma coisa por trás das aparências, alguma coisa sem limite e infinitamente vasta, alguma coisa onde a dança da impermanência e das mutações acontecem? Há na realidade alguma coisa com que possamos contar, que sobrevive ao que chamamos morte?

Permitindo que essas perguntas nos ocupem com urgência e refletindo sobre elas, lentamente passamos a fazer uma profunda mudança no modo como vemos toda a vida. Com contemplação constante e praticando o desprendimento, descobrimos em nós mesmos "alguma coisa" que não podemos nomear, descrever ou conceituar, "alguma coisa" que começamos a perceber que está além de todas as mudanças e mortes do mundo. Os desejos mesquinhos e distrações a que nos condena nosso apego obsessivo à permanência começam a se dissolver e depois desaparecem.

Enquanto isso ocorre, temos repetidos e vívidos lampejos de algumas das vastas implicações subjacentes à verdade da impermanência. É como se tivéssemos vivido toda nossa vida num avião atravessando negras nuvens, em meio à turbulência, e agora ele subitamente se alça acima delas, num céu tranquilo e ilimitado. Inspirados e estimulados por essa chegada a uma nova dimensão de liberdade, descobrimos a profundeza da paz, da alegria, da confiança em nós mesmos, que nos enchem de encantamento e geram, gradualmente, a certeza de que há em nós aquela "alguma coisa" que nada destrói, que nada altera, e nem pode morrer.

Milarepa escreveu:

> *Aterrorizado pela morte, refugiei-me nas montanhas –*
> *Muitas e muitas vezes meditei sobre a incerteza da hora da morte,*
> *Conquistando a fortificação da natureza da mente – infinita e imortal.*
> *Agora, todo medo da morte acabou para sempre.*[13]

Aos poucos então começamos a perceber em nós uma presença calma, vasta como o céu, daquilo que Milarepa chama de a imortal e infinita natureza da mente, presença que é calma e tem as qualidades do céu. E quando essa nova consciência começa a tornar-se vívida e quase indestrutível ocorre o que os Upanixades chamam "uma virada na sede da consciência", uma revelação profunda, pessoal e não conceitual do que somos, por que estamos aqui, e como devíamos agir, o que resulta no final em nada menos do que numa nova vida, num novo nascimento e quase no que se poderia chamar de uma ressurreição.

Que mistério belo e restaurador é, através da contemplação contínua e corajosa da verdade da mudança e da impermanência, lentamente chegarmos a nos encontrar face a face, em gratidão e alegria, com a verdade da natureza da mente imutável, imortal e infinita!

QUATRO

A NATUREZA DA MENTE

Confinados na escura e estreita gaiola feita por nós mesmos e que tomamos pelo universo inteiro, bem poucos de nós podem sequer começar a imaginar uma outra dimensão da realidade. Patrul Rinpoche conta a história de uma velha rã que passou toda sua vida num poço abafado e úmido. Um dia ela recebeu a visita de uma outra rã que vivia no mar.

– De onde você vem? – perguntou a rã do poço.

– Do grande oceano – a outra respondeu.

– Que tamanho tem o oceano?

– É gigantesco.

– Mais ou menos um quarto do meu poço?

– Muito maior.

– Maior? Você quer dizer metade?

– Não, maior, muito maior.

– Assim... do tamanho do poço?

– Sem comparação!

– Impossível! Tenho que ver isso com meus próprios olhos.

Puseram-se juntas a caminho. Quando a rã do poço viu o oceano, o choque foi tão grande que sua cabeça explodiu em pedaços.

A maior parte das minhas lembranças de infância no Tibete se apagaram, mas dois momentos ficarão para sempre comigo. São aqueles em que meu mestre Jamyang Khyentse me introduziu à natureza essencial, original e mais profunda de minha mente.

De início me sentia reticente sobre revelar essas experiências pessoais, porque no Tibete isso jamais é feito, mas meus alunos e amigos estavam convencidos de que um relato dessas experiências poderia ajudar outros, e me pediram e insistiram para que escrevesse sobre elas.

O primeiro desses momentos ocorreu quando eu tinha seis ou sete anos de idade. Aconteceu naquele quarto especial em que Jamyang Khyentse vivia, diante de uma grande imagem da sua encarnação anterior, Jamyang Khyentse Wangpo. Era uma figura solene, que inspirava um temor respeitoso, e ainda mais quando a chama tremeluzente de uma lamparina de manteiga iluminava de frente seu rosto. Antes que eu entendesse o que estava acontecendo, meu mestre fez algo muito incomum: abraçou-me de repente e me levantou do chão. Então, deu-me um grande beijo no rosto. Por um longo instante minha mente se dissolveu por completo e fui envolvido por incrível ternura, calor humano, confiança e força.

A segunda vez foi mais formal e aconteceu em Lhodrak Kharchu, numa caverna onde meditou o grande santo e pai do budismo tibetano, Padmasambhava. Havíamos parado ali durante nossa peregrinação pelo sul do Tibete. Eu tinha então cerca de nove anos. Meu mestre mandou me chamar e me pediu para sentar diante dele. Estávamos sozinhos. Ele disse: "Agora vou apresentar a você a natureza essencial da mente". Tomando seu sino e o pequeno tambor de mão, cantou a invocação de todos os mestres da linhagem, do Buda Primordial ao seu próprio mestre. Então, fez a apresentação. Mas de repente jogou-me uma pergunta sem resposta: "Que é a mente?", e olhou fixo no fundo dos meus olhos. Fui tomado totalmente de surpresa. Minha mente se estilhaçou. Nem palavras, nem nomes, nem pensamento restavam – na verdade, nem a própria mente.

Que aconteceu nesse momento espantoso? Os pensamentos passados haviam morrido, o futuro ainda não havia surgido; a corrente dos meus pensamentos foi inteiramente cortada. Nesse puro choque abriu-se uma brecha, e nessa brecha desvelou-se uma consciência cabal e imediata do presente, livre de qualquer apego.

Era simples, desnuda e fundamental. E, no entanto, essa simplicidade desnuda irradiava também o calor de uma compaixão imensa.

Quantas coisas eu poderia dizer sobre aquele momento! Meu mestre, aparentemente, estava fazendo uma pergunta; porém eu sabia que não esperava uma resposta. E antes que eu pudesse procurar por uma, já sabia que não havia nenhuma a encontrar. Senti-me estupefato e maravilhado, enquanto uma certeza profunda e luminosa que nunca havia sentido antes emergia dentro de mim.

Meu mestre perguntara: "Que é a mente?", e naquele instante senti que era quase como se todo mundo soubesse que não existia essa coisa chamada mente, e eu fosse o último a descobrir. Como me pareceu então ridículo até mesmo procurar pela mente!

A introdução feita por meu mestre plantou uma semente lá no fundo, dentro de mim. Mais tarde vim a saber que esse era o método de introdução, de apresentação empregado em nossa linhagem. Não saber disso naquele momento fez com que tudo acontecesse de modo completamente inesperado, e assim mais espantoso e intenso.

Na nossa tradição dizemos que "três autenticidades" precisam estar presentes para que a natureza da mente nos seja apresentada: a bênção de um mestre autêntico, a devoção de um aluno autêntico e a linhagem autêntica do método de apresentação.

O Presidente dos Estados Unidos não pode introduzi-lo à natureza da sua mente, nem podem fazê-lo seu pai ou sua mãe. Não importa quão poderoso alguém possa ser, ou quanto esse alguém ame você. A natureza da mente só pode ser apresentada por alguém que a tenha realizado por inteiro, e que traga consigo a bênção e a experiência da linhagem.

E você, o aluno, precisa encontrar e constantemente alimentar a abertura, a amplitude de visão, a disposição, o entusiasmo e a reverência que mudarão toda a atmosfera da sua mente, e o farão receptivo àquela apresentação. É isso o que queremos dizer com devoção. Sem ela, o mestre pode fazer a introdução, mas o aluno não a reconhecerá. A introdução à natureza da mente só é possível quando ambos, mestre e discípulo, entram juntos nessa experiência; somente nesse encontro de mentes e corações o aluno obterá a realização.

O método é também de importância crucial. É exatamente o mesmo método que foi usado e testado por milhares de anos, e que possibilitou que os próprios mestres do passado obtivessem a realização.

Quando meu mestre me deu a introdução de modo tão espontâneo, e em tão tenra idade, fez algo muito fora do comum. Via de regra isso acontece muito mais tarde, quando o discípulo já passou pelo treinamento preliminar de práticas de meditação e purificação. É isso que amadurece e abre o coração e a mente do aluno para a compreensão direta da verdade. Então, naquele poderoso momento de introdução, o mestre (ele ou ela) pode direcionar sua realização da natureza da mente – o que chamamos de "mente de sabedoria" do mestre – para a mente do aluno, agora verdadeiramente receptivo. O mestre está fazendo nada menos que introduzir o aluno àquilo que o Buda realmente *é*; em outras palavras, despertando-o para a presença viva da iluminação que está dentro de nós. Nessa experiência, o Buda, a natureza da mente e a mente de sabedoria do mestre fundem-se em uma só coisa e se revelam como tal. O discípulo reconhece então, num arroubo de gratidão e sem qualquer sombra de dúvida, que não há, nunca houve e nem poderia haver qualquer separação entre aluno e mestre, entre a mente de sabedoria do mestre e a natureza da mente do aluno.

Dudjom Rinpoche, em sua famosa declaração de realização, escreveu:

> *Como a pura consciência do aqui e agora é o verdadeiro Buda,*
> *Na abertura e no contentamento encontrei o Lama em meu coração.*
> *Quando percebemos que essa infinita mente natural é a própria natureza do Lama,*
> *Então já não há mais necessidade de preces cheias de apego, avidez e lágrimas, nem de queixas artificiais.*

Relaxando simplesmente nesse estado livre de artifícios, aberto e natural,
Desprovidos de intenção, conseguimos a bênção da auto liberação de tudo o que surge.[1]

Quando você reconhece inteiramente que a natureza da sua mente é a mesma que a do mestre, ele e você não se separam mais, porque o mestre é *um* com a natureza da mente do discípulo, sempre presente, tal como é. Lembra-se de Lama Tseten, que vi morrer quando eu era criança? Quando lhe deram a oportunidade de ter o seu mestre fisicamente junto ao seu leito de morte, disse: "Com o mestre não há isso de distância".

Quando você reconhece, como Lama Tseten, que o mestre e você são inseparáveis, uma imensa gratidão, assombro e deferência nascem no seu íntimo. Dudjom Rinpoche chama a isso "a homenagem da Visão". É a devoção que brota espontaneamente ao perceber a Visão da natureza da mente.

Para mim, houve muitos outros momentos de introdução: nos ensinamentos e iniciações que mais tarde recebi de meus outros mestres. Depois que Jamyang Khyentse faleceu, Dudjom Rinpoche acolheu-me em seu amor e tomou conta de mim, e eu lhe servi de tradutor por muitos anos. Isso inaugurou uma outra fase da minha vida.

Dudjom Rinpoche era mestre e místico dos mais famosos do Tibete, além de renomado erudito e escritor. Meu mestre Jamyang Khyentse costumava falar sobre quão maravilhoso era Dudjom Rinpoche como mestre, lembrando que ele era o representante vivo de Padmasambhava nesta era. Assim, embora não nos conhecêssemos pessoalmente e eu não tivesse experiência do seu ensinamento, tinha um profundo respeito por ele. Um dia, depois da morte de meu mestre, quando eu tinha vinte e pouco anos, fiz uma visita de cortesia a Dudjom Rinpoche na sua casa de Kalimpong, uma estação montanhosa nos Himalaias.

Quando cheguei, vi que uma das suas primeiras alunas americanas estava lá, recebendo alguma instrução. Na ocasião, ela estava muito frustrada porque não havia ali um tradutor de inglês bom o bastante para lhe traduzir os ensinamentos sobre a natureza da mente. Quando me viu entrar, Dudjom Rinpoche disse: "Ah, você está aqui! Que bom! Pode traduzir para ela?" Então sentei-me e comecei a traduzir. De uma só vez, por uma hora inteira, ele nos deu um ensinamento notável, um ensinamento que abrangia tudo. Eu estava tão comovido e inspirado que rolaram lágrimas de meus olhos. Percebi que era isto que Jamyang Khyentse tinha querido dizer.

Imediatamente após, pedi a Dudjom Rinpoche que me desse ensinamentos. Ia para sua casa toda tarde e passava várias horas com ele. O mestre era pequenino, com um belo e delicado rosto, mãos refinadas e uma presença gentil, quase feminina. Mantinha seu cabelo longo e preso num coque como o de um iogue, e seus olhos sempre brilhavam de secreto entretenimento. Sua voz parecia a da própria compaixão, suave e um pouco rouca. Dudjom Rinpoche sentava-se num banco baixo coberto com um tapete tibetano, e eu me sentava logo abaixo dele. Vou sempre me lembrar dele sentado ali, com os últimos raios do Sol da tarde entrando pela janela às suas costas.

Então um dia, quando estava recebendo seu ensinamento e praticando com ele, vivi a mais surpreendente das experiências. Tudo o que eu ouvira nos ensinamentos parecia estar acontecendo comigo – era como se todos os fenômenos materiais em torno de nós se dissolvessem. Excitado, gaguejei: "Rinpoche... Rinpoche... está acontecendo!" Nunca vou me esquecer do olhar de compaixão no seu rosto, quando ele se inclinou em minha direção e me disse: "Está bem, está bem. Não fique tão entusiasmado. Afinal, não é bom nem mau..." Espanto e felicidade sublime começavam a me arrastar, mas Dudjom Rinpoche sabia que, embora as boas experiências possam ser marcos úteis no caminho da meditação, podem também ser armadilhas se entra em cena o apego. É preciso ir além delas, para solo mais profundo e estável: era para esse solo que suas sábias palavras me conduziam.

Dudjom Rinpoche inspiraria muitas e muitas vezes a percepção da natureza da mente através das palavras dos ensinamentos que deu; elas em si provocavam lampejos da experiência real. Por muitos anos, todo dia, ele me deu instruções sobre a natureza da mente conhecidas como as instruções "indicativas". Embora eu houvesse recebido todo o treinamento essencial de meu mestre Jamyang Khyentse como uma semente, foi Dudjom Rinpoche quem a regou e fez florescer. E quando comecei a ensinar, foi seu exemplo que me inspirou.

A MENTE E A NATUREZA DA MENTE

O insight ainda revolucionário do budismo é que *a vida e a morte estão na mente, e em nenhum outro lugar.* A mente é revelada como a base universal da experiência – criadora da felicidade e criadora do sofrimento, criadora do que chamamos vida e do que chamamos morte.

Há muitos aspectos da mente, mas dois se destacam. O primeiro é a mente ordinária, chamada pelos tibetanos de *sem*. Um mestre a define: "Aquilo que possui uma consciência que discrimina, aquilo que possui um senso de dualidade – que agarra ou rejeita alguma coisa externa – isso é a mente. Fundamentalmente é aquilo que pode se relacionar com um 'outro' – com 'alguma coisa', que é percebida como diferente daquele que a percebe".[2] *Sem* é a mente discursiva, dualista, pensante, que só pode funcionar em relação a um ponto de referência externo, projetado e falsamente percebido.

Desse modo, *sem* é a mente que pensa, trama, deseja, manipula, que se inflama de raiva, que cria e se entrega a ondas de emoções e pensamentos negativos, e que tem que continuar afirmando, validando e confirmando sua "existência" por meio da fragmentação, conceitualização e solidificação da experiência. A mente ordinária fica incessantemente mudando, presa impotente das influências externas, das tendências habituais e dos condicionamentos. Os mestres comparam *sem* à chama de uma vela diante de uma porta aberta, vulnerável a todos os ventos circunstanciais.

Vista de certo ângulo, *sem* é vacilante, instável, ávida, e se envolve infinitamente nas coisas dos outros; sua energia se consome projetando-se para o exterior. Penso nela às vezes como um feijão saltador mexicano, ou como um macaco pulando irrequieto de galho em galho numa árvore. Vista por outro lado, entretanto, a mente ordinária possui uma estabilidade falsa e amortecida, uma inércia presunçosa e autoprotetora, uma calma de pedra em seus hábitos arraigados. *Sem* é astuciosa como um político corrupto, é cética, desconfiada, especialista em truques e trapaças, "engenhosa" – como escreveu Jamyang Khyentse – "nos jogos do engano". É dentro da experiência dessa caótica, confusa, indisciplinada e repetitiva *sem*, dentro dessa mente ordinária, que vez após vez nós passamos por mudança e morte.

E existe a natureza mesma da mente, sua essência mais profunda, que é absoluta e intocada pela mudança ou pela morte. No presente ela está oculta dentro da nossa própria mente, nossa *sem*, envolvida e obscurecida pela disparada correria mental dos nossos pensamentos e emoções. Tal como as nuvens podem ser alteradas por uma forte rajada de vento, revelando o Sol brilhante e o céu aberto, assim também, sob certas circunstâncias especiais, alguma inspiração pode revelar-nos vislumbres dessa natureza da mente. Esses vislumbres têm diferentes profundidades e graus, mas cada um deles trará alguma luz de entendimento, significado e liberdade. Isso porque a natureza da mente é a própria raiz da compreensão. Em tibetano damos a ela o nome de *Rigpa*, uma consciência primordial, pura, original, que é ao mesmo tempo inteligente, cognitiva, radiante e sempre desperta. Poder-se-ia dizer dela que é o próprio conhecimento do conhecimento.[3]

Não se cometa o erro de imaginar que a natureza da mente é uma exclusividade da nossa mente. Ela é de fato a natureza de tudo. Nunca é demais repetir que perceber a natureza da mente é perceber a natureza de todas as coisas.

Os santos e místicos ao longo da história sempre "adornaram" suas realizações com diferentes nomes, a que atribuíram diferentes faces e interpretações, mas o que eles basicamente experimentaram foi a natureza essencial da mente. Cristãos e judeus chamam-na de

"Deus", os hindus referem-se ao "Eu", a "Shiva", a "Brahman" e a "Vishnu"; os místicos sufis falam na "Essência Oculta", os budistas na "Natureza Búdica". No coração de todas as religiões existe a certeza de que há uma verdade fundamental, e de que esta vida é uma oportunidade sagrada para evoluir e vivenciá-la.

Quando falamos Buda pensamos naturalmente no príncipe indiano Sidarta Gautama, que obteve a iluminação no sexto século antes de Cristo, e que ensinou o caminho espiritual seguido por milhões de pessoas em toda a Ásia, hoje conhecido como budismo. *Buda*, no entanto, tem um significado muito mais profundo. Refere-se a uma pessoa, qualquer pessoa, que despertou completamente da ignorância e abriu-se para o seu vasto potencial de sabedoria. Um buda é alguém que terminou definitivamente com o sofrimento e a frustração, e descobriu uma felicidade e paz permanente e imortal.

Mas para muitos de nós, nesta era de ceticismo, esse estado pode parecer uma fantasia ou um sonho, uma conquista muito além do nosso alcance. É importante lembrar sempre que o Buda era um ser humano, como você ou eu. Ele nunca reivindicou divindade; apenas sabia que tinha a natureza búdica, a semente da iluminação, e sabia que todo mundo também a tem. Essa natureza búdica é simplesmente o direito inato de todo ser senciente, e eu sempre digo: "Nossa natureza búdica é tão boa quanto a de qualquer buda". Essa foi a boa nova que o Buda trouxe para nós de sua iluminação em Bodhgaya, que tantas pessoas consideram tão inspiradora. Sua mensagem – que *a iluminação está ao alcance de todos* – traz consigo uma enorme esperança. Através da prática, todos nós também podemos despertar. Se isso não fosse verdade, incontáveis indivíduos até os dias de hoje não teriam atingido a iluminação.

Diz-se que quando o Buda se iluminou, tudo o que ele queria era mostrar aos demais a natureza da mente, e compartilhar integralmente o que havia realizado. Mas em sua infinita compaixão ele também viu, com tristeza, como seria difícil compreendermos.

Pois embora tenhamos a mesma natureza interior do Buda, não a reconhecemos, de tão envolvida e encerrada que está em nossa mente individual ordinária. Imagine uma jarra vazia. O espaço de dentro é exatamente o mesmo que o espaço de fora; apenas as frágeis paredes da jarra separam um do outro. Nossa mente búdica está encerrada dentro das paredes da mente comum. Mas quando nos tornamos iluminados, é como se a jarra se quebrasse em pedaços. O espaço "interno" se funde imediatamente com o espaço "externo". Eles se tornam um só: nesse exato momento percebemos que nunca estiveram separados nem foram diferentes; na verdade, foram sempre o mesmo.

O CÉU E AS NUVENS

Desse modo, seja nossa vida como for, nossa natureza búdica sempre estará presente. E ela é sempre perfeita. Dizemos que nem mesmo os budas com sua infinita sabedoria podem aperfeiçoá-la; tampouco pode ser estragada pelos seres sencientes com sua aparente e infinita confusão. Nossa verdadeira natureza pode ser comparada ao céu, e a confusão da mente ordinária, às nuvens. Alguns dias o céu está totalmente obscurecido por elas; quando estamos no chão, olhando para o alto, é muito difícil acreditar que haja alguma coisa além de nuvens. Mas é só estarmos num avião para descobrir, lá em cima, a extensão ilimitada do límpido céu azul. E, vistas de lá, as nuvens que pensávamos ser tudo parecem tão pequenas e longínquas, lá embaixo.

Devemos sempre procurar nos lembrar: as nuvens não são o céu, e não "pertencem" a ele. Elas apenas pairam ali e passam, ao seu modo um pouco aleatório e imprevisível; jamais podem, de modo algum, marcar ou macular o céu.

Então, onde exatamente se encontra essa natureza búdica? Na natureza da nossa mente que é semelhante ao céu. De todo aberta, livre e sem limites, é fundamentalmente tão simples e tão natural que não pode ser complicada, corrompida ou maculada; tão pura que está além de qualquer conceito de pureza ou impureza. Falar nessa natureza da mente comparando-a ao céu é, naturalmente, só uma metáfora que nos ajuda a começar a imaginar sua infinita vastidão, que tudo abrange; porque a natureza búdica tem uma qualidade que o céu não pode ter, a da radiante clareza da consciência. Ou como se diz: "Ela é simplesmente a nossa consciência perfeita, presente, sensível e vazia, desnuda e desperta".

Dudjom Rinpoche escreveu:

Palavra alguma pode descrevê-la
Exemplo algum pode indicá-la
O samsara não pode fazê-la pior
O Nirvana não pode fazê-la melhor
Ela jamais nasceu
Ela jamais acabou
Ela jamais foi liberada
Ela jamais se enganou
Ela jamais existiu
Ela jamais inexistiu
Ela não tem limite algum
E não pode ser contida em categorias.

Nyoshul Khen Rinpoche[4] disse:

Profunda e tranquila, livre de complexidade,
Claridade luminosa não composta,
Além da mente das ideias conceituais;
Esta é a profundidade da mente dos Vitoriosos.
Nela não há uma só coisa a ser removida,
Nem algo que precise ser acrescentado.
Ela é simplesmente o imaculado
Contemplando a si mesmo de maneira natural.

OS QUATRO ERROS

Por que as pessoas acham tão difícil até mesmo conceber a profundidade e a glória da natureza da mente? Por que ela parece para tantos uma ideia tão exótica e improvável?

Os ensinamentos falam em quatro erros que nos impedem de perceber imediatamente a natureza da mente:

1. A natureza da mente está *próxima* demais para ser reconhecida. Tal como não conseguimos ver nosso próprio rosto, a mente também tem dificuldade de ver sua própria natureza.
2. É *profunda* demais para ser sondada. Não fazemos ideia de quão profunda pode ser; se fizéssemos, já a teríamos percebido até certo ponto.
3. É *fácil* demais para acreditarmos nela. Na verdade, tudo o que precisamos é simplesmente repousar na consciência pura e desnuda da natureza da mente, que está sempre presente.
4. É *maravilhosa* demais para que nos adaptemos a ela. Sua absoluta imensidão é vasta demais para caber em nosso estreito modo de pensar. Simplesmente nós não podemos acreditar nela. Nem talvez imaginar que a iluminação é a natureza real da *nossa* mente.

Se essa análise dos quatro erros era verdadeira numa civilização como a do Tibete, devotada quase por completo à busca da iluminação, quão mais formidável e pungentemente verdadeira seria ela em face da civilização moderna, que é dedicada em alto grau ao culto da ilusão. Não há informações gerais sobre a natureza da mente. Quase nunca é mencionada por escritores ou intelectuais; os filósofos modernos não falam dela de modo direto; a maioria dos cientistas nega até que ela possa existir. O assunto não faz parte da cultura popular: não é cantado em canções, não é tratado nas peças de teatro e não está na TV. De fato, somos educados na crença de que nada além daquilo que possamos perceber com os nossos sentidos comuns é real.

Apesar dessa negação maciça e quase generalizada de sua existência, temos às vezes breves vislumbres da natureza da mente. Eles podem ser inspirados pela elevação de uma obra musical, pela serena felicidade que experimentamos por momentos no contato com a natureza, ou pela mais comum das situações do cotidiano.

Podem surgir quando vemos a neve caindo lentamente, quando vemos o Sol nascer por trás de uma montanha, ou quando observamos um raio de luz entrar na penumbra do quarto de modo misteriosamente tocante. Esses instantes de iluminação, de paz e sublime felicidade acontecem para nós todos e permanecem conosco de maneira estranha.

Acho que às vezes temos uma meia-compreensão desses vislumbres, mas a cultura moderna não nos fornece nenhum contexto ou estrutura que nos ajude a entendê-los. Pior ainda, em vez de nos encorajar a investigá-los mais profundamente para descobrirmos de onde nascem, somos aconselhados, de maneira óbvia ou sutil, a abafá-los. Sabemos que ninguém nos levará a sério se tentarmos partilhar esses momentos. Assim, ignoramos aquelas que poderiam ser as experiências mais reveladoras de nossa vida, se ao menos pudéssemos entendê-las. Esse é talvez o mais sombrio e perturbador aspecto da civilização moderna – sua ignorância e repressão a respeito de quem realmente somos.

OLHAR PARA DENTRO

Vamos supor que façamos uma mudança completa. Digamos que já não estamos mais olhando numa só direção. Fomos ensinados a passar a vida correndo atrás dos nossos pensamentos e projeções. Mesmo quando se fala da "mente", alude-se apenas aos seus pensamentos e emoções; e quando nossos pesquisadores estudam aquilo que imaginam ser a mente, olham tão só para as suas projeções. Ninguém olha de fato para a mente em si, a base de onde surgem todas essas expressões; e isso tem consequências trágicas. Como disse Padmasambhava:

> *Mesmo quando aquilo que é chamado "mente" é muito apreciado e muito discutido,*
> *Ainda não é entendido ou o é erroneamente, ou só é entendido de modo unilateral.*
> *Como não é entendido de modo correto, tal como é em si,*
> *Passa a existir um número inconcebível de ideias e postulações filosóficas.*

Além disso, uma vez que as pessoas comuns não a compreendem,
Elas não reconhecem sua própria natureza,
E assim continuam a vagar entre os seis destinos do renascimento dentro dos três mundos, e portanto passam por sofrimentos.
Dessa forma, não entender sua própria mente é um erro muito doloroso.[5]

Como é possível inverter esta situação? Muito simples. Nossa mente tem duas posições: a de olhar para fora e a de olhar para dentro.

Vamos olhar para dentro.

A diferença que essa leve mudança de orientação pode fazer é enorme, e pode até reverter aqueles desastres que ameaçam o mundo. Quando um número muito maior de pessoas conhecer a natureza de sua mente, conhecerá também a gloriosa natureza do mundo em que vive e lutará com urgência e coragem para preservá-lo. É interessante que a palavra para "budista" em tibetano é *nangpa*, significando "pessoa do lado de dentro": aquele que busca a verdade não no exterior, mas dentro da natureza da mente. Todos os ensinamentos e treinamentos no budismo são dirigidos para esse único ponto: olhar para dentro da natureza da mente, libertando-nos assim do medo da morte e ajudando-nos a compreender a verdade da vida.

Olhar para o interior exige de nós grande sutileza e coragem – nada menos que uma mudança completa em nossa atitude em relação à vida e à mente. Estamos de tal modo viciados em olhar para fora de nós mesmos, que perdemos quase por completo o acesso ao nosso ser interior. Ficamos apavorados com a ideia de olhar para dentro, porque nossa cultura não nos dá a mais vaga ideia do que encontraremos. Podemos até pensar que, se o fizermos, correremos o risco de enlouquecer. Esse é um dos últimos e mais engenhosos estratagemas do ego para evitar que descubramos nossa verdadeira natureza.

Assim, tornamos nossa vida tão febril, que eliminamos dela o mais ligeiro risco de olhar para dentro de nós. Mesmo a ideia de meditação pode assustar as pessoas. Quando ouvem as palavras "ausência de ego" ou "vacuidade", elas pensam que experimentar esses estados equivaleria a ser lançado da escotilha de uma nave espacial para flutuar para sempre no vazio escuro e gelado do espaço. Nada poderia estar mais distante da realidade. Mas num mundo dedicado à distração, o silêncio e a quietude nos aterrorizam. Protegemo-nos deles com o barulho e a atividade frenética. Observar a natureza da nossa mente é a última coisa que ousaríamos fazer.

Às vezes penso que não queremos fazer perguntas verdadeiras para saber quem somos, por medo de descobrir que existe uma outra realidade diferente desta. O que essa descoberta faria da maneira como vivemos até agora? Como nossos amigos e colegas reagiriam ao que agora sabemos? Que faríamos com esse novo saber? Com o conhecimento vem a responsabilidade. Às vezes, mesmo quando a porta da cela se escancara, o prisioneiro prefere não sair.

A PROMESSA DE ILUMINAÇÃO

No mundo moderno há poucos exemplos de seres humanos que encarnam as qualidades que advêm da realização da natureza da mente. Então nos é difícil até imaginar a iluminação ou as percepções de um ser iluminado, e mais ainda começar a pensar que nós mesmos podemos nos tornar iluminados.

Apesar da jactância com que celebra o valor da vida humana e da liberdade individual, nossa sociedade nos trata como indivíduos obcecados por poder, sexo e dinheiro, que precisam ser constantemente afastados de todo contato com a morte ou com a vida real. Se nos falam ou começamos a suspeitar de nossa profunda potencialidade, não podemos crer nela. E se imaginamos de algum modo a transformação espiritual, nós a vemos como sendo possível apenas para os grandes santos e mestres espirituais do passado. O Dalai Lama fala frequentemente na falta de verdadeiro amor próprio e respeito por si mesmo que vê em muita gente no mundo moderno. Subjacente a toda a nossa perspectiva há uma convicção neurótica das nossas próprias limitações. Isso nos nega toda esperança de despertar e contradiz de maneira trágica a verdade central dos ensinamentos do Buda: a de que já somos todos essencialmente perfeitos.

Mesmo se pensássemos na possibilidade de iluminação, um simples olhar para aquilo que compõe a nossa mente comum – raiva, cobiça, ciúme, rancor, crueldade, luxúria, medo, angústia e confusão – minaria para sempre toda esperança de alcançá-la, se não nos tivessem falado sobre a natureza da mente e sobre a possibilidade de vir a realizar essa natureza que está para além de toda dúvida.

Mas a iluminação é real, e ainda há mestres iluminados na Terra. Se você encontrar um deles, será sacudido e tocado no fundo do seu coração, e perceberá que todas as palavras tais como "iluminação" e "sabedoria", que você pensou serem só ideias, são de fato verdades. Apesar de todos os seus perigos, o mundo de hoje é também muito empolgante. A mente moderna está se abrindo lentamente para diferentes visões da realidade. Pode-se ver na televisão grandes mestres como o Dalai Lama e Madre Teresa de Calcutá; muitos mestres do Oriente agora visitam e ensinam no Ocidente, e livros de todas as tradições místicas estão ganhando um número cada vez maior de leitores. A situação desesperada do planeta está despertando as pessoas para a necessidade de transformação em escala global.

A iluminação, como já disse, é real; cada um de nós, seja quem for, pode nas circunstâncias certas e com o treinamento adequado realizar a natureza da mente, e assim conhecer em si mesmo o que é imortal e eternamente puro. Essa é a promessa de todas as tradições místicas do mundo, e ela foi e está sendo cumprida em milhares e milhares de vidas humanas.

Essa promessa é ainda mais maravilhosa porque não se trata de alguma coisa exótica ou fantástica, nem para uma elite, mas para toda a humanidade. E quando nós a realizamos, dizem os mestres, é inesperadamente comum. A verdade espiritual não é algo elaborado e esotérico, mas é um profundo bom senso. Quando você obtém a realização da natureza da mente, camadas de confusão são removidas. Você de fato não "se torna" um buda, mas simplesmente deixa pouco a pouco de viver no engano e na ilusão. E ser um buda não é ser um onipotente super-homem espiritual, mas tornar-se enfim um verdadeiro ser humano.

Uma das maiores tradições budistas chama a natureza da mente de "a sabedoria do ordinário". Por mais que se diga, não é o bastante: nossa verdadeira natureza e a natureza de todos os seres nada têm de extraordinário. A ironia é que este mundo que chamamos de ordinário é que é extraordinário, uma alucinação fantástica e complexa da visão enganosa do samsara. É essa visão "extraordinária" que nos deixa cegos para a natureza "ordinária", natural e inerente da nossa mente. Imagine se os budas estivessem olhando agora para nós, aqui embaixo: como eles se admirariam, com tristeza, da letal engenhosidade e complexidade da nossa confusão!

Às vezes, porque somos tão desnecessariamente complicados, quando a natureza da mente é introduzida por um mestre, ela parece simples demais para que acreditemos nela. Nossa mente ordinária nos diz que não pode ser, que deve haver alguma coisa a mais do que isso. Com certeza deve ser alguma coisa mais "gloriosa", com luzes fulgurando no espaço ao nosso redor, anjos de cabelos doirados esvoaçantes vindo ao nosso encontro e a voz profunda de um Mágico de Oz anunciando: "Agora você foi introduzido à natureza da sua mente". Não há esse drama todo.

Pelo fato de que em nossa cultura supervalorizamos o intelecto, imaginamos que tornar-se iluminado exige uma inteligência excepcional. Na realidade, vários tipos de agilidade mental não são mais do que obscurecimentos ainda maiores. Há um provérbio tibetano que diz: "Se você é muito esperto, pode deixar de ver inteiramente o ponto básico". Como disse Patrul Rinpoche: "A mente lógica parece interessante, mas ela é a semente do engano e da ilusão". As pessoas podem ficar obcecadas com as suas próprias teorias e deixar de ver o ponto básico de tudo. Dizemos, no Tibete: "As teorias são como remendos num casaco, um dia se desfazem". Deixe-me contar-lhe uma história animadora:

Um grande mestre do século passado tinha um discípulo que era muito obtuso. O mestre ensinou-lhe as mesmas coisas muitas e muitas vezes, tentando introduzi-lo à natureza da sua mente, mas foi inútil. Afinal, o mestre ficou furioso e lhe disse: "Olhe, quero que leve esse saco de cevada até o alto daquela montanha ali. Mas você não deve parar para descansar. Continue simplesmente subindo até chegar ao alto". O discípulo era um homem simples, mas possuía uma inabalável devoção e confiança em seu mestre, de modo que fez exatamente como lhe foi recomendado. O saco era pesado; pegando-o, partiu montanha acima, não ousando parar. Simplesmente seguiu e seguiu. O saco foi ficando cada vez mais pesado. Demorou um tempão. Por fim, ao chegar ao alto da montanha ele jogou o saco no chão. Atirou-se no chão, dominado pela exaustão mas profundamente relaxado. Sentia o ar fresco da montanha em seu rosto. Toda sua resistência se dissolvera, e com ela sua mente ordinária. Tudo parecia ter parado. Naquele exato instante ele, de súbito, obteve a realização da natureza de sua mente. "Ah, era isso que meu mestre esteve me mostrando todo o tempo", pensou. Desceu correndo a montanha e, contrariando todas as convenções, invadiu o quarto do mestre.

– Acho que agora pesquei... Pesquei mesmo!

Seu mestre lhe sorriu como quem sabe das coisas: "Então a subida da montanha foi interessante, não foi?"

Você também, seja quem for, pode ter a experiência que o discípulo teve no alto da montanha e é essa experiência que lhe dará a coragem para transpor a vida e a morte. Mas qual é a melhor, mais rápida e mais eficiente maneira de chegar a isso? O primeiro passo é a prática da meditação. É a meditação que lentamente purifica a mente ordinária, desmascarando e exaurindo seus hábitos e ilusões, de maneira que possamos, no momento certo, reconhecer quem de fato somos.

CINCO

TRAZENDO A MENTE PARA CASA

Há cerca de 2.500 anos, um homem que estivera procurando a verdade por muitas e muitas vidas chegou a um lugar tranquilo na Índia setentrional, e se sentou sob uma árvore. Continuou sentado ali com imensa determinação e jurou não se levantar até que tivesse encontrado a verdade. Ao anoitecer, conta-se, ele havia dominado todas as forças escuras da ilusão. E cedo na manhã seguinte, quando a estrela Vênus brilhou no céu do alvorecer, o homem foi recompensado por sua infinita paciência, disciplina e perfeita concentração, atingindo a meta final da existência humana, a iluminação. Nesse momento sagrado, a própria terra estremeceu, como que "embriagada de felicidade", e segundo dizem as escrituras "ninguém mais em parte alguma estava irado, doente ou triste; ninguém mais fazia o mal, ninguém mais era orgulhoso; o mundo ficou muito quieto, como se tivesse atingido a plena perfeição". Esse homem ficou conhecido como o Buda. Aqui, o mestre vietnamita Thich Nhat Hanh dá uma bela descrição da iluminação do Buda:

> *Gautama sentiu como se uma prisão que o confinava há milhares de vidas tivesse se rompido. A ignorância fora seu carcereiro. Devido à ignorância sua mente estivera obscurecida, como a Lua e as estrelas ficam escondidas*

> *atrás de nuvens de tempestade. Enevoada por infinitas ondas de pensamentos ilusórios, a mente tinha dividido, de maneira falsa, a realidade em sujeito e objeto, o eu e os demais, existência e não existência, nascimento e morte, e dessas discriminações surgiram concepções erradas – as prisões dos sentimentos, do desejo, do apego, do vir a ser. O sofrimento do nascimento, da velhice, da doença e da morte apenas engrossou as paredes da prisão. A única coisa a fazer era pegar o carcereiro e olhar seu verdadeiro rosto. O carcereiro era a ignorância... Quando ele se foi, o cárcere desapareceu e nunca mais se reconstruiu.*[1]

O que o Buda viu foi que a ignorância sobre a nossa verdadeira natureza é a raiz de todos os tormentos do samsara, e a raiz da ignorância em si é a tendência habitual da nossa mente para a distração. Para terminar com a distração da mente era preciso acabar com o próprio samsara; a chave para isso, ele percebeu, era trazer a mente de volta à sua verdadeira natureza pela prática da meditação.

O Buda se sentou no chão em serena e humilde dignidade, com o céu sobre ele e à sua volta, como para mostrar-nos que na meditação você se senta com uma atitude mental aberta como o céu, embora permaneça presente na terra e com os pés no chão. O céu é a nossa natureza absoluta, sem barreiras e infinita, e o chão é a nossa realidade, nossa condição relativa e ordinária. A postura que assumimos quando meditamos significa que estamos ligando absoluto e relativo, céu e terra, espaço e chão, como duas asas de um pássaro, integrando a imortal natureza da mente, semelhante ao céu, e o solo da nossa natureza mortal e transitória.

A dádiva de aprender a meditar é o maior presente que você pode se dar nesta vida. Porque é apenas através da meditação que você pode empreender a jornada para descobrir sua verdadeira natureza e assim encontrar a estabilidade e a confiança de que necessitará para viver e morrer bem. A meditação é o caminho para a iluminação.

TREINANDO A MENTE

Há tantas formas de apresentar a meditação, e devo ter ensinado isso milhares de vezes, mas a cada vez é diferente, de um modo direto e sempre novo.

Felizmente vivemos numa época em que pelo mundo todo muita gente se familiariza com a meditação. Tem sido cada vez mais aceita como uma prática que atravessa as barreiras culturais e religiosas e se eleva acima delas, permitindo àquele que a busca estabelecer um contato direto com a verdade do seu ser. É uma prática que ao mesmo tempo transcende os dogmas e é a essência das religiões.

Via de regra desperdiçamos nossa vida distraídos do nosso eu verdadeiro, numa atividade sem fim; a meditação é o caminho para trazer-nos de volta a nós mesmos, onde podemos realmente experimentar e provar nosso ser completo, além de todos os padrões habituais. Nossa vida é vivida em intensa e ansiosa luta, num turbilhão de velocidade e agressão, competindo, apegando-nos, possuindo e conquistando, sobrecarregando-nos sempre de atividades irrelevantes e de preocupações. A meditação é o exato oposto disso. Meditar é interromper por completo o modo como "normalmente" operamos, em benefício de um estado isento de cuidados e tensões em que inexiste competição, desejo de posse ou apego a qualquer coisa, sem a luta intensa e ansiosa, sem fome de adquirir. Um estado desprovido de ambição onde não cabe nem o aceitar nem o rejeitar, nem a esperança nem o medo, um estado em que lentamente começamos a libertar-nos das emoções e dos conceitos que nos aprisionaram, até chegarmos a um espaço de simplicidade natural.

Os mestres da meditação budista sabem o quão flexível e maleável é a mente. Se a treinamos, tudo é possível. Na verdade, já somos perfeitamente treinados pelo samsara e para ele, treinados para o ciúme, o apego, a ansiedade, a tristeza, o desespero e a avidez, treinados para reagir com raiva ao que quer que nos provoque. Somos treinados, de fato, até o ponto de essas emoções negativas surgirem de modo espontâneo, sem que tentemos produzi-las. Assim, tudo é uma questão de treino e do poder do hábito. Dediquemos a mente à confusão e logo veremos – se formos honestos – que ela se tornará uma mestra sinistra na confusão, competente no seu vício, sutil e perversamente dócil em sua escravidão. Dediquemos a mente na meditação à tarefa de libertá-la da ilusão e veremos que com tempo, paciência, disciplina e treinamento adequado, ela começará a desembaraçar-se e a conhecer sua bem-aventurança e claridade essenciais.

"Treinar" a mente não significa, de modo algum, subjugá-la pela força ou submeter-se a uma lavagem cerebral. Treinar a mente é, antes de tudo, ver de maneira direta e concreta como ela funciona, um conhecimento que você tira dos ensinamentos espirituais e da experiência pessoal na prática da meditação. Aí você pode usar a compreensão para domar a mente e trabalhar habilmente com ela, fazendo-a mais e mais dócil, de modo a poder tornar-se mestre da sua própria mente, empregando-a em seu potencial mais amplo e benéfico.

O mestre budista do século VIII, Shantideva, dizia:

Se este elefante da mente é atado por todos os lados pelo cordão da atenção plena,
Todo medo desaparece e a felicidade completa emerge.
Todos os inimigos: tigres, leões, elefantes, ursos, serpentes [das nossas emoções];[2]
E todos os guardiões do inferno; os demônios e os horrores,
Todos se submetem à maestria da sua mente,
E pelo domar dessa mente, todos são subjugados,
Porque é da mente que procedem os temores e penas infinitas.[3]

Como o escritor que só domina a espontânea liberdade de expressão depois de anos de estudo muitas vezes estafante, e tal como a simples graça de uma bailarina só é conquistada com enorme e paciente esforço, quando começamos a entender onde a meditação nos levará, saberemos aproximar-nos dela como sendo o grande empenho da nossa vida, aquele que demandará de nós a mais profunda perseverança, entusiasmo, inteligência e disciplina.

O CORAÇÃO DA MEDITAÇÃO

O propósito da meditação é despertar em nós aquela natureza da mente que nos lembra o céu, e levar-nos àquilo que realmente somos – nossa consciência pura e imutável que subjaz ao todo da vida e da morte.

Na imobilidade e no silêncio da meditação temos um vislumbre e retornamos àquela profunda natureza interior que há tanto perdemos de vista para o mundo dos negócios e das distrações da nossa mente. Não é extraordinário que ela só possa se acalmar por uns poucos instantes sem aferrar-se a uma distração? Nossa mente é de tal forma inquieta e preocupada que às vezes penso que viver numa cidade em nosso mundo de hoje é já viver como os seres atormentados do estágio intermediário que se segue à morte, quando se diz que a consciência é angustiosamente inquieta. De acordo com algumas autoridades, mais de 13% das pessoas nos Estados Unidos sofrem de algum tipo de desordem mental. O que isso diz sobre o modo como vivemos?

Somos fragmentados em tantos aspectos diferentes! Não sabemos quem de fato somos, com que aspectos de nós mesmos devemos nos identificar, ou em quais devemos crer. Tantas vozes, comandos e sentimentos diferentes lutam pelo controle de nossa vida interior que nos vemos dispersos por toda parte, em todas as direções, deixando a casa sem ninguém.

A meditação, é então, trazer a mente para casa.

No ensinamento do Buda dizemos que há três fatores que fazem toda a diferença entre a nossa meditação ser um modo de propiciar relaxamento, paz e felicidade temporários, ou tornar-se um fator poderoso para a nossa iluminação e a de outros. Nós os chamamos: "Bom no Começo, Bom no Meio e Bom no Fim".

Bom no Começo nasce da consciência de que nós e todos os seres sencientes temos como nossa essência mais profunda a natureza búdica, e do entendimento de que realizá-la é ficar livre da ignorância e acabar com o sofrimento. Portanto, toda vez que iniciamos nossa meditação, somos movidos por essa consciência e nos inspiramos, na motivação de dedicar a nossa prática e a nossa vida à iluminação de todos os seres, no espírito desta oração que todos os budas do passado fizeram:

Pelo poder e pela verdade desta prática:
Possam todos os seres ter a felicidade e as causas da felicidade;
Possam todos se livrar do sofrimento e das causas do sofrimento;
Possam todos jamais se separar da sagrada felicidade que é isenta de sofrimento;
E possam todos viver na grande equanimidade, que é livre de apego e de aversão,

Bom no Meio é a atitude da mente com que entramos no coração da prática, inspirada na realização da natureza da mente, de onde surge uma disposição para o desapego livre de toda e qualquer referência conceitual, e surge também a consciência de que todas as coisas são inerentemente "vazias", ilusórias e semelhantes ao sonho.

Bom no Fim é o modo com que terminamos nossa meditação, dedicando todo o mérito dela obtido e orando com real fervor: "Possa todo mérito vindo desta prática conduzir à iluminação de todos os seres; possa tornar-se uma gota no oceano da atividade de todos os budas em seu incansável trabalho pela liberação de todos os seres". Mérito é o poder positivo e benéfico, a paz e a felicidade que irradiam da sua prática. Você dedica esse mérito ao benefício supremo e a longo prazo de todos os seres, à sua iluminação. Num nível mais imediato, você o dedica a que haja paz no mundo, a que todos possam ser inteiramente livres da necessidade e da doença, e possam experimentar total bem-estar e felicidade duradoura. Então, compreendendo a natureza ilusória e onírica da realidade, você reflete sobre o fato de que, no sentido mais profundo, você, que está dedicando a prática, aqueles a quem você a dedica, e mesmo o próprio ato de dedicação são todos inerentemente "vazios" e ilusórios. Diz-se nos ensinamentos que isso fecha a meditação e assegura que nenhum dos seus poderes puros perca-se ou escape, e que nenhum dos méritos da prática jamais se desperdice.

Estes três princípios sagrados – a motivação *hábil*, a atitude de desprendimento que *protege* a prática e a dedicação que a *fecha* – são o que torna sua meditação verdadeiramente iluminadora e poderosa. Eles foram descritos com beleza pelo grande mestre tibetano Longchenpa como "o coração, o olho e a força vital da verdadeira prática". Ou como Nyoshul Khenpo diz: "Para obter a completa iluminação, mais do que isso não é necessário; porém menos que isso é insuficiente".

A PRÁTICA DA ATENÇÃO PLENA

A meditação consiste em trazer a mente para casa, e isso se conquista primeiramente através da prática da atenção plena.

Uma vez uma mulher veio até o Buda e lhe perguntou como meditar. O Buda lhe disse para ficar consciente de cada movimento de suas mãos enquanto tirava água do poço, sabendo que, se ela fizesse isso, logo entraria naquele estado de atenção e calma cheia de espaço que é a meditação.

A prática da atenção plena, de trazer de volta para casa a mente dispersa e assim colocar em foco diferentes aspectos do nosso ser, é chamada "Permanência Serena". Esta é a primeira prática do caminho meditativo budista e é chamada *shamatha* em sânscrito, *shyiné* em tibetano. A Permanência Serena realiza três coisas. Primeira, todos os fragmentados aspectos de nós mesmos que estavam em guerra assentam-se, dissolvem-se e tornam-se amigos. Aí começamos a nos compreender melhor e às vezes até a ter vislumbres da radiância de nossa natureza fundamental.

Segunda, a prática da atenção plena dissolve nossa negatividade, agressividade, sofrimento e frustração que podem ter ganhado força ao longo de muitas vidas. Ao invés de suprimir emoções ou ser complacente com elas, aqui é importante vê-las, bem como os pensamentos que há na sua mente e qualquer coisa que apareça, com aceitação e generosidade tão amplas e abertas quanto possível.

Gradualmente, ficando aberto e atento e usando uma das técnicas que explicarei depois para concentrar mais e mais a mente, sua negatividade aos poucos se dissolve. Você começa a se sentir bem em seu ser, ou como dizem os franceses, *être bien dans sa peau* (sentir-se bem na sua pele). Disto vem uma sensação de liberação e profunda tranquilidade. Penso nessa prática como a mais efetiva forma de terapia ou autocura.

Terceira, essa prática descerra e revela o seu Bom Coração essencial, porque dissolve e remove a crueldade e a destrutividade que há em você. Só nos tornamos de fato úteis aos outros quando removemos a destrutividade em nós. Pela prática, portanto, tirando de nós pouco a pouco a crueldade e a destrutividade, permitimos que o nosso autêntico Bom Coração – essa bondade e gentileza fundamentais que são a nossa verdadeira natureza – resplandesça e se torne o clima caloroso no qual florescerá nosso verdadeiro ser.

Você verá agora porque chamo a meditação de a verdadeira prática da paz, a verdadeira prática da não agressão e da não violência, o autêntico e o maior desarmamento.

A GRANDE PAZ NATURAL

Quando ensino meditação, frequentemente começo dizendo: "Traga sua mente para casa. E solte. E relaxe".

Toda a prática da meditação pode ser resumida nesses três pontos cruciais: trazer sua mente para casa, soltar e relaxar. Cada fase contém significados que ressoam em muitos níveis.

Trazer a mente para casa quer dizer conduzir a mente pela prática da atenção plena até o estado de Permanência Serena. No seu sentido mais profundo, trazer a mente para casa é voltá-la para dentro e repousar na própria natureza da mente. Esta é em si a mais elevada meditação.

Soltar significa soltar a mente da prisão da atitude de agarrar, já que você reconhece que toda dor, medo e aflição resultam da ânsia da mente que quer agarrar. Num nível mais profundo, a realização e a confiança que surgem da sua crescente compreensão da natureza da mente inspiram uma generosidade profunda e natural, que fazem com que você se torne capaz de liberar do seu coração toda vontade de agarrar, deixando-o livre para mergulhar na inspiração do meditar.

Por último, *relaxar* significa ter espaço e descontrair as tensões da mente. Num sentido mais profundo, você relaxa na verdadeira natureza da sua mente, o estado de Rigpa. As palavras tibetanas que evocam esse processo sugerem o sentido de "relaxar *sobre* Rigpa". É como derramar um punhado de areia numa superfície plana – cada grão cai onde bem entende, obedecendo às forças naturais. É assim que você relaxa na sua verdadeira natureza, deixando que todos os pensamentos e emoções se aquietem e se dissolvam no estado da natureza da mente.

Quando medito, sempre me inspiro neste poema de Nyoshul Khenpo:

Descanse na grande paz natural
Essa mente exausta,
Impotente diante do carma e do pensamento neurótico,
Que golpeiam com a fúria implacável de incessantes ondas
No infinito oceano do samsara.

Descanse na grande paz natural.

Acima de tudo, esteja à vontade, seja tão natural e vasto quanto possível. Escape tranquilamente da cilada do seu ansioso eu habitual, abandone todo apego e relaxe na sua verdadeira natureza. Imagine o seu eu ordinário, emocional e dirigido pelo pensamento, como um bloco de gelo ou tablete de manteiga deixado ao sol. Se está se sentindo rígido e frio, deixe que essa agressividade que está em você derreta ao sol de sua meditação. Deixe que a paz trabalhe em você, tornando-o capaz de reunir sua mente dispersa à atenção plena da Permanência Serena e de despertar em si mesmo a consciência e a compreensão da Clara Visão. E você verá desarmada toda sua negatividade, dissolvida sua agressão, e sua confusão evaporando-se lentamente, como névoa no vasto e imaculado céu da sua natureza absoluta.[4]

Tranquilamente sentado, o corpo imóvel, a fala silenciada, a mente em paz, deixe pensamentos, emoções e o que quer que surja dentro de você chegar e ir embora, sem se apegar a nada.

Com o que se parece esse estado? Dudjom Rinpoche costumava sugerir que imaginemos um homem que chega em casa depois de um longo e penoso dia de trabalho no campo e afunda na sua poltrona favorita em frente à lareira. Trabalhou o dia inteiro e sabe que conseguiu realizar o que queria; não há nada mais com que se preocupar, nada foi deixado por fazer e ele pode abandonar por completo seu cuidado e preocupações, contente em simplesmente ser.

Assim, quando você medita, é essencial criar o correto ambiente interior da mente. Todo esforço e luta vêm de não darmos o espaço suficiente. Portanto, criar esse ambiente interior correto é vital para que a sua meditação verdadeiramente aconteça. Quando há humor e amplidão de espaço, a meditação surge sem esforço.

Às vezes quando medito não uso nenhum método específico. Apenas deixo que minha mente descanse, descobrindo, especialmente quando estou inspirado, que posso trazê-la para casa e relaxar bem depressa. Sento quieto e descanso na natureza da mente. Não me interrogo ou levanto dúvidas sobre se estou no estado "correto" ou não. Não há esforço nenhum, apenas uma rica compreensão, um estado desperto e uma certeza inabalável. Quando estou na natureza da mente, a mente ordinária não está mais ali. Não há necessidade de manter ou confirmar a percepção de ser: eu simplesmente sou. Uma confiança fundamental está presente. Não há nada especial a fazer.

OS MÉTODOS NA MEDITAÇÃO

Se sua mente consegue assentar de modo natural, por si só, e se você se sente inspirado a simplesmente repousar na consciência intrínseca à sua mente, você não necessita de nenhum método de meditação. De fato, quando você está nesse ponto pode até ser contraproducente usar algum. No entanto, a grande maioria de nós tem dificuldade de chegar diretamente a esse estado. Não sabemos como despertá-lo e nossa mente está tão rebelde e desatenta que precisamos de um meio hábil, um método para evocá-lo.

Por "hábil" quero dizer que você une a sua compreensão da natureza essencial da sua mente, o seu conhecimento sobre os seus vários estados de espírito, às descobertas que fez através da prática sobre como trabalhar com você mesmo, momento a momento. Reunindo esses elementos, você aprende a arte de aplicar qualquer método que seja apropriado a uma situação ou problema particular, para transformar o seu ambiente mental.

Mas não se esqueça: um método é apenas um meio, *não* a meditação em si mesma. É praticando habilmente o método que você atinge a perfeição daquele estado puro de total presença, que é a verdadeira meditação.

Há uma expressão tibetana que é reveladora: *Gompa ma yin, kompa yin*, que literalmente significa: "A 'meditação' não é; 'estar acostumado a ela' é o que é". Querendo dizer que a meditação não é senão habituar-se com a *prática* da meditação. Como se diz, "a meditação não é esforço, mas naturalmente deixar-se incorporar por ela". À medida que você continua a praticar o método, a meditação surge lentamente. Não é algo que você possa "fazer", mas algo que tem que acontecer de maneira espontânea, só quando já aperfeiçoamos a prática.

No entanto, para a meditação acontecer, condições calmas e auspiciosas precisam ser criadas. Antes de conseguirmos o domínio da nossa mente, é necessário primeiro aquietar o seu ambiente. Agora, a mente é como a chama de um candelabro: instável, tremulante, constantemente mudando, soprada pelos ventos brutais dos nossos pensamentos e emoções. A chama só terá firmeza quando serenarmos o ar ao seu redor; assim, só podemos começar a ter vislumbres sobre a natureza da mente e a repousar nela quando aquietarmos a turbulência dos pensamentos e emoções. Por outro lado, uma vez que obtivermos estabilidade na nossa meditação, ruídos e perturbações de todo tipo terão impacto muito menor.

No Ocidente as pessoas tendem a ser absorvidas pelo que eu denominaria "tecnologia da meditação". O mundo moderno, afinal de contas, é fascinado por mecanismos e máquinas e viciado em fórmulas exclusivamente práticas. Mas, de longe, o essencial da meditação não é a técnica e sim seu espírito: o caminho hábil, inspirado e criativo em que praticamos, que também pode ser chamado de "a postura".

A POSTURA

Os mestres dizem: "Se você cria uma condição auspiciosa em seu corpo e no ambiente que o cerca, a meditação e a realização vão surgir automaticamente". Falar sobre a postura não é pedantismo esotérico; toda a questão de assumir uma postura correta consiste em criar um campo mais inspirador para a meditação, para o despertar de Rigpa. Há uma conexão entre a postura do corpo e a atitude da mente. Mente e corpo estão inter-relacionados e a meditação surge de modo natural quando a sua postura e atitude são inspiradas.

Se você está sentado e sua mente não está totalmente em sintonia com seu corpo – se está, por exemplo, ansioso e preocupado com alguma coisa – seu corpo vai experimentar desconforto físico e dificuldades surgirão com maior facilidade. Já se sua mente está num estado tranquilo e inspirado, ela influenciará toda a sua postura e você poderá sentar-se muito mais naturalmente e sem esforço. Assim, é muito importante unir a postura do seu corpo e a confiança que emerge de sua percepção da natureza da mente.

A postura que vou explicar agora pode diferir um pouco de outras a que você talvez esteja acostumado. Ela vem dos antigos ensinamentos do Dzogchen e é aquela que meus mestres me ensinaram, e eu a acho muito poderosa.

Diz-se nos ensinamentos do Dzogchen que *sua Visão e sua postura* devem ser as de uma montanha. Sua Visão é a somatória de todo o seu conhecimento e o seu insight da natureza da mente, que você traz para a meditação. Assim, sua Visão traduz e inspira sua postura, expressando o coração do seu ser no modo como você se senta.

Sente-se, portanto, como se fosse uma montanha, com toda a firme e inabalável majestade de uma montanha. Uma montanha está completamente natural e à vontade consigo mesma, não importa quão forte seja o vento que a golpeia ou quão espessa a camada de nuvens em turbilhão ao redor do seu pico. Sentando-se como uma montanha, deixe sua mente elevar-se, voar e subir.

O ponto mais importante da sua postura é manter as costas retas, como "uma flecha", ou "uma pilha de moedas de ouro". A "energia interior", ou *prana*, fluirá então com facilidade pelos canais sutis do corpo e sua mente encontrará o seu verdadeiro estado de repouso. Não force nada. A parte baixa da coluna tem uma curvatura natural; ela deve estar descontraída mas vertical. Sua cabeça deve estar confortavelmente equilibrada no pescoço. São seus ombros e a parte superior do torso que vão sustentar a força e a graça da postura, e eles devem manter um forte aprumo, mas sem qualquer tensão.

Sente-se com suas pernas cruzadas. Não é preciso sentar-se na posição de lótus completa, que é mais enfatizada na prática avançada da ioga. As pernas cruzadas expressam a unidade da vida e da morte, o bem e o mal, meios hábeis e sabedoria, os princípios masculino e feminino, o samsara e o nirvana; o humor da não dualidade. Pode também preferir sentar-se numa cadeira, com as pernas relaxadas, mas mantenha sempre as costas retas.[5]

Na minha tradição meditativa, seus olhos devem manter-se abertos: esse é um ponto muito importante. Se você é sensível a perturbações de fora, no início da prática pode ser útil fechar os olhos por algum tempo e aí calmamente voltar-se para o interior.

Sentindo-se estabilizado na calma, gradualmente abra seus olhos e verá que seu olhar está mais em paz e mais tranquilo. Olhe para baixo, na direção da linha de seu nariz e num ângulo de cerca de 45 graus para sua frente. Uma dica prática em geral é que sempre que sua mente estiver agitada será melhor baixar seus olhos e sempre que estiver sonolenta, trazê-los para cima.

Com a sua mente calma e a claridade do insight começando a surgir, você se sentirá livre para trazer seu olhar mais para a horizontal, fitando o espaço diretamente à sua frente. Este é o olhar recomendado na prática Dzogchen.

Nos ensinamentos do Dzogchen diz-se que *sua meditação e seu olhar* devem ser como a vasta extensão do grande oceano: todo-abrangente, aberto e sem limites. Como sua Visão e postura são inseparáveis, assim também sua meditação inspira seu olhar, e ambos agora fundem-se num só.

Não focalize nada em particular. Em vez disso volte-se delicadamente para si mesmo e deixe seu olhar expandir-se, abrir-se mais e mais no espaço e tornar-se mais abrangente. Você descobrirá então que sua visão em si se torna mais expansiva, e que há mais paz, mais compaixão no seu olhar, mais equanimidade e estabilidade.

O nome tibetano do Buda da Compaixão é Chenrézig. *Chen* é o olho, *ré* é o canto do olho, e *zig* significa ver. Isso quer dizer que com seus olhos compassivos Chenrézig vê as necessidades de todos os seres. Dirija assim a compaixão que irradia de sua meditação, suave e delicadamente, através dos seus olhos, de maneira tal que seu olhar e torne o olhar da própria compaixão, abrangente e vasto como o oceano.

Há várias razões para manter os olhos abertos. Desse modo é menos provável que você adormeça. Assim, a meditação não é um meio de fugir do mundo, ou de escapar dele para uma experiência como a do transe de um estado alterado de consciência. Ao contrário, é um modo direto de nos ajudar a nos entendermos verdadeiramente e a nos relacionarmos com a vida e o mundo.

Portanto, na meditação mantenha seus olhos abertos, não

fechados. Em vez de excluir a vida, você permanece aberto em relação a tudo, e em paz com tudo. Deixe todos seus sentidos – audição, visão, tato – simplesmente abertos, de forma natural, tais como são, sem se apegar às percepções que vêm deles. Como dizia Dudjom Rinpoche: "Embora diferentes formas sejam percebidas, elas são em essência vazias; mas mesmo na vacuidade percebemos formas. Embora diferentes sons sejam ouvidos, eles são vazios; mas mesmo na vacuidade percebemos sons. Também surgem diferentes pensamentos e eles são vazios; mas mesmo na vacuidade percebemos pensamentos". Não importa o que você veja, não importa o que ouça, deixe como é, sem se apegar. Deixe o escutar no escutar, o ver no ver, evitando que o seu apego entre na percepção.

Conforme a prática especial da luminosidade no Dzogchen, toda a luz da nossa energia de sabedoria reside no centro do coração, que está conectado aos olhos pelos "canais da sabedoria". Os olhos são as "portas" da luminosidade, por isso você os mantém abertos para não bloquear esses canais da sabedoria.[6]

Ao meditar, mantenha sua boca ligeiramente aberta, como quem está para pronunciar um prolongado e relaxante "aaah". Diz-se que mantendo a boca ligeiramente aberta e respirando principalmente por ela, os "ventos cármicos" que criam pensamentos discursivos são menos propensos a surgir e a erguer obstáculos em sua mente e na meditação.

Deixe suas mãos repousadas de modo confortável nos joelhos. Essa é a chamada postura da "mente confortável e tranquila".

Há nessa postura uma centelha de esperança, um humor brincalhão, que está na compreensão secreta de que todos nós temos a natureza búdica. Assim, quando você assume a postura, está jovialmente imitando um buda, tomando conhecimento de sua própria natureza búdica e encorajando de verdade o seu emergir. Você começa de fato a se respeitar como um buda em potencial. Ao mesmo tempo você ainda reconhece sua condição relativa. Mas justamente porque se deixa inspirar por uma confiança prazenteira em sua natureza búdica, pode aceitar os aspectos negativos com mais facilidade e lidar com eles com mais suavidade e humor. Quando meditar, então, convide-se a sentir a autoestima, a dignidade e a forte humildade do buda que você é. Sempre digo que, se você simplesmente se deixar inspirar por essa alegre confiança, é o bastante: a partir dessa compreensão e positividade a meditação surgirá de maneira natural.

TRÊS MÉTODOS DE MEDITAÇÃO

O Buda ensinou 84.000 diferentes maneiras para domar e pacificar as emoções negativas, e no budismo há incontáveis métodos de meditação. Encontrei três técnicas de meditação que são particularmente eficazes no mundo moderno, e que todos podem usar e beneficiar-se. São elas: "observar" a respiração, usar um objeto e recitar um mantra.

1. Usando um objeto

Um primeiro método que muita gente pode achar útil consiste em delicadamente descansar a mente num objeto. Você pode usar um objeto de beleza natural que lhe traga uma inspiração especial, como uma flor ou alguma coisa de cristal. Mas algo que personifique a verdade, como uma imagem do Buda, de Cristo ou particularmente do seu mestre, é ainda mais poderoso. Seu mestre é seu elo vivo com a verdade; e devido à sua conexão pessoal com ele, só olhar seu rosto já liga você à inspiração e à verdade de sua própria natureza.

Muita gente encontrou uma ligação particular com a imagem ou a estátua de Padmasambhava chamada "Parece Comigo", feita durante sua vida e abençoada por ele no oitavo século, no Tibete. Padmasambhava, pelo imenso poder de sua personalidade espiritual, levou o ensinamento do Buda para o Tibete. Conhecido como "o segundo Buda", ele foi afetuosamente chamado "Guru Rinpoche", que significa para o povo tibetano "Precioso Mestre". Dilgo Khyentse Rinpoche disse:

Padmasambhava: "Parece Comigo". Padmasambhava, o "Mestre Precioso", "Guru Rinpoche", é o fundador do budismo tibetano, e o Buda da nossa época. Acredita-se que, vendo esta estátua em Samye, no Tibete, onde foi feita no século VIII, ele comentou: "Ela se parece comigo", e então a abençoou, dizendo: "Agora ela é o mesmo que eu!"

Incríveis mestres vieram da terra nobre da Índia e do Tibete, País das Neves, mas dentre todos eles o de maior compaixão e que mais bênçãos trouxe aos seres nesta época difícil foi Padmasambhava, que encarna a compaixão e sabedoria de todos os budas. Uma das suas qualidades é que temo poder de abençoar instantaneamente quem reza invocando seu nome, e também de conceder de imediato tudo o que orando lhe pedimos.

Inspirado nisso, ponha uma cópia desta imagem ao nível dos seus olhos e com suavidade preste atenção no rosto dele, especialmente no seu olhar. Há uma profunda tranquilidade em torno desse olhar, que quase sai da fotografia para levar você a um estado de consciência sem apego, o estado de meditação. Deixe então sua mente tranquila, em paz, com Padmasambhava.

2. Recitação de um mantra

Uma segunda técnica, muito usada no budismo tibetano (e também no sufismo, no cristianismo ortodoxo e no hinduísmo), é unir a mente com o som de um mantra. A definição de mantra é "aquilo que protege a mente". Aquilo que protege a mente da negatividade, ou que protege você de sua própria mente, chama-se mantra.

Quando você está nervoso, desorientado ou emocionalmente frágil, cantar ou recitar um mantra de forma inspirada pode mudar por completo o estado de sua mente, transformando sua energia e atmosfera. Como isso é possível? O mantra é a essência do som, a materialização da verdade na forma de som. Cada sílaba está imbuída de força espiritual, condensa uma verdade espiritual e vibra com a bênção da fala dos budas. Diz-se também que a mente cavalga na energia sutil da respiração, o prana, que se move pelos canais sutis do corpo e os purifica. Assim, quando você canta um mantra, recarrega a sua respiração e energia com a energia desse mantra, trabalhando assim diretamente sobre sua mente e seu corpo sutil.

O mantra que recomendo aos meus estudantes é OM AH HUM VAJRA GURU PADMA SIDDHI HUM (ou como dizem os tibetanos: Om Ah Hung Benza Guru Péma Siddhi Hung), que é o mantra de Padmasambhava, o mantra de todos os budas, mestres e seres realizados e por isso único em seu poder para a paz, a cura, a transformação e a proteção nesta época violenta e caótica.[7] Recite-o silenciosamente, com profunda atenção, e deixe sua respiração, o mantra e sua consciência lentamente tornarem-se um. Ou cante-o de modo inspirado, e descanse no silêncio profundo que às vezes se segue a ele.

Mesmo depois de uma vida inteira de familiaridade com esta prática, às vezes ainda me espanto com o poder do mantra. Há alguns anos conduzi um *workshop* para trezentas pessoas em Lyon, na França, cuja maioria era de donas de casa e terapeutas. Passei o dia todo ensinando, mas parecia que eles queriam mesmo era fazer render ao máximo aquele tempo que tinham comigo e ficaram me fazendo perguntas, interminavelmente, uma após outra. Ao final da tarde eu estava exaurido e uma atmosfera apática e pesada parecia ter descido sobre a sala. Aí eu cantei um mantra, esse mantra que lhes dei acima. Fiquei maravilhado com o efeito: em poucos instantes senti minha energia restaurada, a atmosfera ao nosso redor transformou-se, e toda a audiência parecia novamente brilhante e encantadora. Já tive experiências como essa inúmeras vezes, e portanto sei que não se trata de um "milagre" ocasional!

3. "Observar" a respiração

O terceiro método é muito antigo e o encontramos em todas as escolas do budismo. Trata-se de pousar sua atenção, leve e conscientemente, na respiração.

Respiração *é* vida, a mais fundamental expressão da nossa vida. No judaísmo, *ruah*, respiração, significa o espírito de Deus que infunde a criação; também no cristianismo há um profunda ligação entre o Espírito Santo, sem o qual nada poderia ter vida, e a respiração. No ensinamento do Buda, a respiração, ou *prana* em sânscrito, é conhecida como "o veículo da mente", porque é o prana que faz nossa mente mover-se. Assim, quando você acalma a mente ao trabalhar de modo hábil com a respiração, está simultânea e automaticamente domando e treinando essa mente. Já não experimentamos o quanto pode ser relaxante, quando a vida é dominada pelo estresse, ficar sozinho uns minutos e simplesmente respirar de maneira profunda e tranquila? Até esse simples exercício pode nos fazer um grande bem.

Assim, quando você meditar, respire naturalmente, como sempre faz. Ponha sua atenção de leve na expiração. Quando puser o ar para fora, flua com sua expiração. Cada vez que expira, está soltando e se libertando da sua avidez. Imagine sua respiração se dissolvendo na vastidão da verdade, vastidão que tudo abrange. A cada vez que expira o ar e antes de inspirá-lo de novo, perceberá um intervalo natural, à medida que a avidez se dissolve.

Descanse nesse intervalo, nesse espaço aberto. E quando, naturalmente inspirar, não se fixe no ar que entra, mas siga repousando sua mente no intervalo que se abriu ali.

Quando você estiver praticando, é importante não se deixar envolver em comentários mentais, em análises ou no falatório interno. Não tome os rápidos comentários de sua própria mente ("estou inspirando, e agora estou expirando") como sendo a sua verdadeira atenção. O importante é a pura presença.

Não se concentre demais na respiração. Algo muito importante que os mestres sempre aconselham é não fixar-se enquanto pratica a concentração da Permanência Serena. Por isso aconselham-nos a colocar cerca de 25% de nossa atenção na consciência da respiração. Como você mesmo descobrirá, isto não é o suficiente. Enquanto estiver observando a respiração, depois de um ou dois minutos, talvez se pegue jogando futebol ou estrelando um filme. Portanto, os outros 25% da sua atenção devem estar voltados para a consciência contínua e vigilante que supervisiona e verifica se ainda está atento à respiração. O restante, 50% de sua atenção, repousa tranquila e espaçosamente.

À medida que você ficar mais atento à sua respiração, verá que está mais e mais presente, que consegue reunir os seus aspectos dispersos e trazê-los de volta, tornando-se um todo.

Mais do que "observar" a respiração, deixe-se gradualmente identificar com ela, como se você se transformasse nela. Aos poucos, a respiração, o respirar e aquele que respira tornam-se um só; a dualidade e a separação se dissolvem.

Como verá, esse processo muito simples de atenção plena filtra seus pensamentos e emoções. Então, como se você trocasse uma pele velha, algo se desprende de você e o liberta.

Três métodos em um

Cada um desses três métodos constitui uma prática meditativa completa. Contudo, depois de muitos anos ensinando, descobri que a combinação deles numa só prática, na ordem dada aqui, pode ser especialmente eficaz. Primeiro, o repousar a mente num objeto pode transformar o ambiente externo e agir no nível da *forma* e no corpo. Segundo, a recitação ou canto do mantra pode purificar o mundo interior do *som*, emoção e energia. Terceiro, observar a respiração pode pacificar a dimensão mais profunda da *mente*, bem como o *prana*, "veículo da mente". Portanto, os três métodos operam sucessivamente sobre os três aspectos dos quais somos formados: *corpo*, *fala* e *mente*. Ao praticá-los, um vai levando ao seguinte e isso permite que você se torne cada vez mais sereno e presente.

Comece por *descansar seu olhar sobre um objeto*. Pode ser a fotografia de Padmasambhava. Olhe para seu rosto. Uma imagem sagrada como esta de fato transmite paz. O poder de sua bênção infunde tal serenidade que simplesmente ver a imagem acalmará a sua mente e também evocará e lembrará o Buda interior. Além de servir como objeto de sua meditação, transformará o ambiente à sua volta e, o que é mais importante, inspirará a atmosfera de sua meditação com um profundo silêncio. Se desejar, enquanto contempla o rosto de Padmasambhava, invoque a bênção e a presença de todos os budas.

Então *recite o mantra* e deixe que seu som transforme a energia de sua mente e purifique suas emoções. Experimente cantar em voz alta. Cante com o máximo de inspiração e sentimento que puder e ele dissolverá sua tensão nervosa. Repouse no silêncio especial que se segue. Verá que de forma natural sua mente está aquietada, mais focada, mais flexível e em paz. Da mesma forma, você pode recitar o mantra de modo suave e silencioso como expliquei.

Às vezes nossa mente está agitada e inquieta demais para que possamos focalizar imediatamente a respiração. Mas se você praticar um pouco os dois primeiros métodos, quando chegar a hora de dirigir sua atenção para a respiração, sua mente já estará um pouco domada. Agora você pode permanecer silenciosamente na *observação da respiração*. Continue nessa prática ou, depois de algum tempo, volte à prática que mais profundamente o atrair.

Empregue quanto tempo quiser em cada método antes de adotar o próximo. Você descobrirá que, às vezes, é mais útil unificar a prática na sequência dada e que outras vezes um método só, seja a observação da respiração, a contemplação do objeto ou a recitação do mantra, será mais eficiente para reunir a mente dispersa. Algumas pessoas, por exemplo, simplesmente não se sentem relaxadas ou à vontade com a observação da respiração; acham isso quase claustrofóbico. Para elas, um objeto ou um mantra são mais adequados. O importante é fazer aquilo que mais ajuda e que está mais de acordo com a sua disposição. Seja ousado, mas evite pular de um método para outro depois de escolher um deles para a prática. Tenha a sabedoria de empregar a prática correta, que atenda sua necessidade específica naquele momento. Isto é ser hábil.

A MENTE EM MEDITAÇÃO

O que, então, devemos "fazer" com a mente em meditação? Absolutamente nada. Deixá-la como está. Um mestre descreveu a meditação como "a mente suspensa no espaço, em lugar nenhum".

O ditado é famoso: "A mente é espontaneamente feliz se não é forçada, assim como a água é naturalmente transparente e clara se não é agitada". Com frequência comparo a mente em meditação com um jarro de água barrenta: quanto menos interferência ou agitação tiver, mais as partículas de terra se depositam no fundo, permitindo que a claridade natural da água transpareça. A própria natureza da mente é tal que, se você a deixar em seu estado inalterado e natural, ela encontrará sua verdadeira natureza, que é bem-aventurança e claridade.

Tome cuidado, portanto, para não impor nem cobrar nada à mente. Ao meditar, não deve haver qualquer esforço na direção do controle, nem empenho em ser pacífico. Não seja solene demais nem se sinta como se estivesse tomando parte num ritual especial; deixe de lado até a ideia de que está meditando. Deixe seu corpo entregue a si mesmo e a respiração como estiver. Pense em si próprio como o céu, sustentando todo o universo.

PERMANÊNCIA SERENA E CLARA VISÃO

A disciplina da prática da Permanência Serena é trazer repetidas vezes a mente de volta ao objeto da meditação, por exemplo, a respiração. Se estiver distraído, quando de repente se lembrar, apenas traga a mente de volta à respiração. Nada mais é necessário. Até mesmo a pergunta "Como foi que me distraí tanto?" é apenas outra distração. A simplicidade da atenção plena, o voltar incessantemente a atenção para a respiração, vai acalmando a mente. Aos poucos a mente se assentará na mente.

Ao ganhar maestria na prática da Permanência Serena e tornar-se um com a respiração, depois de algum tempo até mesmo a própria respiração como foco da prática se dissolve e você se pega repousando no agora. Este é o foco único que representa o desfrute e o objetivo do *shamatha* ou Permanência Serena. Ficar no agora e no silêncio é uma conquista excelente, mas voltando ao exemplo da jarra de água barrenta, se você não agitá-la, a terra assentará e a água ficará clara. No entanto, a terra continua ali no fundo. Um dia, se você agitar a água, ela subirá de novo. Enquanto você cultivar o silêncio, poderá gozar de paz, mas basta que sua mente fique perturbada e pensamentos aflitivos surgirão de novo.

Ficar no agora da Permanência Serena não nos leva à iluminação ou liberação. O agora se torna um objeto muito sutil, e a mente que habita o agora é um objeto sutil. Enquanto permanecermos no campo da dualidade sujeito-objeto, a mente continuará dentro do mundo conceitual comum do samsara.

Através da prática da Permanência Serena, a mente repousa num estado de paz e encontra estabilidade. Assim como a imagem de uma câmara se torna mais nítida quando a focalizamos, o foco único da Permanência Serena permite o surgimento de crescente clareza mental. Na medida em que os obscurecimentos são gradualmente removidos e o ego e sua tendência ao apego começam a de dissolver, nasce a Clara Visão ou "insight". Este se chama *vipashyana* em sânscrito e *lhaktong* em tibetano. Nessa altura você já não precisa mais da âncora do permanecer no agora e pode progredir, indo além do seu próprio ser para chegar à vastidão que é a "sabedoria que percebe a ausência de ego". Isso é o que arrancará as raízes da ilusão e o libertará do samsara.

À medida que essa Clara Visão se aprofunda progressivamente, ela leva você a experimentar a natureza intrínseca da realidade e da natureza de sua mente. Quando os pensamentos e emoções enevoados se desmancham, a natureza de nosso verdadeiro ser, que é como o céu, se revela e nossa natureza búdica fulgura como o Sol. E assim como a luz e o calor irradiam do Sol, sabedoria e compaixão amorosa são emitidas a partir da natureza mais profunda da mente. O apego ao falso ser, ou ego, se dissolve e simplesmente descansamos tanto quanto possível na natureza da mente, esse estado mais natural sem referências ou conceitos, esperança ou medo, mas provido de uma confiança serena e crescente – a forma mais profunda de bem-estar imaginável.

UM DELICADO EQUILÍBRIO

Na meditação, como em todas as artes, deve haver um equilíbrio sutil entre relaxamento e estado de alerta. Uma vez um monge chamado Shrona estava estudando meditação com um dos discípulos mais próximos do Buda. Estava tendo dificuldade em encontrar a abordagem correta da mente. Tentou com esforço se concentrar e acabou tendo uma forte dor de cabeça. Então relaxou sua mente, mas a tal ponto que terminou dormindo. Finalmente apelou para o Buda, pedindo socorro. Sabendo que Shrona fora um músico famoso antes de se tornar monge, o Buda perguntou--lhe: "Você não era um tocador de vina quando leigo?"

Shrona concordou.

– Como tirava o melhor som da sua vina? Era quando as cordas estavam tensas, ou quando elas estavam frouxas?

– Nem uma coisa, nem outra. Quando tinham a tensão correta, nem esticadas nem frouxas.

– Bem, é exatamente a mesma coisa com a sua mente.

Uma das maiores mestras tibetanas, Ma Chik Lap Drön, disse: "Alerta, alerta; todavia relaxe, relaxe. Esse é um ponto crucial para a Visão na meditação". Vigie sua vigilância, mas ao mesmo tempo fique relaxado, tão relaxado de fato que você nem se apegue à ideia de relaxamento.

PENSAMENTOS E EMOÇÕES: AS ONDAS E O OCEANO

Quando as pessoas começam a meditar, sempre dizem que seus pensamentos estão desenfreados e tornam-se mais agitados do que nunca. Mas eu as tranquilizo dizendo que esse é um bom sinal. Longe de significar que seus pensamentos estão mais agitados, isso mostra que *você* ficou mais tranquilo e está finalmente cônscio do quão ruidosos seus pensamentos sempre foram. Não se desencoraje ou desista. O que quer que surja, apenas mantenha-se presente e continue voltando-se para a sua respiração, mesmo no meio da maior confusão.

Nas antigas instruções de meditação dizia-se que de início os pensamentos chegarão um sobre o outro, ininterruptos, como uma cascata na montanha escarpada. Aos poucos, à medida que se aperfeiçoa a meditação, eles se tornam como a água numa garganta estreita, depois como um grande rio correndo vagaroso para o mar, e por fim a mente se torna um oceano plácido e imóvel, agitado apenas pelo marulho ou onda ocasional.

Às vezes as pessoas pensam que quando meditam não deveria haver pensamentos ou emoções de espécie alguma; e quando surgem pensamentos e emoções, elas se aborrecem e se exasperam consigo mesmas, achando que fracassaram. Nada pode estar mais distante da verdade. Há um ditado tibetano que diz: "É querer demais pedir carne sem osso e chá sem folhas". Enquanto houver mente, haverá pensamentos e emoções.

Tal como o oceano tem ondas e o Sol tem raios, a radiância própria da mente são seus pensamentos e emoções. O oceano tem ondas, mas não é particularmente perturbado por elas. As ondas são a *natureza mesma* do oceano. As ondas aparecem, mas *para onde* vão? De volta ao oceano. E de onde vêm? Do oceano. Do mesmo modo, pensamentos e emoções são a radiância e a expressão da *própria natureza* da mente. Eles surgem na mente, mas onde se dissolvem? Na própria mente. O que quer que apareça, não o encare como um problema particular; se você não reagir de maneira impulsiva, se souber ser apenas paciente, aquilo assentará novamente em sua natureza essencial.

Quando você tiver essa compreensão, os pensamentos que emergem apenas intensificarão sua prática. Mas, enquanto você não compreender o que eles são intrinsecamente – a radiância da natureza de sua mente – seus pensamentos se tornarão sementes de confusão. Assim, tenha uma atitude aberta, ampla e compassiva em relação a seus pensamentos e emoções, porque de fato eles são sua família, a família da sua mente. Diante deles, pense no que costumava dizer Dudjom Rinpoche: "Seja como um velho sábio vendo uma criança brincar".

Queremos sempre saber o que fazer com a negatividade e com certas emoções perturbadoras. Na amplitude da meditação, você pode observar seus pensamentos e emoções com uma atitude sem nenhum viés. Quando a sua atitude muda, muda junto toda a atmosfera de sua mente e muda até mesmo a própria natureza de seus pensamentos e emoções. Quando *você* se torna mais agradável, *eles* também se tornam; se não tem dificuldades com eles, eles não terão dificuldades com você tampouco.

Portanto, não importa que pensamentos e emoções apareçam, permita que eles venham e assentem, como as ondas do oceano. Não importa o que se perceba pensando, deixe esse pensamento surgir e assentar, sem interferência. Não se apegue a ele, não o alimente, não se deixe seduzir por ele; não se agarre a ele e não tente dar-lhe solidez. Nem siga ou convide os pensamentos; seja como o oceano olhando para suas próprias ondas ou o céu, que do alto observa as nuvens que passam por ele.

Muito cedo descobrirá que os pensamentos são como o vento; eles vêm e vão. O segredo é não "pensar" sobre os pensamentos, mas deixar que eles fluam através da mente enquanto você a mantém livre de pensamentos supervenientes.

Na mente ordinária percebemos a corrente de pensamentos como se fosse contínua; mas não é bem isso o que acontece. Você descobrirá por si mesmo que há um intervalo entre um pensamento e outro. Quando o pensamento passado já passou e o futuro pensamento ainda não chegou, você encontrará sempre uma brecha na qual Rigpa, a natureza da mente, se revela. O trabalho de meditação, assim, consiste em tornar mais lentos os pensamentos, a fim de tornar aquele intervalo mais e mais evidente.

Meu mestre teve um aluno chamado Apa Pant, um destacado diplomata e autor indiano que serviu como embaixador da Índia em várias capitais ao redor do mundo. Ele foi até representante do governo da Índia no Tibete, em Lhasa, e noutro momento no Sikkim. Era praticante de meditação e de ioga, e cada vez que via meu mestre perguntava-lhe "como meditar". Seguia uma tradição oriental em que o discípulo continua interrogando o mestre com uma pergunta simples e básica, repetidamente.

Apa Pant me contou essa história. Um dia nosso mestre Jamyang Khyentse estava observando uma "Dança do Lama" em frente do palácio-templo em Gangtok, capital do Sikkim, e ria-se das cabriolas do *atsara*, palhaço que apresenta divertimentos leves entre as danças. Apa Pant continuava assediando nosso mestre, e desta vez, quando este respondeu, deixou claro que seria a resposta final e definitiva: "Veja, é isto aqui: quando o pensamento passado acaba e o futuro ainda não começou, não há um intervalo?"

– Sim – disse Apa Pant.

– Pois é, prolongue-o: *isto* é meditação.

EXPERIÊNCIAS

À medida que continuar a praticar, você pode ter toda sorte de experiências, tanto boas quanto más. Tal como um quarto com muitas portas e janelas permite que o ar entre de muitas direções, do mesmo modo é natural que todas as formas de experiências entrem na sua mente quando ela se torna aberta. Você pode experimentar estados de felicidade, claridade, ou ausência de pensamentos. De certo modo, essas são experiências muito boas e sinais de progresso na meditação. Porque quando experimenta felicidade, é sinal de que o desejo foi temporariamente dissolvido. Quando experimenta a real claridade, é sinal de que a agressividade temporariamente cessou. Quando experimenta um estado de ausência de pensamentos, é sinal de que sua ignorância morreu temporariamente. São, em si mesmas, boas experiências, mas, se você se prender a elas, já se transformam em obstáculos. As experiências não são elas próprias realização; mas, se ficarmos livres de apego a elas, tornam-se o que realmente são, isto é, material para a realização.

As experiências negativas são comumente as mais enganadoras porque em geral nós a tomamos como mau sinal. Mas as experiências negativas em nossa prática são bênçãos disfarçadas. Tente não reagir a elas com aversão, como normalmente faz na vida, mas ao invés disso reconheça-as pelo que de fato são: meras experiências, ilusórias e iguais ao sonho. A compreensão da verdadeira natureza das experiências libera você do mal e do perigo da experiência em si, e como resultado até uma experiência negativa pode tornar-se fonte de grande bênção e realização. Há inúmeras histórias de como os mestres trabalharam com experiências negativas e as transformaram em catalizadores da realização.

Diz-se tradicionalmente que para um verdadeiro praticante não é a experiência negativa, mas a boa experiência que oferece obstáculos. Quando as coisas vão indo bem, você deve ficar especialmente atento e cauteloso para não se tornar complacente ou por demais confiante. Lembre-se do que Dudjom Rinpoche me disse quando eu estava envolvido numa experiência muito poderosa: "Não fique tão excitado. Afinal, isso não é nem bom nem mau". Ele percebeu que eu estava me apegando à experiência: *aquele* apego, como qualquer outro, precisava ser cortado. O que devemos aprender, na meditação como na vida, é ser livres do apego às experiências boas e livres da aversão às experiências negativas.

Dudjom Rinpoche nos alerta para outra armadilha: "Por outro lado, na prática da meditação você pode experimentar um estado semiconsciente, turvo e divagante, como se tivesse um capuz na cabeça: um embotamento sonolento. Isso não é nada mais que uma espécie de estagnação nebulosa e entorpecida. Como sair desse estado? Desperte-se, mantenha-se ereto, expire o ar viciado para fora dos seus pulmões e dirija sua atenção para o espaço claro, para refrescar a sua mente. Se continuar nesse estado de estagnação, não evoluirá; assim, cada vez que esse contratempo aparecer, remova-o. Muitas e muitas vezes. É importante estar o mais alerta possível e permanecer tão vigilante quanto puder."

Não importa o método que use, deixe-o de lado, ou apenas deixe que se dissolva em si mesmo, quando achar que chegou naturalmente a um estado de paz atenta, expansiva e vibrante. Continue aí, então, sem se distrair e sem usar necessariamente qualquer método específico. O método já atingiu seu propósito. No entanto, se você perdeu o fio da meada ou se distraiu, retorne à técnica que lhe pareça mais apropriada para trazê-lo de volta.

A verdadeira glória da meditação não reside no método, mas na sua contínua e vívida experiência da presença, na sua bem-aventurança, claridade, paz e, mais importante que tudo, na completa ausência de apego. A diminuição do apego em você é um sinal de que está se tornando mais livre de si mesmo. E quanto mais experimenta essa liberdade, mais claro é o sinal de que o ego, as esperanças e os temores que o mantêm vivo estão se dissolvendo, e mais próximo você estará da infinitamente generosa "sabedoria da ausência de ego". Quando você vive nesse estado, não sentirá mais a barreira entre "eu" e "você", "esse" e "aquele", "dentro" e "fora". Você terá chegado finalmente ao seu verdadeiro lar, ao estado de não dualidade.[8]

DANDO UM TEMPO

As pessoas perguntam sempre: "Por quanto tempo devo meditar? E quando? Devo praticar vinte minutos pela manhã e à noite, ou é melhor fazer várias sessões curtas, ao longo do dia?" Sim, é bom meditar durante vinte minutos, mas isso não significa que vinte minutos é o limite. Nunca li nada sobre vinte minutos nas escrituras; acho que essa é uma noção que foi inventada no Ocidente, e costumo chamá-la de "Tempo-Padrão Ocidental de Meditação". A questão não é por quanto tempo você vai meditar, a questão é saber se a meditação de fato lhe traz certo estado de atenção plena em que você está um pouco aberto e pode entrar em contato com a essência do seu coração. E cinco minutos de prática sentado, plenamente consciente, têm valor muito maior do que vinte minutos de cochilo!

Dudjom Rinpoche dizia que um iniciante devia praticar em sessões curtas. Praticar por quatro ou cinco minutos e então fazer uma pequena pausa de apenas um minuto. Durante a pausa deixar o método de lado, mas não abandonar o estado desperto de sua consciência. É curioso que às vezes, quando você está lutando para praticar corretamente, no exato momento em que descansa do método – se ainda está alerta e no presente – é que a meditação de fato acontece. Por isso a interrupção é parte tão importante da meditação quanto o sentar-se em si. Às vezes digo a alunos que estão tendo problemas com a prática para praticarem durante a interrupção e descansarem durante a meditação!

Sente-se por um curto período de tempo, então descanse, um pequeno descanso de cerca de trinta segundos ou um minuto. Mas mantenha-se consciente do que faz, e não perca sua presença e seu relaxamento natural. Então ponha-se desperto e sente-se outra vez. Se fizer muitas sessões curtas como essas, os intervalos frequentemente farão sua meditação mais real e mais inspiradora; elas podem livrar sua prática da rigidez desajeitada e desconfortável, da solenidade e do artificialismo, trazendo mais concentração e leveza. De modo gradativo, através dessa ação recíproca do descanso e do sentar-se, a barreira entre a meditação e a vida cotidiana desmoronará, o contraste entre elas se dissolverá e você se encontrará cada vez mais em sua pura presença natural, sem distração. Então, como diz Dudjom Rinpoche, "mesmo que o meditador deixe a meditação, a meditação não deixará o meditador".

INTEGRAÇÃO: MEDITAÇÃO EM AÇÃO

Descobri que aos modernos praticantes da espiritualidade falta conhecimento de como integrar a prática da meditação com a vida de todo dia. Nunca será demais dizer: integrar a meditação na ação é a base e o ponto central, o propósito da própria meditação. A violência e a tensão, os desafios e as distrações da vida moderna fazem essa integração ainda mais urgente e necessária.

As pessoas se queixam a mim: "Meditei por doze anos, mas de alguma forma não mudei. Ainda sou o mesmo. Por quê?" Porque há um abismo entre sua prática espiritual e seu dia a dia. Eles parecem existir em dois mundos separados e nenhum desses mundos inspira o outro. Lembro-me de um professor que conheci numa escola do Tibete. Era brilhante na exposição das regras de gramática tibetana, mas não conseguia escrever uma frase corretamente!

Como obter então essa integração, esse permear do cotidiano com o calmo estado de espírito e o largo desapego da meditação? Não há substituto para a prática regular, porque apenas através da prática real começaremos a experimentar de maneira inquebrantável a tranquilidade da natureza da nossa mente, sendo assim capazes de sustentar essa experiência na vida de todo dia.

Digo sempre aos meus alunos para não saírem da meditação muito depressa: dê um período de alguns minutos para que a paz da prática da meditação se infiltre na sua vida. Como dizia meu mestre Dudjom Rinpoche: "Não se atire ou saia correndo, mas procure mesclar sua atenção plena com a vida de todo dia. Seja como um homem que fraturou o crânio, sempre cauteloso quando alguém vai tocá-lo".

Então, após meditar, é importante não se entregar à tendência que temos para solidificar o modo como percebemos as coisas. Quando você retorna à vida de todo dia, deixe que a sabedoria, a percepção de si mesmo, a compaixão, o humor, a fluidez, o espaço e o desapego que a meditação lhe trouxe penetrem na sua experiência cotidiana. A meditação desperta em você a percepção de como a natureza de tudo é ilusória, semelhante ao sonho; mantenha essa consciência mesmo na maior confusão do samsara. Um grande mestre disse: "Depois da prática da meditação, devemos nos tornar filhos da ilusão".

Dudjom Rinpoche aconselhou: "Num certo sentido tudo é como o sonho, é ilusório, mas mesmo assim você continua fazendo as coisas, com disposição de espírito. Por exemplo, se está caminhando, caminhe alegremente em direção ao espaço aberto da verdade, sem solenidade ou autoconsciência desnecessárias. Quando se sentar, seja a cidadela da verdade. Enquanto come, alimente suas negatividades e ilusões na barriga da vacuidade, dissolvendo-as no espaço que permeia tudo. E quando vai ao banheiro, pense que todos os seus obscurecimentos e bloqueios estão sendo limpos e eliminados".

Então o que importa de fato não é só a prática de sentar-se para meditar, mas muito mais o estado da mente em que você se encontra depois da meditação. É esse calmo e centrado estado da mente que você deve prolongar em tudo o que faz. Gosto da história Zen em que o discípulo pergunta ao mestre:

– Mestre, como o senhor põe a iluminação em ação? Como pratica na vida de todo dia?

– Comendo e dormindo – responde o mestre.

– Mas, Mestre, todo mundo come e todo mundo dorme.

– Mas nem todos comem quando comem e nem todos dormem quando dormem.

Daí vem a famosa citação Zen: "Quando como, como; quando durmo, durmo".

Comer quando você come e dormir quando você dorme significa estar inteiramente presente em todas as suas ações, sem nenhuma das distrações do ego impedindo-o de estar lá. Isso é integração. E se você quer consegui-la, o que precisa fazer não é praticar apenas como remédio ou terapia ocasional, mas como se isso fosse seu sustento diário ou alimentação. Por isso, um modo excelente de desenvolver a capacidade de integração é praticar num ambiente de retiro, longe das tensões da vida urbana moderna.

Com muita frequência as pessoas procuram a meditação com a esperança de resultados extraordinários, como visões, luzes ou algum milagre sobrenatural. Quando nada disso acontece, sentem-se desapontadas. Mas o milagre verdadeiro da meditação é mais ordinário e muito mais útil. É uma transformação sutil, que não acontece apenas na sua mente e nas suas emoções mas também e realmente no seu corpo. E é muito curativa. Cientistas e médicos descobriram que, quando você está em boa disposição de espírito, até mesmo as células do seu corpo estão como se se sentissem mais felizes; e quando sua mente está num estado negativo, suas células podem se tornar malignas. O estado geral de sua saúde tem muito a ver com o estado da sua mente e com seu modo de ser.

INSPIRAÇÃO

Disse aqui a meditação é a estrada para a iluminação e o maior empenho da nossa vida. Todas as vezes que falo a respeito da meditação para meus alunos, sublinho a necessidade de praticá-la com disciplina resoluta e orientada devoção; ao mesmo tempo, sempre lhes digo como é importante fazer isso do modo mais criativo e inspirado possível. Em certo sentido a meditação é uma arte, e você deve trazer até ela o deleite do artista e a fertilidade da invenção.

Torne-se tão engenhoso no inspirar-se para obter sua paz quanto você é nas andanças neuróticas e competitivas do mundo. Há muitas maneiras de abordar a meditação de forma tão jovial quanto possível. Você pode usar a música que mais o comove para abrir seu coração e sua mente. Pode colecionar trechos de poesia, citações ou passagens de ensinamentos que durante anos o sensibilizaram, tendo-os perto de você para elevar seu espírito. Sempre gostei das pinturas tibetanas *thangka*, e de sua beleza tiro energia. Você também pode usar reproduções de quadros que lhe transmitam o sentido do sagrado, colocando-os nas paredes de sua sala. Ouça uma gravação com ensinamentos de um grande mestre, ou um cântico sagrado. Pode fazer do lugar em que medita um paraíso simples, com uma flor, um bastão de incenso, uma vela, a fotografia de um mestre iluminado, ou a imagem de uma deidade ou um buda. Você pode transformar o mais comum dos quartos num espaço íntimo sagrado, num ambiente onde todos os dias você irá encontrar-se com o seu verdadeiro eu, na feliz e alegre cerimônia de um velho amigo que acolhe outro.

E se achar que a meditação não chega fácil à sua sala na cidade, seja criativo e saia para a natureza. Ela é sempre uma fonte infalível de inspiração. Para acalmar sua mente, dê um passeio no parque ao nascer do sol, ou observe o sereno numa rosa do jardim. Deite-se na grama e contemple o céu, deixando sua mente se expandir em sua amplidão. Deixe que o céu de fora desperte o céu que há dentro de você. Fique perto de um riacho e misture sua mente à música da água; torne-se um com essa sonoridade incessante. Sente-se ao lado de uma cascata e deixe seu riso purificador refrescar-lhe o espírito. Caminhe numa praia e receba o vento do mar, em cheio, doce, em seu rosto. Comemore e use a beleza do luar para equilibrar sua mente. Sente-se junto a um lago ou num jardim e, respirando tranquilamente, deixe sua mente quedar-se silenciosa enquanto a Lua sobe majestosa e lenta na noite sem nuvens.

Tudo pode ser usado como um convite à meditação. Um sorriso, um rosto no metrô, a visão de uma pequenina flor crescendo numa rachadura do calçamento, um belo traje numa vitrina, o modo como o sol banha vasos de flores no peitoril de uma janela. Esteja atento para qualquer sinal de beleza e graça. Ofereça cada alegria, mantenha-se desperto em todos os momentos para "as novidades que sempre estão chegando do silêncio"[9].

Aos poucos você se transformará no mestre de sua própria bem-aventurança, o alquimista de sua própria alegria, com todas as espécies de medicamento sempre à mão para elevar, incentivar, iluminar e inspirar cada respiração e movimento seus. O que é um grande praticante espiritual? É alguém que vive sempre em presença do seu próprio eu verdadeiro, alguém que encontrou e usa sempre as fontes da inspiração profunda. Como o moderno escritor inglês Lewis Thompson escreveu: "Cristo, poeta supremo, viveu a verdade tão apaixonadamente que cada gesto seu, a uma só vez Ato puro e Símbolo perfeito, personifica o transcendente"[10].

É para personificar o transcendente que estamos aqui.

SEIS

EVOLUÇÃO, CARMA E RENASCIMENTO

Naquela noite extraordinária em que o Buda alcançou a iluminação, diz-se que ele atravessou vários estágios diferentes do despertar. No primeiro deles, com sua mente "internalizada e purificada, sem qualquer mácula, livre de corrupção, tornada suave, flexível, fixa e inabalável", ele voltou sua atenção para as lembranças de suas vidas anteriores. Isso é o que ele nos conta daquela experiência:

> *Lembrei-me de muitas, muitas existências passadas que atravessei: um, dois nascimentos, três, quatro, cinco... cinquenta, cem... cem mil, em vários períodos cósmicos. Sabia tudo sobre esses vários nascimentos: onde eles ocorreram, qual meu nome, em que família nasci e o que fiz. Passei novamente pela boa e a má fortuna de cada vida, assim como cada morte em todas elas, e voltei à vida muitas e muitas vezes seguidas. Dessa maneira lembrei-me de inúmeras existências prévias, com suas exatas características e circunstâncias. Esse conhecimento eu tive na primeira vigília da noite.*[1]

Desde a aurora da história, a reencarnação e uma firme fé na vida após a morte ocuparam um lugar essencial em quase todas as religiões do mundo. A crença no renascimento existiu entre os cristãos dos primeiros tempos do cristianismo, e persistiu de diferentes modos até bem dentro da Idade Média. Diversos teólogos cristãos influentes do segundo século da nossa era, particularmente aqueles que estudaram e ensinaram em Alexandria, no Egito, sabidamente acreditavam na transmigração ou "preexistência das almas". Embora o cristianismo tenha ao final rejeitado a crença na reencarnação, traços dela podem ser encontrados no pensamento renascentista, nos escritos dos grandes poetas românticos como Blake e Shelley, e mesmo em um autor tão improvável quanto o romancista Balzac. Desde o advento do interesse pelas religiões orientais no Ocidente, no fim do século XIX, um número notável de ocidentais veio a aceitar o conhecimento hindu e budista sobre o renascimento. Um deles, o grande industrial e filantropo americano Henry Ford, escreveu:

> *Adotei a teoria da reencarnação quando tinha vinte e seis anos. A religião não oferecia nada no gênero. Mesmo o trabalho não podia me dar satisfação completa. Ele é fútil se não podemos utilizar a experiência que ganhamos em uma vida na próxima. Quando descobri a reencarnação... o tempo deixou de ser limitado para mim. Eu não era mais escravo do relógio... Gostaria de transmitir aos outros a tranquilidade que uma visão de longo alcance da vida nos dá.*[2]

Uma pesquisa Gallup feita em 1982 mostrou que quase um quarto dos americanos acredita na reencarnação[3]. Essa é uma estatística espantosa, considerando o quanto é dominante o materialismo e a filosofia científica em quase todos os aspectos da vida.

No entanto, a maioria das pessoas ainda tem apenas uma pálida ideia sobre a vida depois da morte, e ideia nenhuma do que ela pode realmente ser. Muitas e muitas vezes, dizem-me que não conseguem crer em alguma coisa de que não há evidências. Mas isso também não prova que a reencarnação não exista, não é? Como dizia Voltaire: "Afinal, nascer duas vezes não é mais surpreendente do que nascer uma vez".

"Se já vivemos antes", perguntam-me com frequência, "por que não nos lembramos disso?" Mas por que é que deveríamos achar que o fato de não nos lembrarmos das nossas vidas passadas significa que nós não as vivemos? Afinal de contas, experiências da nossa infância, acontecimentos ocorridos ontem, ou mesmo aquilo que pensávamos apenas uma hora atrás, foram vívidos no momento em que ocorreram, mas sumiram da nossa memória quase completamente, como se nunca tivessem acontecido. Se não lembramos o que estávamos fazendo ou pensando segunda-feira passada, por que achamos que seria fácil, ou normal, recordar o que fizemos numa vida prévia?

Às vezes brinco com as pessoas perguntando: "O que faz você tão inflexível na crença de que não há vida após a morte? Que prova tem disso? E se descobrisse que há outra vida depois desta, tendo morrido negando essa possibilidade? O que faria então? Não estará impondo uma limitação a si mesmo com essa convicção de que não existe outra vida? Não é mais sensato dar o benefício da dúvida ou ao menos abrir-se à hipótese de uma vida depois da morte, mesmo que não tenha dela aquilo que chama de uma 'evidência concreta'? *O que* constituiria para você essa evidência concreta?"

Gosto então de pedir às pessoas que se interroguem: por que imagina que as grandes religiões acreditam numa vida depois desta, e por que centenas de milhões de pessoas através da história, inclusive os maiores filósofos, sábios e gênios criativos da Ásia, viveram nessa crença considerando-a parte essencial de sua vida? Estavam todos eles simplesmente iludidos?

Vamos voltar à questão da evidência concreta. Só porque nunca ouvimos falar no Tibete, ou só porque nunca estivemos lá, não quer dizer que o Tibete não exista. Antes de o grande continente americano ser "descoberto", quem na Europa fazia alguma ideia da sua existência? E mesmo depois de descoberto muitos ainda contestavam o descobrimento. Acredito que é nossa visão limitada da vida que nos impede de aceitar ou mesmo de começar a pensar seriamente na possibilidade do renascimento.

Felizmente esse não é o fim da história. Aqueles de nós que

se submetem a uma disciplina espiritual – a meditação, por exemplo – acabam descobrindo muita coisa a respeito da própria mente, que não conheciam antes. Pois, à medida que própria mente se abre mais e mais para a extraordinária, vasta e até então insuspeitada existência da natureza da mente, começamos a vislumbrar uma dimensão completamente diversa em que todas as nossas premissas sobre nossa identidade e realidade, que pensávamos conhecer tão bem, começam a se dissolver. Assim, a possibilidade de vidas outras que esta passa a ser pelo menos provável. Começamos a entender que tudo aquilo que nossos mestres nos falam sobre a vida e a morte, ou a vida após a morte, é real.

ALGUMAS "PROVAS" SUGESTIVAS DO RENASCIMENTO

Existe hoje uma vasta e moderna literatura tratando de testemunhos daqueles que dizem ser capazes de se lembrar de vidas passadas. Sugiro que, se você quer chegar a um entendimento sério da questão do renascimento, investigue o assunto de mente aberta, mas com o maior discernimento possível.

De centenas de histórias sobre reencarnação que poderiam ser contadas aqui, há uma que me fascina particularmente. É a história de um velhinho de Norfolk, na Inglaterra, chamado Arthur Flowerdew, que desde os doze anos experimentava inexplicáveis porém vívidas imagens mentais do que parecia ser uma grande cidade cercada pelo deserto. Uma das imagens que em geral vinha à sua mente era a de um templo que parecia esculpido num rochedo. Essa estranha figuração voltava sempre, em especial quando brincava com seixos alaranjados e cor-de-rosa que encontrava à beira-mar, perto de sua casa. À medida que foi crescendo, os detalhes da cidade em sua visão foram ficando mais claros e ele via mais edifícios, o desenho de ruas, soldados, e a chegada à cidade através de um estreito desfiladeiro.

Muito mais tarde e totalmente por acaso, Arthur Flowerdew viu na televisão um documentário sobre a antiga cidade de Petra, na Jordânia. Estarrecido, viu pela primeiríssima vez o lugar que havia aparecido por tantos anos em suas imagens mentais. Nunca tinha visto um livro sequer sobre Petra. Entretanto, suas visões se tornaram conhecidas, e seu aparecimento num programa de televisão da BBC chamou a atenção do governo jordaniano, que se ofereceu para levá-lo à Jordânia com um produtor da BBC para filmar suas reações em Petra. A única viagem que fizera anteriormente fora uma breve visita ao litoral francês.

Antes da expedição partir, Arthur Flowerdew foi apresentado a uma autoridade mundial sobre Petra, autor de um livro sobre a velha cidade, que o interrogou detalhadamente e ficou desconcertado com a precisão do seu conhecimento; afirmou que parte dele apenas poderia pertencer a um arqueólogo especializado na área. A BBC gravou a descrição de Petra feita previamente por Flowerdew, de modo a compará-la com o que seria visto na Jordânia. Três lugares foram destacados pelo viajante em sua visão da cidade: uma curiosa rocha em forma de vulcão nos arredores da cidade, um pequeno templo onde ele acreditava ter sido morto no primeiro século antes de Cristo e uma incomum estrutura na cidade que era bem conhecida dos arqueólogos, mas para a qual não haviam encontrado função. O perito em Petra não se recordava da rocha e chegou a duvidar que estivesse lá. Quando mostrou uma fotografia a Flowerdew em que aparecia a parte da cidade onde se erguera um templo, ele deixou o perito assombrado ao mostrar o lugar quase exato da construção desaparecida. E aí o velhinho calmamente explicou a finalidade da estrutura, nunca antes cogitada, que era a sala da guarda em que o inglês havia servido como soldado, dois mil anos antes.

Suas predições, em número expressivo, mostraram-se acuradas. Na chegada da expedição a Petra, Arthur Flowerdew mostrou a misteriosa rocha, e estando na cidade foi diretamente à casa da guarda, sem olhar no mapa, revelando como funcionava o peculiar sistema de controle dos guardas. Finalmente, foi ao lugar onde dizia ter sido assassinado pela lança de um inimigo no século I antes de Cristo. Indicou também a localização e o propósito de outras construções do local ainda não escavadas.

O perito e arqueólogo de Petra que acompanhou Arthur

Flowerdew não conseguiu explicar os excepcionais conhecimentos desse simples cidadão inglês sobre a antiga cidade. E disse:

> *Ele é cheio de detalhes e muitos deles coincidem com fatos histórica e arqueologicamente conhecidos, o que exigiria uma mente muito diversa da sua para forjar uma teia de mentiras na escala de suas memórias – ao menos as que relatou a mim. Não acho que ele seja um impostor. Não acho que ele seja capaz de enganar até esse ponto.*[4]

O que mais poderia explicar os extraordinários conhecimentos de Arthur Flowerdew, exceto o renascimento? Pode-se alegar que ele teria lido livros sobre Petra, ou mesmo recebido suas informações por telepatia; mas resta ainda o fato de que algumas das informações que ele deu eram desconhecidas até mesmo dos especialistas.

Há casos fascinantes de crianças que podem espontaneamente recordar detalhes de uma vida anterior. Muitos desses casos foram reunidos pelo Dr. Ian Stevenson, da Universidade de Virgínia.[5] Um espantoso depoimento sobre as memórias de uma criança a respeito de sua vida passada chegou ao conhecimento do Dalai Lama, que mandou um representante especial para entrevistá-la e verificar sua história.[6]

Seu nome era Kamaljit Kour e era filha de um professor numa família sikh no Punjab, Índia. Um dia, visitando uma feira com seu pai num vilarejo próximo, ela de repente lhe pediu que a levasse a outra cidadezinha, a certa distância dali. Seu pai surpreendeu-se e quis saber por quê. "Não tenho nada a ver com isto aqui", ela explicou. "Aqui não é o meu lugar. Leve-me, por favor, para aquela cidade. Um dos meus colegas de escola e eu estávamos em nossas bicicletas quando, de repente, fomos atingidos por um ônibus. Meu amigo morreu na hora e eu me feri na cabeça, na orelha e no nariz. Fui retirada do local do acidente e deixada num banco em frente a um pequeno prédio vizinho, onde funcionava um fórum de justiça. Dali me levaram para o hospital. Meus ferimentos sangravam muito e meus pais e parentes foram até lá. Como não havia meios de me tratar naquele hospital, fui levada para Ambala. Lá, os médicos disseram que eu não iria sobreviver, e eu pedi aos meus pais que me levassem para casa." O pai da menina ficou chocado, mas ela tanto insistiu que finalmente concordou em levá-la à cidade que ela mencionara, ainda que certo de que se tratava de um capricho de criança.

Foram juntos à cidade, que a menina reconheceu assim que chegou, mostrando o lugar do acidente e pedindo para ser posta em um riquixá, onde começou a indicar o caminho para o condutor. Quando estavam próximos de um grupo de casas, ela mandou parar o riquixá, dizendo que era ali que havia morado. A garota e o desnorteado pai caminharam para a casa que ela dizia pertencer à sua família anterior, e ele, que ainda não acreditava nela, perguntou aos vizinhos se havia uma família tal como a que Kamaljit Kour descrevera e que perdera sua filha. Eles confirmaram a história, dizendo ao atônito pai que Rishma, a filha da família, tinha dezesseis anos de idade quando morreu no carro, voltando do hospital para casa.

Seu pai sentiu-se muito amedrontado com tudo aquilo e disse a Kamaljit que deviam ir embora, mas ela se dirigiu diretamente à casa, pediu sua fotografia da escola e a olhou deliciada. Quando o avô e os tios de Rishma chegaram, ela os reconheceu e disse seus nomes sem erro. Depois apontou seu quarto e mostrou ao seu pai os demais cômodos da casa. Queria ver os livros da escola, suas duas pulseiras de prata, suas duas fitas e sua roupa nova marrom. O tio explicou que esses eram objetos que Rishma possuíra. Daí a menina caminhou até a casa de seu tio, onde identificou mais coisas. No dia seguinte encontrou-se com todos os seus antigos parentes e, na hora de pegar o ônibus para casa, recusou-se a entrar nele, dizendo ao pai que ia ficar ali. No fim, ele a convenceu a voltar em sua companhia.

A família começou a juntar os fragmentos da história. Kamaljit Kour nasceu dez meses depois da morte de Rishma. Embora a garotinha não tivesse ainda começado a estudar, sempre fingia ler e podia lembrar-se dos nomes de todos os colegas de Rishma na fotografia escolar. Kamaljit Kour sempre pediu roupas de cor marrom; seus pais descobriram que Rishma havia ganho um vestido marrom e não tivera tempo de usá-lo antes do acidente. A última coisa de que Kamaljit se lembrava de sua vida passada era dos faróis do carro que a conduziu do hospital para casa; deve ter sido o momento de sua morte.

Posso imaginar maneiras de tentar desacreditar esse relato. Você poderia dizer que talvez a família dessa garotinha a tenha convencido de que era a reencarnação da outra, por alguma razão qualquer. A família de Rishma era de abastados fazendeiros, mas a de Kamaljit Kour não era pobre e tinha uma das melhores casas da aldeia, com quintal e jardim. O mais intrigante nessa história é que sua família nesta vida sentiu-se muito constrangida com o assunto todo, imaginando "o que os vizinhos poderão pensar". Entretanto, o mais significativo é que, como a própria família de Rishma admitiu – embora não soubessem muito da sua religião e nem tivessem ideia de se os sikhs aceitam ou não a reencarnação – eles ficaram convencidos, sem sombra de dúvida, de que Kamaljit Kour foi de fato a sua Rishma.

Para qualquer um que deseje estudar seriamente a possibilidade de vida depois da morte, sugiro que examine os muitos e instigantes testemunhos de experiências de quase morte. Um número surpreendente daqueles que sobrevivem a essa experiência convenceu-se de que a vida continua após a morte. Muitos deles não tinham crença religiosa prévia de espécie alguma, e nem qualquer experiência espiritual:

> *Agora, para o resto de minha vida, estou totalmente convencido de que há vida depois da morte, sem qualquer sombra de dúvida, e não tenho mais medo de morrer. Não tenho. Algumas pessoas que conheci são tão medrosas, tão apavoradas. Sempre sorrio para mim mesmo quando ouço alguém duvidar de que exista uma vida posterior, ou dizer: "Quando a gente morre, acabou tudo". Penso comigo: "Eles não sabem de nada".*[7]

> *O que aconteceu comigo naquele momento foi a mais extraordinária experiência que já tive. Ela fez compreender que há vida após a morte.*[8]
>
> *Sei que há vida após a morte! Ninguém abala minha crença. Não tenho dúvida – é tranquilo e não há nada a temer. Não sei o que há mais além do que experimentei, mas para mim já é muito...*
>
> *Foi uma resposta para o que penso que todo o mundo fica imaginando, ao menos algumas vezes na vida. Sim, existe vida após a morte! Mais bela do que qualquer coisa que se possa imaginar! Uma vez que você a conheça, nada poderá ser igual a ela. Você simplesmente sabe!*[9]

Estudos sobre esse assunto também mostram que as pessoas que tiveram experiências de quase morte tendem posteriormente a ser mais abertas e inclinadas a aceitar a reencarnação.

Então, não poderiam os surpreendentes talentos para a música e a matemática que algumas crianças-prodígio apresentam ser atribuídos ao seu desenvolvimento em outras vidas? Pense em Mozart, compondo minuetos aos cinco anos e sonatas aos oito.[10]

Se a vida após a morte existe, você pode perguntar, por que é tão difícil lembrar dela? No seu "O Mito de Er", Platão sugere uma "explicação" para essa falta de memória. Er foi um soldado tido como morto numa batalha, e que parece ter vivido uma experiência de quase morte. Viu muita coisa enquanto estava "morto" e foi instruído a voltar à vida para contar aos homens como era do outro lado, no estado de pós-morte. Pouco antes de voltar, viu os que estavam sendo preparados para nascer, errando no calor sufocante e terrível da "Planície do Esquecimento", um deserto sem nenhuma árvore ou planta. "Quando a noite chegou", conta Platão, "eles acamparam perto do rio da Inconsciência, em cujas águas nenhuma nau flutua. Pediu-se a todos que bebessem certa quantidade da água desse rio e alguns não tiveram a sabedoria que os impeça de beber demais. Cada homem, ao beber, esquecia tudo".[11] A Er, particularmente, não foi dada permissão para beber daquela água, de modo que ele voltou a si já na pira do seu funeral, pronto para lembrar-se de tudo o que tinha visto e ouvido.

Há alguma lei universal que torna quase impossível para nós qualquer lembrança de onde e do que vivemos antes? Ou é apenas e simplesmente que o volume, a extensão e a intensidade das nossas experiências apagaram qualquer memória das vidas passadas? Quão benéfico seria para nós, eu me pergunto, lembrarmo-nos delas? Não poderia isso nos confundir ainda mais?

A CONTINUIDADE DA MENTE

Do ponto de vista do budismo, o maior argumento que "confirma" o renascimento é aquele baseado numa profunda compreensão da continuidade da mente. De onde vem a consciência? Ela não pode surgir do nada. Um momento de consciência não pode ser produzido sem o momento de consciência que o precedeu imediatamente. Sua Santidade o Dalai Lama explica esse complexo processo da seguinte forma:

> *A base do conceito budista de renascimento é principalmente a continuidade da consciência. Tome o mundo material como exemplo: todos os elementos no nosso atual universo, mesmo no nível microscópico, podem ser rastreados na direção do passado, segundo cremos, até uma origem, um ponto inicial onde os elementos do mundo material são condensados no que se chama tecnicamente de "partículas espaciais". Essas partículas, por sua vez, são o estado resultante da desintegração de um universo prévio. Assim, há um ciclo constante em que o universo evolui e se desintegra, e então volta novamente a ser.*
>
> *A mente é muito parecida com isso. O fato de que possuímos alguma coisa chamada "mente ou consciência" é bastante óbvio, uma vez que nossa experiência atesta sua presença. Então, é também evidente – novamente a partir de nossa experiência – que aquilo que denominamos "mente ou consciência" é algo que é sujeito a mudança quando exposto a diferentes condições e circunstâncias.*

Isso nos mostra a sua natureza momento a momento, sua suscetibilidade à mudança.

Outro fato que é óbvio é que níveis densos da "mente ou consciência" estão intimamente ligados aos estados fisiológicos do corpo, e são de fato dependentes deles. Mas deve haver uma base, energia, ou fonte que faz com que a mente, quando interagindo com partículas materiais, possa produzir seres vivos conscientes.

Tal como o plano material, este também deve ter seu continuum *no passado. Assim, se você rastreia a nossa mente ou consciência presente para trás, para o passado, descobrirá que está seguindo a pista da origem da continuidade da mente, tal como a origem do universo material, numa dimensão infinita; é algo que, como verá, nunca teve começo.*

Assim, deve haver sucessivos renascimentos que permitem àquele continuum *da mente estar lá.*

O budismo acredita numa causação universal, onde tudo está sujeito a mudanças, a causas e condições. Assim, não há lugar para um criador divino, nem para seres que criam a si mesmos; em vez disso, tudo existe e surge como consequência de causas e condições. Assim, também a mente ou a consciência vêm a existir como resultado de seus instantes precedentes.

Quando falamos em causas e condições, há dois tipos principais: causas substanciais, material do qual algo é produzido, e fatores cooperativos, que contribuem para a causação. No caso da mente e do corpo, embora um possa afetar o outro, um não pode se tornar a substância do outro... Mente e matéria, embora dependentes uma da outra, não podem servir como causas substanciais uma para a outra.

Essa é a base sobre a qual o budismo aceita o renascimento.[12]

A maioria das pessoas toma a palavra "reencarnação" para significar que há alguma "coisa" que reencarna, que transita de uma vida para a outra. Mas no budismo não acreditamos numa entidade independente e imutável como a alma, ou o ego, que sobrevive à morte do corpo. O que assegura a continuidade entre as vidas não é uma entidade, acreditamos, mas o nível de consciência de suprema sutileza. O Dalai Lama explica:

> *De acordo com a explanação budista, o princípio criativo fundamental é a consciência. Há diferentes níveis de consciência. O que chamamos de consciência sutil mais profunda está sempre presente. A continuidade dessa consciência é quase como algo permanente, como as partículas de espaço. No campo da matéria são as partículas de espaço; no campo da consciência é a Clara Luz... a Clara Luz, com sua energia especial, estabelece a conexão com a consciência.*[13]

O modo exato pelo qual o renascimento acontece foi bem ilustrado pelo seguinte exemplo:

> *As sucessivas existências numa série de renascimentos não são como as pérolas de um colar, presas por um cordão, a "alma", que passa através de todas as pérolas; são mais como dados empilhados uns sobre os outros. Cada um dos dados é separado, mas suporta o que está sobre ele, e está funcionalmente conectado com ele. Entre os dados não há identidade, mas condicionalidade.*[14]

Há nas escrituras budistas um relato muito claro desse processo de condicionalidade. O sábio budista Nagasena fez uma explanação disso ao rei Milinda num famoso conjunto de respostas a perguntas que o rei lhe fez.

O rei perguntou a Nagasena: "Quando alguém renasce, ele é o mesmo que aquele que acabou de morrer, ou é diferente?"

Nagasena respondeu: "Ele nem é o mesmo, nem é diferente... Diga-me uma coisa, se um homem acendesse uma lamparina, ela poderia fornecer luz durante toda a noite?"

– Sim.

– É a chama que brilha na primeira vigília da noite a mesma da segunda... ou da última?

– Não.

– Isso quer dizer que há uma lamparina na primeira vigília, outra lamparina na segunda, e outra na terceira?

– Não, é por causa de uma única lamparina que a luz brilha a noite toda.

– No renascimento é a mesma coisa: um fenômeno surge e outro cessa, simultaneamente. Assim, o primeiro ato de consciência na nova existência não é o mesmo do último ato de consciência da existência prévia, nem tampouco é diferente.

O rei pediu outro exemplo que explicasse a natureza precisa dessa dependência, e Nagasena fez a comparação do leite: a coalhada, a manteiga ou o *ghee**, feitos de leite, nunca são o mesmo que o leite, mas dependem totalmente dele para serem produzidos.

Mas o rei perguntou: "Se não há um ser que passe de corpo para corpo, não estaríamos livres então de toda ação negativa realizada em vidas passadas?"

Nagasena deu outro exemplo: um homem roubou mangas do pomar de alguém. As mangas roubadas não são exatamente as mesmas que a outra pessoa originalmente plantou; assim, por que o ladrão merece ser punido? A razão da punição – explica Nagasena – é que as mangas roubadas só cresceram por causa daquelas que o seu dono plantara em primeiro lugar. Do mesmo modo, é devido às nossas ações em uma vida, puras ou impuras, que estamos ligados a outra vida e não estamos livres dos seus resultados.

O CARMA

Na segunda vigília da noite em que o Buda atingiu a iluminação, ele ganhou outro tipo de conhecimento que completou o que havia aprendido sobre o renascimento: o conhecimento sobre o carma, a lei natural de causa e efeito.

"Com o olho celeste, purificado e situado além do alcance da visão humana, vi como os seres desaparecem e voltam a ser

---

* Manteiga clarificada semilíquida. [N. da Revisão Técnica]

outra vez. Vi alto e baixo, brilhante e insignificante, e como cada um deles obtém, de acordo com seu carma, um renascimento favorável ou doloroso."[15]

A verdade e a força motriz que estão por trás do renascimento são o que se chama de carma. Frequentemente o carma é compreendido de modo totalmente errôneo no Ocidente, confundido com destino e predestinação; melhor seria entendê-lo como a infalível lei de causa e efeito que governa o universo. A palavra carma significa literalmente "ação", e carma é tanto o poder latente que existe dentro das ações quanto os resultados que nossas ações trazem.

Há muitas espécies de carma: carma internacional, carma nacional, o carma de uma cidade, o carma individual. Todos estão intrincadamente relacionados e só podem ser entendidos na sua total complexidade por um ser iluminado.

Em palavras simples, o que significa carma? Significa que o que quer que façamos com nosso corpo, nossa fala ou nossa mente terá sempre um resultado correspondente. Cada ação, mesmo a menor delas, está prenhe de suas consequências. Os mestres costumam dizer que mesmo um pequeno veneno pode matar, e até uma sementinha pode transformar-se em uma grande árvore. Como disse o Buda: "Não faça vista grossa às ações negativas só porque elas são pequeninas; por menor que seja a faísca, pode queimar um monte de feno do tamanho de uma montanha". O Buda disse também: "Não despreze as pequenas boas ações pensando que elas não ajudam em nada; mesmo pequenas gotas de água, no final, enchem o jarro". O carma não se desgasta, como as coisas externas, e jamais se torna inoperante. Não pode ser destruído "pela água, pelo fogo, pelo tempo". Seu poder nunca cessa, até que amadureça.

Embora o resultado das nossas ações possa ainda não ter amadurecido, ele inevitavelmente virá quando se apresentarem as condições certas. Via de regra esquecemos o que fazemos e os resultados só nos atingem muito depois. E aí somos incapazes de ligá-los com suas causas. Imagine uma águia, diz Jikmé Lingpa, voando alto no céu. Ela não faz sombra, e de fato nada revela sua presença. Então, de repente, ela avista sua presa e mergulha, célere, até o chão. No instante em que desce, sua sombra ameaçadora se revela.

Os resultados de nossas ações aparecem comumente com atraso, até mesmo em futuras vidas; não podemos apontar uma causa porque cada evento pode ser uma soma extremamente complexa de muitos carmas amadurecendo juntos. Por isso, em nossos dias, tendemos a acreditar que as coisas nos acontecem "por acaso", e quando tudo vai bem é simplesmente porque "temos sorte".

Entretanto, o que mais, além do carma, pode explicar de modo satisfatório as diferenças extremas e extraordinárias entre todos nós? Ainda que tenhamos nascido na mesma família ou no mesmo país, ou em circunstâncias parecidas, todos temos personalidades diferentes, coisas totalmente diferentes nos acontecem e temos diferentes talentos, inclinações e destinos.

Como disse o Buda: "O que você é, é o que você foi; o que será, é o que você faz agora". Padmasambhava ia mais adiante: "Se deseja conhecer sua vida passada, olhe para sua condição presente. Se quer conhecer sua vida futura, olhe para suas ações presentes".

O BOM CORAÇÃO

O tipo de nascimento que teremos na próxima vida é determinado então pela natureza das nossas ações nesta vida. E é importante não esquecer nunca que o efeito das nossas ações depende inteiramente da intenção ou motivação que está por trás delas, e não da sua magnitude.

No tempo do Buda vivia uma velha mendiga chamada "Confiando na Alegria". Ela observava os reis, príncipes e o povo em geral fazendo oferendas ao Buda e a seus discípulos, e não havia nada que quisesse mais do que poder fazer o mesmo. Saiu então pedindo esmolas, mas ao fim do dia não havia conseguido mais do que uma moedinha. Levou-a ao mercador para tentar trocá-la por algum óleo, mas ele lhe disse que aquilo não dava para comprar nada. Quando soube que ela queria fazer uma oferenda ao

Buda, encheu-se de pena e deu-lhe o óleo que queria. A mendiga foi para o mosteiro e acendeu uma lâmpada. Colocou-a diante do Buda e fez o seguinte pedido: "Nada tenho a oferecer senão esta pequena lâmpada. Mas com esta oferenda, possa eu no futuro ser abençoada com a lâmpada da sabedoria. Possa eu libertar todos os seres das suas trevas, purificar todos os seus obscurecimentos e levá-los à iluminação".

Durante a noite, o óleo de todas as outras lâmpadas se acabou. Mas a lâmpada da mendiga ainda queimava na alvorada, quando Maudgalyayana, discípulo do Buda, chegou para recolher as lâmpadas. Ao ver aquela única ainda brilhando, cheia de óleo e com pavio novo, pensou: "Não há razão para que essa lâmpada continue ainda queimando durante o dia", e tentou apagá-la. Mas ela continuou queimando. Tentou apagar a chama com os dedos, mas foi inútil. Tentou abafá-la com suas vestes, mas ela ainda ardia. O Buda o observava há algum tempo e disse: "Maudgalyayana, você quer apagar essa lâmpada? Não vai conseguir. Não conseguiria nem movê-la daí, que dirá apagá-la. Se jogasse nela toda a água dos oceanos, ainda assim não adiantaria. A água de todos os rios e lagos do mundo não poderia extinguir essa chama. Por que não? Porque ela foi oferecida com devoção e com pureza de coração e mente. E essa motivação produziu um enorme benefício". Quando o Buda terminou de falar, a mendiga se aproximou e ele profetizou que no futuro ela se tornaria um perfeito buda, conhecido como "Luz da Lâmpada".

É a nossa motivação, portanto, seja ela boa ou má, que determina os frutos da nossa ação. Shantideva disse:

Toda a alegria que há neste mundo
Vem do desejo de que os outros sejam felizes,
E toda a dor que há neste mundo
Vem do desejo de que eu mesmo seja feliz.[16]

Como a lei do carma é inevitável e infalível, sempre que fazemos mal aos outros estamos diretamente fazendo mal a nós mesmos, e sempre que os fazemos felizes estamos trazendo futura felicidade para nós mesmos. Assim diz o Dalai Lama:

> *Se você tentar dominar seus impulsos egoístas – raiva e assim por diante – e desenvolver mais bondade e compaixão pelos outros, no fim você mesmo estará se beneficiando mais do que estaria de outra forma. Por isso às vezes digo que o egoísta sábio deveria praticar desse modo. Os egoístas tolos estão sempre pensando em si mesmos, e o resultado disso é negativo. Os egoístas sábios pensam nos demais, ajudam-nos o quanto podem, e o resultado é que também eles recebem benefícios.*[17]

A crença na reencarnação mostra-nos que há no universo uma espécie de justiça ou bondade suprema. É essa bondade que todos estamos querendo descobrir e libertar. Sempre que agimos positivamente, movemo-nos na direção dela; sempre que agimos negativamente, nós a obscurecemos e inibimos. E sempre que não podemos expressá-la em nossas vidas e ações sentimo-nos infelizes e frustrados.

Assim, se tivesse de tirar uma mensagem essencial do fato da reencarnação, seria esta: desenvolva esse bom coração que deseja ardentemente que os outros seres encontrem felicidade duradoura, e que age para assegurá-la. Nutra e pratique a bondade. Disse o Dalai Lama: “Não há necessidade de templos; nenhuma necessidade de filosofias complicadas. Nosso próprio cérebro, nosso próprio coração é nosso templo; minha filosofia é a bondade”.

CRIATIVIDADE

O carma, assim, não é fatalista nem predeterminado. Carma significa a *nossa* habilidade de criar e mudar. É criativo porque *podemos* determinar como e por que agimos. Nós *podemos* mudar. O futuro está em nossas mãos, e nas mãos do nosso coração. Disse o Buda:

> *O carma cria tudo, como um artista,*
> *O carma compõe, como um dançarino.*[18]

Como tudo é impermanente, fluido e interdependente, o modo como agimos e pensamos inevitavelmente muda o futuro. Não há situação, por mais que pareça desesperançada ou terrível, como uma doença terminal, que não possa ser usada para crescermos através dela. E não há crime ou crueldade que o arrependimento sincero e a verdadeira prática espiritual não possam purificar.

Milarepa é considerado, no Tibete, o maior dos iogues, poetas e santos. Lembro-me, ainda criança, da emoção que sentia ao ler a história de sua vida e estudar minuciosamente as pequenas ilustrações pintadas em minha cópia manuscrita de sua biografia. Ainda jovem, Milarepa estudou para ser feiticeiro, e por vingança matou e arruinou incontáveis vidas com sua magia negra. Ainda assim, pelo remorso e com os sacrifícios que fez sob a orientação de seu grande mestre Marpa, conseguiu purificar-se de todas essas ações negativas. Finalmente iluminou-se, tornando-se aquele que inspirou milhões de pessoas através dos séculos.

Dizemos no Tibete: "A ação negativa tem uma qualidade boa: ela pode ser purificada". Assim, sempre há esperança. Mesmo os assassinos e os malfeitores mais empedernidos podem mudar e superar o condicionamento que os conduziu aos seus crimes. Nossa condição presente, se a usarmos com habilidade e sabedoria, pode servir de inspiração para nos libertar do cativeiro do sofrimento.

Tudo o que acontece conosco agora reflete nosso carma passado. Se soubermos disso e o soubermos *realmente*, sempre que sofrimento e dificuldades nos atingirem não os veremos mais como falhas ou catástrofes, nem os veremos de modo algum como punição. Não nos culparemos mais, nem nos permitiremos odiar a nós mesmos. Veremos que a dor que atravessamos é a culminância dos efeitos, a fruição de um carma passado. Os tibetanos costumam dizer que o sofrimento é "uma vassoura que varre todo o nosso carma negativo". Podemos até ser-lhe gratos porque um carma está chegando ao fim. Sabemos que a "boa sorte", fruto do bom carma, pode logo passar se não a usarmos bem, e a "má sorte", resultado do carma negativo, pode na verdade estar dando a nós uma maravilhosa oportunidade de evoluir.

Para os tibetanos, o carma tem um significado realmente vivo e prático no seu cotidiano. Eles vivem o princípio do carma, cientes de sua verdade, e essa é a base da ética budista. Eles o entendem como um processo justo e natural. O carma inspira neles, portanto, um sentido de responsabilidade pessoal em tudo o que fazem. Quando eu era jovem, minha família tinha um excelente empregado chamado A-pé Dorje, que gostava muito de mim. Ele era realmente um santo, e nunca fez mal a ninguém em toda sua vida. Sempre que, em minha infância, eu dizia ou fazia algo prejudicial, ele replicava gentilmente: "Oh, isso não está certo"; desse modo, instilava em mim um profundo senso da onipresença do carma e um hábito quase automático de transformar minhas reações, caso algum pensamento nocivo me invadisse o coração.

É realmente tão difícil perceber o carma em ação? Não basta apenas olhar para trás em nossa vida para ver com clareza as consequências de alguns de nossos atos? Quando aborrecemos ou ferimos alguém, isso não veio de volta contra nós? Não fomos deixados com uma amarga e negra recordação, e com as sombras da autodesaprovação? Essas recordações e sombras são o carma. Nossos hábitos e medos também provêm do carma, resultado de ações, palavras e pensamentos que tivemos no passado. Se examinarmos nossas ações e tomarmos realmente consciência delas, veremos que há um padrão que se repete: *sempre que agimos negativamente, isso resulta em dor e sofrimento; sempre que agimos positivamente, isso no final resulta em felicidade.*

RESPONSABILIDADE

Fiquei muito impressionado pela maneira como os relatos sobre a experiência de quase-morte confirmam, de modo muito preciso e surpreendente a verdade do carma. Um dos elementos comuns da experiência de quase-morte, e que trouxe muita reflexão, é o que se chamou de "retrospectiva panorâmica da vida". Parece que as pessoas que passam por essa experiência não apenas recapitulam vivamente e com nítidos detalhes os eventos da sua vida passada, como também podem testemunhar todas as implicações possíveis daquilo que fizeram. Elas experienciam, na verdade, a extensão completa dos efeitos das suas ações em outras pessoas e os sentimentos que provocaram nelas, por mais perturbadores ou chocantes que tenham sido[19]:

> *Tudo da minha vida apareceu em retrospecto – eu estava envergonhado de um monte de coisas que passei, porque parecia que agora eu tinha uma noção diferente dessas coisas... Não somente o que eu fizera, mas como isso havia afetado outras pessoas... Descobri que nem mesmo seus pensamentos se perdem.*[20]

> *Minha vida passou diante de mim... o que aconteceu foi que cada emoção que senti alguma vez na vida, voltei a sentir. E meus olhos me mostravam o modo básico com que aquela emoção afetava minha vida. O modo como a minha vida tinha até então afetado a vida de outras pessoas...*[21]

> *Eu era a própria pessoa que tinha ferido, e eu era a própria pessoa que ajudei ir bem.*[22]

> *Era um reviver completo de cada pensamento que pensei, cada palavra que falei, cada feito que fiz; mais o efeito de cada pensamento, palavra e ação em todo o mundo e em cada um que passou no meu caminho ou por minha área de influência, tenha eu o conhecido ou não... mais o efeito de cada pensamento, palavra e ação no clima, nas plantas, no solo, nas árvores, na água, no ar.*[23]

Sinto que esses depoimentos devem ser levados muito a sério. Eles nos ajudarão a entender as profundas implicações dos nossos atos, palavras e pensamentos, e nos impelirão a nos tornarmos cada vez mais responsáveis. Sei que muitas pessoas se sentem ameaçadas pela realidade do carma, porque começam a entender que não podem escapar dessa lei natural. Alguns têm completo desprezo pela ideia do carma, mas lá no fundo têm sérias dúvidas a respeito da sua própria recusa. Durante o dia podem agir com destemor e desdém em relação a toda moralidade, com artificial e descuidada confiança, mas sozinhos à noite sua mente está frequentemente escura e confusa.

O Ocidente e o Oriente têm maneiras características de fugir às responsabilidades que advêm de compreender o carma. No Oriente as pessoas usam o carma como desculpa para não ajudar ninguém, dizendo que, se eles sofrem, é devido ao "carma deles". No Ocidente, da "liberdade de pensamento" fazemos o contrário. Os ocidentais que acreditam no carma podem ser exageradamente "sensíveis" e "cuidadosos", e dizem que, na verdade, ajudar alguém seria interferir em alguma coisa que essa pessoa tem de "resolver por si mesma". Que fuga e traição da nossa humanidade! É talvez igualmente possível que o nosso carma seja encontrar um modo de ajudar. Conheço muitas pessoas ricas: sua riqueza poderia ser sua destruição, caso estimulasse a preguiça e o egoísmo, mas poderia ser a oportunidade que o dinheiro oferece de realmente ajudar os outros e assim ajudar a si mesmas.

Nunca devemos esquecer que é através de nossas ações, palavras e pensamentos que temos escolha. E, se escolhermos assim, podemos pôr um fim ao sofrimento e às suas causas, ajudando nossas verdadeiras potencialidades – nossa natureza búdica – a despertar em nós. Até que essa natureza búdica esteja totalmente desperta e nós estejamos livres da ignorância e unidos à mente iluminada e imortal, não pode haver fim para o círculo da vida e da morte. Assim, os ensinamentos nos dizem que, se não assumirmos a maior responsabilidade possível por nós mesmos agora, nesta vida, nosso sofrimento continuará não apenas por algumas outras vidas, mas por milhares delas.

É esse conhecimento grave e sério que faz com que os budistas afirmem que as vidas futuras são ainda mais importantes que a vida atual, porque há muitas mais à nossa espera no futuro. Essa visão de longo prazo governa o modo como vivem suas vidas. Eles sabem que, se sacrificássemos toda a eternidade por esta vida, seria como gastar a economia de toda uma existência num trago, irresponsavelmente ignorando as consequências.

Mas, se de fato observarmos a lei do carma e despertarmos

em nós o bom coração, aberto para o amor e a compaixão, se purificarmos nossa mente e passo a passo despertarmos a sabedoria da natureza dessa mente, poderemos nos tornar verdadeiros seres humanos e, em última instância, atingirmos a iluminação.

Albert Einstein disse:

> *Um ser humano é parte de um todo chamado por nós de "Universo", uma parte limitada no tempo e no espaço. Ele experiencia a si mesmo, seus pensamentos e sentimentos, como alguma coisa separada do resto – uma espécie de ilusão de óptica de sua consciência. Essa ilusão é uma forma de prisão para nós, restringindo-nos aos nossos desejos pessoais e à afeição por umas poucas pessoas próximas. Nossa tarefa deve ser a de nos libertarmos dessa prisão alargando nossos círculos de compaixão para envolver todas as criaturas vivas e o todo da natureza em sua beleza.*[24]

REENCARNAÇÕES NO TIBETE

Aqueles que dominam a lei do carma e obtêm a realização podem decidir voltar em várias outras vidas para ajudar os outros. No Tibete, uma tradição de reconhecer essas encarnações ou *tulkus* começou no século XIII e continua até o presente. Quando um mestre realizado morre, ele ou ela, pode deixar indicações precisas de onde renascerá. Então, um dos seus discípulos mais próximos ou amigos espirituais pode ter uma visão ou sonho antecipando seu iminente renascimento. Em alguns casos, seus discípulos anteriores podem procurar um mestre conhecido e reverenciado por ter a habilidade de reconhecer tulkus, e esse mestre pode ter um sonho ou visão que norteie a busca do tulku. Quando uma criança é encontrada, é esse mestre que confirma a sua autenticidade.

O propósito real dessa tradição é assegurar que a memória imbuída da sabedoria dos mestres realizados não se perca. O fato mais importante da vida de uma encarnação é que, ao longo do treinamento, a natureza original dele ou dela – a memória da sabedoria herdada na encarnação – desperta, e esse é o sinal definitivo da sua autenticidade. Sua Santidade o Dalai Lama, por exemplo, admite que pôde entender em idade muito tenra, e sem muita dificuldade, aspectos da filosofia e do ensinamento budistas que normalmente são difíceis de compreender e levam muitos anos para serem dominados.

Os tulkus são educados com muito cuidado. Mesmo antes do seu preparo começar, seus pais são instruídos para cuidar deles de modo especial. Seu treinamento é muito mais rigoroso e intensivo que o dos monges comuns, porque muito mais é esperado deles. Às vezes eles se lembram de suas vidas passadas ou mostram habilidades notáveis. Como diz o Dalai Lama: "É frequente nas crianças pequenas que são reencarnações a lembrança de objetos e pessoas de suas vidas prévias. Alguns podem também recitar trechos de escrituras que ainda não conheceram nesta vida".[25] Algumas encarnações precisam praticar e estudar menos do que outras. Foi o que ocorreu com meu mestre, Jamyang Khyentse.

Quando ele era jovem, teve um tutor muito exigente. Tinha que viver com ele em seu eremitério na montanha. Uma manhã o tutor viajou para um vilarejo vizinho para fazer um ritual para alguém que havia morrido. Logo antes de sair ele deu a meu mestre um livro chamado *Cânticos dos Nomes de Manjushri*, um texto muito difícil de cerca de cinquenta páginas, que via de regra levaria meses para decorar. Suas últimas palavras foram: "Decore isso esta noite".

O jovem Khyentse era como qualquer outra criança e, logo que seu tutor saiu, começou a brincar. Brincou e brincou, e seus vizinhos foram ficando cada vez mais ansiosos. Então disseram-lhe: "É melhor começar a estudar, ou vai levar uma surra". Todos sabiam como o tutor era rigoroso e bravo. Nem assim meu mestre ligava, e continuou a brincar. Finalmente, logo antes do Sol se pôr, quando sabia que seu tutor estaria de volta, leu o texto todo uma vez. Quando o tutor chegou e tomou a lição, ele recitou o texto de memória, palavra por palavra.

Normalmente nenhum tutor em juízo perfeito daria esse tipo de tarefa a uma criança. Mas, no âmago do seu coração, ele sabia que Khyentse era a encarnação de Manjushri, o Buda da Sabedoria, e era quase como se estivesse jogando-lhe uma isca para que se "mostrasse". A própria criança, aceitando essa tarefa sem reclamar, estava tacitamente reconhecendo quem ela era. Mais tarde, Khyentse escreveu em sua autobiografia que, embora seu tutor não admitisse isso, ficou muito impressionado.

O que continua num tulku? É ele exatamente a mesma pessoa que reencarnou? Ele é e não é, ao mesmo tempo. Sua motivação e dedicação para ajudar todos os seres é a mesma, mas ele não é na verdade a mesma pessoa. O que continua de uma vida para outra é uma bênção, é isso que o cristão chama de "graça". Essa transmissão de uma bênção e da graça é sintonizada e adequada a cada época sucessiva, e a encarnação aparece da maneira que potencialmente melhor se adapte ao carma das pessoas desse tempo, para poder ajudá-las de modo mais completo.

Talvez o exemplo mais tocante da riqueza, da efetividade e da sutileza desse sistema seja Sua Santidade o Dalai Lama. Ele é reverenciado pelos budistas como a encarnação de Avalokiteshvara, o Buda da Infinita Compaixão.

Criado no Tibete na condição de deus-rei, o Dalai Lama recebeu toda a preparação tradicional e os principais ensinamentos de todas as linhagens, tornando-se um dos maiores mestres vivos da tradição tibetana. No entanto, o mundo inteiro o conhece como uma pessoa direta e simples e com uma visão muito prática. O Dalai Lama tem um grande interesse por todos os aspectos da física moderna, bem como pela neurobiologia, psicologia e política; sua visão e as suas mensagens de responsabilidade universal são aceitas não apenas pelos budistas, mas por pessoas de todos os credos, no mundo inteiro. Sua dedicação à não violência durante a longa e dramática luta do povo tibetano por sua independência dos chineses valeu-lhe o Prêmio Nobel da Paz de 1989; numa época particularmente violenta, seu exemplo tem inspirado pessoas de países de todos os quadrantes do globo em suas aspirações pela liberdade. O Dalai Lama tornou-se um dos principais porta-vozes da preservação do meio ambiente no planeta, tentando incansavelmente despertar os seres humanos para os perigos de uma filosofia que encarna o egoísmo e o materialismo. É homenageado por intelectuais e líderes em toda parte, ao mesmo tempo que conheço centenas de pessoas bem comuns, no mundo, cujas vidas mudaram graças à beleza, ao estado de espírito e à alegria da sua sagrada presença. O Dalai Lama é, acredito, nada menos do que o rosto do Buda da Compaixão voltado para uma humanidade em perigo, a encarnação de Avalokiteshvara não somente para o Tibete e para os budistas, mas para o mundo inteiro – necessitado, como nunca antes, da compaixão restauradora e do seu exemplo de total dedicação à paz.

Os ocidentais podem se surpreender ao saber quantas encarnações passaram pelo Tibete, sendo a maioria delas de grandes mestres, eruditos, escritores, místicos e santos, que deram notável contribuição tanto ao ensino do budismo quanto à sociedade. Eles desempenharam papel central na história do país. Acredito que esse processo de encarnação não se limita ao Tibete, mas pode ocorrer em todos os países e em todos os tempos. Ao longo da história houve figuras de genialidade artística, força espiritual e visão humanitária que ajudaram a espécie humana a seguir em frente. Penso em Gandhi, Einstein, Abraham Lincoln, Madre Teresa de Calcutá, Shakespeare, São Francisco, Beethoven, Michelangelo. Quando os tibetanos ouvem falar dessas pessoas, imediatamente dizem que são bodisatvas. E sempre que ouço falar nelas, no seu trabalho e na sua visão, sinto-me tocado pela majestade do vasto processo evolucionário dos budas e dos mestres que emanam para libertar os seres e melhorar o mundo.

SETE

BARDOS E OUTRAS REALIDADES

Bardo é uma palavra tibetana que quer dizer simplesmente "transição", ou intervalo entre o encerramento de uma situação e o início de outra. *Bar* significa "entre duas coisas", e *do* é "suspenso", ou "lançado". A palavra bardo se tornou famosa pela popularidade do *Livro Tibetano dos Mortos*. Desde sua primeira tradução para o inglês, em 1927, esse livro despertou imenso interesse entre psicólogos, escritores e filósofos no Ocidente e vendeu milhões de cópias.

O título *Livro Tibetano dos Mortos* foi cunhado pelo seu compilador e tradutor, o erudito americano W. Y. Evans-Wentz, imitando o famoso (e também incorretamente intitulado) *Livro Egípcio dos Mortos*[1]. O verdadeiro nome do livro é *Bardo Tödrol Chenmo*, que significa "Grande Liberação por Meio da Audição no Bardo". Os ensinamentos do bardo são extremamente antigos e se encontram nos chamados Tantras do Dzogchen[2]. Esses ensinamentos têm uma linhagem que remonta a um tempo anterior ao dos mestres humanos, chegando ao Buda Primordial (chamado em sânscrito Samantabhadra e em tibetano Kuntuzangpo), que representa a pureza absoluta, desnuda, primordial e vasta como o céu da natureza da nossa mente. Porém, o *Bardo Tödrol Chenmo*, em si, é parte de um grande ciclo de ensinamentos transmitidos pelo mestre Padmasambhava e revelados, no século XIV, pelo visionário tibetano Karma Lingpa.

A *Grande Liberação por Meio da Audição no Bardo*, o *Livro Tibetano dos Mortos*, é um livro de conhecimento incomparável. É uma espécie de guia de viagem para os estados que se seguem à morte, que se destina a ser lido por um mestre ou amigo espiritual para uma pessoa que está morrendo, e depois da sua morte. Diz-se no Tibete que há "Cinco Métodos para Conseguir a Iluminação sem Meditar": *vendo* um grande mestre ou um objeto sagrado; *usando sobre o corpo* desenhos especialmente abençoados de mandalas com mantras sagrados; *provando* néctares sagrados consagrados pelos mestres em práticas especiais e intensivas; *lembrando* a transferência de consciência, o Phowa, no momento da morte, e *ouvindo* certos ensinamentos profundos como os contidos na *Grande Liberação por Meio da Audição no Bardo.*

O *Livro Tibetano dos Mortos* é destinado a um praticante ou a alguém que esteja familiarizado com os ensinamentos. Para o leitor moderno é muito difícil penetrá-lo, e levanta uma série de questões que simplesmente não podem ser respondidas sem algum conhecimento da tradição que o originou. De fato, o livro não pode ser compreendido e usado sem o conhecimento das instruções orais, jamais escritas, que um mestre transmite a um discípulo, e que são a chave da prática que a obra traz.

Apresento neste livro, então, num contexto mais abrangente e acessível, os ensinamentos com que o Ocidente se familiarizou através do *Livro Tibetano dos Mortos.*

OS BARDOS

Devido à popularidade do *Livro Tibetano dos Mortos*, as pessoas comumente associam a palavra bardo com morte. É verdade que "bardo" é usado na linguagem diária dos tibetanos para designar o estado intermediário entre a morte e o renascimento, mas ele tem um sentido muito mais amplo e profundo. É nos ensinamentos sobre o bardo que, talvez mais do que em qualquer outro lugar, podemos ver como é profunda e abrangente a sabedoria dos budas sobre a vida e a morte, e como é inseparável essa coisa chamada "vida" daquilo que chamamos "morte", quando vistas e entendidas claramente a partir da perspectiva da iluminação.

Podemos dividir o conjunto da nossa existência em quatro realidades: vida, o morrer e a morte, o pós-morte e o renascimento. São estes os Quatro Bardos:

- o bardo "natural" desta vida
- o bardo "doloroso" da morte
- o bardo "luminoso" do dharmata
- o bardo "cármico" do vir a ser

1. O bardo natural desta vida abarca todo o período entre o nascimento e a morte. No nosso presente estado de conhecimento, isso pode parecer mais do que apenas um bardo, uma transição. Mas se refletirmos sobre isso, ficará claro que o tempo que dispomos nesta vida, se comparado com a enorme extensão e duração da nossa história cármica, é de fato relativamente curto. Os ensinamentos nos dizem uma e outra vez que o bardo desta vida é o único momento, e portanto o melhor, para nos prepararmos para a morte: familiarizando-nos com os ensinamentos e estabilizando a prática.

2. O bardo doloroso da morte se estende do início do processo de morrer até o fim do que é conhecido como "respiração interior"; esta, por sua vez, culmina no despontar da natureza da mente, o que chamamos a "Luminosidade Base", no momento da morte.

3. O bardo luminoso do dharmata abrange a experiência pós-morte da radiância da natureza da mente, a luminosidade ou "Clara Luz", que se manifesta como som, cor e luz.

4. O bardo cármico do vir a ser é o que em geral denominamos "bardo ou estado intermediário", que dura até o momento em que assumimos um novo nascimento.

O que distingue e define cada um dos bardos é que todos eles são intervalos ou períodos em que a possibilidade do despertar está particularmente presente. As oportunidades de liberação estão correndo de maneira contínua e ininterrupta ao longo da vida e da morte; os ensinamentos do bardo são a chave ou a ferramenta que nos permitirá descobrir ou reconhecer essas oportunidades e fazer o uso mais pleno delas.

INCERTEZA E OPORTUNIDADE

Uma das características centrais dos bardos é que são períodos de profunda incerteza. Tome esta vida como o exemplo principal. À medida que o mundo à nossa volta se torna mais turbulento, também a nossa vida torna-se cada vez mais fragmentada. Sem contato e sintonia com nós mesmos, ficamos ansiosos, agitados e frequentemente paranoicos. A alfinetada de uma pequenina crise estoura o balão das estratégias atrás das quais nos escondemos. Um único momento de pânico revela-nos como tudo é precário e instável. Viver no mundo moderno é sem dúvida viver em um reino do bardo; não é preciso morrer para experienciá-lo.

Essa incerteza, que já agora permeia tudo, torna-se ainda mais intensa, mais acentuada, depois que morremos, quando os mestres nos dizem que nossa claridade ou confusão é “multiplicada por sete”.

Qualquer pessoa que olhe com honestidade para sua vida verá que vivemos em constante estado de suspense e ambiguidade. Nossa mente fica alternando entre confusão e claridade. Se só ficássemos confusos todo o tempo, isso permitiria ao menos alguma espécie de claridade. O que é de fato desconcertante a respeito da vida é que às vezes, apesar de toda nossa confusão, podemos ser realmente sábios! Isso nos revela o que é o bardo: uma contínua e enervante oscilação entre claridade e confusão, perplexidade e discernimento, certeza e incerteza, sanidade e insanidade. Em nossa mente, tal como somos agora, sabedoria e confusão surgem simultaneamente, ou, como dizemos, são “coemergentes". Isso mostra que nos defrontamos com um contínuo estado de escolha entre aquelas alternâncias, e que tudo depende afinal do que escolhemos.

Essa constante incerteza pode fazer tudo parecer triste e quase sem esperança; mas se você olhar para ela com maior atenção, verá que sua própria natureza cria intervalos, espaços em que profundas oportunidades de transformação florescem continuamente – desde que possam ser vistas e aproveitadas.

Como a vida nada mais é que uma oscilação permanente entre nascimento, morte e transição, as experiências do bardo estão nos acontecendo o tempo todo e são parte fundamental da nossa constituição psicológica. No entanto, quando a nossa mente passa de uma assim chamada situação "sólida" para a seguinte, esquecemo-nos dos bardos e seus intervalos. Habitualmente ignoramos as transições que estão sempre ocorrendo. Na realidade, como os ensinamentos podem nos ajudar a compreender, cada momento de nossa experiência é um bardo, tal como cada pensamento e cada emoção que emanam e tornam a morrer no âmago da mente. Os ensinamentos nos alertam para o fato de que é especialmente nos momentos de forte mudança e transição que a verdadeira natureza primordial de nossa mente, semelhante ao céu, terá uma oportunidade de se manifestar.

Deixe-me dar-lhe um exemplo. Imagine que você volta para casa um dia, após o trabalho, e encontra a porta de sua casa arrombada, pendurada nas dobradiças. A casa foi assaltada. Você entra e descobre que tudo o que possuía desapareceu. Por instantes fica paralisado, em estado de choque, e em meio ao desespero procura freneticamente entrar no processo mental de tentar lembrar o que foi roubado. O resultado é terrível: você perdeu tudo. Sua mente passa da inquietação e agitação ao atordoamento, e os pensamentos se acalmam. E há uma súbita, profunda imobilidade, quase uma experiência de felicidade. Não há mais luta nem esforço, porque ambos são inúteis. Agora tudo o que você tem a fazer é desistir, não há escolha.

Assim, num instante você perdeu alguma coisa preciosa e no instante imediatamente seguinte você descobre que a sua mente repousa num estado de paz profunda. Quando esse tipo de experiência acontece, não corra logo em seguida em busca de soluções. Fique uns instantes nesse estado de paz. Permita que ele seja um intervalo, uma brecha. E se você de fato descansar nesse intervalo, olhando dentro da mente, vislumbrará a natureza imortal da mente iluminada.

Quanto mais profunda for nossa sensibilidade e mais aguda nossa prontidão para as assombrosas oportunidades de uma visão interior radical, oferecidas pelos intervalos e transições como esses durante a vida, mais estaremos preparados interiormente quando eles ocorrerem, de modo imensamente mais poderoso e desgovernado, no momento da morte.

Isso é de extrema importância, porque os ensinamentos do bardo nos dizem que há momentos em que a mente é muito mais livre do que o normal, momentos mais poderosos que outros, que contêm uma carga e implicações cármicas muito mais fortes. Desses, o momento supremo é o da morte – nesse instante o corpo é deixado para trás e nos é oferecida então a maior das oportunidades de liberação.

Por mais consumada que possa ser a nossa maestria espiritual, somos limitados pelo corpo e seu carma. Mas com a libertação física da morte surge a mais maravilhosa oportunidade de conseguir tudo aquilo para o qual lutamos, em nossa prática e em nossa vida. Mesmo no caso de um mestre supremo que alcançou a mais elevada realização, a liberação final, chamada *parinirvana*, desponta somente na morte. É por isso que na tradição tibetana nós não celebramos o aniversário dos mestres; nós celebramos *sua morte*, o seu momento de iluminação final.

Na minha infância no Tibete, e nos anos que se seguiram, ouvi inúmeras histórias sobre grandes praticantes, e até de iogues aparentemente comuns e de leigos, que morreram de maneira surpreendente e dramática. Não foi antes daquele último instante que eles, finalmente, revelaram a profundidade da sua realização e o poder dos ensinamentos que chegaram a personificar[3].

Os Tantras do Dzogchen, ensinamentos ancestrais de onde as instruções do bardo procedem, falam de um pássaro mitológico, *garuda*, que já nasce completamente crescido. Essa imagem simboliza nossa natureza primordial, que já é completamente perfeita. O filhote de garuda tem todas as penas para voar já desenvolvidas dentro do ovo, mas não pode voar antes de sair dele. Somente quando a casca se parte e abre é que ele pode sair e subir muito alto no céu. De modo semelhante, nos dizem os mestres, as qualidades do estado búdico ficam veladas pelo corpo, e tão logo ele é descartado essas qualidades aparecem de forma radiante.

Explica-se o porquê de o momento da morte ser tão pleno de oportunidades pelo fato de ser aí que a natureza fundamental da mente, a Luminosidade Base ou Clara Luz, vai se manifestar de forma natural, de um modo vasto e esplêndido. Se nesse momento crucial pudermos reconhecer a Luminosidade Base, dizem-nos os ensinamentos, conseguiremos a liberação.

Mas isso não é possível a menos que você tenha familiaridade e intimidade com a natureza da mente durante sua vida, pela prática espiritual. E é por isso, muito surpreendentemente, que se diz em nossa tradição que uma pessoa liberada no momento da morte é considerada liberada *nesta* vida, e *não* num dos estados do bardo após a morte; porque é nesta vida que o reconhecimento essencial da Clara Luz ocorreu e se estabeleceu. Este é um ponto essencial a ser compreendido.

OUTRAS REALIDADES

Como disse, os bardos são oportunidades, mas exatamente o que é que neles torna possível tomarmos posse da oportunidade que nos oferecem? A resposta é simples: eles são todos diferentes estados e diferentes realidades da mente.

No treinamento budista preparamo-nos através da meditação para descobrir com precisão os vários estados inter-relacionados da mente, e habilmente entrar em diferentes níveis de consciência. Há uma relação clara e exata entre os estados do bardo e os níveis de consciência que experimentamos dentro do ciclo da vida e da morte. Assim, quando passamos de um bardo para o outro, tanto na vida quanto na morte, há uma mudança correspondente na consciência, mudança que podemos, através da prática espiritual, vir a conhecer intimamente e a compreender de modo completo.

Uma vez que o processo que se desenrola nos bardos da morte está presente nas profundezas da nossa mente, ele se manifesta em vários níveis também durante a vida. Há, por exemplo, uma viva correspondência entre os graus de sutileza da consciência através dos quais nos movemos no sono e nos sonhos, e os três bardos associados com a morte:

- Adormecer é semelhante ao bardo da morte, em que os elementos e os processos do pensamento se dissolvem, dando acesso à experiência da Luminosidade Base.
- Sonhar tem afinidade com o bardo do vir a ser, o estado intermediário no qual você tem um "corpo mental" clarividente e de grande mobilidade que passa por todos os tipos de experiência. Também quando sonhamos temos um tipo semelhante de corpo, o corpo onírico, em que vivemos todas as experiências da vida onírica.
- Entre o bardo da morte e o bardo do vir a ser há um estado muito especial de luminosidade ou Clara Luz, chamado, como já disse, "bardo do dharmata". É uma experiência que ocorre a todo o mundo, mas da qual muito poucos se dão conta, e muito menos a vivenciam completamente, já que só pode ser reconhecida por um praticante treinado. Esse bardo do dharmata corresponde ao período logo após o adormecer e antes que os sonhos comecem.

É claro que os bardos da morte são estados de consciência muito mais profundos e momentos bem mais poderosos do que os do sono e do sonho, mas seus níveis relativos de sutileza se correspondem e mostram o tipo de ligação e paralelo que existe entre todos os diferentes níveis de consciência. Os mestres sempre usam essa comparação em especial para mostrar como é difícil manter a consciência durante os estados de bardo. Quantos de nós estão atentos à mudança em nossa consciência quando começa o sono? Ou no momento de sono antes dos sonhos iniciarem? Quantos de nós percebem, enquanto sonhamos, que estamos sonhando? Imagine então como será difícil permanecer alerta durante o turbilhão dos bardos da morte.

O modo como sua mente está nos estados de sono e de sonho indica como ela irá estar nos correspondentes estados de bardo; por exemplo, a maneira como você reage agora aos sonhos, pesadelos e dificuldades, mostra como poderá reagir depois de morrer.

Essa é a razão de a ioga do sono e dos sonhos ser parte tão importante da preparação para a morte. O que um verdadeiro praticante busca fazer é manter, sem falha e sem interrupção, sua consciência da natureza da mente, dia e noite, e assim usar diretamente as diferentes fases do sono e do sonho para reconhecer e familiarizar-se com o que acontecerá nos bardos durante e após a morte.

Assim podemos encontrar dois outros bardos comumente incluídos *dentro* do bardo natural desta vida: o bardo do sono e do sonho, e o bardo da meditação. A meditação é a prática do dia, e as iogas do sono e dos sonhos são as práticas da noite. Na tradição a que o *Livro Tibetano dos Mortos* pertence, esses dois são acrescentados aos Quatro Bardos para perfazer a série dos Seis Bardos.

A VIDA E A MORTE NA PALMA DA MÃO

Cada um dos bardos tem sua própria e exclusiva série de instruções e práticas de meditação, dirigidas precisamente àquelas realidades e seus particulares estados da mente. É assim que as práticas espirituais e o treinamento designado para cada um dos estados de bardo podem habilitar-nos a fazer o mais pleno uso deles e de suas oportunidades de liberação. O ponto essencial a ser compreendido a respeito dos bardos é este: seguindo o treinamento dessas práticas *é realmente possível perceber esses estados da mente enquanto ainda se está vivo.* Podemos de fato experimentá-los aqui e agora.

Esse tipo de completa maestria das diferentes dimensões da mente pode parecer muito difícil de compreender para um ocidental, mas isso de forma alguma significa que é impossível de ser atingido.

Kunu Lama Tenzin Gyaltsen foi um mestre realizado que veio originalmente da região dos Himalaias pertencente à Índia setentrional. Quando era jovem encontrou um lama no Sikkim que o aconselhou a ir ao Tibete para prosseguir seus estudos de budismo. Foi então para Kham, no leste tibetano, onde recebeu ensinamentos de alguns dos maiores lamas, inclusive de meu mestre Jamyang Khyentse. O conhecimento que Kunu Lama tinha de sânscrito granjeou-lhe respeito e abriu muitas portas para ele. Os mestres gostavam imensamente de dar-lhe ensinamentos, na esperança de que ele levasse essas instruções de volta para a Índia e as transmitisse lá, onde sabiam que haviam quase desaparecido. Depois de algum tempo no Tibete, Kunu Lama tornou-se excepcionalmente preparado e realizado.

Acabou retornando à Índia, onde viveu como verdadeiro asceta. Quando meu mestre e eu fomos para a Índia em peregrinação, depois de deixar o Tibete, procuramos por ele em toda Benares. Afinal o encontramos num templo hindu. Ninguém sabia quem ele era, nem mesmo sabiam que era budista, e muito menos que era um mestre. Ali era conhecido como um iogue santo e gentil e lhe ofereciam comida. Sempre que penso nele, digo a mim mesmo: "São Francisco de Assis deve ter sido assim".

Logo que os monges tibetanos e os lamas foram para o exílio, Kunu Lama foi escolhido para ensinar-lhes gramática e sânscrito numa escola fundada pelo Dalai Lama. Muitos lamas cultos aprenderam com ele e todos o consideraram um excelente professor de línguas. Mas um dia aconteceu de alguém lhe fazer uma pergunta sobre o ensinamento do Buda. A resposta que ele deu foi extremamente profunda. Aí todos continuaram fazendo perguntas e descobriram que para tudo que lhe perguntavam ele tinha resposta. De fato, ele pôde dar todo ensinamento que lhe foi pedido. Assim, sua reputação espalhou-se por toda parte, e em pouquíssimo tempo ele já ensinava para membros de todas as diferentes escolas as tradições de cada linhagem.

Sua Santidade o Dalai Lama tomou-o então como seu guia espiritual. Reconheceu Kunu Lama como a inspiração para os seus ensinamentos e práticas sobre a compaixão. Realmente, ele era um exemplo vivo de compaixão e, apesar de ter se tornado bem conhecido, não mudou em nada. Usava ainda as mesmas velhas roupas simples e vivia num pequeno quarto. Quando alguém o procurava e lhe oferecia um presente, ele o dava para seu próximo visitante. Se alguém cozinhava para ele, ele comia; caso contrário, ficava sem comer.

Um dia, um mestre que conheço bem foi visitar Kunu Lama para lhe fazer algumas perguntas sobre os bardos. Esse mestre é um erudito muito versado na tradição do *Livro Tibetano dos Mortos* e tem muita experiência nas práticas relacionadas com a obra. Ele me contou depois como fez as suas perguntas e como ouviu, encantado, a resposta de Kunu Lama. Nunca tinha ouvido nada parecido antes. Quando descrevia os bardos, era tão vivo e preciso o que dizia que era como se estivesse dando a alguém instruções de como ir ao Central Park ou aos Champs Elysées. Era como se ele estivesse de fato nesses bardos.

Kunu Lama falava dos bardos diretamente a partir de sua própria experiência. Um praticante do seu calibre já viajou por todas as diferentes dimensões da realidade. E é porque os estados do bardo estão todos contidos em nossa mente que eles podem ser revelados e liberados através das práticas do bardo.

Esses ensinamentos vêm da mente de sabedoria dos budas, que podem ver a vida e a morte como se olhassem para a palma das próprias mãos.

Nós também somos budas. Assim, se pudermos praticar no bardo desta vida, e ir cada vez mais fundo na natureza da nossa mente, então poderemos descobrir esse conhecimento dos bardos, e a verdade desses ensinamentos se desdobrará em nós por si mesma. Por isso o bardo natural desta vida é de suma importância. É aqui e agora que a preparação integral para todos os bardos acontece. "O caminho supremo da preparação", já se disse, "é agora – tornar-se iluminado nesta vida".

OITO

ESTA VIDA: O BARDO NATURAL

Vamos explorar o primeiro dos Quatro Bardos, o bardo natural desta vida, e todas as suas muitas implicações; mais adiante abordaremos os outros três, no tempo e na ordem adequados. O bardo natural desta vida compreende todo o período da nossa vida que vai do nascimento à morte. Seus ensinamentos deixam claro para nós porque esse bardo é uma oportunidade tão preciosa, o que realmente significa ser humano e o que é mais importante e a única coisa verdadeiramente essencial a ser feita com a dádiva desta vida humana.

Os mestres nos dizem que há um aspecto da nossa mente que é seu terreno fundamental, um estado chamado de "a base da mente ordinária". Longchenpa, o destacado mestre tibetano do século XIV, descreve-o deste modo: "É um estado não iluminado e neutro que pertence à categoria da mente e dos eventos mentais, e que se tornou a base ou fundação de todos os carmas e 'engramas' do samsara e do nirvana".[1] Ele funciona como um armazém em que são estocadas como sementes todas as impressões das ações passadas causadas por nossas emoções negativas. Quando surgem as condições propícias, elas germinam e manifestam-se como circunstâncias e situações da nossa vida.

Imagine essa base da mente ordinária como um banco no qual o carma é depositado na forma de impressões e tendências habituais. Se temos o hábito de pensar seguindo um padrão característico, positivo ou negativo, então essas tendências serão acionadas e provocadas muito facilmente, repetindo-se de maneira contínua e recorrente. Com essa repetição constante, nossas inclinações e hábitos entrincheiram-se cada vez mais e persistem, acumulando mais e mais poder, mesmo quando estamos dormindo. É dessa forma que chegam a determinar nossa vida, nossa morte e nosso renascimento.

Sempre nos perguntamos: "Como serei quando estiver morto?" A resposta a isso é que seja qual for o estado da mente que temos *agora*, seja lá qual for o tipo de pessoa que somos *agora*, assim seremos no momento da morte, se não mudarmos. Por isso é de importância tão absoluta usar *esta* vida para purificar nosso fluxo mental e, por decorrência, nosso ser e nosso caráter fundamentais, enquanto podemos.

VISÃO CÁRMICA

Como é que chegamos a viver como seres humanos? Todos os seres que têm carma semelhante terão uma visão comum do mundo em torno deles, e esse conjunto de percepções que partilham é chamado de "visão cármica". Essa estreita correspondência entre o nosso carma e o tipo de reino em que nos encontramos também explica como diferentes formas surgem: você e eu, por exemplo, somos seres humanos devido ao carma básico comum que partilhamos.

Mas mesmo dentro do reino humano todos nós temos nosso carma individual. Nascemos em países, cidades e famílias diferentes; cada um de nós tem diferente criação, educação, influências e crenças, e todos esses condicionamentos incluem aquele carma. Cada um de nós é uma complexa somatória de hábitos e ações passadas, e assim não podemos ver as coisas senão da nossa maneira pessoal, única. Os seres humanos são muito parecidos, mas percebem as coisas de modo completamente diferente, e cada um de nós vive em seu próprio mundo individual, único e separado.

Como disse Kalu Rinpoche:

> *Se cem pessoas dormem e sonham, cada uma delas experimentará um mundo diferente em seu sonho. Pode-se dizer que os sonhos de todos são verdadeiros; não teria sentido afirmar que apenas o sonho de uma pessoa é o mundo verdadeiro e todos os demais são falsos. Há verdade em cada um que percebe, de acordo com os padrões cármicos que condicionam suas percepções.*[2]

SEIS REINOS

Nossa existência humana não é o único tipo de visão cármica. No budismo são identificados seis reinos da existência: o dos deuses, semideuses, humanos, animais, fantasmas famintos e os infernos. Cada um deles é o resultado de uma das seis principais emoções negativas: orgulho, ciúme, desejo, ignorância, ganância e raiva.

Existem esses reinos externamente? De fato, eles podem existir além do âmbito de percepção da nossa visão cármica. Nunca nos esqueçamos: *o que vemos é o que nossa visão cármica nos permite ver, e não mais.* Exatamente como nós, no impuro e não desenvolvido estado presente da nossa percepção, julgamos a parte do universo que vemos como se fosse o universo inteiro, assim como um inseto pode ver um dos nossos dedos como uma paisagem inteira. Somos tão arrogantes que só acreditamos em "ver para crer". Mas os grandes ensinamentos budistas falam de incontáveis mundos em diferentes dimensões – pode haver até muitos mundos extremamente parecidos ou iguais ao nosso –, e diversos astrofísicos modernos desenvolveram teorias sobre a existência de universos paralelos. Como poderíamos fazer afirmações definitivas sobre o que existe ou não para além das fronteiras da nossa limitada visão?

Olhando para o mundo em redor e para a nossa própria mente, podemos ver que os seis reinos definitivamente existem. Existem pelo modo como inconscientemente permitimos que as nossas emoções negativas sejam projetadas e cristalizem reinos inteiros à nossa volta, definindo o estilo, a forma, o sabor e o contexto da nossa vida naqueles reinos. E eles existem também interiormente como as diferentes sementes e tendências das várias emoções negativas dentro do nosso sistema psicofísico, sempre prontas para germinar e crescer, dependendo das influências que sofram e da maneira como escolhamos viver.

Vejamos como alguns desse reinos são projetados e se cristalizam no mundo que nos cerca. O principal aspecto do reino dos deuses, por exemplo, é o da ausência de sofrimento, um reino de beleza imutável e êxtase sensual. Imagine os deuses: surfistas altos e louros descansando em praias e jardins inundados por um sol brilhante, ouvindo qualquer música que escolham, intoxicados por todo tipo de estimulante, "viajando" na meditação, ioga, trabalho com o corpo e métodos de desenvolverem a si mesmos, mas sem nunca usar a própria cabeça, nunca confrontar qualquer situação complicada ou penosa, nunca conscientes da sua verdadeira natureza, e tão anestesiados que jamais percebem a sua verdadeira situação.

Se alguns lugares da Califórnia e da Austrália surgem na mente como o reino dos deuses, você pode ver o reino dos semideuses em ação todos os dias talvez na intriga e na rivalidade de Wall Street, ou nos corredores fervilhantes de Washington e da Casa Branca. E os reinos dos fantasmas famintos? Eles existem onde quer que haja pessoas que nunca estão satisfeitas mesmo quando são imensamente ricas, ansiosas por assumir a direção dessa ou daquela empresa, ou exercitando infinitamente sua avidez em processos judiciais. Ligue em qualquer canal de televisão e você entrará de imediato no mundo dos semideuses e fantasmas famintos.

A qualidade de vida no reino dos deuses pode parecer superior à nossa, mas os mestres nos dizem que a vida humana é infinitamente mais valiosa. Por quê? Devido ao preciso fato de que dispomos de consciência e inteligência, que são a matéria-

-prima da iluminação; e porque o real sofrimento que permeia este reino humano é em si a espora da transformação espiritual. Dor, aflição, perda e incessante frustração de todo tipo acontecem com um propósito real e dramático: despertar-nos, capacitar-nos e quase nos forçar a romper o ciclo do samsara e assim libertar nosso esplendor aprisionado.

Todas as tradições espirituais enfatizaram que esta vida humana é única, e tem um potencial que geralmente não conseguimos nem mesmo começar a imaginar. Se perdermos a oportunidade que esta vida oferece de nos transformarmos, dizem os mestres, pode muito bem ser que passe um longo tempo antes que tenhamos uma outra. Imagine uma tartaruga cega vagando nas profundezas de um oceano do tamanho do universo. Na superfície boia uma argola de madeira, levada para lá e para cá ao sabor das ondas. A cada cem anos a tartaruga emerge uma vez na superfície. Nascer como ser humano, dizem os budistas, é *mais* difícil do que essa tartaruga vir à tona e ao acaso enfiar seu pescoço na argola de madeira. E mesmo dentre aqueles que têm um nascimento humano, segundo se diz, os que têm a felicidade de se ligarem aos ensinamentos são raros; e os que de fato levam os ensinamentos ao coração e os incorporam em suas ações são ainda mais raros. Tão raros, na verdade, como "estrelas em plena luz do dia".

AS PORTAS DA PERCEPÇÃO

Como já disse, o modo como percebemos o mundo depende inteiramente da nossa visão cármica. Os mestres usam um exemplo tradicional: seis diferentes tipos de seres se encontram na margem de um rio. O ser humano do grupo vê o rio como água, uma substância para lavar o corpo ou saciar a sede; para um animal como o peixe, o rio é seu lar; um deus o vê como o néctar que lhe traz a bênção; para o semideus é uma arma; para o fantasma faminto, pus e sangue pútrido; e o ser dos infernos vê ali lava derretida. A água é a mesma, mas ela é percebida de maneiras diferentes e até contraditórias.

Essa profusão de percepções nos mostra que todas as visões cármicas são ilusões; já que uma substância pode ser percebida de tantas maneiras diferentes, como é que algo pode ter alguma realidade verdadeira e inerente? Ela também nos mostra como é possível que algumas pessoas sintam este mundo como o céu, e outras como o inferno.

Os ensinamentos nos dizem que há basicamente três tipos de visão: a "visão cármica, impura" dos seres ordinários; a "visão da experiência", que se abre aos praticantes da meditação e é o caminho ou o meio de transcendência; e a "visão pura" dos seres realizados. Um ser realizado, ou um buda, perceberá este mundo como espontaneamente perfeito, um reino de completa e deslumbrante pureza. Uma vez que eles purificaram as causas da visão cármica, veem tudo diretamente na sua sacralidade desnuda e primordial.

Vemos tudo à nossa volta do modo como vemos porque temos estado solidificando repetidas vezes e do mesmo modo, vida após vida, nossa experiência da realidade interna e externa, e isso levou à convicção equivocada de que aquilo que vemos é objetivamente real. De fato, quando vamos mais fundo no caminho espiritual, aprendemos como trabalhar com as nossas percepções fixas. Todos os nossos velhos conceitos do mundo, da matéria ou mesmo de nós próprios são purificados e dissolvidos, e um campo de visão e de percepção inteiramente novo, que se pode chamar de "celestial", abre-se diante dos nossos olhos. Ou como disse Blake:

Se as portas da percepção fossem purificadas,
Tudo apareceria... tal como é, infinito.[3]

Nunca vou me esquecer quando Dudjom Rinpoche, num momento de muita intimidade, inclinou-se para mim e disse na sua voz suave, rouca e levemente aguda: "Você sabe, todas essas coisas que nos cercam na verdade passam, passam todas elas..."

Na maioria de nós, no entanto, o carma e as emoções negativas obscurecem a capacidade de ver a nossa natureza intrínseca e a natureza da realidade. Como resultado, nós nos agarramos à felicidade e ao sofrimento como coisas reais, e em nossas ações desajeitadas e ignorantes continuamos disseminando as sementes do nosso próximo nascimento. Nossas ações nos mantêm atados ao ciclo contínuo da existência mundana, à roda sem fim do nascimento e da morte. Assim, tudo depende de como vivemos agora, neste exato momento: o modo como vivemos agora pode nos custar todo nosso futuro.

Essa é a razão real e urgente pela qual precisamos nos preparar agora para nos deparar com a morte de um modo sábio, para transformar nosso futuro cármico e evitar a tragédia de cair na ilusão de novo e sempre, repetindo o doloroso ciclo de nascimento e morte. Esta vida é o único momento e lugar em que podemos nos preparar, e só podemos fazê-lo verdadeiramente pelas práticas espirituais: essa é a inevitável mensagem do bardo natural desta vida. Como diz Padmasambhava:

Agora que o bardo desta vida desponta sobre mim,
Abandonarei a preguiça para a qual a vida não tem tempo.
Entrarei sem distração no caminho do ouvir e do escutar,
do refletir, contemplar e meditar;
Fazendo das percepções e da mente o caminho, realizarei os
"três kayas*"*[4]*: a mente iluminada.*
Agora quando tenho um corpo humano,
Não há tempo, no caminho, para a mente vaguear.

A SABEDORIA QUE PERCEBE A AUSÊNCIA DE EGO

Às vezes imagino o que sentiria o habitante de um vilarejo tibetano se, de repente, você o trouxesse para uma cidade moderna com toda sua sofisticada tecnologia. Ele talvez pensasse que havia morrido e que se encontrava agora no estado de bardo. Incrédulo, olharia boquiaberto para os aviões voando no céu acima dele, ou para alguém falando ao telefone com uma pessoa do outro lado do mundo. Pensaria estar testemunhando milagres. E no entanto tudo isso parece normal a alguém morando no Ocidente, no mundo moderno, tendo sido educado à maneira ocidental, que fornece as explicações científicas sobre essas coisas, passo a passo.

Do mesmo modo, no budismo tibetano há uma educação espiritual básica, normal e elementar, um treinamento espiritual completo para o bardo natural desta vida que dá a você o vocabulário essencial, o ABC da mente. A base desse treinamento são as chamadas "três ferramentas da sabedoria": a sabedoria de ouvir e escutar, a sabedoria da contemplação e da reflexão, e a sabedoria da meditação. Através delas somos levados a despertar para a nossa verdadeira natureza, a descobrir e incorporar a alegria e a liberdade daquilo que de fato somos, que podemos chamar de "sabedoria que percebe a ausência de ego".

Imagine uma pessoa que subitamente acorda num hospital depois de sofrer um acidente de carro na estrada, e percebe que está com amnésia total. Por fora, tudo está intacto: ela tem o mesmo rosto, a mesma forma, os sentidos e a mente estão lá, mas não tem a menor ideia ou o menor vestígio de memória de quem é. Exatamente do mesmo modo, não conseguimos nos lembrar da nossa verdadeira identidade, nossa natureza original. Freneticamente e na realidade apavorados, procuramos e improvisamos outra identidade, uma em que possamos nos agarrar com todo o desespero de alguém que vai cair num abismo. Essa identidade falsa e assumida em ignorância é o "ego".

Desse modo, o ego é a ausência do conhecimento verdadeiro de quem somos, juntamente com o seu resultado: um malfadado apego, mantido não importa a que preço, a uma imagem remendada e improvisada de nós mesmos, um eu inevitavelmente charlatanesco e camaleônico que está sempre mudando e que precisa mudar para manter viva a ficção da sua existência. Em tibetano, o ego é chamado *dak dzin*, que quer dizer "agarrado a um eu". O ego é assim definido como um movimento incessante de agarrar-se a uma noção ilusória de "eu" e "meu", de si mesmo e do outro, e a todos os conceitos, ideias, desejos e atividades que sustentam essa falsa construção. Esse agarrar-se é inútil desde o início e condenado à frustração, uma vez que não tem nenhuma base ou verdade, e aquilo a que nos agarramos é, por sua própria natureza, impossível de reter. O fato de que precisamos nos agarrar e continuar agarrados a alguma coisa mostra que nas profundezas do nosso ser sabemos que o eu não existe inerentemente. Desse conhecimento secreto e assustador nascem todas as nossas inseguranças fundamentais e o nosso medo.

Enquanto não desmascararmos o ego, ele continuará a nos vendar os olhos como um político sem-vergonha reprisando continuamente suas falsas promessas, ou um advogado inventando engenhosas mentiras e defesas, ou um animador de auditório falando sem cessar, de quem jorra um palavrório maneiroso, ocamente convincente, que na realidade não diz absolutamente nada.

Vidas inteiras de ignorância nos levaram a identificar a totalidade do nosso ser com o ego. Seu maior triunfo é nos convencer de que seus maiores interesses são os nossos, e chega a identificar a nossa própria sobrevivência com a sua. Isso é uma terrível ironia, considerando-se que o ego e o seu agarrar-se são a raiz de todo nosso sofrimento. Mas o ego é tão convincente e nós temos sido seu trouxa por tanto tempo, que só o pensamento de ficarmos sem ego nos aterroriza. Ficar sem ego, ele nos sussurra, é perder todo o rico romantismo de ser humano, ser reduzido a um robô sem cor ou a um vegetal sem cérebro.

O ego tem um desempenho brilhante no nosso medo fundamental de perder o controle e em face do desconhecido. Podemos dizer a nós mesmos: "Eu realmente devia abrir mão do ego, estou sofrendo tanto! Mas se fizer isso, o que me acontecerá?"

O ego fará coro, docemente: "Sei que às vezes sou inconveniente e, pode me acreditar, compreendo perfeitamente que você queira que eu me vá. Mas é isso mesmo o que você quer? Pense: se eu for mesmo, o que será de você? Quem tomará conta de você? Quem o protegerá e cuidará, como fiz todos estes anos?"

E ainda que possamos ver além das mentiras do ego, estamos assustados demais para abandoná-lo; porque sem um verdadeiro conhecimento da natureza da nossa mente, ou real identidade, simplesmente não temos outra alternativa. Vez após vez nós nos afundamos diante das suas exigências, com o mesmo triste ódio de si próprio do alcoólatra buscando o copo que ele sabe vai destruí-lo, ou da drogada tateando em busca da dose que, ela sabe, depois da breve viagem só vai deixá-la deprimida e desesperada.

O EGO NO CAMINHO ESPIRITUAL

É para acabar com a grotesca tirania do ego que nós seguimos o caminho espiritual, mas os recursos do ego são quase infinitos e a cada estágio ele pode sabotar e perverter nosso desejo de nos libertarmos dele. A verdade é simples, e os ensinamentos são extremamente claros; mas vi muitas e muitas vezes, com grande tristeza, que tão logo eles começam a nos mobilizar, o ego tenta complicá-los porque sabe que está sendo ameaçado de maneira direta.

Quando estamos no início e ficamos fascinados com o caminho espiritual e suas possibilidades, o ego pode até nos encorajar, dizendo: "Isso é realmente maravilhoso. É disso que você precisa! Esses ensinamentos fazem um grande sentido!"

E aí, quando dizemos que queremos experimentar a prática da meditação, ou fazer um retiro, o ego cantarolará: "Belíssima ideia! Vou com você. Podemos ambos aprender alguma coisa". Durante toda a lua de mel do nosso desenvolvimento espiritual, o ego ficará insistindo: "Isso é maravilhoso – é tão fantástico, tão inspirador..."

Mas logo que entramos no que chamo de fase de "arregaçar as mangas", fase do caminho espiritual em que os ensinamentos começam a tocar-nos profundamente, confrontamo-nos inevitavelmente com a verdade do nosso ser. À medida que o ego é revelado, seus pontos sensíveis tocados, todos os tipos de problema começam a surgir. É como se um espelho fosse colocado à nossa frente e não pudéssemos olhar em outra direção. O espelho é absolutamente claro, mas há nele um rosto feio e ameaçador, nosso próprio rosto, olhando fixamente para nós. Começamos a nos rebelar porque odiamos o que vemos; podemos atacar com raiva e quebrar o espelho, mas isso só faria criar centenas de rostos feios idênticos, todos ainda olhando para nós.

Nesse momento começamos a sentir raiva e a nos queixar amargamente; e onde está nosso ego? Fielmente postado ao nosso lado, ele nos encoraja: "Tem toda razão, isso é ultrajante e intolerável. Não engula isso!" Enquanto o ouvimos fascinados, o ego segue evocando toda sorte de dúvidas e emoções loucas, jogando lenha na fogueira: "Não vê que esse não é um ensinamento certo para você? Já lhe disse isso há muito tempo! Não vê que ele não é o seu mestre? Afinal de contas, você é um homem ocidental, bastante inteligente, moderno e sofisticado, e essas coisas exóticas tipo zen, sufismo, meditação, budismo tibetano, pertencem a culturas estrangeiras, orientais. Que interesse pode ter para você uma filosofia que surgiu no Himalaia mil anos atrás?"

À medida que o ego nos vê jubilosamente ficar mais e mais enredados em sua teia, chegará ao ponto de culpar o ensinamento e até mesmo o professor por toda a dor, solidão e dificuldades pelas quais passamos ao nos conhecer: "Esses gurus não se importam nada com você e com o que está atravessando, e no fundo só querem explorá-lo. Usam palavras como 'compaixão' e 'devoção' para pôr você sob seus poderes".

O ego é tão esperto que pode até distorcer os ensinamentos para atender seus propósitos; afinal, "o diabo pode citar as escrituras para seus próprios fins". A arma final do ego é apontar hipocritamente seu dedo para o professor e seus seguidores, dizendo: "Ninguém por aqui parece estar vivendo a verdade dos ensinamentos!" Ele posa então como o árbitro justo de toda conduta: a posição mais astuta de todas para sabotar sua fé e destruir qualquer tipo de devoção e compromisso que você possa ter em relação à mudança espiritual.

Mas seja qual for a força com que o ego tenta sabotar seu caminho espiritual, se você prosseguir nele e trabalhar profundamente com a prática da meditação, começará a perceber como tem sido enganado pelas promessas do ego: falsas esperanças e falsos medos. Devagar você começa a compreender que tanto a esperança quanto o medo são inimigos da sua paz de espírito; as esperanças o decepcionam, deixando-o vazio e desapontado, e os temores o paralisam na cela estreita da sua falsa identidade. Você começa a ver também como foi poderosa a influência do ego sobre sua mente, e no espaço de liberdade aberto pela meditação – em que você está momentaneamente livre da avidez – você vislumbra a estimulante amplitude da sua verdadeira natureza. Entende que o seu ego, como um artista louco e trapaceiro, enganou você durante anos com esquemas, planos e promessas que nunca foram reais e só o levaram à falência interior. Quando você percebe isso na equanimidade da meditação, sem qualquer consolação ou desejo de esconder o que descobriu, todos os planos e esquemas se revelam vazios e começam a desmoronar.

Esse não é um processo puramente destrutivo, porque junto com uma compreensão extremamente precisa e às vezes dolorosa da fraudulência e virtual criminalidade do seu ego, e do de todos os demais, cresce uma sensação de expansão interna, um conhecimento direto daquela "ausência de ego" e interdependência de todas as coisas, dessa viva e generosa disposição de espírito que é a marca da liberdade.

Porque aprendeu pela disciplina a simplificar sua vida, reduzindo as oportunidades do ego de seduzi-lo, e porque praticou a atenção plena da meditação e minimizou o poder da agressão, do apego e da negatividade de todo seu ser, a sabedoria do insight pode emergir lentamente. E na claridade reveladora desse sol, aquela percepção pode mostrar a você, distinta e diretamente, os mais sutis movimentos de sua própria mente e a natureza da realidade.

O GUIA SÁBIO

Duas pessoas conviveram dentro de você durante toda sua vida. Uma é o ego, tagarela, exigente, histérico, calculista; a outra é o ser espiritual oculto, cuja voz sábia e serena você raramente ouviu e, se o fez, não a atendeu. À medida que ouve mais e mais os ensinamentos, que os contempla e integra em sua vida, essa voz interior, sua sabedoria inata do discernimento, chamada no budismo de "sabedoria de discernimento inata", é despertada e fortalecida, e você começa a distinguir sua orientação das diferentes vozes clamorosas e sedutoras do ego. A lembrança da sua real natureza, com todo seu esplendor e confiança, começa a retornar para você.

Você descobrirá, de fato, que revelou em si mesmo o seu guia sábio. Já que ele ou ela o conhece por dentro e por fora, uma vez que *é* você mesmo, seu guia pode ajudá-lo, com clareza e disposição de espírito cada vez maiores, a vencer todas as dificuldades dos seus pensamentos e emoções. Seu guia pode também ser uma presença contínua, jovial, terna, às vezes provocante e brincalhona, que sabe sempre o que é melhor para você e o auxiliará a encontrar mais e mais caminhos para sair da sua obsessão com as reações habituais e emoções confusas. À medida que a voz da sua atenção discriminativa se torna mais forte e clara, você começará a distinguir entre a verdade que ela traz e as várias imposturas do ego, e será capaz de ouvi-la com discernimento e confiança.

Quanto mais ouvir esse guia sábio, mais será capaz de mudar por si mesmo seus estados de espírito negativos, ver através deles e até rir-se deles pelos absurdos dramas e ridículas ilusões que são. Gradualmente se descobrirá capaz de libertar-se mais depressa das emoções negativas que governaram sua vida, e essa habilidade é o maior de todos os milagres. Tertön Sogyal, místico tibetano, disse que não se impressionava com alguém que pudesse dar uma volta pelo teto, ou que acendesse fogo na água. Milagre de verdade, dizia ele, era alguém se libertar de uma emoção negativa.

Mais e mais, então, em lugar da tagarelice grosseira e fragmentada que o ego tem murmurado junto a você ao longo da sua vida, você se pegará ouvindo em sua mente a clara orientação dos ensinamentos, que inspiram, advertem, guiam e dirigem você a cada instante. Quanto mais ouvir, mais orientação receberá. Se seguir a voz do seu guia sábio, a voz da sua sabedoria discriminativa, e deixar o ego em silêncio, você experimentará a presença da sabedoria, da alegria e da felicidade que você realmente tem. Começa em você uma vida nova, profundamente diferente daquela em que se mascarava com seu ego. E quando a morte vier, já terá aprendido em vida como controlar aquelas emoções e pensamentos que nos estados da morte, os bardos, tornar-se-iam uma realidade esmagadora.

Quando sua amnésia sobre sua identidade começar a ser curada, entenderá afinal que o *dak dzin* – apego ao eu – é a causa-raiz de todo seu sofrimento. Você entenderá, finalmente, quanto mal ele fez a você e aos outros e perceberá que a coisa mais nobre e mais sábia a fazer é acalentar os demais, em vez de a si próprio. Isso trará cura ao seu coração, cura para sua mente e cura para seu espírito.

É importante lembrar sempre que o princípio da ausência de ego não quer dizer que havia um ego no começo e os budistas o afugentaram. Ao contrário, isso de fato significa que não havia ego algum desde o começo. Compreender isso é o que se chama "ausência de ego".

AS TRÊS FERRAMENTAS DA SABEDORIA

O caminho para descobrir a liberdade da sabedoria da ausência de ego, segundo os mestres, passa pelos processos de ouvir e escutar, contemplar e refletir, e meditar. Eles nos aconselham a começar pelo *ouvir* repetidamente os ensinamentos espirituais. Ouvindo, eles nos recordarão uma e outra vez da nossa natureza de sabedoria oculta. É como se fôssemos aquela pessoa que pedi que imaginassem sofrendo de amnésia numa cama de hospital, e alguém que nos amasse e se importasse conosco estivesse nos sussurrando no ouvido o nosso verdadeiro nome, mostrando-nos fotografias de família e de velhos amigos, tentando trazer de volta o conhecimento da nossa identidade perdida. Gradualmente, ao ouvir os ensinamentos, certas passagens e visões interiores neles contidos farão vibrar um estranho acorde em nós, lembranças da nossa verdadeira natureza começarão a voltar pouco a pouco, despertando um profundo sentimento de alguma coisa despretensiosa e misteriosamente familiar.

Ouvir é um processo muito mais difícil do que a maioria das pessoas imagina; ouvir realmente, da maneira a que os mestres se referem, é abrir mão de si mesmo, de todas as informações, conceitos, ideias e preconceitos que enchem nossa cabeça. Se você de fato ouvir os ensinamentos, aqueles conceitos que são o verdadeiro obstáculo, a única coisa que se interpõe entre nós e nossa natureza real, podem lenta mas firmemente ser eliminados.

Quando tento ouvir verdadeiramente, sempre me inspiro no mestre Zen Suzuki-roshi, que disse: "Se sua mente está vazia, está sempre pronta para qualquer coisa; está pronta para tudo. Na mente do principiante há muitas possibilidades, na do homem experiente há poucas".[5] A mente do principiante é uma mente aberta, uma mente vazia, uma mente em prontidão, e se ouvirmos com ela, poderemos de fato começar a ouvir. Porque se ouvirmos com uma mente silenciosa, tão livre quanto possível do clamor das ideias preconcebidas, criar-se-á uma possibilidade para que a verdade dos ensinamentos nos penetre, e para que o significado da vida e da morte se torne progressivo e surpreendentemente mais claro. Meu mestre Dilgo Khyentse Rinpoche disse: "Quanto mais você ouve, mais você escuta; quanto mais você escuta, mais e mais profundo se torna seu entendimento".

O aprofundamento da compreensão, assim, dá-se através da *contemplação* e da reflexão, segunda ferramenta da sabedoria. À medida que contemplamos o que ouvimos, os ensinamentos começam a penetrar nosso fluxo mental e a saturar a experiência interna da nossa vida. À medida que a contemplação revela e enriquece aquilo que começamos a entender de maneira intelectual, e leva esse entendimento da cabeça ao nosso coração, os eventos do cotidiano começam a refletir e a confirmar, direta e sutilmente, as verdades dos ensinamentos.

A terceira ferramenta da sabedoria é a *meditação*. Depois de ouvir os ensinamentos e de refletir sobre eles, pomos em ação os insights que adquirimos e os aplicamos diretamente, através do processo de meditação, às necessidades da vida cotidiana.

DÚVIDAS NO CAMINHO

Houve um tempo, parece, em que um mestre excepcional podia dar um ensinamento para um discípulo, também excepcional, e este podia conseguir a liberação. Dudjom Rinpoche costumava contar a história de um poderoso bandido da Índia que, depois de incontáveis assaltos bem-sucedidos, percebeu o terrível sofrimento que vinha causando. Ansiando por algum modo de reparar o que havia feito, visitou um famoso mestre e perguntou-lhe: "Sou um pecador e me sinto atormentado. Qual a saída? Que posso fazer?"

O mestre olhou o bandido de cima a baixo e lhe perguntou em que ele era bom na vida.

– Em nada – respondeu o bandido.

– Em nada? – gritou o mestre. Você deve ser bom em alguma coisa!

O bandido ficou um tempo em silêncio e então admitiu:

Na verdade, há uma coisa para a qual tenho talento, que é roubar.

O mestre riu: "Ótimo! Essa é exatamente a habilidade de que precisa agora. Vá para um lugar tranquilo e roube todas as suas percepções, furte todas as estrelas e planetas do céu e dissolva-os na barriga da vacuidade, no espaço todo-abrangente da natureza da mente". Dentro de vinte e um dias o bandido realizou a natureza da sua mente e tornou-se depois um dos grandes santos da Índia.

Houve assim, em tempos ancestrais, mestres extraordinários e discípulos tão receptivos e focados quanto aquele bandido que conseguiu obter a liberação praticando com devoção constante uma única instrução apenas. Mesmo agora, se empenharmos nossa mente num poderoso método de sabedoria e trabalharmos nisso de maneira diligente, haverá uma possibilidade real de nos tornarmos iluminados.

Nossa mente, no entanto, está cravejada e confundida por dúvidas. Às vezes penso que a dúvida é um obstáculo para a natureza humana ainda maior do que o desejo e o apego. Nossa sociedade promove a esperteza no lugar da sabedoria, celebrando os aspectos mais superficiais, grosseiros e inúteis da nossa inteligência. Nós nos tornamos tão falsamente "sofisticados" e neuróticos que tomamos a própria dúvida pela verdade, e a dúvida que não é nada mais do que uma tentativa desesperada do ego para se defender da sabedoria é endeusada, como meta e fruto do verdadeiro conhecimento. Essa forma de dúvida barata é o imperador maltrapilho do samsara, servido por um rebanho de "peritos" que nos ensinam não a dúvida generosa e de alma aberta que o Buda nos assegurou ser necessária para verificar o valor dos ensinamentos, mas uma forma destrutiva de dúvida que nada nos deixa para acreditar, nada em que colocar nossa esperança, nada por que viver.

Nossa educação contemporânea, assim, doutrina-nos para a glorificação da dúvida e criou o que se poderia chamar de uma religião ou teologia da dúvida, em que para sermos vistos como inteligentes precisamos duvidar de tudo, indicar sempre o que é errado e raramente perguntar o que está certo ou é bom, denegrindo cinicamente todos os valores espirituais e filosofias que recebemos como herança, bem como tudo o que é feito com simplicidade, de boa vontade ou com inocência no coração.

O Buda nos convoca a um outro tipo de dúvida, que é "como analisar o ouro abrasando, cortando e friccionando-o para testar sua pureza". Para essa forma de dúvida que ao ser levada até o fim nos expõe à verdade, não temos nem a visão interna, nem a coragem, nem o treinamento. Fomos educados num vício estéril da contradição que nos tem roubado seguidamente toda real abertura para uma verdade mais vasta e nobre.

No lugar da nossa forma contemporânea de dúvida niilista, então, pediria a você que pusesse o que chamo "dúvida nobre", a dúvida que é parte integrante do caminho para a iluminação. A vasta verdade dos ensinamentos místicos trazidos até nós não é algo que nosso mundo ameaçado possa dispensar. Ao invés de duvidar *deles*, por que não duvidamos de nós mesmos: da nossa ignorância, nossa pretensão de já entender tudo, nossa avidez e nossas fugas, nossa paixão pelas assim chamadas explicações da realidade que nada têm da inspiradora tranquilidade e da abrangência universal da sabedoria que os mestres, mensageiros da Realidade, nos transmitiram?

Esse tipo de dúvida nobre nos conduz para diante, nos inspira, nos testa, nos faz mais autênticos, dá-nos força e nos faz mergulhar mais e mais no estimulante campo de energia da verdade. Quando estou com meus mestres, eu os interrogo repetidamente sobre questões que me pedem respostas. Às vezes não obtenho respostas claras, mas não duvido deles ou da verdade dos seus ensinamentos. Posso às vezes duvidar da minha maturidade espiritual ou habilidade para ouvir a verdade de maneira a compreendê-la inteiramente, e então insisto ainda mais na pergunta até obter uma resposta clara. E quando ela vem, soando forte e pura em minha mente, meu coração respondendo a ela com uma onda de gratidão e reconhecimento, aí se fortalece em mim uma convicção que nem o escárnio de um mundo de descrentes pode destruir.

Lembro-me de um inverno, quando estava com uma das minhas alunas e dirigia um automóvel numa noite clara e enluarada, indo de Paris para a Itália. Ela era terapeuta e tinha passado por muitos treinamentos diferentes. O que ela tinha compreendido, disse-me então, era que quanto mais conhecimento se tem mais dúvidas ele gera, e mais sutis são os pretextos para duvidar quando a verdade começa a tocar você profundamente. Segundo me disse, ela tentara muitas vezes fugir dos ensinamentos, mas finalmente entendeu que não havia para onde fugir porque na verdade tentava fugir de si mesma.

Disse-lhe que a dúvida não é uma doença, mas apenas um sintoma da falta daquilo que em nossa tradição chamamos "a Visão", que é a compreensão da natureza da mente, e portanto da natureza da realidade. Quando essa Visão está presente de modo completo, não há lugar para o menor traço de dúvida, pois estamos olhando para a realidade com os olhos dela mesma. Mas até que alcancemos a iluminação, disse-lhe, inevitavelmente haverá dúvidas, porque a dúvida é uma atividade fundamental da mente não iluminada, e o único modo de lidar com ela é não rejeitá-la nem a ela se entregar.

Lidar com as dúvidas exige de nós real habilidade, e percebo o quanto é raro encontrar alguém que tenha alguma ideia de como trabalhá-las ou fazer uso delas. Não é irônico que numa civilização que tanto adora o poder da dessacralização e da dúvida, dificilmente alguém tenha a coragem de dessacralizar o clamor da própria dúvida, fazendo como disse um mestre hindu: voltar os cães da dúvida contra a própria dúvida, desmascarar o cinismo e revelar de que medo, desespero, desesperança e condicionamentos recorrentes ela provém? Então a dúvida não seria mais um obstáculo, mas uma porta para a realização, e sempre que ela surgisse na mente seria bem recebida por aquele que busca, como um meio de ir mais a fundo na verdade.

Há uma história que gosto muito sobre um mestre Zen. Ele tinha um aluno fervoroso, mas muito ingênuo, que o via como um buda vivo. Um dia esse mestre sentou-se sobre uma agulha. Ele gritou "ai!" e deu um pulo. O discípulo perdeu imediatamente toda sua fé e saiu, dizendo como estava desapontado em descobrir que seu mestre não era totalmente iluminado. Se não fosse assim, pensou, como ele pularia e gritaria alto daquele jeito? O mestre ficou triste quando percebeu que seu discípulo o deixara e disse: "Que tristeza! Pobre homem! Se ele ao menos soubesse que na realidade nem eu, nem a agulha, nem o 'ai' jamais existiram".

Não nos deixemos cair no mesmo erro impulsivo desse discípulo Zen. Não encaremos as dúvidas com seriedade exagerada, nem deixemos que cresçam desproporcionalmente, nem nos tornemos preto no branco ou fanáticos a respeito delas. Precisamos aprender a transformar nosso culturalmente condicionado e passional envolvimento com a dúvida num estado de compaixão, liberdade e boa disposição. Isso significa dar tempo à dúvida, e dar tempo a nós mesmos para encontrar respostas às nossas questões que não são meramente intelectuais ou "filosóficas", mas vivas e reais, genuínas e exequíveis. As dúvidas não podem ser resolvidas de imediato; mas, se formos pacientes, pode ser criado um espaço dentro de nós onde elas serão cuidadosa e objetivamente examinadas, desembaraçadas, dissolvidas e curadas. O que de fato nos falta, sobretudo nesta cultura, é o ambiente mental correto, sem distração e generosamente espaçoso, onde a percepção interior tenha a chance de crescer e amadurecer, e que só pode ser criado com a prática persistente da meditação.

Não se apresse demais em resolver todos seus problemas e esclarecer todas suas dúvidas; como dizem os mestres: "Apressa-te devagar". Sempre recomendo aos meus discípulos que não alimentem expectativas exageradas, porque o crescimento espiritual leva tempo. Leva muitos anos para aprender perfeitamente o japonês ou para se tornar um médico: será que de fato podemos esperar ter todas as respostas, sem falar em alcançar a iluminação, em poucas semanas? A jornada espiritual é uma jornada de aprendizado e purificação contínuos. Quando você descobre isso, torna-se humilde. Há um famoso ditado tibetano que diz: "Não tome compreensão por realização, e não tome realização por liberação". E Milarepa dizia: "Não alimente esperanças de realização, mas pratique sua vida inteira". Uma das coisas que aprendi a admirar na minha tradição é seu agudo senso prático, de pés no chão, indicando que as maiores de todas as conquistas exigem a paciência mais profunda e o tempo mais longo.

NOVE

O CAMINHO ESPIRITUAL

Na obra do mestre sufi Rumi, *Conversa à Mesa*, há esta passagem veemente e mordaz:

> *O mestre disse que há uma coisa neste mundo que nunca deve ser esquecida. Se vocês esquecerem todo o resto, mas não se esquecerem dela, não haverá motivo para preocupação; por outro lado, se forem atentos, dedicados e competentes em relação a tudo mais e esquecerem essa coisa, não terão feito de fato absolutamente nada. É como se um rei houvesse enviado vocês a um país para cumprirem uma tarefa especial. Vocês vão para o tal país e executam cem outras tarefas, mas, se não realizaram aquela para a qual foram mandados, é como se não tivessem feito nada mesmo. Desse modo, o homem veio ao mundo para uma tarefa especial, que é o seu objetivo. Se ele não a levar a cabo, nada terá realizado.*

Todos os mestres espirituais da humanidade nos disseram a mesma coisa, que a finalidade da vida na Terra é obter a união com a nossa natureza fundamental e iluminada. A "tarefa" que o "rei" nos designou, enviando-nos a esse país estranho e obscuro, consiste em realizar e encarnar o nosso verdadeiro ser. Só há um modo de fazer isso: é empreender a jornada espiritual, com todo ardor, inteligência, coragem e decisão que pudermos reunir para a transformação. Como disse a Morte para Nachiketas no *Katha Upanixade*:

> *Há o caminho da sabedoria e o caminho da ignorância. Eles são muito distantes um do outro e levam a diferentes metas... Vivendo em meio à ignorância, pensando que são sábios e instruídos, os tolos vão a esmo, daqui para lá, como cegos guiados por cegos. O que existe além da vida não brilha para os que são infantis, descuidados ou iludidos pela riqueza.*

ENCONTRAR O CAMINHO

Em outros tempos e civilizações, esse caminho de transformação espiritual foi restrito a um número relativamente limitado de pessoas; agora, no entanto, se se quiser preservar o mundo dos perigos internos e externos que o ameaçam, uma grande porção da raça humana deve procurar o caminho da sabedoria. Neste tempo de violência e desintegração, a visão espiritual não é um luxo elitista, mas algo vital para a nossa sobrevivência.

Seguir o caminho da sabedoria nunca foi mais urgente nem mais difícil. Nossa sociedade está dedicada quase inteiramente à celebração do ego, com todas suas tristes fantasias sobre sucesso e poder, e celebra exatamente aquelas forças da ganância e da ignorância que estão destruindo o planeta. Nunca foi tão difícil ouvir a voz sem lisonjas da verdade e, uma vez ouvida, nunca tão difícil segui-la: porque não há nada no mundo que nos cerca que ampare nossa escolha, e a sociedade inteira em que vivemos parece negar toda ideia de sacralidade ou significado eterno. Assim, em tempos do mais agudo perigo, quando precisamente nosso futuro está em risco, nós, como seres humanos, nos encontramos aturdidos como nunca, presos num pesadelo que nós mesmos criamos.

Mas há uma significativa fonte de esperança nessa trágica situação, que consiste no fato de os ensinamentos espirituais das grandes tradições místicas ainda estarem disponíveis. Infelizmente, no entanto, há muito poucos mestres que corporificam esses ensinamentos e uma falta quase total de discernimento naqueles que buscam a verdade. O Ocidente tornou-se um paraíso para os charlatães espirituais. No caso de um cientista pode-se verificar quem é genuíno e quem não, porque outros cientistas podem examinar sua formação e testar suas descobertas. Mas no Ocidente, sem a linha-mestra e os critérios de uma próspera e amadurecida cultura da sabedoria, é quase impossível estabelecer a autenticidade dos chamados "mestres". Qualquer um, ao que parece, pode posar de mestre e atrair seguidores.

Esse não era o caso no Tibete, onde era muito mais seguro escolher um determinado caminho ou um orientador para seguir. Os que chegam pela primeira vez ao budismo tibetano sempre querem saber por que se atribui uma importância tão grande à linhagem, à ininterrupta cadeia de transmissão de mestre para mestre. A linhagem serve como salvaguarda fundamental: ela mantém a autenticidade e pureza do ensinamento. Sabe-se quem é um mestre sabendo-se quem é *o mestre dele*. Não se trata de preservar algum conhecimento ritualista, fossilizado, mas de transmitir de coração para coração, de mente para mente, uma sabedoria essencial e viva, e seus métodos hábeis e poderosos.

Reconhecer quem é e quem não é um mestre verdadeiro é um assunto difícil e sutil; e numa época como a nossa, viciada na diversão, nas respostas fáceis e nos expedientes rápidos, os atributos de maestria espiritual, mais sóbrios e nada teatrais, podem muito bem passar despercebidos. Nossas ideias sobre o que é santidade, piedade, brandura e mansidão podem cegar-nos para a manifestação dinâmica e às vezes exuberantemente jovial da mente iluminada.

Como escreveu Patrul Rinpoche: "As qualidades extraordinárias de grandes seres que ocultam sua natureza escapam às pessoas comuns como nós, apesar dos nossos melhores esforços para observá-las. Por outro lado, mesmo os charlatães comuns são especialistas em enganar os outros comportando-se como santos". Se Patrul Rinpoche escreveu isso no Tibete do século XIX, o que escreveria hoje no caos do nosso supermercado espiritual contemporâneo?

Então, o que fazer hoje, nesta época de absoluta descrença, para encontrar a confiança que é tão necessária para seguir o caminho espiritual? Que critérios podemos usar para saber se um mestre é ou não genuíno?

Lembro-me muito bem de estar junto a um mestre que conheço quando ele perguntou aos seus discípulos o que os havia levado até ele e por que confiavam nele. Uma mulher disse: "Consegui ver o quanto você realmente quer, mais que qualquer outra coisa, que entendamos e apliquemos os ensinamentos, e com que habilidade os dirige para nos ajudar a chegar a isso". Um homem dos seus cinquenta anos disse: "O que me toca não é aquilo que sabe, mas o fato de possuir mesmo um coração bom e altruísta".

Uma mulher de trinta e tantos anos confessou: "Quis fazer de você minha mãe, meu pai, meu terapeuta, meu marido, meu amante; o senhor calmamente ficou comigo até o fim do drama de todas essas projeções e nunca, jamais, me abandonou".

Um engenheiro com vinte e poucos anos disse: "O que descobri em você foi que é verdadeiramente humilde, que quer o melhor para todos nós, e que mesmo sendo um professor jamais deixou de ser um aluno dos seus grandes mestres". Um jovem advogado disse: "Para você os ensinamentos é que são o mais importante. Às vezes chego a pensar que o *seu* ideal seria fazer-se quase ausente, simplesmente transmitindo os ensinamentos do modo mais generoso e desprendido possível".

Outro estudante disse, com timidez: "De início fiquei aterrorizado de me abrir com você. Já fui ferido muitas vezes antes. Mas, à medida que fui me abrindo, comecei a perceber mudanças reais em mim e aos poucos me senti cada vez mais grato a você porque percebi o quanto estava me ajudando. E então descobri em mim uma confiança tão profunda em você, mais profunda do que eu jamais teria imaginado".

Finalmente, um operador de computador na casa dos quarenta falou: "Você foi um maravilhoso espelho para mim e me mostrou duas coisas: o aspecto relativo de quem eu sou e o aspecto absoluto de quem eu sou. Posso olhá-lo e ver claramente – não pelo que você é, mas pelo que está refletindo de mim mesmo – toda a minha confusão relativa. Mas posso também olhar e ver, refletida em você, a natureza da mente, da qual tudo está surgindo, momento a momento".

Essas respostas nos mostram que os verdadeiros mestres são gentis e *compassivos*; são incansáveis no seu desejo de partilhar a sabedoria que adquiriram dos seus mestres; nunca abusam ou manipulam seus discípulos, em qualquer circunstância; haja o que houver, nunca os abandonam; servem não aos próprios fins mas à grandeza dos ensinamentos; e são sempre humildes. A verdadeira confiança só pode e deve aumentar em relação a alguém que você, com o tempo, descobrir que personifica essas qualidades. Verá que essa confiança torna-se a base da sua vida, pronta para dar-lhe apoio em todas as dificuldades da vida e da morte.

No budismo estabelecemos a autenticidade de um professor ou professora conforme sua orientação esteja ou não de acordo com os ensinamentos do Buda. Nunca é demais deixar claro que é *a verdade do ensinamento* que é importante, e nunca a personalidade do mestre. Por isso o Buda nos recorda nas "Quatro Confianças":

> *Confie na mensagem do mestre, não na personalidade dele;*
> *Confie no significado, não apenas nas palavras;*
> *Confie no significado real, não no provisório;*
> *Confie na sua própria mente de sabedoria, não na sua mente comum, que faz julgamentos.*

Assim, é importante lembrar que o verdadeiro professor, como veremos, *é* o porta-voz da verdade: é a compassiva "manifestação da sabedoria" dessa verdade. Todos os budas, mestres e profetas, de fato, são as emanações dessa verdade, surgindo sob incontáveis aparências, hábeis e compassivas, para guiar-nos por meio do seu ensinamento de volta à nossa verdadeira natureza. Primeiro, então, mais importante do que encontrar o professor é encontrar e seguir a verdade do ensinamento, porque é fazendo uma conexão com a verdade do ensinamento que você vai descobrir sua ligação viva com um mestre.

COMO SEGUIR O CAMINHO

Todos nós temos carma para encontrar algum caminho espiritual, e eu gostaria de encorajar você, do fundo do meu coração, a seguir com total sinceridade o caminho que mais o inspirar.

Leia os grandes livros sobre espiritualidade de todas as tradições, chegue a algum entendimento sobre o que os mestres querem dizer com liberação e iluminação e descubra qual é a abordagem da realidade absoluta que mais o atrai, que é mais adequada a você. Desenvolva sua busca com todo o discernimento de que for capaz; o caminho espiritual exige mais inteligência, mais sóbrio entendimento, mais poder sutil de discriminação do que qualquer outra disciplina, porque a mais alta verdade está em jogo. Use seu bom senso a todo instante. Venha para o caminho, de maneira bem-humorada, o mais consciente possível da bagagem que traz com você: suas carências, fantasias, fracassos e projeções. Combine, com elevada consciência do que sua verdadeira natureza pode ser, humildade realista e sensata com a clara avaliação de onde você está na sua jornada espiritual e o que ainda resta a ser entendido e realizado.

O mais importante é não se deixar cair na armadilha que tenho visto em toda parte no Ocidente, uma "mentalidade de consumo", comprando por aí de mestre em mestre, de ensinamento em ensinamento, sem nenhuma continuidade ou dedicação real e consistente a qualquer disciplina. Quase todos os grandes mestres espirituais de todas as tradições concordam que o essencial é dominar um caminho, uma trilha para a verdade, seguindo uma tradição com todo o coração e a mente até o final da jornada espiritual, mantendo-se ao mesmo tempo aberto e reverente em relação às revelações de todas as demais tradições. No Tibete costumamos dizer: "Conhecendo uma, você realiza todas". A ideia novidadeira dos nossos dias, de que podemos sempre conservar todas nossas opções em aberto e assim nunca precisar comprometer-nos com nada, é uma das maiores e mais perigosas ilusões da nossa cultura, e um dos modos mais efetivos de o ego sabotar a nossa busca espiritual.

Quando você continua procurando o tempo todo, a busca em si se torna uma obsessão que o domina. Você se torna uma espécie de turista espiritual, circulando muito sem nunca chegar a parte alguma. Como disse Patrul Rinpoche: "Você deixa o elefante em casa e fica procurando as pegadas dele na floresta". Seguir um ensinamento não é um modo de confinar você ou de, por ciúme, monopolizá-lo. É uma maneira compassiva e hábil de mantê-lo centrado e sempre no caminho, apesar de todos os obstáculos que você e o mundo inevitavelmente enfrentarão.

Assim, quando tiver explorado as tradições místicas, escolha um mestre e siga-o. Uma coisa é sair para a jornada da espiritualidade; outra completamente diversa é encontrar a paciência e a persistência, a sabedoria, a coragem e a humildade para ir até o fim. Você pode ter o carma para encontrar um professor, mas deve então criar o carma para segui-lo; pois poucos entre nós sabem verdadeiramente seguir um mestre, o que em si é uma arte. Assim, não importa quão grande seja o ensinamento ou o mestre, o essencial é que você encontre em si mesmo a percepção interior e a habilidade para aprender como amar e seguir o mestre e o ensinamento.

Isso não é fácil. As coisas nunca são perfeitas. Como poderiam ser? Estamos ainda no samsara. Mesmo quando você já escolheu seu mestre e está seguindo os ensinamentos tão sinceramente quanto possível, frequentemente vai se deparar com dificuldades e frustrações, contradições e imperfeições. Não se deixe abater por obstáculos e dificuldades mesquinhas. Em geral são apenas emoções infantis do ego. Não deixe que o ceguem para o valor fundamental e duradouro daquilo que você escolheu. Não permita que sua impaciência o afaste do seu compromisso com a verdade.

Tenho me entristecido muitas vezes ao ver quantas pessoas adotam um ensinamento ou um mestre com entusiasmo promissor, apenas para desanimar quando surge o mínimo obstáculo, inevitável, caindo de volta no samsara e nos velhos hábitos, e desperdiçando anos, talvez a vida inteira.

Como disse o Buda no seu primeiro ensinamento, a raiz de todo nosso sofrimento no samsara é a *ignorância*. Até que nos livremos das suas malhas, ela pode parecer infinita e pode enevoar nossa busca, mesmo quando já estamos trilhando o caminho da espiritualidade. No entanto, se você se lembrar disso e guardar os ensinamentos no seu coração, desenvolverá gradualmente o discernimento para reconhecer as inúmeras confusões da ignorância tais como são, sem nunca pôr em risco o seu empenho ou perder a sua perspectiva.

A vida, como nos ensinou o Buda, é breve como um relâmpago; no entanto, como disse Wordsworth: "O mundo está demasiadamente conosco: obtendo e gastando, dilapidamos nossos poderes". Essa ruína dos nossos poderes, essa traição da nossa essência, esse abandono da miraculosa oportunidade que esta vida – o bardo natural – nos dá de conhecer e corporificar a nossa natureza iluminada são talvez a coisa mais dolorosa a respeito da vida humana. O que os mestres estão nos dizendo de fundamental é para pararmos de enganar a nós mesmos: o que teremos aprendido se no momento da morte não soubermos quem de fato somos? Como diz o *Livro Tibetano dos Mortos*:

> *Com a mente muito longe, sem pensar na vinda da morte,*
> *Cumprindo estas atividades sem sentido,*
> *Voltar de mãos vazias, agora, seria completa confusão;*
> *Necessário é o reconhecimento, o ensinamento espiritual,*
> *Então por que não praticar o caminho da sabedoria neste exato momento?*
> *Da boca dos santos vêm estas palavras:*
> *Se você não mantiver o ensinamento do mestre em seu coração,*
> *Não estará enganando a si mesmo?*

O MESTRE

O Buda diz em um dos Tantras[1]: "De todos os budas que obtiveram a iluminação, nenhum chegou lá sem confiar em um mestre; de todos os mil budas que virão nesta era, nenhum deles vai atingir a iluminação sem confiar em um mestre".

Em 1987, depois do falecimento do meu amado mestre Dudjom Rinpoche, na França, eu ia de trem a caminho de Paris, vindo do sul desse país, onde ele tinha vivido. Imagens de milhares dos seus atos de generosidade, ternura e compaixão passavam por minha mente; em pouco vi-me em lágrimas, repetindo para mim mesmo: "Se não fosse por você, como eu poderia ter entendido?"

Percebi, com uma intimidade e enternecimento que nunca havia experimentado antes, a exata razão por que se dá tamanha ênfase sagrada, em nossa tradição, à relação de mestre e discípulo, e como é essencial essa relação para a transmissão viva da verdade, de mente para mente, de coração para coração. Sem meus mestres nunca haveria tido a possibilidade de perceber a verdade dos ensinamentos: não poderia nem mesmo me imaginar chegando ao modesto nível de compreensão que tenho.

Muitas pessoas no Ocidente desconfiam dos mestres – com frequência por boas razões, infelizmente. Não devo relatar aqui os muitos casos terríveis e decepcionantes de loucura, ambição e charlatanismo que ocorreram no mundo moderno desde a abertura para a sabedoria do Oriente, nos anos 50 e 60. No entanto, todas as grandes tradições de sabedoria, como a cristã, a sufi, a budista ou a hindu, buscam sua força na relação mestre-discípulo. Assim, o que o mundo precisa urgentemente agora é entender com a maior clareza possível o que é um verdadeiro mestre, o que é um verdadeiro aluno ou discípulo, e o que é a verdadeira natureza da transformação que ocorre pela devoção ao mestre, o que se pode chamar de "alquimia do discipulado".

Talvez a mais tocante e acurada explicação sobre a verdadeira natureza do mestre que já ouvi veio de meu mestre Jamyang Khyentse. Ele disse que, embora nossa verdadeira natureza seja búdica, ela foi obscurecida desde um tempo sem início por uma nuvem escura de ignorância e confusão. Essa verdadeira natureza, no entanto, a nossa natureza búdica, nunca se rendeu completamente à tirania da ignorância; em algum lugar ela está sempre se rebelando contra a sua dominação.

Nossa natureza búdica tem então um aspecto ativo que é nosso "mestre interior". Desde o exato momento em que a obscuridade nos envolveu, esse mestre interior trabalha sem descanso por nós, tentando trazer-nos de volta para a radiância e a amplidão do nosso verdadeiro ser. Nem por um segundo, disse Jamyang Khyentse, o mestre interior nos abandona ou desiste de nós. Em sua infinita compaixão, que é una com a infinita compaixão de todos os budas e todos os seres iluminados, trabalha sem cessar por nossa evolução – não só nesta vida, mas em nossas vidas passadas também – usando todos os tipos de meios hábeis e todos os tipos de situações para nos ensinar e despertar, guiando-nos de volta à verdade.

Quando oramos, aspiramos e ansiamos pela verdade por longo tempo, ao longo de muitas e muitas vidas, e quando nosso carma tiver se tornado suficientemente purificado, acontecerá uma espécie de milagre. E esse milagre, se pudermos entendê-lo e utilizá-lo, pode acabar com a ignorância para sempre: o mestre interior, que sempre esteve conosco, manifesta-se na forma de "mestre exterior" que, quase por mágica, nós encontramos. Esse é o mais importante encontro de todas as vidas.

Quem é esse mestre exterior? Ninguém menos do que a personificação, a voz e o representante do nosso mestre interior. O mestre de forma e voz humana, e de uma sabedoria que chegamos a amar com um amor mais profundo do que qualquer outro na vida, não é outro senão a manifestação externa do mistério da nossa própria verdade interior. O que mais pode explicar que nos sintamos tão fortemente ligados a ele ou a ela?

No nível mais profundo e mais elevado, o mestre e o discípulo não são nem podem ser em caso algum separados; porque a tarefa do mestre é nos ensinar a receber, sem obscurecimento de qualquer tipo, a mensagem clara de nosso próprio mestre interior, e levar-nos a perceber a contínua presença desse mestre máximo dentro de nós. Oro para que todos vocês possam provar, nesta vida, a alegria dessa espécie consumadamente perfeita de amizade.

O mestre é não apenas o porta-voz direto do mestre interior que há em você, mas é também o portador, o canal e o transmissor de todas as bênçãos de todos os seres iluminados. É isso que dá a ele o extraordinário poder de iluminar sua mente e seu coração. Ele ou ela não é nada menos do que a face humana do absoluto, o telefone, se você preferir, pelo qual todos os budas e os seres iluminados podem chamar você. Ele ou ela é a cristalização da sabedoria de todos os budas e a personificação da compaixão direta deles para com você: os raios do seu sol universal dirigidos diretamente para o seu coração e sua mente, visando sua liberação.

Em minha tradição reverenciamos o mestre por ser ele ainda mais bondoso que os próprios budas. Embora a compaixão e o poder destes estejam sempre presentes, nosso obscurecimento nos impede de encontrar os budas face a face. Mas *podemos* encontrar o mestre; ele ou ela está aqui, vivo, respirando, falando, agindo diante de nós para nos mostrar de todos os modos possíveis o caminho dos budas: o caminho da liberação. Para mim, meus mestres foram a encarnação da verdade viva, sinais inegáveis de que a iluminação é possível num corpo, nesta vida, neste mundo, mesmo aqui e mesmo agora, a suprema inspiração na minha prática, no meu trabalho, na minha vida, na minha jornada para a liberação. Meus mestres são para mim a corporificação do meu sagrado compromisso de manter a iluminação em primeiro lugar na minha mente até realmente alcançá-la. Sei o bastante para compreender que só quando atingir a iluminação terei um completo entendimento de quem eles realmente são e de sua infinita generosidade, amor e sabedoria.

Gostaria de partilhar com você esta bela oração, palavras de Jikmé Lingpa, uma prece que dizemos no Tibete para invocar a presença do mestre em nosso coração:

Do lótus florescente da devoção, no centro do meu coração,
Apareça, ó mestre compassivo, meu único refúgio!
Estou atormentado pelas ações do passado e pelas emoções turbulentas;
Para proteger-me na minha infelicidade,
Permaneça como a joia que adorna o alto da minha cabeça, o chacra da grande bem-aventurança,
Despertando toda minha atenção e consciência, suplico!

A ALQUIMIA DA DEVOÇÃO

Assim como o Buda disse que entre todos os budas que atingiram a iluminação nenhum o fez sem confiar no mestre, ele também disse: "Só através da devoção, e nada mais que devoção, você atingirá a realização da verdade absoluta". A verdade absoluta não pode ser descoberta dentro do domínio da mente ordinária. E o caminho que vai além da mente ordinária, todas as grandes tradições de sabedoria nos asseguram, passa pelo coração. Esse caminho do coração é a devoção.

Dilgo Khyentse Rinpoche escreveu:

> *Só há um modo de conseguir a liberação e de obter a onisciência da iluminação: seguir um mestre espiritual autêntico. Ele é o guia que ajudará você a atravessar o oceano do samsara.*
>
> *O Sol e a Lua refletem-se instantaneamente na água clara e tranquila. Da mesma forma as bênçãos de todos os budas estão sempre presentes para os que neles confiam de maneira plena. Os raios do Sol banham todos os lugares uniformemente, mas só conseguem incendiar a relva seca quando são concentrados por uma lente. Quando os raios da compaixão do Buda, que tudo penetram, são concentrados pela lente da sua fé e da sua devoção, a chama das bênçãos resplandece em você.*

Desse modo, é essencial saber o que é devoção real. Não se trata de adoração insensata; não é abdicar da sua responsabilidade em relação a si mesmo, não é seguir indiscriminadamente a personalidade ou capricho de outro. Devoção real é a receptividade inquebrantável à verdade. A verdadeira devoção deita raízes numa gratidão respeitosa e reverente, mas também lúcida, realista e inteligente.

Quando o mestre consegue chegar ao íntimo de seu coração e lhe oferece um vislumbre inegavelmente poderoso da natureza da sua mente, uma onda de gratidão repleta de alegria cresce em você na direção daquele que o ajudou a ver, e na direção da verdade que você agora percebe que o mestre personifica em si, ensinamentos e mente de sabedoria. Esse sentimento espontâneo e genuíno está sempre enraizado numa experiência interna, reiterada e incontestável – uma repetida claridade de reconhecimento imediato – e *isso*, apenas isso, é o que chamamos devoção, *mö gü* em tibetano. *Mö gü* quer dizer "aspiração e respeito": *respeito* pelo mestre, que cresce na medida em que você compreende mais e mais quem ele, ou ela, realmente é, e *aspiração* pelo que pode inspirar em você, porque você veio a descobrir que o mestre é seu elo de coração com a verdade absoluta e a encarnação da verdadeira natureza da sua mente.

Dilgo Khyentse Rinpoche nos diz:

> *De início, essa devoção pode não ser espontânea ou natural, de modo que precisamos empregar uma série de técnicas para nos ajudar a conquistá-la. O principal é que devemos lembrar sempre das excelentes qualidades do mestre, especialmente a sua bondade em relação a nós. Gerando repetidamente confiança e apreço em relação ao guru e devoção para com ele, virá um momento em que a simples menção do seu nome ou pensamento sobre ele deterão todas as nossas percepções ordinárias, e nós o veremos como o próprio Buda.*[2]

Ver o mestre não como um ser humano mas como o próprio Buda é a fonte da mais alta bênção. Pois, como disse Padmasambhava: "A completa devoção traz a completa bênção; a ausência de dúvida traz o completo sucesso". Os tibetanos sabem que, se você se relaciona com seu mestre como um buda, receberá as bênçãos de um buda, mas se se relaciona com ele como um ser humano, receberá somente as bênçãos de um ser humano. Assim, para receber o pleno poder transformador da bênção do ensinamento dele ou dela, e a completa revelação de sua glória, você precisa experimentar e expandir em si mesmo o mais rico tipo de devoção. Só quando passar a ver seu mestre como um buda poderá receber um ensinamento búdico vindo até você através da mente de sabedoria de seu mestre. Se você não pode reconhecer seu mestre como um buda, mas vê nele ou nela um ser humano, a plena bênção nunca pode estar presente e mesmo o maior dos ensinamentos encontrará você, em alguma parte, não receptivo.

Quanto mais reflito sobre a devoção, o lugar e o papel que ocupa na visão geral dos ensinamentos, percebo com maior clareza que ela é essencialmente um meio hábil e poderoso de fazer-nos mais receptivos à verdade contida nos ensinamentos do mestre. Os mestres, eles próprios, não necessitam da nossa adoração; mas vê-los como budas vivos nos permitirá escutar e ouvir sua mensagem e seguir suas instruções com a maior fidelidade possível. Assim, a devoção é em certo sentido o meio mais prático de assegurar um respeito total pelos ensinamentos, e também a necessária abertura para eles, do modo como são personificados e transmitidos pelo mestre. Quanto mais devotado você for, mais aberto estará para os ensinamentos; quanto mais aberto aos ensinamentos, mais oportunidades terá de que eles penetrem no seu coração e na sua mente, trazendo assim uma completa transformação espiritual.

Então, somente vendo o seu mestre como um buda vivo é que pode se iniciar e realizar o processo em que você mesmo se transforma num buda vivo. Quando sua mente e seu coração estiverem plenamente abertos na alegria, no prodígio, no reconhecimento e na gratidão do mistério da presença viva da iluminação no mestre, então lentamente, ao longo dos anos, a transmissão da mente de sabedoria e do coração do mestre para sua mente e seu coração poderá acontecer, revelando-lhe o pleno esplendor de sua própria natureza búdica e, com isso, o esplendor perfeito do próprio universo.

Essa relação tão íntima entre discípulo e mestre torna-se um espelho, uma analogia viva para as relações do discípulo com a vida e o mundo em geral. O mestre torna-se a figura central na prática continuada da "visão pura", que culmina quando o discípulo vê diretamente e acima de qualquer dúvida: o mestre como o buda vivo, cada uma de suas palavras como a fala do buda, sua mente como a mente de sabedoria de todos os budas, cada uma de suas ações como uma expressão da atividade do buda, o lugar onde ele ou ela vive como nada menos que o reino do buda, e mesmo aqueles que estão em torno do mestre como a manifestação luminosa da sua sabedoria.

À medida que essas percepções tornam-se mais estáveis e concretas, o milagre interior pelo qual os discípulos ansiaram ao longo de tantas vidas gradualmente pode ocorrer: começam a ver de maneira natural que eles mesmos, o universo e todos os seres sem exceção são espontaneamente puros e perfeitos. Estão olhando, por fim, para a realidade com seus próprios olhos. O mestre, então, *é* o caminho, a pedra de toque mágica para uma transformação total de cada percepção do discípulo.

A devoção torna-se o meio mais puro, mais rápido e mais simples para atingir a realização da natureza de nossa mente e de todas as coisas. À medida que progredimos nela, o processo se revela maravilhosamente interdependente: nós, do nosso lado, procuramos gerar devoção de modo contínuo; a devoção que fizemos surgir gera vislumbres da natureza da mente e esses vislumbres só fazem intensificar e aprofundar nossa devoção pelo mestre que nos inspira. No final, a devoção nasce da sabedoria: a devoção e a experiência viva da natureza da mente tornam-se inseparáveis, e se inspiram uma à outra.

O professor de Patrul Rinpoche chamava-se Jikmé Gyalwé Nyugu, que por muitos anos estivera fazendo um retiro solitário numa caverna nas montanhas. Um dia, quando saiu de lá, o sol estava forte; ele olhou o céu e viu uma nuvem movendo-se na direção de onde seu mestre, Jikmé Lingpa, vivia. O pensamento nasceu em sua mente: "Lá é onde está meu mestre", e com esse pensamento surgiu nele um enorme sentimento de saudade e devoção. Era tão forte, tão esmagador, que ele desmaiou. Quando Jikmé Gyalwé Nyugu voltou a si, toda a bênção da mente de sabedoria de seu mestre lhe tinha sido transmitida e ele havia atingido o mais alto estágio de realização, aquilo que chamamos "esgotamento da realidade fenomênica".

A CORRENTE DE BÊNÇÃOS

Essas histórias sobre o poder da devoção e as bênçãos do mestre não pertencem apenas ao passado. Numa figura como Khandro Tsering Chödrön, a maior mestra dos nossos dias, que foi esposa do meu mestre Jamyang Khyentse, você vê claramente aquilo que anos da mais profunda devoção e prática podem criar no espírito humano. Sua humildade e beleza de coração, simplicidade e modéstia brilhantes, a sabedoria lúcida e terna de sua presença são homenageadas por todos os tibetanos, mesmo sabendo que ela tentou o quanto pôde permanecer em segundo plano, sem nunca se promover e vivendo a vida escondida e austera dos antigos praticantes de contemplação.

Jamyang Khyentse foi a inspiração da vida inteira de Khandro. Foi seu casamento espiritual com ele que a transformou, de jovem mulher muito bonita e um pouco rebelde, na radiosa *dakini*[3] que os outros mestres sempre tiveram no mais alto conceito. Dilgo Khyentse Rinpoche via-a como "mãe espiritual" e sempre dizia como se sentia privilegiado por ser ele, dentre todos, o lama que ela mais amava e reverenciava. Sempre que a via, ele tomava sua mão e a acariciava com ternura, colocando-a depois lentamente em sua cabeça; ele sabia que essa era a única maneira de conseguir que Khandro o abençoasse.

Jamyang Khyentse deu a Khandro todos os ensinamentos, treinando-a e inspirando-a a praticar. Ela lhe dirigia perguntas na forma de canções e ele, em resposta, compunha canções para ela, de modo brincalhão e quase provocador. Khandro demonstrou imortal devoção a seu mestre continuando a viver no Sikkim depois da morte dele, cidade onde ele passou toda a sua vida, onde morreu e onde estão suas relíquias, guardadas numa *stupa* [4]. Lá, perto dele, ela viveu sua vida clara e independente, devotada a constantes orações. Lentamente, palavra por palavra, leu toda a obra *A Palavra do Buda* e centenas de volumes de comentários. Dilgo Khyentse Rinpoche dizia que toda vez que ele voltava à stupa de Jamyang Khyentse sentia como se estivesse voltando para casa, porque a presença de Khandro tornava a atmosfera rica e calorosa. É como se, sugeria ele, meu mestre Jamyang Khyentse estivesse ali ainda vivo e presente, na devoção e na presença dela.

Muitas e muitas vezes ouvi Khandro dizer que, se o seu elo com o mestre se mantiver verdadeiramente puro, tudo irá bem em sua vida. A vida dela própria foi o mais comovente e raro exemplo disso. A devoção permitiu-lhe personificar o coração dos ensinamentos e irradiar o calor deles para os demais. Khandro não ensinava de modo formal e de fato ela não falava muito; mas o que dizia podia muitas vezes ser de clareza tão penetrante que chegava a se tornar profético. Escutá-la no seu canto fervoroso e abençoado ou praticar com ela era receber inspiração para o mais profundo do nosso ser. Até mesmo caminhar com ela, ou fazer compras em sua companhia, ou simplesmente sentar-se ao seu lado era aninhar-se na quieta e poderosa felicidade da sua presença.

Pelo fato de Khandro ser tão reservada e de sua grandeza derivar da sua simplicidade, somente aqueles com real visão interior percebiam quem ela era. Vivemos numa época em que aqueles que se promovem são com frequência os mais admirados, mas é nos humildes, como Khandro, que a verdade realmente vive. E se alguma vez Khandro ensinasse no Ocidente, seria uma mestra perfeita: o tipo verdadeiramente grande de mestre mulher, que encarna com misteriosa inteireza o amor e a sabedoria curativa de Tara, compaixão iluminada na sua forma feminina. Se fosse minha hora de morrer e Khandro estivesse a meu lado, eu me sentiria mais confiante e mais em paz do que com qualquer outro mestre.

Tudo o que alcancei, alcancei pela devoção aos meus mestres. Cada vez mais, quando ensino, torno-me consciente, com humildade e verdadeira admiração, do quanto suas bênçãos começam a surtir efeito por meu intermédio. Nada sou sem essas bênçãos, e se há alguma coisa que sinto que posso fazer é agir como uma ponte entre vocês e eles. Muitas e muitas vezes noto que, quando falo dos meus mestres ao ensinar, a devoção que sinto por eles inspira a força da devoção nos que escutam; e nesses momentos maravilhosos sinto que meus mestres estão presentes, abençoando e abrindo o coração dos meus alunos para a verdade.

Lembro de Sikkim nos anos 60, não muito depois da morte de meu mestre Jamyang Khyentse, quando Dilgo Khyentse Rinpoche dava uma longa série de iniciações dos visionários ensinamentos de Padmasambhava, que podem levar vários meses para serem ministrados. Muitos mestres estavam lá num mosteiro das montanhas próximas a Gangtok, a capital, e eu estava sentado com Khandro Tsering Chödrön e com o Lama Chokden, assistente e mestre de cerimônias de Jamyang Khyentse.

Foi então que experimentei, da maneira mais vívida, a verdade de como um mestre pode transmitir a bênção de sua mente de sabedoria a um aluno. Um dia, Dilgo Khyentse Rinpoche transmitia de maneira extraordinariamente tocante um ensinamento sobre a devoção e sobre nosso mestre Jamyang Khyentse; as palavras fluíam dele numa torrente de eloquência da mais pura poesia espiritual. Enquanto ouvia Dilgo Khyentse Rinpoche, observando-o com atenção, lembrei-me misteriosamente do próprio Jamyang Khyentse e de como ele soubera falar com simplicidade, vertendo o ensinamento mais elevado, que parecia vir de uma fonte oculta inexaurível. Nesse momento compreendi, maravilhado, o que acontecera: a bênção da mente de sabedoria de Jamyang Khyentse fora completamente transmitida para seu filho do coração Dilgo Khyentse Rinpoche, e estava agora diante de todos nós, falando fluentemente através dele.

Ao fim do ensinamento, voltei-me para Khandro e Chokden e vi que as lágrimas lhes escorriam pelo rosto. "Sabíamos que Dilgo Khyentse era um grande mestre", disseram eles, "e sabemos o que se diz de um mestre transmitir a inteira bênção de sua mente de sabedoria para o seu filho do coração. Mas somente agora, só hoje, somente aqui, entendemos o que isso quer dizer".

Pensando de novo nesse dia maravilhoso no Sikkim e nos grandes mestres que conheci, estas palavras de um santo tibetano que sempre me inspiraram voltam ao meu espírito: "Quando o sol da ardente devoção brilhar na montanha nevada do mestre, a torrente de suas bênçãos se derramará"; lembro-me também das palavras do próprio Dilgo Khyentse Rinpoche que expressam talvez da maneira mais eloquente que conheço as vastas e nobres qualidades do mestre:

> *Ele é como um grande navio para os seres atravessarem o perigoso oceano da existência; um capitão seguro que os guia para a terra firme da liberação; uma chuva que extingue o fogo das paixões; sol e lua brilhantes que dissipam a escuridão da ignorância; um chão firme que pode arcar com o peso tanto do bem quanto do mal; uma árvore promissora que dá a felicidade temporal e a bem-aventurança suprema; um tesouro de vastas e profundas instruções; uma joia que realiza desejos assegurando todas as qualidades da realização; pai e mãe que dão seu amor igualmente a todos os seres sencientes; um rio imenso de compaixão; uma montanha intocada pelos ventos da emoção e que se eleva acima das preocupações do mundo, e uma grande nuvem carregada de chuva para acalmar as tormentas da paixão. Em resumo, ele é igual a todos os budas. Ter algum contato com ele, seja vendo-o, ouvindo sua voz, recordando-o ou sendo tocado por sua mão, levar-nos-á à liberação. Depositar nele toda confiança é o caminho seguro do progresso para a iluminação. O calor de sua sabedoria e de sua compaixão fundirão o cerne do nosso ser, liberando o ouro da natureza búdica interior.*[5]

Tornei-me consciente das bênçãos dos meus mestres gotejando quase imperceptivelmente em mim, penetrando e imbuindo minha mente. Desde que Dudjom Rinpoche morreu, meus alunos me dizem que os meus ensinamentos tornaram-se mais fluentes, mais lúcidos. Há algum tempo, depois de ouvir Dilgo Khyentse Rinpoche dar uma aula particularmente assombrosa, expressei-lhe minha profunda admiração por ele e disse-lhe: "É quase milagrosa a espontaneidade e a facilidade com que esses ensinamentos vêm de sua mente de sabedoria". Ele se inclinou para mim com ternura, com um quê brincalhão em seu olhar. "E possam seus ensinamentos em inglês fluir da mesma forma", disse. Desde então, sem que eu fizesse nada para isso, senti que consigo expressar os ensinamentos de maneira cada vez mais natural. Considero este livro uma manifestação das bênçãos dos meus mestres, transmitidas através da mente de sabedoria do mestre primeiro e guia supremo, Padmasambhava. Este livro, assim, é um presente deles para você.

É minha devoção a meus mestres que me dá força para ensinar, abertura e receptividade para aprender e continuar aprendendo. O próprio Dilgo Khyentse Rinpoche, humildemente, nunca deixou de receber ensinamentos de outros mestres, com frequência de alguns que foram seus discípulos. A devoção que inspira o ensinar, então, é também a devoção que dá a humildade necessária para continuar aprendendo. Gampopa, o maior dos discípulos de Milarepa, perguntou-lhe no momento de sua partida: "Quando chegará o momento, para mim, de começar a guiar discípulos?" Milarepa respondeu: "Quando você não for como é agora, quando toda a sua percepção tiver sido transformada e você for capaz de realmente ver este velho que está diante de você como nada menos do que o próprio Buda. Quando a devoção o tiver conduzido àquele momento de reconhecimento, esse próprio momento será o sinal de que chegou para você o tempo de ensinar".

Estes ensinamentos foram trazidos para você do coração iluminado de Padmasambhava, através de séculos, mais de um milênio, por uma linhagem não interrompida de mestres, cada um deles tornado mestre porque aprendeu humildemente a ser discípulo e permaneceu, no sentido mais profundo, discípulo de seus mestres por toda a vida. Mesmo aos oitenta e dois anos, quando Dilgo Khyentse Rinpoche falava de seu mestre Jamyang Khyentse, lágrimas de gratidão e devoção rolavam de seus olhos. Em sua última carta para mim antes de morrer, ele se assinou "o pior discípulo". Isso me mostrou como a verdadeira devoção jamais termina; como da realização mais profunda vem a devoção máxima e a mais completa, porque mais humilde, gratidão.

GURU IOGA: FUSÃO COM A MENTE DE SABEDORIA DO MESTRE

Todos os budas, bodisatvas e seres iluminados estão presentes a todo momento para ajudar-nos, e é através da presença do mestre que todas as suas bênçãos se dirigem a nós. Os que conhecem Padmasambhava sabem da verdade viva da promessa feita por ele há mais de mil anos: "Nunca estou longe dos que têm fé ou mesmo daqueles que não a têm, embora estes não me vejam. Meus filhos serão sempre, sempre protegidos pela minha compaixão".

Tudo de que precisamos para receber auxílio direto é pedi-lo. Não disse Cristo também: "Pedi e vos será dado; buscai e achareis; batei e vos será aberto; pois todo o que pede recebe; o que busca acha"[6]? Mas pedir é o que achamos mais difícil. Muitos de nós, é o que sinto, nem sabem *como* pedir. Às vezes é porque somos arrogantes, outras porque não queremos buscar ajuda; às vezes somos preguiçosos, às vezes nossa mente está tão ocupada com perguntas, distrações e confusão, que a simplicidade de um pedido não nos ocorre. O momento da virada em qualquer processo de cura de alcoólatras ou drogados ocorre quando eles admitem sua doença e pedem ajuda. De um modo ou de outro somos todos viciados no samsara; o momento em que o auxílio pode vir é aquele em que admitimos nossa dependência e simplesmente pedimos.

O que a maioria de nós precisa, quase mais do que todo o resto, é de coragem e humildade para realmente pedir auxílio, do fundo do nosso coração: pedir a compaixão dos seres iluminados, pedir a purificação e a cura, pedir o poder de compreender o significado do nosso sofrimento e transformá-lo. Num nível *relativo*, pedir o crescimento da claridade, paz e discernimento em nossa vida; e pedir a realização da natureza *absoluta* da mente, que vem da fusão com a mente de sabedoria imortal do mestre.

Não há prática mais rápida, tocante ou poderosa para invocar o auxílio dos seres iluminados ou para fazer surgir a devoção e realizar a natureza da mente do que a prática de Guru Ioga. Dilgo Khyentse Rinpoche escreveu: "As palavras Guru Ioga significam 'união com a natureza do guru', e nesta prática recebemos métodos pelos quais podemos fundir nossa própria mente com a mente iluminada do mestre".[7] Lembre-se de que o mestre – o guru – personifica a cristalização das bênçãos de todos os budas, mestres e seres iluminados. Assim, invocá-lo (ele ou ela) é invocar todos eles; e fundir sua mente e seu coração com a mente de sabedoria do seu mestre é fundir sua mente com a verdade e a própria personificação da iluminação.

O mestre exterior apresenta você diretamente à verdade de seu mestre interior. Quanto mais é revelado nos seus ensinamentos e inspiração, mais você começa a perceber que o mestre exterior e o interior são indivisíveis. À medida que descobre a verdade disso por si mesmo, invocando-a repetidamente na prática de Guru Ioga, confiança, alegria, gratidão e devoção cada vez mais profundas nascem em você, e através delas a sua mente e a mente de sabedoria do mestre tornam-se de fato uma coisa só. Numa prática de Guru Ioga que compôs a meu pedido, Dilgo Khyentse escreveu:

O que de fato conquista a grande pureza de percepção
É a devoção, que é a radiância de Rigpa...
Reconhecer e lembrar que meu próprio Rigpa é o mestre –
Por meio disso possam sua mente e a minha fundir-se
numa só.

Por isso todas as tradições de sabedoria do Tibete deram tanta importância à prática de Guru Ioga e todos os mestre tibetanos a consideraram sua prática preferida. Dudjom Rinpoche escreveu:

> *É vital pôr toda sua energia no Guru Ioga, tomando-o como a vida e o coração da prática. Se não fizer isso sua meditação ficará muito amortecida, e mesmo que faça algum progresso, os obstáculos não terão fim nem haverá possibilidade de nascer uma verdadeira e genuína realização dentro da sua mente. Assim, pela oração fervorosa e imbuída de uma devoção sem artifícios, dentro de algum tempo a bênção direta da mente de sabedoria do mestre será transmitida, fortalecendo-o com uma realização ímpar, além das palavras, nascida do fundo de sua mente.*

O que desejo dar-lhe agora é uma prática simples de Guru Ioga que qualquer um, não importa de que religião ou crença, poderá fazer.

Esta maravilhosa prática é a minha prática principal, coração e inspiração de toda a minha vida, e sempre que pratico o Guru Ioga é em Padmasambhava que ponho o foco. Quando o próprio Buda estava morrendo, profetizou que Padmasambhava nasceria não muito depois da sua morte para difundir o ensinamento dos Tantras. Foi ele, como já disse, que estabeleceu o budismo no Tibete no século VIII. Para nós, tibetanos, Padmasambhava, Guru Rinpoche, personifica um princípio cósmico e atemporal; ele é o mestre universal. Apareceu incontáveis vezes para os mestres do Tibete e esses encontros e visões foram registrados com precisão: data, lugar e maneira como ocorreram, juntamente com os ensinamentos e profecias que Padmasambhava trouxe. Deixou também milhares de ensinamentos visionários para os tempos futuros, revelados repetidamente por muitos grandes mestres que foram emanações dele; um desses tesouros visionários, ou *termas*, é o *Livro Tibetano dos Mortos.*

Voltei-me sempre para Padmasambhava em momentos de crise e de dificuldade, e sua bênção e poder jamais me faltaram.

Quando penso nele, todos meus mestres se incorporam à sua figura. Para mim ele está totalmente vivo a todo momento, e a cada instante o universo inteiro brilha com sua beleza, força e presença.

> *Ó Guru Rinpoche, Ó Precioso,*
> *Tu és a encarnação da*
> *Compaixão e bênçãos de todos os budas,*
> *O protetor único dos seres.*
> *Meu corpo, minhas posses, meu coração e alma*
> *Sem hesitação eu entrego a ti!*
> *De agora em diante até que eu atinja a iluminação,*
> *Na alegria ou na tristeza, nas boas situações ou nas más,*
> *nos sucessos ou insucessos:*
> *Eu confio em ti completamente. Ó Padmasambhava, tu que*
> *me conheces: pensa em mim, inspira-me, guia-me,*
> *faz-me um só contigo!*[8]

Considero Padmasambhava a personificação de todos os mestres; assim, quando uno minha mente a ele na prática de Guru Ioga, todos esses mestres estão incluídos. No entanto, você pode usar qualquer ser iluminado, santo ou mestre de qualquer religião ou tradição mística por quem sinta devoção, esteja ele vivo ou não.

Essa prática de Guru Ioga tem quatro fases principais: invocação; fusão da sua mente com o mestre através do mantra, que é a essência do coração desse mestre; recepção das bênçãos ou iniciação, e a união de sua mente com o mestre, repousando na natureza de Rigpa.

1. Invocação

Sente-se tranquilamente. Do fundo do seu coração, invoque no céu à sua frente a encarnação da verdade na pessoa de seu mestre, de um santo, de um ser iluminado.

Tente visualizar o mestre ou o buda como alguém vivo, tão radiante e translúcido quanto um arco-íris. Acredite com total confiança que todas as bênçãos e qualidades de sabedoria, compaixão e poder de todos os budas e seres iluminados estão corporificados no seu mestre, ele ou ela.

Se tem dificuldade de visualizar o mestre, imagine essa personificação da verdade simplesmente como um ser de luz, ou tente sentir a perfeita presença dele ou dela no céu diante de você: a presença de todos os budas e mestres. Deixe que toda inspiração, alegria e reverência que sente substituam a visualização. Confie que a presença que está invocando *está* de fato ali. O próprio Buda disse: "Sempre que alguém pensar em mim, estarei diante dele". Meu mestre Dudjom Rinpoche costumava dizer que não importa se no começo você não conseguir fazer a visualização; o mais importante é sentir a presença no seu coração e saber que essa presença personifica as bênçãos, a compaixão, a energia e a sabedoria de todos os budas.

Então, descontraído e enchendo seu coração com a presença do mestre, invoque-o fortemente, com todo o seu coração e a sua mente; com total confiança, peça a ele, dentro de si: "Ajude-me, inspire-me a purificar todo meu carma e minhas emoções negativas e a atingir a realização da verdadeira natureza de minha mente!"

A seguir, com profunda devoção, funda a sua mente com a do mestre; repouse a sua mente na mente de sabedoria dele ou dela. E, ao fazê-lo, entregue-se completamente ao mestre, dizendo a si mesmo alguma coisa como: "Ajude-me, agora. Tome conta de mim. Preencha-me com sua alegria e energia, sua compaixão e sabedoria. Acolha-me na essência amorosa da sua mente de sabedoria. Abençoe minha mente e inspire meu entendimento". Então, como diz Dilgo Khyentse Rinpoche: "*Não há dúvida* de que a bênção entrará no seu coração".

Fazer essa prática é um modo poderoso, direto e hábil de nos levar para além da nossa mente ordinária, até o reino puro da sabedoria de Rigpa. Lá reconhecemos, descobrimos e realmente tomamos conhecimento de que todos os budas estão presentes.

Assim, sentir a presença viva do Buda, de Padmasambhava, de seu mestre, e abrir seu coração e sua mente para a personificação da verdade, realmente abençoa e transforma a sua mente. Quando invoca o Buda, sua própria natureza búdica se inspira a despertar e florescer de maneira tão natural quanto uma flor ao sol.

2. Amadurecendo e aprofundando a bênção

Quando chego a esta parte da prática, que é a fusão da minha mente com a do mestre através do mantra, recito o mantra OM AH HUM VAJRA GURU PADMA SIDDHI HUM (pronunciado pelos tibetanos como Om Ah Hung Benza Guru Péma Siddhi Hung) o qual realmente considero *ser* Padmasambhava e as bênçãos de todos os mestres em forma de som. Imagino todo meu ser sendo preenchido por ele e à medida que recito o mantra – que é a essência de seu coração – sinto que ele vibra e se espalha dentro de mim, como se centenas de pequenos Padmasambhavas na forma de som circulassem dentro de mim, transformando todo meu ser.

Usando o mantra, então, ofereça seu coração e alma com devoção fervorosa e concentrada, e misture, combine, funda sua mente com a de Padmasambhava ou de seu mestre. Gradualmente irá se sentir chegando mais próximo de Padmasambhava, eliminando a distância entre você e a mente de sabedoria dele. Passo a passo, pela bênção e poder dessa prática, descobrirá que realmente percebe sua mente sendo transformada na mente de sabedoria de Padmasambhava e do mestre: você começa a reconhecer a inseparabilidade delas. Do mesmo modo que ao pôr seu dedo na água ele fica molhado e se o puser no fogo ele se queima, se você envolver sua mente na mente de sabedoria dos budas, ela se transformará na natureza de sabedoria deles. O que ocorre é que, aos poucos, a sua mente começa a descobrir-se no estado de Rigpa, já que a natureza essencial da mente *é* a mente de sabedoria de todos os budas. É como se a sua mente ordinária gradualmente morresse, se dissolvesse, e sua consciência primordial e pura, sua natureza búdica, seu mestre interior fosse revelado. Esse é o verdadeiro significado de “bênção” – uma transformação em que sua mente transcende e chega ao estado do absoluto.

Essa “maturação da bênção” é o coração e a parte principal da prática e, quando praticar Guru Ioga, é a ela que você deve devotar a maior parte do tempo.

3. Transmissão do poder

Imagine agora que do mestre irradiam milhares de brilhantes raios de luz na sua direção e penetram em você, trazendo-lhe purificação e cura, abençoando-o, fortalecendo-o e semeando em você as sementes da iluminação.

Para tornar a prática a mais rica e inspiradora possível, pode imaginar que ela se desdobra nestas três fases:

Primeira: uma luz deslumbrante, de cor branca cristalina, irrompe da fronte do mestre e entra no centro de energia na sua fronte, preenchendo todo o seu corpo. Essa luz branca representa a bênção do corpo de todos os budas: ela limpa todo carma negativo que você acumulou através de ações negativas do corpo; purifica os canais sutis do seu sistema psicofísico; proporciona-lhe a bênção do corpo dos budas; dá a você a iniciação para a prática da visualização e a abertura para atingir a realização daquela energia compassiva de Rigpa, a natureza da mente, que se manifesta em tudo.

Segunda: uma corrente de luz vermelho-rubi brilha na garganta do mestre e irradia até o centro de energia na sua garganta, preenchendo todo o seu corpo. Essa luz vermelha representa a bênção da fala de todos os budas: ela limpa todo o carma negativo que você acumulou através da fala prejudicial e nociva; purifica o ar interno do seu sistema psicofísico; proporciona-lhe a bênção da fala dos budas; dá a você a iniciação para a prática do mantra e a abertura para atingir a realização da radiância da natureza de Rigpa.

Terceira: uma corrente de luz azul cintilante, da cor de lápis-lazúli, irradia do coração do mestre para o centro de energia do seu coração, preenchendo todo seu corpo. Essa luz azul representa a bênção da mente dos budas: ela limpa todo o carma negativo que você acumulou com a atividade negativa de sua mente; purifica a essência criativa, ou energia, dentro do seu sistema psicofísico; proporciona-lhe a bênção da mente dos budas; dá a você a iniciação para as práticas avançadas de ioga e a abertura para a realização da pureza primordial da essência de Rigpa.

Saiba e sinta que, pela bênção, você agora recebeu a transmissão do poder do corpo, fala e mente indestrutíveis de Padmasambhava e de todos os budas.

4. Repousando em Rigpa

Agora deixe o mestre dissolver-se em luz e tornar-se um só com você, na natureza da sua mente. Reconheça sem qualquer dúvida que a natureza da sua mente, que é como a do céu, é o mestre absoluto. Onde mais poderiam todos os seres iluminados estar senão em Rigpa, a natureza da sua mente?

Seguro nessa compreensão, num estado de tranquilidade ampla e despreocupada, você repousa no calor, na glória e na bênção de sua natureza absoluta. Chegou agora ao solo original, a base: a pureza primeva da simplicidade natural. Enquanto repousa nesse estado de Rigpa, você reconhece a verdade das palavras de Padmasambhava: "A própria mente é Padmasambhava; não há prática ou meditação fora disso".

Dei esta prática aqui como parte do bardo natural desta vida, porque essa é a prática mais importante na vida e, assim, a mais importante no momento da morte. O Guru Ioga, como se verá no capítulo 13 – "Ajuda Espiritual aos que Estão Morrendo" – é a base da prática de Phowa, transferência de consciência no momento da morte. Porque se no momento da morte você puder, de modo confiante, unir sua mente com a mente de sabedoria do mestre e morrer nessa paz, então eu prometo e lhe asseguro: tudo estará bem.

Assim, nossa tarefa na vida consiste em praticar essa fusão com a mente de sabedoria do mestre, muitas e muitas vezes, de tal forma que ela se torne tão natural que cada atividade – sentar, caminhar, comer, beber, dormir, sonhar e despertar – comece a ficar mais e mais impregnada da presença viva do mestre. Lentamente, através de anos de devoção concentrada, você começa a saber e a perceber que todas as aparências são a manifestação da sabedoria do mestre. Todas as situações na vida, até aquelas que uma vez pareceram trágicas, sem significado ou aterrorizantes, revelam-se, de modo cada vez mais transparente, como sendo o ensinamento direto e a bênção do mestre, e do mestre interior. Como diz Dilgo Khyentse Rinpoche:

> *A devoção é a essência do caminho, e se não temos em mente nada além do guru, e nada sentimos senão fervorosa devoção, o que quer que aconteça é percebido como sua bênção. Se praticamos com simplicidade e com essa devoção sempre presente, isso é a própria oração.*
>
> *Quando todos os pensamentos estão imbuídos de devoção ao guru, há uma confiança natural que nos diz que isso cuidará de tudo o que aconteça. Todas as formas são o guru, todos os sons são orações, todos os pensamentos, grosseiros ou sutis, surgem como devoção. Tudo é espontaneamente liberado na natureza absoluta, como laços desatados no céu.*[9]

DEZ

A ESSÊNCIA MAIS PROFUNDA

Ninguém pode morrer sem medo e em completa segurança sem ter atingido a realização da natureza da mente. Porque só essa realização, aprofundada em anos de prática continuada, pode manter a mente estável no confuso caos do processo da morte. De todas as maneiras que conheço de ajudar as pessoas a perceberem a natureza da mente, a prática de Dzogchen, a mais antiga e direta corrente de sabedoria dentro dos ensinamentos do budismo e a própria fonte dos ensinamentos do bardo, é a mais clara, mais eficaz e mais relevante para as circunstâncias e necessidades atuais.

As origens do Dzogchen remontam ao Buda Primordial, Samantabhadra, que o transmitiu a uma linha ininterrupta de grandes mestres que chega até o presente. Centenas de milhares de indivíduos na Índia, no Himalaia e no Tibete, atingiram a realização e a iluminação através dessa prática. Há uma maravilhosa profecia segundo a qual "nesta era de trevas, a essência do coração de Samantabhadra arderá como fogo". Minha vida, meus ensinamentos e este livro são dedicados a acender esse fogo nos corações e mentes do mundo.

Meu constante apoio, inspiração e guia nesse propósito é o mestre supremo Padmasambhava. Ele é o espírito fundamental do Dzogchen, seu expoente maior e sua encarnação humana, com suas qualidades gloriosas de magnanimidade, poder miraculoso, visão profética, energia desperta e compaixão ilimitada.

O Dzogchen não foi amplamente difundido e ensinado no Tibete, e por algum tempo muitos dos maiores mestres não o ensinaram no mundo moderno. Por que, então, eu o estou ensinando agora? Alguns dos meus mestres me disseram que este *é* o momento de se difundir o Dzogchen, a época a que se refere a profecia. Sinto também que seria falta de compaixão não partilhar com as pessoas a existência de sabedoria tão extraordinária. Os seres humanos chegaram a um ponto crítico da sua evolução e esta época de extrema confusão pede um ensinamento com o mesmo grau de poder e claridade. Descobri também que as pessoas de hoje querem um caminho que elimine o dogma, fundamentalismo, exclusivismo, metafísica complexa e parafernália cultural exótica, um caminho ao mesmo tempo simples e profundo, que não precise ser praticado em *ashrams* ou mosteiros, mas possa integrar-se à vida do dia a dia e ser praticado em qualquer lugar.

O que é, então, o Dzogchen? O Dzogchen não é apenas um ensinamento, nem mais uma filosofia, nem mais um elaborado sistema, nem mesmo uma sedutora série de técnicas. Dzogchen é um estado, *o* estado primordial, aquele estado totalmente desperto que é o coração e a essência de todos os budas e de todos os caminhos espirituais e o ápice da evolução espiritual de um indivíduo. Dzogchen é frequentemente traduzido como "Grande Perfeição". Prefiro deixar a palavra sem traduzir, porque Grande Perfeição traz esse sentido do perfeito que temos de lutar para conseguir, meta que fica no final de uma longa e árdua jornada. Nada podia estar mais distante do significado de Dzogchen: o estado *já* perfeito em si mesmo da nossa natureza primordial, que não precisa de "aperfeiçoamento", uma vez que, como o céu, sempre foi perfeito desde o começo.

Todos os ensinamentos budistas são explicados em termos de "Base, Caminho e Fruição". A Base do Dzogchen é esse estado fundamental e primevo, nossa natureza absoluta que já é perfeita e está sempre presente. Patrul Rinpoche diz: "Nem é para ser buscada externamente, nem é algo que você não tinha antes ou que precise nascer agora de um modo novo em sua mente". Do ponto de vista da Base – o absoluto – nossa natureza é a mesma que a dos budas, e nesse nível não há que ouvir ensinamentos ou fazer prática – nem um pingo, dizem os mestres.

Não obstante, temos de entender, os budas tomaram um caminho e nós tomamos outro. Os budas reconhecem sua natureza original e tornam-se iluminados; nós não a reconhecemos e por isso nos tornamos confusos. Nos ensinamentos, esse estado de coisas é chamado "Uma Base, Dois Caminhos". Nossa condição relativa é que nossa natureza intrínseca *está* obscurecida e precisamos seguir os ensinamentos e a prática para voltarmos à verdade: esse é o Caminho do Dzogchen. Finalmente, atingir a realização da nossa natureza original é atingir a completa liberação e tornar-se um buda. Essa é a Fruição do Dzogchen, que é de fato possível ao praticante em uma só vida, quando ele ou ela a isso dedica seu coração e mente.

Os mestres Dzogchen são agudamente conscientes dos perigos de confundir o absoluto com o relativo. Quem não consegue compreender essa relação pode subestimar ou até desprezar os aspectos relativos da prática espiritual e a lei cármica de causa e efeito. No entanto, aqueles que apreendem verdadeiramente o significado do Dzogchen terão um respeito ainda mais profundo pelo carma, bem como uma apreciação mais aguda e premente da necessidade de purificação e de prática espiritual. Isso se dará porque eles poderão perceber a vastidão daquilo que há neles e que foi obscurecido, o que os fará empenhar-se de maneira mais fervorosa, e com disciplina sempre fresca e natural, em remover o que quer que se interponha entre eles e a sua verdadeira natureza.

Os ensinamentos Dzogchen são como um espelho que reflete a Base da nossa natureza original com pureza tão elevada e liberadora, e claridade tão imaculada, que somos inerentemente protegidos de cairmos prisioneiros de qualquer forma de entendimento conceitualmente fabricado, mesmo que sutil, convincente ou sedutor.

Qual é então, para mim, a maravilha do Dzogchen? Todos os ensinamentos levam à iluminação, mas a singularidade do

Dzogchen é que, mesmo na dimensão relativa dos ensinamentos, a sua linguagem nunca macula o absoluto com conceitos; deixa-o intacto em sua simplicidade desnuda, dinâmica e majestosa, e mesmo assim fala dela a qualquer um de mente aberta em termos tão vívidos e expressivos que, mesmo antes de nos iluminarmos, somos agraciados com o vislumbre mais forte que podemos ter do esplendor do estado desperto.

A VISÃO

Tradicionalmente, o treinamento prático do Caminho do Dzogchen é descrito com muita simplicidade em termos de Visão, Meditação e Ação. Ver diretamente o estado absoluto, a Base do nosso ser, é a Visão; o modo de estabilizar essa Visão e fazer dela uma experiência contínua é Meditação; integrar a Visão à nossa realidade total e à nossa vida é o que chamamos de Ação.

O que é então a Visão? É nada menos que *ver* o estado real das coisas como elas são; *saber* que a verdadeira natureza da mente é a verdadeira natureza de tudo; e *atingir a percepção* de que a verdadeira natureza da nossa mente é a verdade absoluta. Dudjom Rinpoche diz:

> *A Visão é a compreensão da consciência intrínseca desnuda, dentro da qual tudo está contido: a percepção sensorial e a existência fenomênica, o samsara e o nirvana. Essa consciência intrínseca e imediata tem dois aspectos: "vacuidade" como o absoluto, e aparência ou percepção como o relativo.*

O que isso significa é que toda a gama das possibilidades das aparências e todos os possíveis fenômenos em todas as diferentes realidades – todos eles, sem exceção, seja no samsara ou no nirvana – sempre foram e sempre serão perfeitos e completos, dentro da vasta e ilimitada extensão da natureza da mente. Mas ainda que a essência de tudo seja vazia e "pura desde o próprio início", sua natureza é rica em nobres qualidades, prenhe de todas as possibilidades, um campo ilimitado, incessante e dinamicamente criativo que é sempre perfeito de modo espontâneo.

Você poderá perguntar: "Se a compreensão da Visão é a percepção da natureza da mente, com o que se parece então essa natureza da mente?" Imagine um céu, vazio, pleno de espaço e puro desde o início; sua *essência* é assim. Imagine um sol, luminoso, claro, sem obstrução e espontaneamente presente; sua *natureza* é assim. Imagine esse sol brilhando sobre nós e todas as coisas, penetrando em todas as direções; sua *energia*, que é a manifestação da compaixão, é assim: nada pode detê-la e ela penetra em toda parte.

Você pode também pensar na natureza da mente como um espelho com cinco diferentes poderes ou "sabedorias". Sua abertura e vastidão é a "sabedoria do espaço que tudo abrange", o útero de onde provém a compaixão. Sua capacidade de refletir com detalhes precisos o que se põe diante dela é a "sabedoria do espelho". Sua ausência fundamental de tendência para qualquer impressão é a "sabedoria da equanimidade". Sua habilidade de distinguir claramente e sem confundir de maneira alguma os vários fenômenos diferentes que surgem é a "sabedoria do discernimento". E seu potencial de ter tudo já consumado, aperfeiçoado e espontaneamente presente é a "sabedoria que tudo realiza".

No Dzogchen, a Visão é introduzida ao estudante diretamente pelo mestre. É esse modo direto de fazer a introdução que caracteriza o Dzogchen e o faz tão singular.

O que é transmitido ao estudante na introdução é a experiência direta da mente de sabedoria dos budas, através da bênção do mestre que encarna a completa realização deles. Para estar pronto para receber a introdução, o aluno deve ter chegado a um ponto em que tenha, como resultado de aspirações passadas e do carma purificado, a abertura da mente e também a devoção para fazê-lo receptivo ao verdadeiro significado do Dzogchen.

Como a mente de sabedoria dos budas pode ser introduzida? Imagine a natureza da mente como seu próprio rosto; está sempre com você, mas não pode vê-lo sem ajuda. Agora imagine que nunca viu um espelho antes. A introdução feita pelo mestre é como colocar subitamente um espelho diante de você, no qual pela primeira vez vai ver seu próprio rosto refletido. Tal como o seu rosto, a pura percepção de Rigpa não é algo "novo" que o mestre lhe está dando, ou algo que nunca tenha tido antes, nem algo que teria a possibilidade de achar fora de si mesmo. Sempre foi seu e sempre esteve com você, mas até aquele momento, surpreendente, você nunca o tinha visto de maneira direta.

Patrul Rinpoche explica que "de acordo com a tradição especial dos grandes mestres da linhagem dessa prática, a natureza da mente, o rosto de Rigpa, é introduzido precisamente na dissolução da mente conceitual". No momento da introdução o mestre atravessa a mente conceitual, deixando à vista o estado puro de Rigpa revelando explicitamente sua verdadeira natureza.

Nesse poderoso momento ocorre uma fusão de mentes e corações e o aluno tem uma incontestável experiência ou vislumbre da natureza de Rigpa. Nesse mesmo e único instante, o mestre apresenta e o estudante reconhece. À medida que o mestre dirige suas bênçãos a partir da sabedoria de seu Rigpa para o coração do Rigpa do seu aluno, mostra diretamente a este a face original da natureza da mente.

Para que a introdução do mestre seja plenamente eficaz, no entanto, condições e ambiente corretos devem ser criados. Apenas uns poucos indivíduos na história, devido ao seu carma purificado, puderam reconhecer e iluminar-se num instante; por isso a introdução deve quase sempre ser precedida pelas práticas preliminares que apresento a seguir. São essas práticas preliminares que purificam e removem os obscurecimentos da mente ordinária, trazendo você ao estado em que seu Rigpa pode ser-lhe revelado.

Primeiro, a meditação, antídoto supremo da distração, traz a mente de volta e permite que ela se assente no seu estado natural.

Segundo, práticas profundas de purificação e o fortalecimento do carma positivo, através da acumulação de mérito e sabedoria, começam a enfraquecer e dissolver os véus intelectuais e emocionais que obscurecem a natureza da mente. Como escreveu meu mestre Jamyang Khyentse: "Se os obscurecimentos forem removidos, a sabedoria de Rigpa de cada um brilhará naturalmente". Essas práticas de purificação, chamadas *Ngöndro* em tibetano, foram cuidadosamente desenvolvidas para produzir uma ampla transformação interior. Elas envolvem o ser inteiro – corpo, fala, mente – e começam com uma série de profundas contemplações sobre:

- a singularidade da vida humana;
- a contínua presença da impermanência e da morte;
- a infalibilidade da causa e efeito das nossas ações;
- o ciclo vicioso de frustração e sofrimento que é o samsara.

Essas reflexões inspiram um forte sentido de "renúncia", um desejo urgente de emergir do samsara e seguir o caminho da liberação, que é a base para as práticas específicas de:

- tomar refúgio no Buda, na verdade dos seus ensinamentos e no exemplo dos seus praticantes, despertando assim confiança e fé em nossa própria natureza búdica interior;
- gerar compaixão (*bodhichitta* – o coração da mente iluminada, que explicarei em detalhes no capítulo 12) e treinar a mente para trabalhar consigo mesmo e com outros, bem como com as dificuldades da vida;
- remover os obscurecimentos e a "poluição" mediante as práticas de visualização e de mantras voltadas à purificação e à cura;
- acumular mérito e sabedoria, desenvolvendo generosidade universal e criando circunstâncias auspiciosas.[1]

Todas essas práticas se desenvolvem e estão centradas no Guru Ioga, que é a prática mais decisiva, instigante e poderosa de todas, indispensável à abertura do coração e da mente para a realização do estado de Dzogchen.[2]

Terceiro, uma investigação meditativa especial sobre a natureza da mente e dos fenômenos, que sacia a incansável fome da mente de pensar e procurar, bem como sua dependência de conceitualização, análise e referência incessantes, e desperta uma compreensão íntima da natureza da vacuidade.

Nunca é demais enfatizar a importância dessas práticas preliminares. Elas devem trabalhar em conjunto e sistematicamente para inspirar o estudante a despertar para a natureza da mente, e habilitá-lo a estar pronto e preparado quando o mestre escolher o momento de mostrar a ele ou ela a face original de Rigpa.

Nyoshul Lungtok, que depois tornou-se um dos maiores mestres Dzogchen dos nossos tempos, acompanhou seu professor Patrul Rinpoche por cerca de dezoito anos. Todo esse tempo eles foram quase inseparáveis. Nyoshul Lungtok estudou e praticou de forma particularmente dedicada, e acumulou purificação, mérito e prática em abundância; ele estava pronto para reconhecer Rigpa, mas ainda não havia recebido a introdução final. Então, numa noite inesquecível, Patrul Rinpoche deu-lhe essa introdução. Aconteceu quando estavam juntos num eremitério das montanhas acima do Mosteiro Dzogchen[3]. A noite era muito bonita. O céu azul escuro estava límpido e as estrelas brilhavam muito. O som da sua solidão era acentuado pelo latido de um cachorro do mosteiro distante.

Patrul Rinpoche estava estirado no chão, fazendo uma prática de Dzogchen. Chamou Nyoshul Lungtok, perguntando: "Você disse que não conhece a essência da mente?"

Nyoshul Lungtok adivinhou pelo tom da sua voz que aquele era um momento especial e balançou a cabeça confirmando, na expectativa.

– Não é nada especial – disse Patrul Rinpoche distraidamente, acrescentando – Meu filho, venha cá e repouse aqui como seu velho pai – Nyoshul Lungtok estirou-se ao seu lado.

– Está vendo as estrelas no céu? – perguntou Patrul Rinpoche.

– Sim.

– Está ouvindo os cães latindo no Mosteiro Dzogchen?

– Sim.

– Você está ouvindo o que estou falando?

– Sim.

– Bem, a natureza do Dzogchen é isso: simplesmente isso.

Nyoshul Lungtok nos conta o que aconteceu então: "Nesse instante, cheguei a uma certeza de percepção interior. Tinha sido liberado dos grilhões do "é" e do "não é". Atingira a realização da sabedoria primordial, a união desnuda da vacuidade e da consciência intrínseca. Fui introduzido a essa realização por sua bênção, como disse o grande mestre indiano Saraha:

Aquele em cujo coração entraram as palavras do mestre,
Vê a verdade como um tesouro na palma de sua própria mão.[4]

Naquele instante tudo entrou em seu lugar; o fruto de todos os anos de aprendizado, purificação e prática de Nyoshul Lungtok havia nascido. Ele obteve a realização da natureza da mente. Não havia nada extraordinário, esotérico ou místico nas palavras que Patrul Rinpoche usara; de fato, eram absolutamente comuns. Mas, além das palavras, alguma coisa mais estava sendo comunicada. O que ele revelava era a natureza inerente de tudo, que é o verdadeiro significado do Dzogchen. Naquele momento ele já havia conduzido Nyoshul Lungtok diretamente àquele estado pelo poder e pela bênção de sua realização.

Mas os mestres são muito diferentes, e eles podem usar todo tipo de meio hábil para provocar essa mudança de consciência. O próprio Patrul Rinpoche foi introduzido à natureza da mente de um modo muito distinto, por um mestre excêntrico de nome Do Khyentse. Esta é a tradição oral que escutei dessa história.

Patrul Rinpoche estivera fazendo uma prática avançada de ioga e visualização, e ficara emperrado; nenhum dos mandalas das deidades aparecia com clareza na sua mente.[5] Um dia ele se aproximou de Do Khyentse, que havia acendido uma fogueira ao relento e estava sentado diante dela, tomando chá. No Tibete, quando você vê um mestre pelo qual tem profunda devoção, tradicionalmente começa a prostrar seu corpo no chão como sinal de respeito. Quando Patrul Rinpoche começou a prostrar-se, ainda à distância, Do Khyentse o reconheceu e rosnou, ameaçadoramente: "Ei, seu cão velho! Se você tem coragem, venha até aqui!" Do Khyentse era um mestre muito impressionante. Parecia um samurai, com seus cabelos longos, suas roupas vistosas e sua paixão por montar belos cavalos. À medida que Patrul Rinpoche continuava a fazer reverências e se aproximava, Do Khyentse, praguejando o tempo todo, começou a atirar nele seixos e depois pedras maiores. Quando finalmente chegou ao seu alcance, Do Khyentse começou a socá-lo até fazê-lo desmaiar.

Quando Patrul Rinpoche voltou a si estava num estado de consciência inteiramente diferente. Os mandalas que com tanto esforço tentara visualizar manifestavam-se, espontaneamente, diante dele. Cada maldição e insulto de Do Khyentse havia destruído os últimos remanescentes da mente conceitual de Patrul Rinpoche, e cada pedra que o atingiu havia aberto os centros de energia e canais sutis de seu corpo. Por duas semanas maravilhosas as visões dos mandalas não o abandonaram.

Mesmo sabendo que as palavras e os conceitos fracassam quando tentamos descrevê-la, vou procurar dar uma ideia do que é a Visão e do que acontece quando Rigpa é revelado diretamente.

Dudjom Rinpoche diz: "Esse momento é como tirar um capuz da sua cabeça. Que amplitude infinita e que alívio! Este é o ver supremo: ver o que não foi visto antes". Quando você "vê o que não foi visto antes" tudo se abre, se expande e se torna fresco, claro, transbordante de vida, vívido de encantamento e frescor. É como se o teto de sua cabeça se destampasse ou um bando de pássaros repentinamente revoasse de um ninho escuro. Todas as limitações se dissolvem e desaparecem como se, dizem os tibetanos, um selo tivesse sido rompido.

Imagine-se morando numa casa no topo de uma montanha, que por sua vez está no topo do mundo. De repente, toda a estrutura da casa que limitava sua visão simplesmente desaparece e você pode ver tudo ao seu redor, tanto dentro quanto fora. Mas não há alguma "coisa" para ver; o que acontece não tem nenhuma referência no mundo ordinário; é uma visão total, completa, sem precedentes, perfeita.

Dudjom Rinpoche diz: "Seus inimigos mais mortais, aqueles que o mantiveram amarrado ao samsara por incontáveis vidas, desde tempos imemoriais até o presente, são o agarrar e o agarrado". Quando o mestre o introduz e você os reconhece, "esses dois são completamente consumidos como penas numa fogueira, não deixando vestígios". Agarrar e agarrado, a coisa agarrada e aquele que agarra são completamente libertados a partir mesmo da sua base. As raízes da ignorância e do sofrimento são totalmente cortadas e todas as coisas aparecem como reflexos num espelho, transparentes, bruxuleantes, ilusórias, e com a qualidade de um sonho.

Quando você chega naturalmente a esse estado de meditação, inspirado pela Visão, pode permanecer aí por um longo tempo sem nenhuma distração ou esforço especial. Então não há nenhuma coisa de nome "meditação" para proteger ou sustentar, uma vez que você está no fluxo natural da sabedoria de Rigpa. E, quando está nele, você pode perceber que é como se tivesse sido sempre assim, e é. Quando brilha a sabedoria de Rigpa, nem uma sombra de dúvida permanece e um entendimento completo e profundo surge diretamente e sem qualquer esforço.

Você descobrirá que todas as imagens que dei, bem como as metáforas que tentei usar, estão fundidas em uma todo-abrangente experiência da verdade. A devoção está nesse estado, e a compaixão também está nesse estado, e todas as sabedorias, bênção, claridade e ausência de pensamentos, porém não separadas umas das outras, mas integradas e ligadas de maneira inquebrantável num mesmo sabor. Esse é o momento do despertar. Um profundo senso de humor brota de dentro e você sorri, divertido com a inadequação dos seus antigos conceitos e ideias sobre a natureza da mente.

O que surge disto é uma crescente, tremenda e inabalável certeza e convicção de que "é isto". Não há nada além a procurar, nada mais a ser esperado. Essa certeza da Visão é aquilo que deve ser aprofundado, de lampejo em lampejo, sobre a natureza da mente, e estabilizado pela contínua disciplina da meditação.

MEDITAÇÃO

Então o que é a meditação do Dzogchen? É simplesmente repousar, sem distrações, na Visão, uma vez que ela tenha sido introduzida. Dudjom Rinpoche a descreve:

> *A meditação consiste em ficar atento a esse estado de Rigpa, livre de todas as construções mentais, embora permanecendo totalmente relaxado, sem nenhuma distração e sem agarrar-se a nada. Por isso se diz que a "meditação não é se esforçar, mas permitir que a própria meditação nos assimile naturalmente".*

O ponto central da prática de meditação Dzogchen é fortalecer e estabilizar Rigpa, permitindo que ele cresça até sua plena maturidade. A mente ordinária e habitual, com suas projeções, é extremamente poderosa. Ela fica voltando e toma conta de nós quando estamos desatentos e distraídos. Como Dudjom Rinpoche costumava dizer: "No momento, nosso Rigpa é como um bebezinho desamparado no campo de batalha onde os pensamentos irrompem com força". Gosto de dizer que temos de começar sendo a ama-seca do nosso Rigpa dentro do ambiente seguro da meditação.

Se a meditação é simplesmente continuar o fluxo de Rigpa após a introdução, como sabemos quando é Rigpa e quando não é? Fiz essa pergunta a Dilgo Khyentse Rinpoche e ele me respondeu com sua simplicidade característica: "Se você está num estado inalterado, é Rigpa". Se não estamos maquinando nem manipulando a mente de modo algum, mas simplesmente repousando num estado inalterado de consciência pura e original, então isso *é* Rigpa. Se há alguma maquinação de nossa parte, alguma forma de manobra ou de apego, já não se trata de Rigpa. Rigpa é um estado em que não há mais qualquer dúvida; não há na verdade algo como uma "mente" que possa duvidar: você vê diretamente. Se está nesse estado, certeza e confiança completas e naturais surgem com o próprio Rigpa, e é assim que você sabe.[6]

A tradição do Dzogchen é de precisão extrema, já que quanto

mais fundo você vai mais sutis são os enganos que podem surgir, e o que está em jogo é o conhecimento da realidade absoluta. Mesmo após a introdução, os mestres esclarecem em detalhe os estados que não são meditação Dzogchen e que com ela não devem ser confundidos. Num desses estados você perambula por uma terra de ninguém da mente, onde não há pensamentos ou memórias; é um estado obscuro, embotado e apático, onde você está mergulhado na base da mente ordinária. Num segundo estado há certa quietude e leve claridade, mas é um quietude estagnada, ainda enterrada na mente ordinária. Num terceiro, você experimenta a ausência de pensamentos mas está "fora do ar" e apenas num estado vazio de marasmo. Num quarto estado a sua mente vagueia, ansiando por pensamentos e projeções. Nenhum desses é o verdadeiro estado de meditação e o praticante deve observar habilmente o que ocorre para evitar ser iludido por esses caminhos.

A essência da prática da meditação no Dzogchen está contida nestes quatro pontos:

- Quando um pensamento passado cessou e ainda não surgiu um pensamento futuro, há uma brecha. Nesse preciso instante, não há uma consciência do momento presente, fresca, virgem, em nada alterada por conceitos, uma atenção luminosa e pura? Pois bem, isso é Rigpa!
- Entretanto, a mente não fica nesse estado para sempre, porque outro pensamento subitamente surge, não é assim?
  Essa é a autoirradiação de Rigpa.
- No entanto, se você não reconhece esse pensamento pelo que ele de fato é no instante em que surge, ele se transformará num pensamento comum, como antes. Essa é a chamada "cadeia da ilusão", e é a raiz do samsara.
- Se você é capaz de reconhecer a verdadeira natureza do pensamento logo que ele surge e o deixa em paz, sem persegui-lo, então quaisquer pensamentos que surjam se dissolvem automaticamente, retornando à vasta extensão de Rigpa, e são liberados.

É preciso uma vida inteira de prática para entender e vivenciar a profunda riqueza e a majestade desses quatro pontos tão simples e tão fundamentais, e tudo o que posso fazer aqui é dar a você uma amostra da vastidão que é a meditação Dzogchen.

Talvez o ponto mais importante é que a meditação Dzogchen vem a tornar-se um contínuo fluxo de Rigpa, como um rio que se move constantemente, dia e noite, sem interrupção. Claro que isso é um estado ideal, uma vez que esse atento repouso na Visão, já introduzida e identificada, é a recompensa de muitos anos de prática permanente.

A meditação Dzogchen é sutilmente poderosa na lida com os movimentos da mente, apresentando uma perspectiva única sobre eles. Tudo o que surge é visto na sua verdadeira natureza, não como coisa separada de Rigpa, e não antagônica a ele, mas – e isso é muito importante – verdadeiramente como nada mais que a sua autoirradiação, a manifestação de sua própria energia.

Digamos que você se encontre num estado de profunda quietude; ele não costuma durar muito, porque logo um movimento ou um pensamento surge, como uma onda no oceano. Não rejeite o movimento nem se apegue à tranquilidade, mas deixe seguir o fluxo da sua pura presença. O estado penetrante e sereno da sua meditação é o próprio Rigpa e tudo o que surge nada mais é que a autoirradiação de Rigpa. Esse é o coração e a base da prática Dzogchen. Um modo de imaginar isso é pensar que você está cavalgando raios solares retornando para o Sol: você segue todas as manifestações de volta à sua origem, imediatamente, de volta à própria raiz, à base de Rigpa. À medida que incorpora a firme estabilidade da Visão, você não é mais enganado nem distraído pelo que quer que possa surgir, e assim não cai vítima da ilusão.

Claro que no oceano há ondas violentas e ondas suaves; surgem emoções fortes como raiva, desejo e inveja. O verdadeiro praticante as reconhece não como perturbação ou obstáculo, mas como uma grande oportunidade. O fato de você reagir ao que aparece com as tendências habituais de apego e aversão é sinal não somente de que está distraído, mas também de que não tem o reconhecimento e perdeu a base de Rigpa. Reagir a emoções desse modo significa reforçá-las, prendendo-nos ainda mais fortemente às cadeias da ilusão. O grande segredo do Dzogchen é ver bem através delas, tão logo apareçam, percebendo-as pelo que de fato são: a vívida e elétrica manifestação da própria energia de Rigpa. À medida que você aprende a fazer isso, mesmo as emoções mais turbulentas já não conseguem dominá-lo e se dissolvem como as ondas bravias que aparecem e retrocedem, mergulhando de volta na calma do oceano.

O praticante descobre – e esse é um insight revolucionário, cuja sutileza e poder não podem ser exagerados – que as emoções violentas não precisam necessariamente precipitá-lo no turbilhão de suas próprias neuroses; elas podem ser usadas para aprofundar, ampliar, revigorar e fortalecer Rigpa. Essa energia tempestuosa torna-se matéria-prima para a energia desperta de Rigpa. Quanto mais forte e ardente a emoção, mais Rigpa se fortalece. Sinto que esse método peculiar ao Dzogchen é uma força extraordinária para libertar até os problemas emocionais e psicológicos mais inveterados e mais profundamente enraizados.

Deixe-me apresentar-lhe agora, do modo mais simples que puder, uma explicação sobre como exatamente esse processo funciona. Isso será de valor inestimável mais tarde, quando examinarmos o que acontece no momento da morte.

No Dzogchen, a fundamental e inerente natureza de tudo é chamada "Luminosidade Base", ou "Luminosidade Mãe". Ela permeia toda a nossa experiência e é, portanto, a natureza inerente dos pensamentos e emoções que surgem também em nossa mente, embora não a reconheçamos. Quando o mestre nos introduz à verdadeira natureza da mente, ao estado de Rigpa, é como se ele ou ela nos desse uma chave mestra. No Dzogchen chamamos essa chave, que vai nos abrir a porta do conhecimento total, de "Luminosidade Caminho", ou "Luminosidade Filha". A Luminosidade Base e a Luminosidade Caminho são fundamentalmente as mesmas, é claro, e é só para fins de explanação e prática que elas são categorizadas dessa forma. Mas, uma vez que temos a chave da Luminosidade Caminho dada pela introdução do mestre, podemos usá-la à vontade para abrir a porta da natureza inata da realidade. Este abrir a porta se chama na prática do Dzogchen "o encontro da Luminosidade Base com a Luminosidade Caminho", ou "o encontro das Luminosidades Mãe e Filha". Outro modo de dizer isso é que, assim que um pensamento ou emoção aparecem, a Luminosidade Caminho – Rigpa – reconhece-os imediatamente pelo que são, reconhece sua natureza inerente, a Luminosidade Base. Nesse instante de reconhecimento, as duas Luminosidades se fundem e os pensamentos e emoções são liberados em sua própria base.

É fundamental o aperfeiçoamento dessa prática de fusão das duas Luminosidades e da autoliberação daquilo que surge na sua mente enquanto você está vivo, porque o que ocorre para todos no momento da morte é isto: a Luminosidade Base desponta com seu imenso esplendor, trazendo com ela uma oportunidade de liberação total – se, e somente se, você tiver aprendido a reconhecê-la.

Talvez fique claro agora que essa fusão das Luminosidades e da autoliberação dos pensamentos e das emoções é meditação no seu nível mais profundo. De fato, um termo como "meditação" não é verdadeiramente apropriado para a prática Dzogchen porque, em última análise, implica meditar "sobre" algo, enquanto que no Dzogchen tudo é apenas e para sempre Rigpa. Desse modo, não existe meditação separada do simples ficar na pura presença de Rigpa.

A única palavra que talvez poderia descrever isso é "não meditação". Nesse estado, dizem os mestres, mesmo se você procurar a ilusão, não terá sobrado mais nenhuma. Mesmo se você procurar pedrinhas comuns numa ilha de ouro e joias, não terá a oportunidade de encontrá-las. Quando a Visão é constante, o fluxo de Rigpa é inesgotável e a fusão das duas Luminosidades é contínua e espontânea, toda a ilusão possível é liberada em sua própria raiz e toda a sua percepção aparece como Rigpa, sem interrupção.

Os mestres enfatizam que para estabilizar a Visão na meditação é essencial, primeiro, realizar esta prática num *ambiente especial* de retiro, onde todas as condições favoráveis estejam presentes; entre as distrações e a correria do mundo, as experiências verdadeiras, por mais que você medite, não surgirão na sua mente. Segundo, embora não haja diferença no Dzogchen entre meditação e vida cotidiana, até que você tenha encontrado a verdadeira estabilidade pela prática em sessões *a isso dedicadas*, não conseguirá integrar a sabedoria da meditação na experiência da vida diária. Terceiro, mesmo se você praticar e for capaz de assentar no fluxo contínuo de Rigpa com confiança na Visão, mas não conseguir manter esse fluxo *todo o tempo, em todas as situações*, combinando sua prática com a vida cotidiana, isso não servirá quando circunstâncias desfavoráveis surgirem, e você será desviado para a ilusão pelos pensamentos e emoções.

Há uma história deliciosa sobre um iogue Dzogchen que vivia modestamente, cercado no entanto por um grande número de discípulos. Um certo monge, que tinha em alta conta seu próprio aprendizado e erudição, sentia ciúme do iogue, que ele sabia não ser nada letrado. Pensou: "Como pode ele, que não passa de uma pessoa comum, ter a ousadia de ensinar? Como ousa fingir ser um mestre? Vou testar seus conhecimentos, desmascarar a impostura e humilhá-lo na presença dos seus discípulos, para que eles o deixem e me sigam".

Então um dia ele visitou o iogue e lhe disse, maliciosamente:

– Vocês do Dzogchen, *tudo* o que fazem é meditar?

A resposta do iogue tomou o monge completamente de surpresa:

– E há algo sobre que se possa meditar?

– Então você nem sequer medita! – exclamou o erudito, triunfante.

– Mas quando é que *alguma vez* me distraio? – respondeu o iogue.

AÇÃO

À medida que a familiaridade com o fluxo de Rigpa vai se tornando realidade e permeia a vida cotidiana, as ações do praticante começam a mudar e geram estabilidade e confiança profundas. Dudjom Rinpoche diz:

> *Ação é estar verdadeiramente atento aos seus próprios pensamentos, bons ou maus, olhando para a verdadeira natureza de qualquer pensamento que surja, sem evocar o passado ou convidar o futuro, sem permitir qualquer apego a experiências de alegria nem deixar-se dominar pelas situações tristes. Assim fazendo, você tenta atingir e permanecer num estado de grande equilíbrio em que bom e mau, paz e angústia, são desprovidos de verdadeira identidade.*

Atingir a realização da Visão transforma de maneira sutil, porém completa, o modo como você vê todas as coisas. Mais e mais eu percebi o quanto pensamentos e conceitos são tudo o que nos impede de estar sempre, muito simplesmente, no absoluto. Agora vejo com clareza porque os mestres dizem com tanta frequência: "Procure com afinco não criar muita esperança ou medo", porque só engendram mais tagarelice mental. Quando a Visão está presente, os pensamentos são percebidos como de fato são: fugazes, transparentes e apenas relativos. Você pode enxergar diretamente através de tudo, como se tivesse olhos de raios X. Não se apega aos pensamentos e emoções, nem os rejeita, mas acolhe-os todos no vasto abraço de Rigpa. O que levava muito a sério antes – ambições, planos, expectativas, dúvidas e paixões – já não tem nenhum poder profundo sobre você nem o deixa ansioso, uma vez que a Visão o ajudou a perceber a futilidade e a insensatez de todas essas coisas, e fez nascer em você um espírito de verdadeira renúncia.

Permanecer na claridade e na confiança de Rigpa permite que todos os seus pensamentos e emoções se liberem naturalmente e sem esforço em sua vasta extensão, qual escrever na superfície da água ou pintar no céu. Se você aperfeiçoar verdadeiramente essa prática, não há jeito de acumular carma; e nesse estado de entrega despreocupada e sem intencionalidade, que Dudjom Rinpoche chama de "tranquilidade aberta e desnuda", a lei cármica de causa e efeito já não pode sujeitá-lo de modo algum.

Não presuma que isso seja fácil ou que poderia de algum modo sê-lo. É muito difícil repousar sem distrações na natureza da mente, mesmo por um instante, e permitir que um pensamento ou emoção se autolibere espontaneamente quando surge. Via de regra presumimos que apenas porque compreendemos algumas coisas intelectualmente, ou pensamos que compreendemos, nós de fato as compreendemos. Essa é uma enorme ilusão. A tarefa exige a maturidade que somente anos de audição, contemplação, reflexão, meditação e prática contínua podem trazer. E nunca é demais enfatizar que a prática continuada do Dzogchen sempre requer a direção e a instrução de um mestre qualificado.

De outro modo há um grande perigo, que a tradição chama "perder a Ação na Visão". Um ensinamento tão elevado e poderoso como o Dzogchen comporta um risco extremo. Ao iludir-se de que está liberando pensamentos e emoções, quando de fato não está nem próximo de conseguir isso, e ao imaginar que está agindo com a espontaneidade de um verdadeiro iogue Dzogchen, tudo o que você faz é acumular enormes quantidades de carma negativo. Como dizia Padmasambhava, e esta é a atitude que todos devemos ter:

Embora minha Visão seja tão vasta quanto o céu
Minhas ações e meu respeito pela causa e efeito são refinados como os grãos de farinha.

Os mestres da tradição Dzogchen enfatizam incansavelmente que, sem um conhecimento completo e profundo da "essência e método da autoliberação", através de longa prática, a meditação "somente incrementa o caminho da ilusão". Isso pode parecer severo mas este é o caso, porque só a autoliberação constante dos pensamentos pode de fato acabar com o domínio da ilusão e proteger o discípulo de mergulhar outra vez no sofrimento e na neurose. Sem o método da autoliberação você não estará apto para enfrentar desventuras e circunstâncias infelizes quando elas surgirem, e mesmo se você já tem o hábito de meditar vai perceber que emoções como raiva e desejo estão presentes, tão fortes quanto antes. O perigo de outros tipos de meditação que não têm este método consiste em que eles se tornam como a "meditação dos deuses", extraviando-se com toda facilidade em uma suntuosa autoabsorção, num transe passivo, ou numa inanidade de espírito de um tipo ou de outro, e nada disso ataca e dissolve a ilusão na sua raiz.

O grande mestre Dzogchen Vimalamitra falou de maneira muito precisa sobre os graus de crescente naturalidade nesse caminho de liberação: logo que você domina a prática, a liberação acontece simultaneamente ao que surge na mente, e aí é como reconhecer um velho amigo na multidão. Aperfeiçoando e aprofundando a prática, a liberação virá junto com o surgimento das emoções e pensamentos, como uma serpente desenrolando-se. E, no estado final de maestria, a liberação é como um ladrão que entra numa casa vazia; nada do que surge traz males nem benefícios para o verdadeiro iogue Dzogchen.

Mesmo nos maiores iogues, a alegria e o sofrimento, a esperança e o medo, ainda aparecem exatamente como antes. A diferença entre uma pessoa comum e o iogue está em como eles veem suas emoções e reagem a elas. Uma pessoa comum, de maneira instintiva, irá aceitá-las ou rejeitá-las, suscitando assim apego ou aversão que resultarão na acumulação de carma negativo. Um iogue, no entanto, percebe tudo o que surge no seu estado natural e originalmente puro, sem permitir que o apego entre em sua percepção.

Dilgo Khyentse Rinpoche descreve um iogue vagando num jardim. Apesar de estar totalmente desperto para o esplendor e a beleza das flores, apreciando suas cores, formas e perfumes, ele não tem pelo jardim nenhum vestígio de apego, ou qualquer pensamento superveniente. Como diz Dudjom Rinpoche:

> *Em qualquer percepção que surja, você deve ser como uma criança que entra num templo lindamente decorado: ela olha, mas o apego não entra de modo algum em sua percepção. Então você deixa tudo ali, fresco, natural, vivo e intocado. Quando você deixa tudo no seu estado próprio, a forma não muda, a cor não esmaece, o brilho não declina. Tudo o que surge não é maculado por nenhum apego, e assim todas as coisas que você percebe surgem como a desnuda sabedoria de Rigpa, que é a inseparabilidade entre luminosidade e vacuidade.*

A confiança, o contentamento, a vasta serenidade, a força, o profundo humor e a certeza que advêm da realização direta da Visão de Rigpa são o maior tesouro da vida, a maior das felicidades, que uma vez obtida nada pode destruir, nem mesmo a morte. Dilgo Khyentse Rinpoche diz:

> *Uma vez que você obtém a Visão, embora as percepções ilusórias do samsara possam surgir na sua mente, você será como o céu: não fica particularmente lisonjeado quando surge nele o arco-íris, nem particularmente desapontado quando as nuvens o encobrem. Há uma profunda sensação de contentamento. Você ri por dentro quando vê a fachada do samsara e do nirvana; a Visão o manterá constantemente entretido com um suave sorriso interior se esboçando, todo o tempo.*

Como diz Dudjom Rinpoche: "Tendo purificado a grande ilusão, que é o lado escuro do coração, a luz radiante do Sol não obscurecido nascerá continuamente".

Quem levar a sério as instruções sobre o Dzogchen e sua mensagem sobre o morrer, contidas neste livro, irá se sentir inspirado, espero, para buscar, encontrar e seguir um mestre qualificado, e para comprometer-se a passar por um completo treinamento sob a orientação dele ou dela. O coração do treinamento Dzogchen consiste em duas práticas, *Trekchö* e *Tögal*, que são indispensáveis a uma compreensão profunda do que ocorre durante os bardos. Só posso dar aqui uma brevíssima introdução a ambas. A explicação completa só é dada de mestre a discípulo, quando este já se comprometeu de todo coração com os ensinamentos e atingiu um certo estágio de desenvolvimento. O que expliquei neste capítulo – "A Essência Mais Profunda" – é a essência da prática do Trekchö.

Trekchö significa atravessar a ilusão com ardente e direta inteireza. Atravessa-se a ilusão essencialmente com a força irresistível da visão de Rigpa, como uma faca corta a manteiga ou um mestre de caratê quebra uma pilha de tijolos. Todo o fantástico edifício da ilusão desmorona, como se você tivesse pulverizado seus alicerces. A ilusão é atravessada e a pureza primordial e a natural simplicidade da natureza da mente são desveladas.

Somente quando o mestre constatou que você tem uma base firme na prática do Trekchö é que ele ou ela o introduzirá na prática avançada do Tögal. O praticante do Tögal trabalha diretamente com a Clara Luz – que habita de modo inerente em todos os fenômenos e está "espontaneamente presente" neles – usando exercícios específicos e muito poderosos para revelá-la dentro de si mesmo.

O Tögal tem a qualidade de ser instantâneo, de trazer realização imediata. Em vez de viajar por uma cordilheira para alcançar um pico distante, o Tögal leva-o até lá num salto. O efeito do Tögal é tornar alguém capaz de efetivar todos os diferentes aspectos da iluminação em si próprio no decurso de uma vida.[7] Por isso é considerado o método único e extraordinário do Dzogchen; enquanto o Trekchö é a sua sabedoria, o Tögal são seus meios hábeis. Exige imensa disciplina e é geralmente praticado em retiro.

No entanto, nunca é demais ressaltar que o caminho do Dzogchen só pode ser seguido sob a orientação direta de um mestre qualificado. Como o Dalai Lama diz: "Um fato que você tem que ter em mente é que só se pode atingir a realização em práticas Dzogchen, como o Trekchö e o Tögal, com a direção de um mestre experiente, e recebendo a inspiração e a bênção de uma pessoa viva que possui essa realização".[8]

O CORPO DE ARCO-ÍRIS

Através dessas práticas avançadas de Dzogchen, praticantes realizados podem levar sua vida a um fim extraordinário e triunfante. Quando morrem, capacitam seu corpo a ser reabsorvido na essência de luz dos elementos que o criaram; consequentemente, esse seu corpo material se dissolve em luz e desaparece por completo. Esse processo é conhecido como "corpo de arco-íris", ou "corpo de luz", porque a dissolução é comumente acompanhada por manifestações espontâneas de luz e de arco-íris. Os antigos Tantras do Dzogchen e os escritos dos grandes mestres distinguem diferentes categorias desse fenômeno espantoso e sobrenatural que, numa certa época, embora não habitual, era razoavelmente frequente.

Via de regra uma pessoa que sabe que está prestes a obter um corpo de arco-íris pede para ser deixada sozinha por sete dias, sem ser perturbada, em um quarto ou tenda. No oitavo dia somente são encontrados os cabelos, as unhas e as impurezas do corpo.

Isso pode ser muito difícil de acreditar atualmente, mas a história dos fatos da linhagem Dzogchen está cheia de exemplos de indivíduos que obtiveram o corpo de arco-íris e, como Dudjom Rinpoche costumava sempre salientar, não se trata apenas de história antiga. Entre os muitos exemplos, gostaria de escolher um dos mais recentes, com que tive ligação pessoal. Em 1952 houve um famoso exemplo de corpo de arco-íris no Tibete oriental, testemunhado por muita gente. O homem que o conseguiu, Sönam Namgyal, era o pai do meu tutor e irmão do Lama Tseten, cuja morte descrevi no começo deste livro.

Ele era uma pessoa muito simples e humilde, que ganhou sua vida como escultor itinerante, talhando em pedra mantras e textos sagrados. Alguns dizem que teria sido caçador em sua juventude, recebendo depois os ensinamentos de um grande mestre. Ninguém nunca soube que ele era um praticante; era de fato o que se chama "um iogue oculto". Algum tempo antes da sua morte, viam-no subindo as montanhas e sentando-se, sua silhueta contra o céu, com os olhos fixos no espaço. Compunha suas próprias canções e cânticos, e entoava-os em lugar dos tradicionais. Ninguém tinha ideia do que ele estava fazendo. Então ficou doente, ou pelo menos foi isso o que pareceu, mas estranhamente foi ficando cada vez mais feliz. Quando a doença se agravou, sua família chamou mestres e médicos. Seu filho lembrou-lhe que precisava recordar-se de todos os ensinamentos ouvidos; ele sorriu, dizendo: "Esqueci-me de todos, e de qualquer modo não há nada a lembrar. Tudo é ilusão, mas estou confiante de que está tudo bem".

Bem próximo do momento de sua morte, aos setenta e nove anos, disse: "Tudo o que peço é que, quando eu morrer, não mexam no meu corpo por uma semana". Quando morreu, sua família embrulhou seu corpo e convidou lamas e monges para virem fazer práticas para ele. Puseram o corpo numa pequena sala da casa, e foi impossível deixar de notar que, tendo sido ele um homem alto em vida, não houve problema em fazê-lo caber no aposento, como se tivesse se tornado menor. Ao mesmo tempo, via-se em torno da casa uma extraordinária manifestação de luz das cores do arco-íris. Quando no sexto dia olharam dentro da sala, viram que o corpo diminuíra de tamanho. Na manhã do oitavo dia, quando o enterro deveria acontecer, os agentes funerários chegaram para pegar o corpo. Ao retirarem os envoltórios, verificaram que nada havia ali além das unhas e do cabelo.

Meu mestre Jamyang Khyentse pediu que esses restos lhe fossem trazidos, e verificou que se tratava de um caso de corpo de arco-íris.

II
MORRER

ONZE

CONSELHO DE CORAÇÃO PARA AJUDAR OS QUE ESTÃO MORRENDO

Num *hospice* que conheço, Emily, uma mulher de sessenta e tantos anos, estava morrendo de câncer no seio. Sua filha a visitava todos os dias e parecia harmoniosa a relação entre as duas. Mas quando a filha ia embora, Emily quase sempre se sentava num canto e chorava. Depois de algum tempo ficou claro que a razão para isso era o fato de a filha não aceitar a inevitabilidade da morte da mãe, passando todo o seu tempo encorajando-a a "pensar positivamente", esperando que com isso seu câncer se curasse. O que acontecia então era que Emily tinha que guardar para si mesma os pensamentos, os medos profundos, o pânico e o pesar, sem ter ninguém para compartilhá-los, para ajudar a explorá-los, ajudar a entender sua vida, a encontrar um significado curativo em sua morte.

A coisa mais essencial na vida é estabelecer uma comunicação corajosa e sincera com os outros, e Emily me mostrou que não há momento onde isso é mais importante do que quando se trata de alguém que está morrendo.

Quando você visita pela primeira vez uma pessoa que vai morrer, geralmente ela tende a se reservar e sentir-se insegura; não está certa das suas intenções. Assim, não pense que alguma coisa extraordinária vai acontecer; apenas fique natural e relaxado, seja você mesmo. As pessoas que vão morrer não costumam dizer o que querem ou pretendem, e as que estão perto delas não sabem o que dizer ou fazer. É difícil descobrir o que podem estar querendo falar, ou mesmo o que estão escondendo. Às vezes nem elas mesmas sabem. A primeira atitude, então, é relaxar todas as tensões para que a atmosfera seja o mais descontraída e natural possível.

Uma vez que se estabeleceu a confiança, a atmosfera fica desimpedida, permitindo à pessoa que vai morrer trazer à tona as coisas sobre as quais realmente quer falar. Encoraje amigavelmente a pessoa a se sentir tão livre quanto possível para expressar os seus pensamentos, temores e emoções a respeito da morte e do morrer. Essa exposição honesta e sem retraimento da emoção é fundamental para qualquer possível transformação – chegar a um acordo com a vida ou morrer uma boa morte – e você deve assegurar àquele que morre liberdade completa, podendo dizer o que bem entender.

Quando aquele que morre está afinal comunicando seus sentimentos mais íntimos, não o interrompa, negando ou amenizando o que está dizendo. Os doentes terminais ou aqueles que vão morrer estão na situação mais vulnerável de sua vida, e você precisará de toda sua habilidade e recursos de sensibilidade, além de calor humano e compaixão, para dar-lhes condições de se revelarem. Aprenda a ouvir, aprenda a receber em silêncio: um silêncio calmo e aberto que faz com que o outro se sinta aceito. Fique o mais relaxado que puder, fique à vontade; sente-se lá ao lado do seu amigo ou parente que vai morrer como se não tivesse nada mais importante ou agradável para fazer.

Descobri que, como em todas as situações graves e sombrias da vida, duas coisas são de extrema utilidade: bom senso e senso de humor. O humor tem um modo maravilhoso de deixar leve a atmosfera, ajudando a colocar o processo de morrer na sua perspectiva verdadeira e universal, quebrando a seriedade e intensidade excessivas da situação. Use o humor, então, do modo mais hábil e delicado que puder.

Descobri também, com minha própria experiência, que é preciso não encarar nada de modo muito pessoal. Quando você menos espera, os que vão morrer podem transformar você no alvo de sua raiva e do seu desejo de pôr a culpa em alguém. Como disse Elisabeth Kübler-Ross, raiva e culpa "podem ser deslocadas em todas as direções e projetadas no ambiente às vezes quase que ao acaso".[1] Não pense que essa fúria é de fato dirigida a você; compreender o medo e o pesar que realmente a originam fará com que você pare de reagir a ela de maneira que possa prejudicar seu relacionamento.

Às vezes, pode se sentir tentado a fazer pregações para os que morrem ou a dar-lhes sua própria fórmula espiritual. Evite com rigor essa tentação, especialmente quando suspeitar que não é isso que a pessoa que está morrendo quer! Ninguém deseja ser "salvo" com as crenças de um outro. Lembre-se de que sua tarefa não é converter ninguém a nada, mas ajudar a pessoa que está à sua frente a fazer contato com a força de que ela mesma dispõe, sua confiança, sua fé, sua espiritualidade, do modo como forem. Claro, se a pessoa está de fato aberta a temas espirituais e quer verdadeiramente saber o que você pensa a respeito deles, também não se omita.

Não espere demais de si mesmo, nem espere que sua ajuda produza resultados milagrosos, ou que vá "salvar" o doente terminal que está diante de você. Na verdade, você só irá se decepcionar. As pessoas vão morrer como viveram, como elas mesmas são. Para que se estabeleça a comunicação real será preciso fazer um esforço com determinação no sentido de ver a pessoa em termos da vida dela, sua personalidade, formação e história, e aceitar essa pessoa sem reservas. Também não fique contrariado se sua ajuda parecer ter efeito muito pequeno e a pessoa que vai morrer não responder aos seus esforços. Não podemos conhecer os efeitos mais profundos de nosso empenho.

DAR AMOR INCONDICIONAL

A uma pessoa que está morrendo é preciso dar, tanto quanto possível, um amor incondicional, livre de qualquer expectativa. Não pense que você precisa ser especialista em coisa alguma. Seja natural, seja você mesmo, seja um bom amigo e a pessoa que vai morrer terá certeza de que você está com ela, comunicando-se com simplicidade, como um igual, de um ser humano para outro.

Eu disse: "Dê a quem morre amor incondicional", mas em algumas situações isso está longe de ser fácil. Podemos ter uma longa história de sofrimento com a pessoa, podemos nos sentir culpados pelo que lhe fizemos no passado, ou ter raiva e ressentimento pelo que ela nos fez.

Assim, deixe-me sugerir dois caminhos muito simples para você liberar o amor dentro de você na direção da pessoa que vai morrer. Eu e meus alunos, que trabalhamos com os que vão morrer, achamos esses meios muito poderosos. O primeiro: olhe para ele ou ela e pense que se trata de um pessoa exatamente como você, com as mesmas necessidades, o mesmo desejo fundamental de ser feliz e de evitar o sofrimento, a mesma solidão, o mesmo temor do desconhecido, as mesmas áreas secretas de tristeza, os mesmos sentimentos só parcialmente reconhecidos de impotência. Você descobrirá que, se de fato fizer isso, seu coração se abrirá para a pessoa e o amor estará presente entre vocês.

O segundo caminho, que acho ainda mais poderoso, é colocar-se diretamente e sem hesitação no lugar do que vai morrer. Imagine-se naquela cama à sua frente, encarando a sua morte. Imagine-se ali sofrendo e sozinho. E aí pergunte a si mesmo: do que mais precisa, do que mais gostaria, o que de fato quer do amigo à sua frente?

Se fizer essas duas práticas, creio que descobrirá que aquilo que a pessoa que vai morrer realmente quer é o que *você* mais desejaria: ser de fato amado e aceito.

Também observei repetidas vezes que as pessoas muito doentes têm um ardente desejo de ser tocadas, de ser tratadas como pessoas vivas e não como doenças. Muito consolo pode ser dado aos doentes graves simplesmente tocando suas mãos, olhando nos seus olhos, fazendo-lhes uma massagem com delicadeza, abraçando-os ou apenas respirando no mesmo ritmo que o deles, suavemente. O corpo tem sua própria linguagem de amor; use-a sem medo e estará trazendo conforto e consolo ao que morre.

Comumente nos esquecemos de que aquele que vai morrer está perdendo o seu mundo inteiro: sua casa, seu emprego, suas relações, seu corpo e sua mente – está perdendo tudo. Quando morremos, todas as perdas que podemos ter na vida se unem e se somam numa perda esmagadora. Assim, como pode alguém que está morrendo não ficar às vezes triste, em pânico ou quem sabe até com raiva? Elisabeth Kübler-Ross sugere cinco estágios no processo de chegar a um acordo com a morte: negação, raiva, barganha, depressão e aceitação. Claro que nem todas as pessoas atravessarão todos esses estágios, ou nessa ordem; e para alguns a estrada que leva à aceitação pode ser extremamente longa e espinhosa; outros jamais alcançarão esse último estágio. Nossa cultura não proporciona às pessoas muitas perspectivas verdadeiras sobre seus pensamentos, emoções e experiências, e muitos que se veem face a face com a morte e seu desafio derradeiro se descobrem com o sentimento de terem sido logrados pela própria ignorância, terrivelmente frustrados e raivosos, especialmente porque ninguém parece querer compreendê-los e compreender as suas necessidades mais sinceras. Como escreveu Cicely Saunders, a grande pioneira do movimento de *hospices* na Inglaterra: "Certa vez perguntei a um homem que sabia estar morrendo o que mais desejava dos que estavam cuidando dele. Disse então: 'Alguém que tente me compreender'. De fato, é impossível compreender por inteiro outra pessoa, porém nunca me esqueço que ele não estava pedindo sucesso, mas somente uma pessoa que se importasse o bastante para tentar".[2]

É essencial que nos importemos o bastante para tentar, e que asseguremos a quem está desenganado que, não importa o que sinta, qualquer que seja a sua frustração ou raiva, esse sentimento é normal. Morrer traz muitas emoções reprimidas: tristeza, insensibilidade, culpa e até inveja dos que ainda estão bem. Ajude essa pessoa a não reprimir essas emoções quando elas surgem. Fique com ela quando irromperem as ondas de dor e desgosto; com aceitação, tempo e compreensão paciente, as emoções lentamente se aplacam e devolvem à pessoa que vai morrer àquela base de serenidade, calma e sanidade que lhes é, mais profunda e verdadeiramente, própria.

Não tente ser muito sábio diante delas; nem fique sempre procurando algo profundo para dizer. Você não tem que *fazer* ou *dizer* nada para melhorar as coisas. Apenas esteja ali do modo mais pleno que puder. E se estiver sentindo muita ansiedade e medo, sem saber o que fazer, admita isso abertamente à pessoa que está morrendo e peça a sua ajuda. Essa honestidade aproximará vocês ainda mais e pode estabelecer uma comunicação desimpedida. Às vezes os que estão morrendo sabem melhor que nós como podem ser ajudados; nós precisamos saber como recorrer à sabedoria deles e deixar que nos digam aquilo que sabem. Cicely Saunders pede que nos lembremos que, ao estar ao lado dos que vão morrer em breve, não somos os únicos que têm algo a dar. "Todos os que trabalham com essas pessoas percebem, mais cedo ou mais tarde, que recebem mais do que dão, pois encontram paciência, coragem e muitas vezes humor. É preciso que isso fique claro..."[3] Manifestar nosso reconhecimento por sua coragem pode frequentemente inspirar aquele que vai morrer.

Lembrar de uma coisa me ajudou muito: a pessoa que está morrendo diante de mim é sempre, de algum modo, inerentemente boa. Não importa que fúria ou emoção surjam, por mais chocantes e horríveis que possam ser no momento, concentrar-se naquela bondade interior vai dar a você, que a assiste, o controle e a perspectiva de que necessita para ser tão útil quanto possível. Do mesmo modo que ao discutir com um bom amigo você não esquece das suas partes boas, faça o mesmo com os que estão morrendo: não os julgue pelas emoções que surgem. Essa sua aceitação vai ser libertadora para eles, permitindo que se desinibam tanto quanto precisem. Trate-os como se eles fossem o que de fato são: capazes de ser abertos, amorosos, generosos.

Num nível espiritual e mais profundo, acho extremamente útil lembrar que aquele que vai morrer em breve tem, como todos os seres humanos, a verdadeira natureza búdica, saiba ou não disso, bem como o potencial para a completa iluminação. À medida que a morte se aproxima, essa possibilidade é, de muitos modos, cada vez maior. Por isso ele merece ainda mais zelo e respeito.

DIZER A VERDADE

As pessoas frequentemente me perguntam: "Deve-se dizer às pessoas que elas estão morrendo?" E eu sempre respondo: "Sim, da forma mais calma, gentil, sensível e habilidosa possível". Com a minha experiência de anos visitando doentes e pacientes terminais, concordo com Elisabeth Kübler-Ross quando observa:

> *A maioria, senão todos os pacientes, de algum modo já sabe. O paciente percebe isso pela mudança na atenção que recebe, pela maneira nova e diferenciada com que os outros o tratam, pelo tom moderado das vozes e o cuidado que todos à sua volta têm em evitar ruídos, pelo rosto lacrimoso de um parente, pela seriedade dolorosa de um membro da família que não consegue esconder seus verdadeiros sentimentos.*[4]

Muitas vezes observei que as pessoas sabem instintivamente que estão morrendo, mas esperam que os outros – o médico e as pessoas amadas – confirmem isso. Se não o fazem, aquele que vai morrer tende a pensar que é porque os membros da família não conseguem lidar com a notícia. E então ele próprio também não tocará no assunto. Essa falta de honestidade só fará com que se sinta ainda mais isolado e ansioso. Acho essencial dizer a verdade àquele que vai morrer; ele ou ela merece saber disso. Se não contamos a verdade, como vai poder preparar-se para a morte? Como vai resolver as pendências dos relacionamentos de sua vida? Como cuidará dos muitos detalhes práticos que devem ser atendidos? Como poderá ajudar a sobreviver aqueles que ficam?

Do meu ponto de vista de praticante espiritual, acredito que a morte é uma grande oportunidade para as pessoas se reconciliarem com sua vida inteira; e já vi muitos indivíduos aproveitarem essa oportunidade da maneira mais inspiradora, transformando a si mesmos e se aproximando da sua verdade mais profunda. Desse modo, é dizendo de forma simples e delicada, quanto mais cedo melhor, que a pessoa vai morrer, que estaremos dando a ela oportunidade de se preparar, e ajudando-a a encontrar suas verdadeiras forças e o significado de sua vida.

Deixe-me contar a você um caso que me foi relatado pela Irmã Brigid, uma enfermeira católica que trabalha num *hospice* irlandês. O senhor Murphy tinha sessenta e tantos anos quando soube pelo médico, ao lado de sua mulher, que não teria muito tempo de vida. No dia seguinte a senhora Murphy visitou o marido no *hospice* e conversaram e choraram o dia todo. A Irmã Brigid observava o casal de velhos conversando e repetidas vezes caindo em prantos, e quando isso já durava três dias ela pensou em interferir. Mas no dia seguinte, de súbito, os Murphy pareciam relaxados e em paz, de mãos dadas e cheios de ternura um com o outro.

Irmã Brigid deteve a senhora Murphy no corredor e perguntou-lhe o que acontecera entre eles para produzir uma mudança tão grande no comportamento de ambos. A senhora Murphy disse-lhe que quando souberam que o marido estava morrendo, olharam para os anos que passaram juntos e vieram muitas lembranças. Casados há quase quarenta anos, sentiam naturalmente enorme tristeza ao pensar e falar nas coisas que nunca mais fariam juntos de novo. O senhor Murphy fez então seu testamento e escreveu cartas de despedida para seus filhos adultos. Foi terrivelmente triste, porque era duro ter que abandonar tudo, mas eles suportaram esses momentos porque o senhor Murphy queria acabar bem sua vida.

A Irmã Brigid contou-me que nas três semanas em que o senhor Murphy ainda viveu, o casal irradiava paz e um sentimento de amor simples e maravilhoso. Mesmo depois que ele morreu, a senhora Murphy continuou a visitar pacientes no *hospice*, onde era uma inspiração para todos.

Essa história me mostra a importância de dizer às pessoas que elas vão morrer, assim que for possível fazê-lo; mostra também a enorme vantagem de enfrentar honestamente a dor da perda. Os Murphy sabiam que iam perder muitas coisas, mas lamentando e encarando juntos essas perdas e sofrimentos, encontraram o que não podiam perder: o amor profundo que havia entre eles e que permaneceria após a morte do senhor Murphy.

MEDOS LIGADOS À MORTE

Tenho certeza de que uma das coisas que ajudaram a senhora Murphy a auxiliar o seu marido foi o fato de ter encarado, dentro dela mesma, seus próprios medos ligados à morte. Você não pode ajudar alguém que morre sem tomar consciência de como o medo de morrer dessa pessoa perturba você mesmo, e traz à tona seus próprios medos mais indesejados. Trabalhar com os que morrem é como encarar um espelho polido e implacável que revela a sua própria realidade. Você vê nele a face tensa do seu pânico e do seu terror frente ao sofrimento. Se não olha e aceita essa face em si mesmo, como vai aguentá-la na pessoa à sua frente? Quando você se dispõe a tentar ajudar quem morre, terá de conhecer antes cada uma das suas próprias reações, uma vez que elas se refletirão nele, contribuindo em boa medida para ajudá-lo ou prejudicá-lo.

Olhar honestamente para os seus medos também vai ajudar você na sua própria jornada para a maturidade. Às vezes penso que não há maneira mais efetiva de acelerarmos nosso crescimento como seres humanos do que trabalhar com os que vão morrer. Cuidar deles já é uma profunda contemplação e reflexão sobre a nossa própria morte. É um modo de enfrentá-la e trabalhar com ela. Quando você lida com os desenganados, pode chegar a uma decisão, a um claro entendimento de qual é a mais importante questão da vida. Aprender a ajudar de fato os que estão morrendo é começar a tornar-se corajoso e responsável no que diz respeito à própria morte, e a descobrir em si o ponto de partida de uma compaixão infinita, cuja existência você pode nunca ter suspeitado antes.

Estar consciente dos seus próprios medos ligados à morte vai ajudá-lo muitíssimo a entender os medos daquele que vai morrer. Procure imaginar, lá no fundo, quais podem ser: medo de uma dor crescente e incontrolável, medo de sofrer, medo da indignidade, medo da dependência, medo de que a vida que levamos tenha sido sem sentido, medo de nos separarmos daqueles que amamos, medo de perder o controle, medo de perder o respeito; talvez o maior de todos seja o medo do próprio medo, que fica mais poderoso quanto mais nos esquivamos dele.

Quando você está com medo, normalmente se sente isolado e só, sem ninguém ao seu lado. Mas quando alguém lhe faz companhia e fala dos medos que tem, aí você percebe que o medo é universal e o seu aspecto agudo, o medo pessoal, desaparece. Seus medos voltam ao contexto humano e universal. Então você está pronto para compreender, para ser mais compassivo e para lidar com seus medos de um modo mais positivo e inspirador.

À medida que você cresce, confrontando e aceitando seus próprios medos, torna-se mais sensível aos medos da pessoa que está diante de você, desenvolvendo a inteligência e a visão interna que poderão ajudar essa pessoa a trazê-los para fora de maneira franca e aberta, lidando com eles e começando a eliminá-los com habilidade. Pois enfrentar os seus próprios medos, como você verá, não somente vai torná-lo mais compassivo, corajoso e transparente, como também mais hábil, e com essa habilidade virão recursos de todos os tipos para tornar os que estão morrendo capazes de compreender e encarar a si mesmos.

Um dos medos que podemos mais facilmente dissipar é a ansiedade que todos temos sobre sentir uma dor intensa e não mitigada no processo de morte. Gostaria que o mundo inteiro soubesse que uma dor assim é hoje desnecessária. O sofrimento físico pode ser mantido no nível mínimo; seja como for, já existe bastante sofrimento na morte. Um estudo levado a efeito no Hospice St. Christopher, em Londres – que conheço bem e onde morreram alguns alunos meus – revelou que 98% dos pacientes, recebendo cuidados adequados, podem ter morte serena. O *hospice movement* desenvolveu uma série de modalidades para lidar com a dor usando combinações de drogas e não apenas narcóticos. Os mestres budistas falam na necessidade de morrer consciente, com um domínio mental tão lúcido, desanuviado e sereno quanto possível. Manter a dor sob controle e sem obnubilar a consciência de quem está morrendo é o primeiro requisito para isso, e agora podemos fazê-lo: todos deveriam ter o direito de receber essa simples ajuda nesse momento tão exigente de passagem.

QUESTÕES NÃO RESOLVIDAS

Outra ansiedade que a pessoa que vai morrer frequentemente tem é a de deixar assuntos não concluídos. Os mestres nos dizem que devemos morrer pacificamente, "sem querer nos agarrar a nada, sem anseios ou apego". Isso não pode acontecer de modo completo se as questões não resolvidas de uma vida inteira não forem, dentro do possível, desembaraçadas. Às vezes, você perceberá, as pessoas se aferram à vida e têm medo de soltar-se dela e morrer porque ainda não se conciliaram com o que foram e fizeram. E quando alguém morre abrigando culpas ou maus pensamentos relativos aos outros, os que lhe sobrevivem sofrem ainda mais profundamente em seu pesar.

É comum me perguntarem: "Não é tarde demais para curar a dor do passado? Não houve sofrimento demais, entre mim e meu amigo ou parente que morre, para que a cura seja possível?" Creio, e comprovei isso na minha experiência, que nunca é tarde demais; mesmo depois de enorme dor e ofensa as pessoas podem encontrar um modo de se perdoar uma à outra. O momento da morte tem uma grandeza, uma solenidade, uma irrevogabilidade que podem fazer pessoas reexaminarem todas as suas atitudes, tornando-se mais abertas e prontas para perdoar o que antes era impossível. Mesmo no último momento da existência, os erros nela cometidos podem ser desfeitos.

Há um método que ajuda a fechar questões não resolvidas que eu e os meus alunos que trabalham com pessoas que vão morrer achamos bastante proveitoso. Ele foi tirado da prática budista da equanimidade e do intercâmbio do eu com outras pessoas, e de uma técnica da Gestalt criada por Christine Longaker, uma das minhas primeiras estudantes, que veio a trabalhar com a morte e o morrer depois do falecimento de seu marido, devido a uma leucemia.[5] Usualmente, as questões não resolvidas são resultado de comunicação bloqueada; é comum ficarmos muito defensivos quando fomos feridos, discutindo como se estivéssemos sempre do lado certo e recusando-nos cegamente a ver o ponto de vista da outra pessoa. Isso não somente em nada auxilia como paralisa qualquer possibilidade de troca real. Assim, quando você fizer esse exercício, faça-o com a forte motivação de que está trazendo à superfície todos seus pensamentos e sentimentos negativos para tentar entendê-los, trabalhar com eles e resolvê-los, para finalmente deixá-los ir embora.

Visualize diante de você a pessoa com quem tem o problema. Veja-a com o olho da sua mente, como ela ou ele sempre pareceu para você.

Imagine agora que acontece uma mudança real e a pessoa está muito mais aberta e receptiva para ouvir o que você tem a dizer, mais disposta do que nunca a partilhar honestamente e a resolver o problema entre vocês. Visualize vividamente a pessoa nesse novo estado de abertura. Isso fará com que também você fique mais aberto em relação a ela. Sinta então no fundo do seu coração aquilo que mais precisa dizer-lhe. Diga a ele ou ela qual é o problema, diga à pessoa todos os seus sentimentos, suas dificuldades, sua dor, seu ressentimento. Diga-lhe aquilo que nunca teve segurança ou liberdade para dizer antes.

Agora pegue um pedaço de papel e escreva aquilo que diria – tudo, por inteiro. Quando tiver terminado, comece imediatamente a escrever o que a pessoa lhe responderia. Não pare para pensar o que ela costumava dizer: lembre-se que ao visualizá-la ela de fato o escutou e está mais aberta. Assim, apenas escreva, veja o que vem de modo espontâneo; permita que a pessoa na sua mente também expresse de maneira completa a versão dela do problema.

Busque dentro de si mesmo e veja se há mais alguma coisa que gostaria de dizer para a pessoa – qualquer outra dor ou ressentimento do passado que esteve escondido no seu coração ou que nunca mostrou. Novamente, a cada vez que externar seus sentimentos, escreva a resposta da outra pessoa tal como vem à sua mente. Continue o diálogo até que sinta que nada mais resta para ser posto para fora e nada mais necessita ser dito.

Para ver se você está realmente pronto para concluir seu diálogo, pergunte a si mesmo em profundidade se com a cura e o insight propiciados por essa conversa escrita você já está preparado para largar o passado, preparado para perdoar aquela pessoa ou sentir que ela o perdoou. Quando sentir que conseguiu isso, lembre-se de expressar algum último sentimento de amor ou admiração que você tenha deixado retido, e diga adeus. Visualize agora a pessoa voltando-se e indo embora e, mesmo tendo de deixá-la ir, tenha presente que você pode conservar sempre, no fundo do seu coração, o amor dele ou dela e as lembranças cálidas dos melhores aspectos da sua relação.

Para alcançar uma reconciliação ainda mais transparente com o passado, encontre um amigo para quem possa ler o diálogo que escreveu, ou leia-o em casa para si mesmo. Quando tiver lido esse diálogo em voz alta, você se surpreenderá ao notar uma mudança em si mesmo, como se você *de fato* tivesse se comunicado com a outra pessoa e tivesse *de fato* eliminado junto com ela todos os problemas entre vocês. Em seguida achará mais fácil soltar-se e falar diretamente com ela sobre suas dificuldades. E quando tiver se soltado do apego e do problema, ocorrerá uma sutil mudança na química entre vocês, e a tensão que tanto durou no relacionamento se eliminará por completo. Às vezes, surpreendentemente, vocês podem estabelecer a melhor das amizades. Não se esqueça do que disse Tsongkhapa, o famoso mestre tibetano: "Um amigo pode transformar-se num inimigo, e portanto um inimigo pode tornar-se um amigo".

DIZER ADEUS

Não são apenas as tensões que você deve aprender a abandonar, mas também a própria pessoa que vai morrer. Se está apegado e agarrado a ela, pode provocar-lhe angústia desnecessária e tornar-lhe difícil abandonar tudo e morrer pacificamente.

Às vezes, a pessoa que vai morrer pode resistir por muitos meses ou semanas além do que os médicos previram, e passar por um tremendo sofrimento físico. Christine Longaker descobriu que, para essas pessoas se sentirem prontas para deixar tudo e morrer em paz, elas precisam ser tranquilizadas verbal e explicitamente por aqueles que amam sobre pelo menos duas coisas. Em primeiro lugar, precisam obter deles permissão para morrer, e em segundo ouvir deles que ficarão bem depois que ele ou ela se for, e que não há motivo para preocupação a respeito.

Quando alguém me pergunta qual a melhor forma de dar permissão para morrer, peço-lhe que imagine a si próprio diante do leito da pessoa que ama, dizendo-lhe com a mais profunda e sincera ternura: "Estou aqui com você, e eu o amo. Você está morrendo e isso é absolutamente natural; acontece com todos. Gostaria que pudesse ficar aqui comigo, mas não quero que sofra mais. O tempo que passamos juntos foi muito bom e vou sempre me lembrar dele com carinho. Por favor, agora não se agarre à vida por mais tempo. Solte-se. Dou a você minha plena e sincera permissão para morrer. Você não está sozinho agora, e nem estará nunca. E tem todo o meu amor".

Uma aluna minha que trabalha num *hospice* falou-me de uma senhora escocesa idosa, Maggie, que ela visitou depois que seu marido, próximo da morte, havia entrado em coma. Maggie estava inconsolavelmente triste porque nunca chegara a falar com o marido do amor que sentia por ele, nem tinha lhe dito adeus, e agora sentia que era tarde demais. A funcionária do *hospice* encorajou-a, dizendo que, embora ele parecesse incapaz de responder, talvez ainda pudesse ouvi-la. Ela tinha lido que muitas pessoas que parecem estar inconscientes podem de fato perceber o que acontece em volta. Assim, animou-a a dedicar algum tempo ao marido, dizendo-lhe tudo de que sentisse necessidade. Maggie não tinha pensado nisso antes, mas foi em frente e falou com ele sobre todos os bons momentos que tinham vivido, a saudade que ia sentir dele e o quanto o amava. No fim, depois das despedidas, acrescentou: "É difícil para mim ficar sem você, mas não quero mais vê-lo sofrer, e agora é bom você descansar". Logo que terminou, seu marido suspirou profundamente e morreu em paz.

Não só quem está morrendo, mas toda sua família deve aprender a soltar-se e abandonar o que tem que deixar. Cada membro da família pode estar num estágio diferente de aceitação e isso precisa ser levado em conta. Uma das grandes conquistas do *hospice movement* é reconhecer como é importante ajudar toda a família a enfrentar sua própria dor e insegurança em relação ao futuro. Certas famílias resistem a deixar seu ente amado partir, pensando que aceitar a sua morte seria uma traição e um sinal de que elas não o amam o bastante. Christine Longaker pede a essas famílias que imaginem estar no lugar de quem vai morrer. "Pense que está no convés de um transatlântico prestes a partir. Você olha para trás, para a costa, e vê toda sua família dizendo adeus. Agora não tem mais escolha senão partir e o navio já está se afastando. Como gostaria que as pessoas que o amam lhe dissessem adeus? O que mais o ajudaria em sua viagem?"

Mesmo um exercício simples como esse pode ajudar muito a preparar cada membro da família para lidar, a seu modo, com a tristeza da despedida.

Às vezes alguém me pergunta: "O que dizer às crianças sobre a morte de um parente?" Digo a elas para usar a sensibilidade, mas dizer sempre a verdade. Não deixe a criança pensar que a morte é alguma coisa estranha ou terrível. Deixe que participe tanto quanto quiser na vida daquele que vai morrer em breve, e responda honestamente todas as perguntas que ela fizer. A franqueza e a inocência de uma criança podem na verdade trazer doçura, leveza e até mesmo humor à dor da morte. Encoraje a criança a orar por aquele que vai morrer e faça-a sentir que com isso está realmente proporcionando ajuda. E depois que a morte do parente aconteceu, não deixe de dar à criança atenção e afeto especiais.

RUMO A UMA MORTE TRANQUILA

Quando me recordo do Tibete e das mortes que lá presenciei, ainda me surpreendo com o ambiente de calma e harmonia em que muitas delas aconteceram. É uma pena que esse tipo de ambiente com frequência falte no Ocidente, mas a minha experiência nos últimos cinquenta anos mostrou-me que, com imaginação, podemos criá-lo. Penso que sempre que for possível as pessoas devem morrer em casa, porque provavelmente é lá que a maioria delas se sente à vontade. E a morte pacífica que os mestres budistas aconselham é mais fácil de obter em lugares familiares. Mas se alguém tem que morrer num hospital, há muito que vocês, os entes amados dele ou dela, podem fazer para tornar a sua morte o mais fácil e inspiradora possível. Tragam plantas, flores, quadros, fotografias de pessoas queridas, desenhos de filhos e netos, um aparelho de som com música e, se possível, comida caseira. Podem até conseguir permissão para que as crianças venham visitar a pessoa e para que os mais chegados possam passar a noite ao seu lado.

Se aquele que vai morrer é budista ou membro de outra fé, os amigos podem fazer em seu quarto um pequeno altar ou oratório com imagens ou fotos inspiradoras. Lembro-me de um estudante, Reiner, que estava morrendo na ala particular de um hospital de Munique. Um oratório tinha sido feito ali para ele, com imagens dos seus mestres. Fiquei muito tocado com aquilo e logo entendi a profundidade da ajuda que Reiner estava recebendo pela atmosfera criada. Os ensinamentos budistas nos dizem para fazer um altar com oferendas quando alguém está morrendo. Observando a devoção de Reiner e a sua paz interior, entendi quanta força isso pode trazer, e quanta ajuda pode vir de dar às pessoas inspiração para fazer do seu morrer um processo sagrado.

Quando alguém está muito próximo da morte, sugiro que você peça aos funcionários do hospital que evitem incomodá-lo com tanta frequência e que deixem de fazer exames. Sempre me perguntam qual é a minha opinião sobre a morte nas UTIs. Tenho que dizer que estar numa dessas unidades fará com que a morte pacífica fique muito difícil de acontecer, e tornará quase impossível fazer a prática espiritual no momento da morte. A pessoa morre sem privacidade: é ligada a monitores e tentam ressuscitá--la quando deixa de respirar ou seu coração para. Não há chance de deixar o corpo em paz por algum tempo após a morte, como aconselham os mestres.

Se puder, você deve combinar com o médico que ele lhe informe quando não há mais possibilidade de recuperação. Peça então para o paciente ser removido para um quarto particular, se ele quiser, e com os monitores desconectados de seu corpo. Certifique-se de que a equipe conhece e respeita os desejos da pessoa que está morrendo, especialmente se ele ou ela não quer ser ressuscitado, e certifique-se também de que a equipe sabe que não deve perturbar o corpo pelo maior tempo possível após a morte. É claro que num hospital moderno é impossível deixar o corpo num lugar tranquilo pelo período de três dias, como era costume no Tibete, mas devemos dar ao morto todo apoio possível em termos de silêncio e paz para que possa iniciar sua jornada após a morte.

Procure se certificar também de que, enquanto a pessoa está nos estágios finais que precedem a morte, sejam evitadas as injeções e todos os procedimentos invasivos comuns nessas circunstâncias. Eles podem causar raiva, irritação e dor, e é absolutamente crucial, como depois explicarei em detalhe, deixar a mente de quem vai morrer tão calma quanto possível nos instantes que precedem a morte.

A maior parte das pessoas morre num estado de inconsciência. Um fato que aprendemos das experiências de quase morte é que no coma e no morrer os pacientes podem estar muito mais conscientes das coisas ao seu redor do que imaginamos. Muitos dos que tiveram experiências de quase morte relataram experiências "fora do corpo", e puderam fornecer descrições surpreendentemente detalhadas do ambiente próximo a eles e até, em alguns casos, de outros quartos do mesmo hospital. Isso mostra com clareza a importância de falar positiva e frequentemente com quem está morrendo ou está em coma. A atenção e o cuidado consciente, desperto e ativamente amoroso com aquele que está morrendo devem durar até o último instante da sua vida e, como mostrarei, devem prosseguir mesmo depois.

Uma das coisas que espero deste livro é que os médicos do mundo inteiro levem *muito a sério* a necessidade de permitir àquele que está morrendo morrer em silêncio e serenidade. Quero apelar à boa vontade dos profissionais da medicina para que tornem mais fácil a transição difícil da morte, contribuindo para que ela seja o mais indolor, fácil e pacífica possível. A morte pacífica é realmente um direito humano essencial, mais importante talvez até do que o direito de votar ou o direito à justiça. É o direito do qual depende, como as tradições religiosas nos dizem, muito do bem-estar e do futuro espiritual de quem morre.

Não há presente ou caridade maior do que auxiliar uma pessoa a morrer bem.

DOZE

COMPAIXÃO: A JOIA QUE REALIZA DESEJOS

Cuidar dos que morrem torna você extremamente cônscio não só da mortalidade deles como também da sua própria. Muitos são os véus e ilusões que nos separam do conhecimento direto de que estamos morrendo; quando finalmente percebemos que estamos morrendo e que todos os outros seres sencientes morrem como nós, começamos a sentir como cada momento e cada ser são frágeis e preciosos, e disso pode se desenvolver uma profunda, clara e ilimitada compaixão por todos os seres. Sir Thomas More escreveu estas palavras pouco antes da sua decapitação: "Estamos todos na mesma carroça, indo para a execução. Como posso odiar ou desejar mal a alguém?" Sentir a força total da sua própria mortalidade e abrir seu coração inteiramente a ela é permitir que cresça em você aquela compaixão corajosa e que tudo abrange, é ela que alimenta e incentiva as vidas de todos os que de fato querem ajudar os outros.

Assim, tudo o que disse até agora sobre o cuidado com aqueles que morrem pode talvez ser resumido em duas palavras – amor e compaixão. O que é compaixão? Não é somente uma sensação de simpatia ou cuidado com a pessoa que sofre, não é apenas uma ternura que vem do coração para a pessoa que está à sua frente; ou um reconhecimento muito nítido das suas necessidades e da sua dor, é também uma determinação prática e contínua em fazer tudo o que for possível e necessário para aliviar os seus sofrimentos.

A compaixão só é verdadeira quando é ativa. Avalokiteshvara, o Buda da Compaixão, é comumente representado na iconografia tibetana como tendo mil olhos que veem a dor em todos os recantos do universo, e mil braços para alcançá-los todos e estender-lhes sua ajuda.

A LÓGICA DA COMPAIXÃO

Todos nós sentimos e conhecemos alguma coisa dos benefícios da compaixão. Mas a força particular do ensinamento budista é que ele mostra a você claramente uma "lógica" da compaixão. Uma vez que a compreenda, essa lógica torna a sua prática da compaixão mais urgente e ampla, mais estável e assentada, porque se baseia na clareza de um raciocínio cuja verdade se faz mais evidente à medida que você a busca e a experimenta.

Podemos dizer, e até em parte acreditar, que a compaixão é maravilhosa, mas na prática nossas ações são profundamente não compassivas, trazendo a nós e aos demais frustração e desgosto, e não a felicidade que estamos procurando.

Não é absurdo, afinal, que todos ansiemos pela felicidade e, no entanto, quase todas nossas ações e sentimentos nos levem na direção oposta? Poderia haver sinal maior de que toda a nossa concepção de felicidade e de como obtê-la é radicalmente falha?

O que imaginamos que nos fará felizes? Um egoísmo esperto e autorreferente, cheio de recursos; a proteção egoísta do ego que pode, como todos sabemos, fazer-nos às vezes extremamente brutais? Mas de fato o total oposto é que é verdade: o apego ao eu e o culto ao eu, quando você os observa com cuidado, revelam-se a raiz de todo o mal que se faz aos outros, e também de todo o mal que fazemos a nós mesmos.[1]

Tudo o que alguma vez pensamos ou fizemos de negativo surgiu em última análise do nosso apego a um falso eu e da nossa complacência em relação a esse eu, ao fazer dele o elemento mais importante de nossa vida. Todos aqueles pensamentos, emoções, desejos e ações negativos que são a causa do nosso carma negativo são engendrados pelo apego ao eu e pela autocomplacência. Eles são o ímã sombrio e poderoso que atrai para nós, vida após vida, cada obstáculo, cada infelicidade, cada angústia, cada desastre, e assim são a causa-raiz de todo sofrimento do samsara.

Quando entendemos a lei do carma em todo seu perfeito poder e complexas reverberações sobre muitas e muitas vidas, e vimos como nosso apego ao eu e nossa autocomplacência, vida após vida, nos envolveram repetidamente num emaranhado de ignorância que só parece nos escravizar cada vez com maior severidade; quando realmente entendemos a perigosa e malfadada natureza da empreitada levada a cabo pela mente que se apega ao eu; quando seguimos suas operações nos mais sutis esconderijos; quando de fato entendemos como toda a nossa mente e ações ordinárias são definidas, estreitadas e obscurecidas por esse apego, que torna quase impossível para nós descobrir a essência do amor incondicional, e que bloqueou em nós todas as fontes de amor e compaixão verdadeiros, chega então o momento em que compreendemos aquilo que, com clareza extrema e pungente, nos disse Shantideva:

Se todos os males,
Temores e sofrimentos no mundo
Vêm do apego a si mesmo,
Que necessidade tenho eu de tal espírito maligno tão grande?

E nasce em nós uma decisão de destruir esse espírito maligno, nosso maior inimigo. Quando eliminarmos esse espírito, a causa de todo nosso sofrimento desaparecerá e nossa verdadeira natureza, em toda sua vastidão e generosidade dinâmica, resplandecerá.

Você não pode ter melhor aliado na guerra contra seus maiores inimigos – o seu apego ao eu e a autocomplacência – do que a prática da compaixão. É a compaixão, o dedicar-nos aos demais, tomando em nossas mãos seus sofrimentos – em vez de termos autopiedade – que, juntamente com a sabedoria da ausência do eu, destrói efetiva e completamente o ancestral apego a um falso eu, causa do nosso interminável vaguear pelo samsara. É por isso que em nossa tradição vemos a compaixão como fonte e essência da iluminação, o coração da atividade iluminada. Como diz Shantideva:

O que mais é preciso dizer?
Os infantis trabalham em seu próprio benefício,
Os budas trabalham em benefício dos outros.
Olhe só a diferença entre os dois!

Se eu não trocar minha felicidade
Pelo sofrimento dos outros,
Nunca atingirei o estado búdico
E mesmo no samsara jamais terei verdadeira alegria.[2]

Compreender o que chamo de sabedoria da compaixão é ver com completa clareza seus benefícios, bem como o dano causado pelo seu oposto. Temos de fazer uma distinção muito clara entre o que é o *interesse do nosso ego voltado para si próprio* e o que é nosso *interesse maior ou último.* É confundindo um com o outro que vem todo o nosso sofrimento. Continuamos crendo teimosamente que a autocomplacência é a melhor proteção na vida, mas o oposto é que é verdade. O apego ao eu nos leva a acalentar o eu, o que por sua vez produz uma arraigada aversão à dor e ao sofrimento. No entanto, dor e sofrimento não têm existência objetiva; o que lhes dá existência e poder é somente a nossa aversão a eles. Quando você entende isso, entende que é a nossa aversão que atrai para nós toda negatividade e os obstáculos que podem se nos opor, enchendo nossa vida de expectativas, ansiedade nervosa e medo. Esgote essa aversão esgotando a mente voltada para si mesma e seu apego a um eu inexistente, e você vencerá todo poder que os obstáculos e negatividades possam ter sobre você. Mesmo porque, como é possível atacar alguém ou alguma coisa que simplesmente não existe?

Desse modo, a compaixão é a melhor proteção. Ela é também, como sempre o souberam os grandes mestres do passado, a fonte de toda cura. Suponhamos que você sofra de uma doença como o câncer ou a AIDS. Assumindo a doença dos que sofrem como você, além de sua própria dor, com a mente cheia de compaixão estará – sem nenhuma dúvida – purificando o carma negativo passado que é a causa, agora e no futuro, da continuação do seu sofrimento.

No Tibete me lembro de ter ouvido contar muitos casos extraordinários de pessoas que, ao se saberem prestes a morrer de uma doença fatal, davam tudo o que possuíam e iam para o cemitério para morrer. Ali elas praticavam, tomando para si o sofrimento dos outros; e o espantoso é que, em lugar de morrer, elas voltavam para casa totalmente curadas.

Trabalhar com os que vão morrer – experienciei muitas e muitas vezes – dá a todos os que o fazem uma oportunidade direta de praticar a compaixão na ação e na situação onde ela, provavelmente, é mais necessária.

Sua compaixão pode talvez trazer três benefícios essenciais para quem vai morrer: primeiro, como ela abre o seu coração, você pode mostrar com mais facilidade a essa pessoa o tipo de amor incondicional de que falei há pouco, amor que ela precisa muito. Num nível mais profundo, espiritual, se você age a partir da essência da compaixão, cria uma atmosfera em que a outra pessoa pode se inspirar para imaginar a dimensão espiritual, ou mesmo dedicar-se à prática espiritual. No nível mais profundo de todos, se você pratica constantemente a compaixão pelos que vão morrer e, por sua vez, inspira-os a também fazer o mesmo, poderá não só curá-los espiritualmente como, talvez, fisicamente. E descobrirá por si mesmo, maravilhado, o que todos os mestres espirituais sabem: que *o poder da compaixão não tem limites.*

Asanga foi um dos mais famosos santos budistas da Índia, e viveu no quarto século da nossa era. Subiu para as montanhas para fazer um retiro solitário, concentrando toda a prática da sua meditação no Buda Maitreya, na esperança fervorosa de que fosse abençoado com a visão desse buda e dele recebesse ensinamentos.

Durante seis anos Asanga meditou com extremo rigor, mas não teve nem mesmo um sonho auspicioso. Ficou desalentado, pensando que jamais conseguiria o desejado encontro com o Buda Maitreya, e assim abandonou o retiro e deixou o seu eremitério. Não havia descido muito a montanha quando encontrou um homem esfregando uma enorme barra de ferro com um pedaço de seda. Asanga aproximou-se e perguntou ao homem o que estava fazendo. "Não tenho agulha e preciso de uma", respondeu o homem. "Assim, estou polindo esta barra até fazer dela uma agulha." Asanga olhou-o pasmado: mesmo que o homem conseguisse fazer o que pretendia depois de cem anos de trabalho, de que serviria aquilo? E disse a si mesmo: "Veja como as pessoas dedicam seu tempo a tarefas inúteis... Você faz algo realmente valioso, a prática espiritual, mas nem de longe é tão dedicado". Asanga deu meia volta e retornou ao seu retiro.

Outros três anos se passaram ainda sem o menor sinal do Buda Maitreya. "Agora sei de fato", ele pensou, "que nunca vou conseguir". Deixou de novo o retiro e logo chegou a uma curva na estrada onde havia um imenso rochedo, tão alto que parecia tocar o céu. Na sua base havia um homem muito ocupado em esfregar a rocha com uma pena molhada na água. "Que está fazendo?", perguntou Asanga.

"Essa rocha é tão grande que não deixa o sol chegar até minha casa, de maneira que estou tentando livrar-me dela." Asanga ficou admirado da incansável energia do homem e envergonhado pela sua própria falta de dedicação. Voltou uma vez mais para o seu retiro.

Mais três anos se passaram sem que tivesse um único sonho bom. Decidiu então de uma vez por todas que seu caso era perdido e deixou o retiro para sempre. O dia foi passando e à tarde ele cruzou com um cão estirado ao longo da estrada. O animal tinha só as patas da frente e toda a parte inferior do seu corpo estava putrefata, coberta de vermes. Apesar de sua penosa condição, o cachorro estava latindo para os passantes e pateticamente tentando mordê-los, enquanto se arrastava com suas duas patas.

Asanga foi dominado por um vivo e incontrolável sentimento de compaixão. Cortou um pedaço do seu próprio corpo e deu--o como alimento ao cão. Abaixou-se então para tirar os vermes que estavam consumindo o corpo do animal. Mas subitamente pensou que poderia feri-los se tentasse puxá-los com seus dedos e concluiu que o único modo de removê-los era com a língua. Asanga ajoelhou-se no chão e, olhando a horrível ferida, a massa se mexendo, fechou os olhos. Aproximou-se e pôs a língua de fora... O que sentiu logo em seguida foi a sua língua tocando o chão. Abriu bem os olhos e olhou em volta. O cão havia sumido e no seu lugar estava o Buda Maitreya, envolvido numa brilhante aura de luz.

"Finalmente!", disse Asanga. "Mas por que você nunca me apareceu antes?"

Maitreya respondeu-lhe suavemente: "Não é verdade que nunca lhe apareci antes. Estive com você todo o tempo, mas o seu carma negativo e os seus obscurecimentos não permitiam que você me visse. Seus doze anos de prática dissolveram-nos lentamente, até que pôde finalmente ver o cão. Então, graças à sua genuína e sincera compaixão, todos aqueles obscurecimentos desapareceram e você pode me ver com os seus próprios olhos. Se não crê que foi isso que aconteceu, ponha-me no seu ombro e verifique se alguém mais pode me ver".

Asanga pôs Maitreya no seu ombro direito e foi ao mercado, onde passou a interrogar todo mundo: "O que tenho no meu ombro?" "Nada", diziam todos, e saíam correndo. Somente uma velha, que tinha seu carma levemente purificado, respondeu: "No seu ombro você tem o corpo apodrecido de um velho cão, apenas isso". Asanga finalmente entendeu o poder ilimitado da compaixão, que fez dele um receptáculo apto para receber a visão e os ensinamentos de Maitreya, ao purificar e transformar o seu carma. Então o Buda Maitreya, cujo nome quer dizer "amor e bondade", levou

Asanga para um reino divino e lá deu-lhe muitos ensinamentos sublimes que estão entre os mais importantes de todo o budismo.

A HISTÓRIA DO TONGLEN E O PODER DA COMPAIXÃO

Meus alunos sempre vêm até mim para perguntar: "O sofrimento do meu amigo ou parente me perturba demais e quero realmente ajudar. Mas sinto que não tenho amor bastante para isso. A compaixão que desejo mostrar está bloqueada. Que posso fazer?" Todos nós conhecemos a triste frustração de não sabermos encontrar em nosso coração amor e compaixão pelas pessoas que estão sofrendo ao nosso redor. Faltam-nos, assim, força suficiente para ajudá-los.

Uma das grandes qualidades da tradição budista é que ela desenvolveu um conjunto de práticas que realmente podem ajudar as pessoas em situações como essa, podem nutrir interiormente e fazer com que você fique preenchido pelo poder, pelo talento jubiloso e pelo entusiasmo que o tornarão capaz de purificar sua mente e desbloquear seu coração, possibilitando a atuação das energias curativas da sabedoria e da compaixão que vão transformar a situação em que você se encontra.

Das práticas que conheço, a do *Tonglen*, que em tibetano quer dizer "dando e recebendo", é das mais úteis e poderosas. Quando você se encontra preso em si mesmo, o Tonglen abre o seu ser para a verdade do sofrimento dos outros; quando o seu coração está bloqueado, o Tonglen destrói as forças que o obstruem, e quando se sente distante de quem está sofrendo diante de você, ou tomado pela amargura e o desespero, o Tonglen o ajuda a encontrar em si mesmo e revelar a radiância amorosa e expansiva da sua verdadeira natureza. Nenhuma outra prática que conheço é tão eficiente para destruir o autoapego, a autocomplacência, a absorção do ego em si mesmo, que são a raiz de todo sofrimento e a essência de toda dureza de coração.

Um dos maiores mestres do Tonglen no Tibete foi Geshe

Chekhawa, que viveu no século XII. Era extremamente instruído e realizado em muitas formas diferentes de meditação. Um dia, estando no quarto de seu mestre, viu um livro aberto e deparou com estas linhas:

Dê todo seu lucro e seus ganhos para os outros,
Tome para si todos os prejuízos e fracassos.

A vasta e quase inimaginável compaixão contida nessas linhas deixou-o estarrecido, e ele saiu à procura do mestre que as havia escrito. Um dia, nessa sua jornada, deparou-se com um leproso que lhe contou que aquele mestre havia morrido. Mas Geshe Chekhawa prosseguiu e seus contínuos esforços foram premiados quando encontrou o principal discípulo do mestre morto. O Geshe perguntou-lhe: "Qual a importância do ensinamento contido nessas duas linhas?" O discípulo respondeu: "Goste disso ou não, você terá de praticar esse ensinamento se de fato quer obter o estado búdico".

A resposta espantou Geshe Chekhawa quase tanto quanto sua primeira leitura das duas linhas, e ficou com esse discípulo por doze anos para estudar esse ensinamento e fazer a prática do Tonglen, que é a sua aplicação. Durante esse tempo, Geshe Chekhawa teve de enfrentar muitos tipos diferentes de provas: toda sorte de dificuldades, críticas, rigores e até violência. E o ensinamento era tão eficiente, e sua perseverança na prática tão intensa, que após seis anos ele havia erradicado do seu íntimo toda forma de acalentamento do eu e apego ao eu. A prática do Tonglen transformara-o num mestre da compaixão.

De início, Geshe Chekhawa ensinou o Tonglen somente para alguns discípulos próximos, pensando que funcionaria apenas para quem tivesse grande fé nele. Depois, passou a ensiná-lo para um grupo de leprosos. Naquele tempo a lepra era comum no Tibete e os médicos não sabiam como tratá-la. Mas muitos leprosos que fizeram a prática do Tonglen ficaram curados. Essa notícia se espalhou depressa e outros leprosos vieram em grupos à sua casa, que ficou parecendo um hospital.

Mesmo assim, Geshe Chekhawa não ensinava o Tonglen para todos. Foi só quando notou seu efeito em seu irmão que começou a torná-lo mais público. Esse irmão era um cético inveterado que ridicularizava todas as formas de prática espiritual. No entanto, quando percebeu o que estava acontecendo com os leprosos que praticavam o Tonglen, não pôde deixar de se impressionar. Um dia ele se escondeu atrás da porta para ouvir Geshe Chekhawa ensinando o Tonglen, e começou, em segredo, a praticá-lo. Quando Geshe Chekhawa percebeu que a rude natureza de seu irmão estava se suavizando, imaginou o que acontecera.

Se a prática funcionava em seu irmão, pensou, e chegava até a transformá-lo, funcionaria e transformaria qualquer outro ser humano. Isso convenceu Geshe Chekhawa a ensinar o Tonglen a muito mais gente. Ele mesmo jamais deixou de praticá-lo. No fim de sua vida, Geshe Chekhawa dizia a seus estudantes que por longo tempo estivera orando com fervor para renascer nos reinos infernais, de modo a poder auxiliar todos os que ali sofriam. Infelizmente, acrescentou, sonhos recentes lhe indicavam que renasceria num dos reinos dos budas. Por isso estava amargamente desapontado e pedia aos seus discípulos, com lágrimas nos olhos, que rezassem aos budas para que tal coisa não acontecesse, e fosse atendido seu apaixonado desejo de ajudar os seres no inferno.

COMO DESPERTAR O AMOR E A COMPAIXÃO

Antes que possa praticar o Tonglen, você tem de estar pronto a evocar em si mesmo a compaixão. Isso é mais difícil do que normalmente imaginamos, porque as fontes do nosso amor e compaixão estão às vezes ocultas para nós, e podemos não ter acesso fácil a elas. Felizmente, no treinamento budista da mente na compaixão, há várias técnicas especiais que têm por objetivo evocar nosso amor oculto. Da enorme série de métodos disponíveis, escolhi os que se seguem e ordenei-os de um modo particular para torná-los úteis ao maior número possível de pessoas no mundo moderno.

1. Amor e bondade: revelando a nascente

Quando acreditamos que não existe em nós amor suficiente, há um método para descobri-lo e invocá-lo. Recue na sua mente e recrie, quase visualize, um amor que alguém lhe deu e que realmente o tocou, talvez na infância. Tradicionalmente, você aprende a pensar em sua mãe e na devoção que ela tem por você por toda a vida, mas se isso lhe parece problemático pense na sua avó, no seu avô ou ainda em alguém que tenha sido profundamente bondoso e dedicado a você em sua vida. Lembre-se de um instante particular em que você foi amado e sentiu esse amor vividamente.

Deixe agora que aquela sensação surja outra vez em seu coração, infundindo gratidão em você. À medida que faz isso, seu amor irá naturalmente para a pessoa evocada. Verá então que, embora nem sempre sinta que foi suficientemente amado, você o foi de fato. Saber disso fará com que de novo se sinta digno do amor e realmente amado, como aquela pessoa o fez sentir-se.

Permita que seu coração se abra agora, e deixe que dele flua o amor; estenda-o então a todos os seres vivos. Comece pelos que lhe estão mais próximos, e depois leve-o aos amigos e conhecidos, aos vizinhos, a estranhos, àqueles de quem não gosta ou com quem tem dificuldades, mesmo os que considera seus "inimigos", e finalmente estenda-o a todo o universo. Deixe que esse amor se torne cada vez mais sem fronteiras. A equanimidade é, juntamente com o amor, a compaixão e a alegria, um dos quatro aspectos essenciais daquilo que, segundo os ensinamentos, constitui a aspiração da compaixão na sua totalidade. A visão todo-abrangente e sem preconceito da equanimidade é o ponto de partida e o fundamento do caminho da compaixão.

Você verá que essa prática descerra uma fonte de amor e essa revelação da bondade amorosa em você inspirará o nascimento da compaixão. Como disse Maitreya num dos seus ensinamentos a Asanga: "A água da compaixão flui pelo canal da bondade amorosa".

2. Compaixão: considerando-se igual aos outros

Um meio poderoso de evocar a compaixão, como descrevi no capítulo anterior, é pensar nos outros como exatamente iguais a você. "Afinal", explica o Dalai Lama, "todos os seres humanos são iguais – feitos de carne, ossos e sangue. Todos queremos a felicidade e queremos evitar o sofrimento. E mais: temos igual direito à felicidade. Em outras palavras, é importante perceber nossa igualdade como seres humanos".[3]

Digamos, por exemplo, que você está tendo dificuldades com uma pessoa querida, como sua mãe ou seu pai, marido ou mulher, namorado ou amigo. Como pode ser útil e revelador considerar a outra pessoa não no seu "papel" de mãe, pai ou marido, mas simplesmente como um outro "você", um outro ser humano com os mesmos sentimentos que você, o mesmo desejo de felicidade e o mesmo medo de sofrer. Pensar nessa pessoa como uma pessoa real, exatamente como você mesmo, fará que seu coração se abra para ela dando-lhe mais elementos para ajudá-la.

Considerar os outros como iguais a você vai ajudá-lo a abrir-se para os seus relacionamentos e dar-lhes um sentido novo e mais rico. Imagine se as sociedades e nações começassem a ver as coisas desse mesmo modo: finalmente teríamos o início de uma base sólida para a paz na Terra e a feliz coexistência de todos os povos.

3. Compaixão: pondo-se no lugar dos outros

Quando alguém está sofrendo e você se sente perdido, sem saber como ajudar, coloque-se resolutamente no lugar dele. Imagine da maneira mais viva possível o que estaria passando se estivesse sofrendo a mesma dor. Pergunte-se: "Como eu me sentiria? Como haveria de querer que meus amigos me tratassem? O que mais desejaria deles?" Quando se coloca desse modo no lugar de outras pessoas, você transfere diretamente seus cuidados do foco habitual – você próprio – para outros seres. Assim, pôr-se no lugar do outro é um meio muito poderoso de livrar você do domínio da autocomplacência do eu e do apego do ego a si mesmo, e assim liberar a essência da sua compaixão.

4. Usando um amigo para gerar compaixão

Outro modo eficiente de gerar compaixão por uma pessoa que está sofrendo é imaginar um dos seus amigos mais queridos, ou alguém que de fato você ama, no lugar daquela pessoa.

Imagine o seu irmão, a sua filha ou seu melhor amigo no mesmo tipo de situação dolorosa. Muito naturalmente seu coração se abrirá e a compaixão despertará em você. O que mais você desejaria do que libertar esse ente querido do seu tormento? Agora tome essa compaixão que se gerou no seu coração e transfira-a para a pessoa que precisa da sua ajuda: verá que consegue ajudá-la com uma inspiração mais natural e que pode orientar melhor essa ajuda.

As pessoas às vezes me perguntam: "Se fizer isso, o amigo ou parente que estou imaginando em estado de sofrimento pode sofrer algum mal?" Ao contrário, pensar nele com tal amor e compaixão só pode beneficiá-lo e até ocasionar a cura de alguma dor ou sofrimento passado, presente ou futuro. Porque o fato de ser instrumento de sua compaixão nascente, mesmo que somente por um instante, vai trazer-lhe apenas mérito e benefício. Sendo em parte responsável pela abertura do seu coração e por ter-lhe permitido ajudar com sua compaixão uma pessoa doente ou prestes a morrer, o mérito dessa ação retornará para ele de modo natural.

Você também pode dedicar mentalmente o mérito daquela ação ao seu amigo ou parente que o ajudou a abrir o coração. Pode desejar o bem a essa pessoa e orar para que no futuro ela se livre do sofrimento. Você se sentirá grato àquele amigo e também ele poderá se sentir inspirado e agradecido, se contar a ele ou ela que ajudou você a evocar a sua compaixão.

Dessa forma, perguntar: "Será que o amigo ou parente que estou imaginando no lugar do doente ou do que está para morrer pode sofrer prejuízo por isso?" – indica que não entendemos o quão poderoso e até miraculoso é o trabalho da compaixão. Ela abençoa e cura todos os envolvidos: a pessoa que gera a compaixão, a pessoa através da qual a compaixão é gerada e a pessoa para quem a compaixão é dirigida. Como diz Pórcia no *Mercador de Veneza*, de Shakespeare:

A excelência da misericórdia nunca é maculada,
Como a delicada chuva, vinda do céu
Sobre a aldeia abaixo: duplamente abençoada,
Abençoa aquele que a dá e aquele que a recebe...

A compaixão é a joia que realiza desejos, cujo brilho curativo se expande em todas as direções.

Há uma linda história da qual muito gosto e que ilustra isso. O Buda narrou certa vez uma de suas vidas prévias, antes de se tornar iluminado. Um grande imperador tinha três filhos e o Buda era o mais novo, chamado então Mahasatva. De natureza amorosa e compassiva, era um garotinho que pensava em todas as coisas vivas como seus filhos.

Um dia o imperador e sua corte foram a um piquenique numa floresta e os príncipes entraram nos bosques para brincar. Pouco depois apareceu uma tigresa que havia acabado de dar cria, tão exausta e faminta que estava a ponto de comer os próprios filhotes. Mahasatva perguntou aos irmãos: "O que ela precisa comer agora para se reanimar?"

– Só carne fresca e sangue – responderam.

– Quem daria sua carne e o próprio sangue para vê-la alimentada e salvar sua vida e a dos seus filhotes? – perguntou.

– É, quem daria? – responderam.

Mahasatva estava profundamente comovido com o apuro do animal e dos seus filhotes e começou a pensar: "Por tanto tempo tenho vagado inutilmente através do samsara, vida após vida, e por causa do meu desejo, minha raiva e minha ignorância, pouco fiz para ajudar outros seres. Aqui está finalmente uma grande oportunidade".

Os príncipes estavam voltando para junto da família quando Mahasatva disse: "Vocês dois podem ir andando. Depois vou encontrá-los". Tranquilamente aproximou-se da tigresa, e se deitou no chão diante dela, oferecendo-se como alimento. Ela olhou para ele, mas estava tão fraca que mal podia abrir a boca. O príncipe encontrou um graveto afiado e fez um corte profundo no próprio corpo; o sangue correu, a tigresa lambeu-o e se sentiu mais forte para abrir suas mandíbulas e comer o menino.

Mahasatva deu seu corpo para a tigresa a fim de salvar os seus filhotes; pelo grande mérito da sua compaixão renasceu num reino mais alto e progrediu na direção da sua iluminação e do seu renascimento como o Buda. Mas não foi só a si mesmo que ele ajudou através dessa ação. O poder de sua compaixão também purificou a tigresa e as crias do seu carma, e mesmo de alguma dívida cármica que pudessem ter com ele por ter salvo suas vidas do modo como salvou. Pelo fato de ser tão forte a sua ação compassiva, criou entre eles um elo cármico que continuaria muito longe no futuro. A tigresa e seus filhotes que receberam a carne do corpo de Mahasatva renasceram, segundo se conta, como os primeiros cinco discípulos do Buda, os primeiros a receber ensinamentos depois da sua iluminação. Que notável visão essa história nos dá sobre a vastidão e mistério do poder da compaixão!

5. Como meditar sobre a compaixão

Mas como já dissemos, evocar esse poder da compaixão em nós nem sempre é fácil. Para mim, as maneiras mais simples e melhores de chegar lá são as mais diretas. A cada dia a vida nos oferece inúmeras oportunidades de abrirmos o coração, se soubermos aproveitá-las. Uma mulher idosa passa a seu lado com semblante entristecido, veias inchadas nas pernas e duas sacolas plásticas cheias de compras que ela com dificuldade vai carregando; um velho de roupas surradas se arrasta à sua frente na imensa fila do correio; um menino de muletas, oprimido e ansioso, tenta atravessar uma rua de tráfego pesado no final da tarde; um cão sangra até a morte numa estrada; uma menina sozinha soluça histericamente no metrô. Ligue a televisão e no noticiário uma mulher, ajoelhada numa rua de Beirute, chora sobre o corpo do filho assassinado; ou uma velha avozinha em Moscou toma sopa e olha a rua sem saber se amanhã vai ter o que comer; ou uma das crianças com AIDS da Romênia olha para você com seus olhos fundos e sem nenhuma expressão de vida.

Qualquer uma dessas cenas pode abrir os olhos do seu coração para o fato do vasto sofrimento do mundo. Deixe que isso aconteça. Não desperdice o amor e o pesar que nascem delas; no momento em que sente a compaixão emergindo de você, não a afaste para o lado, não se faça de indiferente nem tente voltar ao "normal"; não tenha medo dos seus sentimentos nem fique constrangido com eles, e não permita que a habitual distração se imponha ou o paralise na apatia. Seja vulnerável: use esse momento rápido e brilhante de compaixão; ponha-a no foco, vá fundo no seu coração e medite sobre ela, desenvolva-a, intensifique-a e aprofunde-a até onde puder. Ao fazer isso perceberá quão cego tem sido diante do sofrimento, e o quanto a dor que tem experimentado ou visto é só uma minúscula fatia da dor que vai pelo mundo. Todos os seres, em toda parte, sofrem. Deixe que seu coração chegue até eles numa compaixão espontânea e incomensurável e dirija essa compaixão, com a bênção de todos os budas, para o alívio do sofrimento em toda parte.

A compaixão é uma coisa muito maior e mais nobre do que sentir dó. Quando você sente dó, as raízes desse sentimento estão deitadas no medo e num sentimento de arrogância e condescendência, às vezes até um presunçoso "ainda bem que isso não é comigo". Como disse Stephen Levine: "Quando seu medo toca a dor de alguém, torna-se piedade; quando seu amor toca a dor de alguém, torna-se compaixão".[4] Treinar a compaixão, portanto, é saber que todos os seres são iguais e sofrem de modo similar, é respeitar todos os que sofrem e saber que não se é nem separado nem superior a eles.

Assim, sua primeira resposta ao ver alguém sofrendo não será de simples dó, mas de profunda compaixão. Você sente por essa pessoa respeito e até gratidão, pois sabe que todos aqueles que através do próprio sofrimento o estimulam a conhecer a compaixão estão de fato ofertando-lhe o maior dos presentes, pois o ajudam a desenvolver a verdadeira virtude de que mais precisa no seu progresso rumo à iluminação. É por isso que dizemos no Tibete que o mendigo que lhe pede dinheiro ou a velhinha doente que lhe dá aperto no coração podem ser budas disfarçados, manifestando-se no seu caminho para ajudá-lo a conquistar a compaixão e assim levá-lo ao estado búdico.

6. Como dirigir sua compaixão

Quando você meditar com suficiente profundidade sobre a compaixão, surgirá no seu íntimo uma forte determinação de aliviar o sofrimento de todos os seres e um sentido agudo de responsabilidade em relação a esse nobre fim. Há dois caminhos, então, para dirigir mentalmente essa compaixão e torná-la ativa.

O primeiro caminho é orar para todos os budas e seres iluminados, do fundo do coração, pedindo que tudo o que faz – todos seus pensamentos, palavras e ações – traga apenas benefícios aos seres, fazendo-os felizes. Nas palavras de uma grande prece: "Abençoe-me fazendo com que eu seja útil". Ore para poder beneficiar todos aqueles que se aproximarem de você, ajudando-os a transformar o sofrimento e a vida deles.

O segundo e universal caminho é dirigir toda a compaixão que sinta para todos os seres, dedicando todas suas ações positivas e práticas espirituais ao bem-estar deles, especialmente para que possam atingir a iluminação. Porque quando você medita profundamente sobre a compaixão, nasce no seu interior a compreensão de que o único meio de dar ajuda *completa* aos outros será você atingir a iluminação. Nascem daí forte determinação e sentimento de responsabilidade universal, bem como o desejo compassivo de obter a iluminação para o benefício de todos os outros.

Esse desejo compassivo tem em sânscrito o nome de *bodhichitta*. *Bodhi* significa "nossa essência iluminada" e *citta* quer dizer "coração". Assim, podemos traduzir a palavra como "coração da nossa mente iluminada". Despertar e desenvolver o coração da mente iluminada é amadurecer com equilíbrio e segurança a semente da nossa natureza búdica, aquela semente que no fim – quando nossa prática da compaixão se tornar perfeita e abranger tudo – florescerá majestosamente no estado búdico. *Bodhichitta* é então a fonte, a origem e a raiz de todo o caminho espiritual.

Eis porque Shantideva louvou a *bodhichitta* com tanta alegria:

É o elixir supremo
Que vence a soberania da morte.
É o tesouro inexaurível
Que elimina a pobreza do mundo.
É o remédio supremo
Que põe fim à doença do mundo.
É a árvore que a todos os seres abriga,
Errantes e cansados no caminho da existência condicionada.
É a ponte universal
Que leva à libertação dos estados infelizes de nascimento.
É a lua que desponta na mente
E dispersa a tormenta das concepções perturbadas.
É o grande sol que afinal remove
A obscura ignorância do mundo.[5]

Por isso oramos na nossa tradição com tanta insistência:

Bodhichitta, preciosa e sublime:
Possa surgir naqueles que ainda não tenha surgido;
Possa nunca diminuir onde já tenha surgido;
Que continue crescendo mais e mais.

Patrul Rinpoche usava estes quatro versos para condensar todo o ensinamento sobre *bodhichitta*, que é "o desejo", como descrito por Maitreya, "de atingir a perfeita iluminação pelo bem dos outros". Descreverei brevemente este ensinamento. Começamos por desenvolver dentro de nossa mente a bondade amorosa, a compaixão, a alegria e a equanimidade em relação a todos os seres vivos.[6] Através da prática da contemplação profunda cultivamos estas quatro qualidades em tal grau que se tornam ilimitadas e imensuráveis. Então *bodhichitta* "surge onde não havia surgido", pois a prática nos trouxe a um ponto em que somos impelidos por uma necessidade quase avassaladora de responsabilizar-nos pelos outros e, assim, assumir o compromisso de verdadeiramente despertar o coração da mente iluminada pelo treinamento que chamamos de "*bodhichitta* na aspiração" e "*bodhichitta* na ação".[7] O primeiro é praticar a atitude de considerar-nos iguais aos outros; depois colocar-nos no lugar dos outros, que inclui a prática do Tonglen; e por fim considerar os outros ainda mais importantes do que nós mesmos. O segundo é desenvolver à perfeição a generosidade, disciplina, paciência ou perseverança, diligência, concentração e sabedoria. Todas permeadas por um insight penetrante da própria natureza da realidade. Assim a *bodhichitta* "nunca diminui onde já tenha surgido", mas "continua crescendo mais e mais". É este o caminho dos bodhisattvas, a prática do coração compassivo da mente iluminada que leva diretamente ao estado búdico porque é adotada para o benefício de todos os seres.

AS ETAPAS DO TONGLEN

Já apresentei a você os vários métodos de evocar a compaixão, bem como o poder e importância que são inerentes a ela; posso agora transmitir-lhe a nobre prática do Tonglen de maneira mais efetiva porque você já tem a motivação, o entendimento e as ferramentas para fazê-la, obtendo o maior benefício possível para si e para os outros. O Tonglen é uma prática budista, mas tenho forte convicção de que qualquer um – qualquer um mesmo – pode fazê-la. Mesmo que você não tenha fé religiosa, convido-o a tentar. O que sei é que o Tonglen pode ser da maior utilidade possível.

De modo simples, a prática do Tonglen de dar e receber consiste em tomar para si o sofrimento e a dor dos outros, dando-lhes em troca a sua felicidade, bem-estar e paz de espírito. Como um dos métodos de prática meditativa que ensinei antes, o Tonglen usa como veículo a respiração. Geshe Chekhawa escreveu: "Deve-se praticar o dar e o receber alternadamente. Essa alternância tomará como veículo a respiração".

Sei pela minha própria experiência como é difícil imaginar esse tomar para si o sofrimento alheio, especialmente o dos enfermos e dos que estão por morrer, sem primeiro edificar em si mesmo a força e a confiança da compaixão. É essa força e confiança que dará à sua prática o poder de transmutar aquele sofrimento.

É por isso que sempre recomendo que, ao começar a prática do Tonglen para os outros, você a pratique primeiro em si mesmo. Antes de enviar amor e compaixão aos demais, descubra, aprofunde, crie e fortaleça-os em si e cure-se de todo traço de reserva, angústia, raiva ou medo que possam criar obstáculo à prática de um Tonglen dedicado e convicto.

Ao longo dos anos foi desenvolvido um modo de ensinar o Tonglen que meus estudantes acharam muito útil e terapêutico. Ele tem quatro etapas.

A PRÁTICA PRELIMINAR DO TONGLEN

O melhor modo de fazer esta prática, e qualquer outra do Tonglen, é iniciá-la evocando a natureza da mente e repousando nela. Quando você repousa na natureza da mente e vê todas as coisas diretamente como "vazias", ilusórias e feitas da mesma matéria dos sonhos, repousa no estado conhecido como "último", "supremo", ou "*bodhichitta* absoluta", o verdadeiro coração da mente iluminada. Os ensinamentos comparam a *bodhichitta* absoluta a um inexaurível tesouro de generosidade. E a compaixão, quando entendida no seu sentido mais profundo, é conhecida e percebida como a radiância natural da natureza da mente, o meio hábil que emerge do coração da sabedoria.

Comece sentando-se e trazendo a mente para casa. Permita que todos seus pensamentos se acomodem, sem convidá-los ou segui-los. Feche os olhos, se quiser. Quando se sentir de fato calmo e centrado, fique um pouquinho mais alerta e comece a prática.

1. Tonglen ambiental

Todos sabemos que o humor e a atmosfera da nossa mente têm uma grande influência sobre nós. Sente-se com a atenção voltada para sua mente e sinta seu humor e sua atmosfera. Se o humor está inquieto ou a atmosfera está sombria, ao inspirar absorva mentalmente tudo o que é insalubre ou prejudicial; e ao expirar dê mentalmente calma, clareza e alegria, purificando e curando a atmosfera e o ambiente da sua mente. É por isso que chamo este primeiro estágio da prática de "Tonglen ambiental".

2. Tonglen de si mesmo

Para o propósito deste exercício, divida-se em dois aspectos: A e B. A é o aspecto sadio de você, compassivo, caloroso e amoroso, como um amigo de verdade, que realmente quer estar a seu lado, atento e aberto em relação a você, incapaz de julgá-lo apesar dos seus erros e falhas.

B é aquele aspecto seu que foi ferido, que se sente incompreendido e frustrado, amargo ou irritado, que talvez tenha sido tratado injustamente ou maltratado de algum modo quando criança, que sofreu nos relacionamentos ou foi socialmente injustiçado.

Agora, ao inspirar, imagine que A abre o coração por completo e, de modo cálido, cordial e compassivo, aceita e abraça B, com todo o seu sofrimento e negatividade, suas feridas e dor. Tocado por isso, B abre seu coração e toda dor e sofrimento se desvanecem nesse abraço de compaixão.

Ao expirar, imagine A enviando a B todo o seu amor curativo, calor, confiança, conforto, firmeza, felicidade e alegria.

3. O Tonglen numa situação viva

Imagine com toda intensidade uma situação em que você agiu muito mal, a respeito da qual se sente culpado, e confrontado com a qual estremece só em pensar.

Então, à medida que inspira, você aceita total responsabilidade por suas ações nessa situação em particular, sem tentar justificar de maneira alguma seu comportamento. Compreenda exatamente o que fez de errado, e do fundo do peito peça perdão. Agora, enquanto expira, envie para fora reconciliação, perdão, cura e compreensão.

Assim, você inspira culpa e expira desfazendo o dano; inspira responsabilidade e expira cura, perdão e reconciliação.

Esse exercício é particularmente poderoso e pode dar-lhe coragem para encontrar a pessoa com quem agiu mal, força e disposição para falar-lhe sem reservas e pedir perdão, do fundo do seu coração.

4. O Tonglen para os outros

Imagine uma pessoa de quem se sente muito próximo, particularmente alguém que está sofrendo e passando por um momento de dor. Enquanto inspira, imagine que, movido pela compaixão, extrai dessa pessoa todo sofrimento e dor, e quando expira envia-lhe numa torrente o seu calor, seu poder de cura, seu amor, sua alegria.

Agora, como na prática do amor, alargue gradualmente o círculo da sua compaixão para, primeiro, abranger outras pessoas de quem também se sente muito próximo; em seguida, as que lhe são indiferentes; depois aquelas de quem não gosta ou com quem tem dificuldades e, finalmente, até aquelas que lhe parecem realmente monstruosas e cruéis. Permita que a sua compaixão se torne universal, envolvendo em seu abraço todos os seres sencientes, todos os seres sem nenhuma exceção:

> *Os seres sencientes são ilimitados como a totalidade do espaço:*
> *Possa cada um deles atingir sem esforço a realização da natureza de sua mente,*
> *E possam todos os seres dos seis reinos, que foram todos em alguma vida meu pai ou minha mãe,*
> *Atingir, todos juntos, a base da perfeição primordial.*

O que apresentei nesta seção foi uma prática preliminar completa para o Tonglen principal que, como verá, envolve um processo muito mais rico de visualização. Essa prática preliminar trabalha com sua atitude de mente e coração, preparando-o, abrindo-o e inspirando-o. E não apenas faz isso de modo adequado, como também permite que você cure o seu ambiente mental, seu próprio sofrimento e a dor do passado, começando através da sua compaixão a ajudar todos os seres sencientes. Mas essa prática estabelece também o processo de dar e receber, fazendo com que você se familiarize e se torne íntimo dele. Esse processo encontra sua expressão mais completa na prática principal do Tonglen.

A PRÁTICA PRINCIPAL DO TONGLEN

Na prática do Tonglen de dar e receber, *assumimos e tomamos para nós, através da compaixão*, todos os vários sofrimentos físicos e mentais de todos os seres: seu medo, frustração, dor, raiva, culpa, amargor, dúvida e ódio; e lhes *damos, através do amor*, toda a nossa felicidade, bem-estar, paz de espírito, capacidade de cura, realização e elevação.

1. Antes de começar a prática, sente-se tranquilamente e traga sua mente para casa. Então, usando qualquer um dos exercícios ou métodos que ensinei – aquele que você sente que o inspira e funciona em você – medite profundamente sobre a compaixão. Reúna e invoque a presença de todos os budas, bodisatvas e seres iluminados, para que com a sua inspiração e bênção a compaixão possa nascer-lhe no coração.

2. Imagine à sua frente, tão viva e ternamente quanto puder, alguém de quem gosta e que está sofrendo. Tente imaginar todos os aspectos da dor e do sofrimento dessa pessoa, um por um. Então, quando sentir seu coração se abrindo na compaixão por ela, pense que todo esse sofrimento se junta numa grande nuvem de fumaça quente, negra e imunda.

3. Agora, ao inspirar, visualize que essa massa de fumaça escura se dissolve, com o ar entrando – no âmago do apego que você tem a si mesmo – no seu coração. Ali ela destrói completamente todos os resíduos de autocomplacência, purificando assim todo o seu carma negativo.

4. Imagine agora que sua autocomplacência foi destruída, que o coração da sua mente iluminada, sua *bodhichitta*, se revela por completo. Enquanto expira, então, imagine que está enviando para fora uma serena e brilhante luz de paz, alegria, felicidade e bem-estar definitivo ao seu amigo que sente dor, e que esses raios de luz purificam todo o seu carma negativo.

Neste momento acho inspirador imaginar, como Shantideva sugere, que a sua *bodhichitta* transformou seu coração, ou mesmo todo o seu corpo e o ser inteiro, numa joia deslumbrante e maravilhosa, que pode atender os desejos e votos de cada um, e provê-lo exatamente naquilo que ele ou ela anseia e necessita. A verdadeira compaixão *é* a joia que realiza desejos porque tem o poder inerente de dar com precisão aquilo que cada ser mais necessita, aliviando os seus sofrimentos e trazendo-lhe satisfação verdadeira.

5. Assim, no instante em que a luz da sua *bodhichitta* flui até tocar o amigo que sofre, é essencial sentir uma firme convicção de que todo o carma negativo dele *foi* purificado, e sentir uma profunda e duradoura alegria por ele ou ela ter sido liberado do sofrimento e da dor.

Então, à medida que segue respirando normalmente, prossiga a prática com firmeza.

Praticar o Tonglen com um amigo que sofre ajuda você a iniciar o processo de alargamento gradual do círculo da compaixão, a fim de tomar para si o sofrimento e purificar o carma de todos os seres, dando-lhes toda a sua felicidade, bem-estar, alegria e paz de espírito. Essa é a meta maravilhosa da prática do Tonglen e, num sentindo mais amplo, de todo o caminho da compaixão.

O TONGLEN PARA QUEM ESTÁ MORRENDO

Acho que agora você pode começar a ver como o Tonglen pode ser dirigido especificamente para o auxílio dos que vão morrer, quanta força e confiança ele pode dar a você quando vai ajudá-los e quão verdadeira e transformadora pode ser essa ajuda que lhes oferece.

Passei a você a prática do Tonglen principal. Imagine agora, no lugar de seu amigo que sofre, uma pessoa que está morrendo. Atravesse os mesmos estágios do Tonglen principal. Na visualização da parte 3 imagine cada aspecto do medo e do sofrimento daquele que morre materializado naquela nuvem de fumaça quente, negra e imunda que você então inspira. Pense que fazendo isso, como já fez antes, está destruindo sua autocomplacência e apego ao eu, e purificando todo seu carma negativo.

Agora, como antes, imagine que, à medida que expira, a luz do centro de sua mente iluminada vai preenchendo a pessoa que vai morrer com sua paz e bem-estar, purificando todo o seu carma negativo.

Em todos os momentos da nossa vida precisamos de compaixão, mas em que momento ela pode ser mais urgente do que quando morremos? Que presente mais maravilhoso e consolador pode você dar a quem vai morrer do que a certeza de que alguém está orando por ele, e a convicção de que seus sofrimentos e carma negativo estão sendo assumidos e purificados pela prática de alguém?

Mesmo que ele não saiba que você está praticando por ele, você o está ajudando e ele por sua vez também o ajuda. Ele está *ativamente* ajudando-o a desenvolver sua compaixão e, desse modo, a purificar e curar você mesmo. Para mim, toda pessoa que morre é um professor, dando a todos os que a ajudam uma oportunidade de se transformarem pelo desenvolvimento de sua compaixão.[8]

O MISTÉRIO SAGRADO

Talvez você esteja se fazendo esta pergunta: "Se tomo para mim os sofrimentos e a dor dos demais, não estarei em risco de me ferir?" Se você se sentir hesitante e concluir que ainda não tem a força e a coragem da compaixão para praticar o Tonglen do fundo do coração, não se preocupe. Apenas *imagine* que está fazendo isso, dizendo mentalmente: "Quando inspiro, estou tirando o sofrimento do meu amigo, ou de outros, e quando expiro estou dando a eles felicidade e paz". Fazendo isso já pode criar o clima em sua mente que mais tarde irá inspirá-lo a praticar o Tonglen diretamente.

Se você se sentir muito hesitante ou incapaz de fazer a prática plena, também poderá fazer o Tonglen na forma de simples *oração*, desejando profundamente ajudar outros seres vivos. Você pode, por exemplo, rezar assim: "Possa eu estar preparado para tomar nas mãos o sofrimento dos outros; possa eu dar a eles meu bem-estar e minha felicidade". Essa oração criará condições favoráveis para o despertar do seu poder de fazer o Tonglen no futuro.

O que você precisa saber de fato é que a única coisa que o Tonglen *poderia* ferir é exatamente essa coisa que mais tem ferido você: seu próprio ego, sua mente de autocomplacência e de apego ao eu, que é a raiz do sofrimento. Se você praticar o Tonglen sempre que puder, essa mente autocomplacente e egoísta vai enfraquecer-se cada vez mais e a sua verdadeira natureza, a compaixão, terá a oportunidade de emergir mais e mais forte. Quanto maior e mais forte for a sua compaixão, tanto maiores e mais fortes serão seu destemor e confiança. Assim, a compaixão revela-se novamente como sua maior fonte de recursos e de proteção. Como diz Shantideva:

Quem depressa deseja conseguir proteção,
Tanto para si mesmo quanto para os outros,
Deve praticar este sagrado mistério:
A troca de si pelo outro.[9]

O mistério sagrado da prática do Tonglen é conhecido pelos mestres, místicos e santos de toda tradição religiosa. Incorporá-lo e vivê-lo com o abandono e o fervor da verdadeira sabedoria e da verdadeira compaixão é o que preenche de alegria a vida deles. Uma figura do mundo moderno que dedicou a sua vida a servir os doentes e os que estão para morrer, e que irradiava essa jovialidade do dar e receber é Madre Teresa. Não conheço declaração mais inspiradora sobre a essência espiritual do Tonglen do que a destas suas palavras:

> *Todos nós ansiamos pelo céu onde Deus se encontra, mas está em nosso poder estar no céu com Ele neste exato momento. Mas ser feliz com Ele agora significa:*
> *Amar como Ele ama,*
> *Ajudar como Ele ajuda,*
> *Dar como Ele dá,*
> *Servir como Ele serve,*
> *Salvar como Ele salva,*
> *Estar com Ele nas vinte e quatro horas do dia,*
> *Tocá-Lo em seu aflitivo disfarce.*

Um amor tão vasto quanto esse curou os leprosos de Geshe Chekhawa no seu leprosário. Esse amor pode talvez também curar-nos de uma doença ainda mais perigosa, a ignorância, que vida após vida nos impede de obter a realização da natureza da nossa mente, e com ela a liberação.

TREZE

A AJUDA ESPIRITUAL AOS QUE VÃO MORRER

Vim pela primeira vez ao Ocidente no começo dos anos setenta, e o que me perturbou profundamente, e ainda continua a me perturbar, é a quase inexistência de auxílio espiritual que há na cultura moderna para os que vão morrer. No Tibete, como mostrei, todos tinham algum conhecimento das grandes verdades do budismo e alguma relação com um mestre. Ninguém morria sem assistência da comunidade, que auxiliava tanto nas providências imediatas quanto nas necessidades de caráter espiritual. Contaram-me muitas histórias de pessoas no Ocidente morrendo sozinhas, em meio a grande sofrimento e desilusão, sem qualquer ajuda espiritual, e uma das minhas maiores motivações para escrever este livro foi estender a todos os homens e mulheres a curativa sabedoria do mundo onde cresci. Nós todos não temos por acaso o direito, quando estamos morrendo, de não somente ter nosso corpo tratado com respeito, como também, e o que é talvez mais importante, nosso espírito? Não deveria ser um dos principais direitos de uma sociedade civilizada o de levar a todos seus membros a possibilidade de morrer recebendo o melhor cuidado espiritual? Podemos realmente chamar o nosso mundo de "civilizado" antes de aceitarmos isso como norma? O que de fato significa ter tecnologia suficiente para mandar pessoas à Lua, quando não sabemos ajudar nossos companheiros humanos a morrer com dignidade e esperança?

Cuidado espiritual não é um luxo para poucos; é o direito essencial de todo ser humano, tão essencial quanto a liberdade política, a assistência médica e a igualdade de oportunidades. Um ideal realmente democrático deve incluir entre os seus preceitos fundamentais a ajuda espiritual adequada para todos.

Onde quer que eu vá, no Ocidente, fico impressionado com o imenso sofrimento mental que resulta do medo de morrer, seja este admitido ou não. Como seria tranquilizador para as pessoas se elas soubessem que, quando estiverem morrendo, serão assistidas com amor e compreensão! A cultura ocidental manifesta tamanha insensibilidade em seu utilitarismo e negação de todo valor espiritual que as pessoas, quando enfrentam uma doença terminal, ficam aterrorizadas ante a perspectiva de serem jogadas fora como um traste inútil. No Tibete, havia uma disposição natural de orar pelos que vão morrer e de prestar-lhes cuidados espirituais; no Ocidente, a única atenção espiritual que a maioria dá aos que morrem é ir ao seu enterro.

No seu momento de maior vulnerabilidade, as pessoas em nosso mundo são abandonadas e deixadas quase inteiramente sem apoio e compreensão. Esse é um estado de coisas trágico e humilhante que precisa mudar. Todas as pretensões de poder e sucesso do mundo moderno parecerão vazias de sentido até que cada homem e cada mulher nesta cultura possam morrer em paz, ou até que ao menos se faça um esforço real para tornar isso possível.

À CABECEIRA DE QUEM VAI MORRER

Uma amiga minha que há pouco diplomou-se numa reconhecida faculdade de medicina começou a trabalhar num dos maiores hospitais de Londres. No seu primeiro dia na enfermaria, quatro ou cinco pessoas morreram. Foi um choque terrível para ela, porque nada no treinamento que recebera para o trabalho que ia exercer a tinha preparado para lidar com isso. Não é espantoso que seja assim, considerando que ela estudou para ser médica?

Um velho jazia em sua cama, olhando fixamente para a parede. Estava sozinho, sem família ou amigos por perto, e parecia desesperado para falar com alguém. Ela foi para perto dele. Os olhos do homem se encheram de lágrimas e a sua voz tremia quando lhe fez a última pergunta que ela esperava ouvir: "Acha que Deus alguma vez perdoará meus pecados?" Minha amiga não tinha a menor ideia do que responder; seu treinamento a deixara totalmente despreparada para qualquer questão espiritual. Não tinha nada a dizer; só podia esconder-se atrás de seu *status* de doutora. Não havia um capelão por perto e ela só ficou ali, em pé, paralisada junto ao leito, incapaz de responder ao apelo desesperado daquele paciente que perguntava, afinal, sobre o significado de sua própria vida.

Em meio à confusão e à dor, ela me perguntou: "O que teria feito você no meu lugar?" Respondi-lhe que eu teria me sentado ao lado do paciente, tomado sua mão e deixado que ele falasse. Sempre me maravilhou ver como as pessoas nessa situação, se você deixar que falem e lhes der atenção completa e compassiva, dirão coisas de surpreendente profundidade espiritual, mesmo que pensem não ter qualquer crença na espiritualidade. Todos têm sua própria sabedoria de vida, e quando você deixa alguém falar está permitindo que essa sabedoria venha à tona. Muitas vezes fiquei intimamente comovido ao ver o quanto se pode ajudar alguém a *ajudar-se a si próprio*, deixando que ele descubra sua própria verdade, uma verdade de cuja riqueza, doçura e profundidade jamais havia suspeitado. As fontes de cura e consciência estão enraizadas em cada um de nós, e a sua tarefa não é, em circunstância alguma, impor suas crenças, mas tornar o outro capaz de descobrir dentro de si mesmo as que lhe são próprias.

Ao se sentar ao lado de alguém que está morrendo, acredite que de fato está ao lado de alguém que tem em si o potencial real de ser um buda. Imagine a natureza búdica dessa pessoa como um espelho brilhante e sem manchas, e toda a sua dor e ansiedade como uma fina névoa cinza que pode ser rapidamente afastada. Isso ajudará a ver essa pessoa como alguém que pode ser amado e perdoado, e fará nascer em você seu amor incondicional. Verá que essa atitude vai permitir que aquele que está para morrer se abra com você de forma notável.

Meu mestre Dudjom Rinpoche costumava dizer que ajudar uma pessoa que vai morrer é como segurar a mão de alguém que está prestes a cair, e sustentá-la. Com a sua força, paz e atenção profunda e compassiva, você a ajudará a despertar suas próprias forças. A qualidade da sua *presença* nesse momento mais extremo e vulnerável é absolutamente importante. Como escreveu Cicely Saunders: "Os que vão morrer abandonaram as máscaras e as superficialidades do dia a dia e por isso estão totalmente abertos e sensíveis. São capazes de ver através de quaisquer irrealidades. Lembro-me de um homem dizendo: 'Não, não quero que leia nada. Quero só o que está na sua cabeça e no seu coração' ".[1]

Nunca vou até o leito de alguém que está morrendo sem antes praticar, sem me envolver na atmosfera sagrada da natureza da mente. Aí não preciso lutar para sentir compaixão ou para ser autêntico, uma vez que compaixão e autenticidade estarão ali irradiando naturalmente.

Lembre-se: você nada pode fazer para inspirar a pessoa que quer ajudar se primeiro não trouxer inspiração a si mesmo. Assim, quando não sabe o que fazer, quando se sente muito pouco preparado para fazer alguma coisa para ajudar, então reze e medite, invoque o Buda ou outra figura em cujo poder sagrado acredita. Quando me defronto com alguém que está sofrendo terrivelmente, peço com fervor o auxílio de todos os budas e seres iluminados, com meu coração completamente aberto para a pessoa que morre diante de mim e a compaixão por sua dor preenchendo meu ser. Com toda intensidade possível, invoco então a presença dos meus mestres, dos budas e dos seres iluminados com quem tenho particular conexão. Reunindo todos os meus poderes de devoção e fé, vejo-os gloriosos sobre a pessoa que está morrendo, contemplando-a com amor, derramando sobre ela bênçãos e luz, purificando-a de todo o seu carma passado e da agonia presente. E, enquanto faço isso, continuo a orar para que essa pessoa que está diante de mim seja poupada de mais sofrimento e encontre a paz e a liberação.

Faço isso com a mais profunda concentração e fervor, e então procuro repousar na natureza da minha mente, permitindo que sua paz e radiância penetrem a atmosfera do lugar em que me encontro. Muitas, mas muitas vezes, fui tomado de admiração e respeito ao sentir a visitação de uma presença sagrada que se estabelece muito naturalmente e traz inspiração para a pessoa que morre.

Vou agora dizer uma coisa que pode surpreendê-lo. *A morte pode ser muito inspiradora.* Nas minhas experiências com pessoas que vão morrer, sempre me surpreendo pela maneira como minhas orações e invocações transformam a atmosfera do lugar; minha própria fé se aprofunda quando percebo a efetividade dessa invocação e da presença dos budas. Descobri que estar perto dos que estão morrendo tornou minha prática muito mais poderosa.

Às vezes vejo que aquele que vai morrer também sente essa atmosfera de profunda inspiração e fica grato por ter proporcionado a oportunidade em que, juntos, conseguimos um momento transformador e de real enlevo.

DANDO ESPERANÇA E ENCONTRANDO O PERDÃO

Quero destacar dois pontos na ação de dar ajuda espiritual aos que morrem: dar esperança e encontrar o perdão.

Sempre que você está com uma pessoa que vai morrer, enfatize o que ela realizou e fez bem durante a vida. Ajude-a a se sentir tão construtiva e feliz quanto possível no que diz respeito à sua vida. Concentre-se nas suas virtudes e não nos seus defeitos. As pessoas que estão morrendo são muito vulneráveis à culpa, ao remorso e à depressão. Permita que a pessoa expresse isso livremente, ouça-a e aprecie o que diz. Ao mesmo tempo, se for apropriado, não deixe de lembrar-lhe da sua natureza búdica e de encorajá-la a tentar repousar na natureza da mente pela prática da meditação. Recorde-lhe especialmente que o sofrimento e a dor não são tudo o que ela de fato é. Encontre o modo mais sensato e hábil possível de dar-lhe inspiração e esperança. Assim, em vez de se deter nos seus erros, a pessoa pode morrer com a mente num estado mais tranquilo.

Ao homem que perguntava: "Acha que Deus alguma vez perdoará meus pecados?", eu responderia: "O perdão já existe na natureza de Deus, já está lá. Deus já o perdoou, porque Ele é o próprio perdão. 'Errar é humano, perdoar é divino.' Mas e você: pode verdadeiramente perdoar a si mesmo?" Essa é a questão real.

"Seu sentimento de não ser perdoado e de não poder ser perdoado é o que o faz sofrer assim. Mas isso só existe no seu coração ou na sua mente. Já não leu sobre algumas experiências de quase morte em que surge uma grande presença dourada de luz que tudo perdoa? E com muita frequência se diz que, no final, somos *nós* que julgamos a nós mesmos.

Para eliminar a sua culpa, peça do fundo do coração pela purificação. Se de fato a pedir, e for a fundo nela, o perdão estará lá. Deus o perdoará, tal como o pai, que na bonita parábola de Cristo, perdoou o filho pródigo. Para ajudar você a se perdoar, lembre das boas coisas que fez, perdoe a todos os demais na vida e peça perdão a quem você possa ter prejudicado."

Nem todos creem numa religião formal, mas acho que quase todos acreditam no perdão. Você pode ser de incomensurável utilidade para os que vão morrer, ajudando-os a ver a aproximação da morte como o tempo perfeito para a reconciliação e a avaliação de uma vida.

Anime aquele que está próximo da morte a fazer as pazes com amigos e parentes, e a desobstruir seu coração de maneira que não reste o menor sinal de ódio ou rancor. Se ele não pode encontrar pessoalmente aqueles de quem se sente afastado, sugira que lhes telefone ou deixe gravada uma mensagem, ou ainda que escreva uma carta pedindo perdão. Se aquele que vai morrer suspeita que o outro não vai perdoá-lo, não é sábio encorajá-lo a confrontar-se com a pessoa diretamente, porque uma resposta negativa só faria aumentar seu sofrimento, que já é grande. E às vezes as pessoas precisam de tempo para perdoar. Sugira que deixe uma mensagem pedindo perdão, e ficará a certeza de que se fez o melhor possível. O importante é remover a raiva, o ressentimento de seu coração. Vi muitas vezes, ao longo da vida, pessoas cujo coração havia endurecido pelo ódio a si próprias e pela culpa, e que com o simples ato de pedir perdão encontraram paz e energia insuspeitadas.

Todas as religiões dão ênfase ao poder do perdão, que nunca é tão necessário nem tão profundamente sentido quanto na proximidade da morte. Através do perdoar e do ser perdoado purificamo-nos da escuridão gerada por aquilo que fizemos e preparamo-nos para a jornada através da morte.

ENCONTRANDO UMA PRÁTICA ESPIRITUAL

Se seu amigo ou parente que está morrendo tem alguma familiaridade com qualquer espécie de prática meditativa, encoraje-o a ficar meditando o mais possível, e medite com ele quando a morte se aproximar. Se ele tem alguma abertura para a ideia da prática espiritual, ajude-o a encontrar um tipo de prática simples e adequada e faça-a com ele com frequência e continue lembrando gentilmente de praticar quando a morte estiver próxima.

Seja criativo e imaginoso em torno dessa ajuda num momento crucial, porque muito depende disso: toda a atmosfera do morrer pode ser transformada, se a pessoa que está morrendo encontrar uma prática que consiga fazer, do fundo do coração, no momento da passagem. Há muitos aspectos da prática espiritual; use sua perspicácia e sensibilidade para encontrar aquele com o qual a pessoa possa ter mais conexão: pode ser o perdão, a purificação, a dedicação ou sentir a presença da luz ou do amor. E quando você a ajuda a começar a prática, reze com toda a força do seu coração e mente para que tenha sucesso; reze para que sejam dadas a ela toda disposição, energia e fé para seguir o caminho que escolheu. Já vi pessoas no último estágio antes da morte física que, usando uma oração, mantra ou simples visualização com que realmente tinham feito contato no coração, conseguiram um crescimento espiritual dos mais surpreendentes.

Stephen Levine conta a história de uma mulher que ele estava acompanhando, e que morria de câncer.[2] Ela se sentia perdida porque, embora tivesse uma devoção espontânea e natural por Jesus Cristo, havia abandonado a Igreja. Juntos, eles exploraram a questão para ver como ela poderia fortalecer aquela fé e devoção. Ela mesma acabou descobrindo que, se alguma coisa podia renovar sua ligação com Cristo e fazê-la reencontrar naquele momento a confiança que tivera antes, era repetir continuamente a oração: "Nosso Senhor Jesus Cristo, tende piedade de mim". Dizendo essa prece ela abriu seu coração e passou a sentir a presença de Cristo ali com ela, em todos os momentos.

A PRÁTICA ESSENCIAL DE PHOWA

A mais valiosa e mais forte de todas as práticas que encontrei tratando dos que iam morrer, e que vi um número imenso de pessoas adotar com entusiasmo, foi a prática da tradição tibetana chamada Phowa (pronuncia-se "pôua"), que significa transferência da consciência.

A prática de Phowa para os que vão morrer foi usada por amigos, parentes e mestres, com muita naturalidade e simplicidade, em todo o mundo moderno – na Austrália, na América, na Europa. Milhares de pessoas tiveram a oportunidade de morrer serenamente graças ao seu poder. Sinto muita alegria em tornar a *essência* da prática de Phowa acessível àqueles que desejam usá-la.

Quero enfatizar que esta é uma prática que qualquer um pode adotar. É muito simples, mas é também a mais importante que podemos fazer a fim de nos preparar para a nossa morte. É a prática a que dou mais destaque quando ensino meus estudantes a ajudar seus amigos e parentes que vão morrer, bem como seus entes queridos que já morreram.

Prática Um

Primeiro verifique se está confortavelmente instalado e tome a postura de meditação. Se está fazendo esta prática e a sua morte está próxima, sente-se da maneira mais confortável que puder ou pratique deitado mesmo.

Traga então a sua mente para casa, solte-se e relaxe por completo.

1. No céu à sua frente, invoque a personificação de uma verdade em que acredite, qualquer que seja, na forma de luz irradiante. Escolha o ser divino ou santo de quem se sinta próximo. Se é budista, invoque um buda com quem sente uma grande afinidade. Se é cristão praticante, sinta de todo coração a presença viva e imediata de Deus, do Espírito Santo, de Jesus ou da Virgem Maria. Se não se sente ligado a qualquer figura espiritual em particular, simplesmente imagine uma forma de pura luz dourada no céu diante de você. O importante é que considere que o ser que está visualizando ou cuja presença sente *é* a encarnação da verdade, sabedoria e compaixão de todos os budas, santos, mestres e seres iluminados. Não se preocupe se não pode visualizá-lo com muita clareza, apenas preencha seu coração com a sua presença e acredite que ele está ali.

2. Concentre então a mente, seu coração e alma na presença que invocou, e reze:

Através da vossa bênção, da vossa graça e sob vossa direção,
pelo poder da luz que de vós emana:
Possa meu carma negativo, minhas emoções destrutivas,
obscurecimentos e bloqueios serem purificados e
removidos;
Possa eu me ver perdoado de todo o mal que fiz e que pensei,
Possa eu consumar essa profunda prática de Phowa, e ter
uma morte boa e serena,
E pelo triunfo da minha morte possa eu ser capaz de ajudar
todos os outros seres, vivos ou mortos.

3. Agora imagine que a presença de luz que você invocou foi tocada de tal modo com sua oração sincera e espontânea que ele ou ela responde com um sorriso amoroso, e envia a você amor e compaixão, num feixe de raios de luz provenientes do coração dele ou dela. Quando essa luz toca e penetra você, purifica e limpa todo seu carma negativo, suas emoções destrutivas e obscurecimentos, que são a causa do sofrimento. Você percebe e sente que está totalmente imerso na luz.

4. Agora você está totalmente purificado e curado pela corrente de luz que emana da presença que invocou. Pense que seu próprio corpo, ele mesmo criado pelo carma, agora se dissolve por completo na luz.

5. O corpo de luz que você é agora eleva-se no céu e se funde com a abençoada presença de luz.

6. Permaneça nesse estado de unidade com a presença pelo maior tempo que puder.

Prática Dois

1. Para simplificar ainda mais essa prática comece, como antes, em total quietude, e aí invoque a presença da personificação da verdade.

2. Imagine sua consciência como uma esfera de luz no seu coração, que brilha radiosa e se lança para fora de você como uma estrela cadente, alcançando o coração da presença que está à sua frente.

3. Sua luz se dissolve e se funde com a presença que você invocou.

Através dessa prática você coloca a sua mente na mente de sabedoria do Buda ou do ser iluminado que escolheu, o que é o mesmo que entregrar sua alma na natureza de Deus. Dilgo Khyentse Rinpoche diz que isso é como jogar uma pedra num lago; pense nela mergulhando cada vez mais fundo na água. Imagine que pela bênção sua mente se transforma na mente de sabedoria dessa presença iluminada.

Prática Três

O essencial nesta prática consiste em deixar fundir sua mente na mente de sabedoria da pura presença. Pense nisto: "Minha mente e a mente do Buda são uma só".

Escolha a versão de Phowa com que se sente melhor, ou a que tem mais apelo para você num momento particular. Às vezes, as práticas mais poderosas são as mais simples. Mas não importa qual você escolha, lembre-se que é vital reservar alguns momentos a partir de agora mesmo para familiarizar-se com ela. De que outro modo você teria a confiança de fazê-la para si mesmo, ou para outros, no momento da morte? Meu mestre Jamyang Khyentse escreveu: "Se você medita e pratica desse modo sempre, no momento da morte tudo ocorrerá mais facilmente".[3]

Você deve se familiarizar de tal maneira com a prática de Phowa que ela se tornará um reflexo natural, a sua segunda natureza. Se viu o filme *Gandhi*, sabe que quando ele foi alvejado sua reação foi gritar "Rama... Rama!", que é na tradição hindu o nome sagrado de Deus. Lembre-se de que nunca sabemos como vamos morrer, ou se nos será dado tempo para recordar alguma espécie de prática. Que tempo teremos, por exemplo, se batermos nosso carro num caminhão a 160 quilômetros por hora, numa estrada? Não haverá, então, nem um único segundo para pensar em como fazer Phowa ou para conferir as instruções neste livro. Ou estamos familiarizados com Phowa ou não estamos. Há um modo simples de avaliar isso: observe suas reações quando está numa situação crítica ou num momento de crise, como num terremoto ou num pesadelo. Você reage fazendo a prática ou não? No caso positivo, quão estável e confiante é essa sua prática?

Lembro-me de uma aluna minha na América, que um dia saiu para cavalgar. O cavalo a derrubou e seu pé ficou preso no estribo, de modo que ela foi sendo arrastada pelo chão. Sua mente parou de funcionar. Tentou desesperadamente lembrar alguma prática, mas nada lhe vinha ao espírito. Ficou aterrorizada. O bom desse terror foi que a fez compreender que a prática tinha que se tornar a sua segunda natureza. Essa foi a lição que ela teve de aprender; e é de fato a lição que todos temos de aprender. Pratique Phowa tão intensamente quanto puder, até estar certo de que reagirá a qualquer situação imprevista praticando-o. Isso vai dar-lhe a certeza de que, não importa quando a morte venha, você estará preparado para recebê-la.

USANDO A PRÁTICA ESSENCIAL DE PHOWA PARA AJUDAR OS QUE VÃO MORRER

Como usar estes exercícios para auxiliar alguém que está morrendo?

O princípio e a sequência da prática são exatamente os mesmos: a única diferença é que você visualiza o Buda ou outra figura espiritual sobre a cabeça de quem está morrendo.

Imagine que os raios de luz estão descendo sobre ele, purificando todo o seu ser, e então ele se dissolve na luz e se funde com a presença espiritual.

Faça esta prática durante todo o tempo que seus entes queridos estejam doentes, mas especialmente (e mais importante) quando a pessoa estiver no seu último sopro, ou assim que possível, depois de a respiração ter cessado e antes que o corpo seja de algum modo tocado ou perturbado. Se a pessoa que morre sabe que você vai fazer a prática por ela, e sabe qual é, isso poderá ser uma notável fonte de inspiração e conforto.

Sente-se tranquilo com a pessoa que morre e ofereça uma vela à imagem ou à estátua do Buda, de Cristo ou da Virgem Maria. Faça então a prática por ela. Se for o caso, pratique em silêncio, de modo que aquele que vai morrer nem perceba o que você está fazendo. Por outro lado, se ele estiver aberto a isso, como é comum ocorrer com os que vão morrer, partilhe com ele sua prática e explique-lhe como é feita.

As pessoas me perguntam com frequência: "Se meu amigo ou parente que está morrendo for um cristão praticante e sendo eu budista, há algum problema?" Como poderia haver? Costumo dizer então: você está invocando a verdade, e Cristo e Buda são ambos compassivas manifestações dessa verdade que, para ajudar os humanos, aparece de maneiras diferentes.

Sugiro enfaticamente aos médicos e enfermeiras que também eles podem fazer Phowa para os seus pacientes que vão morrer. Imagine como a atmosfera num hospital pode mudar de modo maravilhoso se aqueles que assistem os que morrem também fizerem a prática. Lembro-me da morte de Santem na minha infância, quando meu mestre e os monges praticavam para ele. Como tudo aquilo era forte e renovador! Minha oração mais profunda é para que todos possam morrer na mesma graça e na paz em que ele morreu.

Formulei esse Phowa condensado especialmente a partir da prática tradicional tibetana pelos que vão morrer, e ele incorpora todos os seus princípios mais importantes. Assim, não se trata só de uma prática visando os que estão para morrer, mas também de algo que pode ser usado tanto para purificar quanto para curar; é igualmente importante para sãos e doentes. Se alguém vai ser curado, a prática ajudará nessa cura; se vai morrer, há de curar seu espírito na morte; se a pessoa já morreu, continuará a purificá-la.

Se você não tem certeza se uma pessoa que está seriamente doente vai sobreviver ou morrer, então sempre que a visitar pratique Phowa por ela. E quando for para a sua casa, repita lá a prática. Quanto mais a fizer, tanto mais seu amigo que vai morrer será purificado. Você nunca sabe se o verá de novo ou se estará presente no desenlace final. Desse modo, feche cada visita com essa prática, apenas como uma preparação, e siga praticando em todos os momentos livres que tiver.[4]

DEDICANDO A NOSSA MORTE

Do *Livro Tibetano dos Mortos:*

> *Ó filho/filha de uma família iluminada*[5]*, chegou agora aquilo que é chamado "morte"; adote, assim, esta atitude: "Cheguei à hora da minha morte e agora, por meio dela, abraçarei somente a atitude do estado iluminado da mente, do amor, da bondade e da compaixão, e atingirei a perfeita iluminação para o benefício de todos os seres sencientes cujo número é tão ilimitado quanto o espaço..."*

Uma das minhas alunas veio até mim recentemente e disse: "Meu amigo tem só vinte e cinco anos. Está sofrendo e vai morrer de leucemia. Ele já está terrivelmente amargo, e eu aterrorizada com a possibilidade de ele cair no desespero". E ela me perguntava: "Que posso fazer com esse sofrimento horrível e inútil?"

Meu coração voou para ela e seu amigo. Talvez nada seja mais doloroso do que acreditar que é inútil a dor que você está atravessando. Disse a ela que havia um modo de seu amigo transformar sua morte desde já, mesmo com a imensa dor que o envolvia. Era dedicar, de todo coração, o sofrimento da sua morte, e a morte em si, ao benefício e à felicidade suprema dos outros.

Disse a ela que lhe falasse: "Sei como é grande sua dor. Imagine agora todos os que no mundo sofrem como você, alguns talvez até mais. Encha seu coração de compaixão por eles. E reze para aquele em que acredita, pedindo que o seu sofrimento possa aliviar o deles. Ofereça muitas e muitas vezes o seu sofrimento para aliviar o dos demais. E logo descobrirá em si mesmo uma nova fonte de energia, uma compaixão que agora dificilmente poderia imaginar, assim como uma certeza absoluta de que seu sofrimento não só não é inútil como tem um significado maravilhoso".

O que eu estava descrevendo para a minha aluna era de fato a prática do Tonglen, que já partilhei com você, mas que toma um significado muito especial quando alguém tem uma doença terminal ou está morrendo.

Se você tem uma doença como o câncer ou a AIDS, tente do modo mais intenso que puder imaginar cada pessoa no mundo que tem a mesma doença que você.

Diga a si mesmo com profunda compaixão: "Possa eu ficar com o sofrimento de todos aqueles que têm essa doença terrível. Possam eles se libertar dessa aflição, e de todo sofrimento".

Imagine então que as doenças e tumores dessas pessoas abandonam seus corpos na forma de fumaça e se dissolvem na doença e nos tumores que você tem. Você inspira todos os sofrimentos delas e expira a cura e o bem-estar completos. Acredite com absoluta convicção, a cada vez que pratica, que com isso os outros agora estão curados.

À medida que a sua morte se aproxima, diga continuamente a si mesmo: "Possa eu tomar para mim o sofrimento, o medo e a solidão de todos os que no mundo inteiro estão morrendo ou vão morrer. Possam todos eles livrar-se da dor e da confusão; possam todos encontrar conforto e paz de espírito. Possa o sofrimento que atravesso agora e que atravessarei no futuro ajudá-los a ter um bom renascimento e atingir a iluminação suprema".

Conheci um artista em Nova York que estava morrendo de AIDS. Era um tipo sarcástico que desprezava as religiões institucionalizadas, embora alguns de nós suspeitássemos que secretamente ele tinha mais curiosidade espiritual do que admitia. Amigos o convenceram a visitar um mestre tibetano, que logo percebeu que sua maior fonte de frustração e sofrimento era o fato de não ver qualquer utilidade na sua dor, nem para si mesmo nem para qualquer outro. Assim, ensinou-lhe uma só coisa – a prática do Tonglen. Apesar do ceticismo inicial, ele realmente praticou, e todos seus amigos perceberam que ocorreu nele uma extraordinária mudança. Ele próprio contou que, através do Tonglen, a dor que antes parecia horrível e sem sentido tinha agora um propósito quase glorioso. Todos que o conheciam viram de perto como esse novo sentido e significado transformou seus últimos dias. Morreu em paz, reconciliado consigo mesmo e com o sofrimento.

Se a prática de tomar para si o sofrimento dos outros pode

transformar alguém com tão pouca experiência precedente da prática, imagine que poder tem nas mãos de um grande mestre. Quando Gyalwang Karmapa morreu em Chicago, em 1981, um dos seus discípulos tibetanos escreveu:

> *Quando eu o vi, Sua Santidade já tinha passado por muitas operações, algumas partes do seu corpo tinham sido removidas, coisas tinham sido colocadas nele, seu sangue sofrera transfusões, e assim por diante. A cada dia os médicos descobriam sintomas de uma nova doença, só para vê-la no dia seguinte substituída por outro mal, como se todas as doenças do mundo encontrassem espaço no seu corpo. Por dois meses ele não ingeriu qualquer alimento sólido e os seus médicos perderam as esperanças. Era impossível para ele continuar vivendo, e os médicos acharam que os aparelhos que o mantinham preso à vida deviam ser desligados.*
>
> *Mas o Karmapa disse: "Não, eu vou viver. Deixem os aparelhos ligados". E ele viveu mesmo, surpreendendo os médicos e ficando aparentemente à vontade com a situação – bem-humorado, sorridente, brincalhão, como se se alegrasse com tudo o que seu corpo sofria. Pensei então, com a convicção mais clara possível, que o Karmapa havia se submetido a todas aquelas incisões, à manifestação de todas aquelas doenças do corpo, à falta de comida, de modo absolutamente intencional e voluntário: ele estava sofrendo deliberadamente todas essas doenças para reduzir as vindouras dores da guerra, da enfermidade, da fome, trabalhando assim de modo voluntário para prevenir e evitar o sofrimento terrível desta época sombria. Para nós que a testemunhamos, a sua morte foi uma inspiração inesquecível. Ela revelou em profundidade a eficácia do Dharma[6] e o fato de que a iluminação pelo benefício dos outros pode realmente ser obtida.[7]*

Sei, e nisso acredito firmemente, que ninguém na Terra precisa morrer com ressentimento e amargor. Nenhum sofrimento, por mais terrível que seja, é ou pode ser desprovido de sentido quando é dedicado ao alívio do sofrimento dos outros.

Temos diante de nós nobres e exaltados exemplos de mestres supremos da compaixão, de quem se diz que viveram e morreram na prática do Tonglen, tomando para si a dor de todos os seres sencientes enquanto inspiravam, e pondo para fora a cura para o mundo quando expiravam, a sua vida inteira, até o último sopro. Tão ilimitada e poderosa é a compaixão deles, diz o ensinamento, que no instante da morte ela os conduz a um renascimento num reino búdico.

Como se transformaria o mundo e a nossa experiência se cada um de nós, enquanto vivos ou no momento de morrer, pudéssemos dizer esta oração, com Shantideva e todos os mestres da compaixão:

Possa eu ser um protetor dos desprotegidos,
Um guia dos que viajam,
E um barco, uma ponte, uma passagem,
Para os que desejam a outra margem.

Que a dor de cada criatura viva
Possa ser completamente afastada.
Que eu possa ser médico e remédio
E o enfermeiro
De todos os seres doentes do mundo
Até que todos estejam curados.

Tal como o espaço
E os grandes elementos como a terra,
Possa eu sempre sustentar a vida
De todas as infinitas criaturas.

E até que elas transponham a dor
Possa eu também ser a fonte de vida
Para todos os reinos de diferentes seres
Que se estendem até os confins do espaço.[8]

QUATORZE

AS PRÁTICAS PARA O MOMENTO DA MORTE

Lembro como as pessoas vinham frequentemente até meu mestre, Jamyang Khyentse, apenas para pedir sua orientação no momento da morte. Ele era tão amado e reverenciado em todo o Tibete, especialmente na província oriental de Kham, que alguns viajavam meses para encontrá-lo e receber suas bênçãos ao menos uma vez antes de morrer. "Livre-se do apego e da aversão. Mantenha pura sua mente. E una sua mente com o Buda", todos meus mestres transmitiam isto como seu conselho, porque é de fato a essência daquilo que é necessário quando você chega ao momento da morte.

A atitude budista no momento da morte, em seu todo, pode ser resumida neste único verso de Padmasambhava, do ciclo do *Livro Tibetano dos Mortos*:

Agora que o bardo da morte desponta sobre mim,
Abandonarei toda possessividade, anseio e apego,
Entrarei sem distração na lúcida experiência do
ensinamento,
E lançarei minha consciência no espaço do incriado
Rigpa;
Ao deixar este corpo formado de carne e de sangue
Saberei que ele é uma ilusão transitória.

No momento da morte há duas coisas que contam: o que fizemos em nossa vida e o estado em que a nossa mente se encontra. Mesmo que tenhamos acumulado muito carma negativo, se formos realmente capazes de fazer uma mudança de coração no momento da morte, isso pode influenciar decisivamente o nosso futuro e transformar o nosso carma, pois esse momento é uma oportunidade excepcionalmente poderosa para purificar o carma.

O MOMENTO DA MORTE

Lembre-se de que todos os hábitos e tendências acumulados na base da nossa mente ordinária estão prontos para ser ativados por qualquer influência. Sabemos que basta a menor provocação para trazer as nossas reações instintivas e habituais à superfície. Isso é especialmente verdadeiro no momento da morte. O Dalai Lama explica:

> No momento da morte, as atitudes com que temos familiaridade há muito tempo impõem-se e determinam o renascimento. Por essa mesma razão, o eu gera um forte apego, já que tememos que esse eu esteja se tornando inexistente. Tal apego serve como elo de conexão com o estado intermediário entre as vidas, enquanto o gosto por um corpo age por sua vez como causa que estabelece o corpo do ser intermediário (bardo).[1]

Desse modo, o estado da nossa mente no instante da morte é absolutamente importante. Se morremos com a mente estruturada de maneira positiva, podemos melhorar nosso próximo nascimento, apesar do nosso carma negativo. E se estamos aborrecidos e angustiados, isso exerce um efeito prejudicial, mesmo que tenhamos vivido bem nossa vida. Isso significa que *o último pensamento ou emoção que temos antes de morrer tem um efeito determinante e extremamente poderoso no nosso futuro imediato.* Assim como a mente de um louco está quase sempre ocupada por uma obsessão que volta de tempo em tempo, no instante da morte também nossa mente está totalmente vulnerável e exposta a quaisquer pensamentos que então nos preocupem. Esse último pensamento ou emoção que temos pode ser ampliado além de toda proporção e inundar toda nossa percepção. É por isso que os mestres afirmam que a qualidade da atmosfera que nos cerca quando morremos é crucial. Com os nossos amigos e parentes devemos fazer tudo o que estiver ao alcance para inspirar emoções positivas e sentimentos sagrados como amor, compaixão e devoção, e igualmente ajudá-los a "abandonar toda possessividade, anseio e apego".

ABRINDO MÃO DO APEGO

A maneira ideal de uma pessoa morrer é tendo aberto mão de tudo, interna e externamente, de modo que reste o menos possível de anseio, ganância e apego a que a mente possa, no momento essencial, se agarrar. Assim, antes de morrer deveríamos tentar nos livrar do nosso apego às posses, aos amigos e aos entes queridos. Não podemos levar nada conosco e por isso devemos fazer planos para dar nossos pertences de antemão, como presentes e oferendas de caridade.

Antes de deixar o corpo, os mestres no Tibete indicam o que gostariam de deixar para os outros instrutores. Às vezes, um mestre que tem a intenção de reencarnar no futuro deixa um grupo particular de objetos para a sua futura reencarnação, indicando claramente aquilo que deseja deixar. Estou convencido de que também deveríamos ser precisos a respeito de quem irá receber os nossos bens e nosso dinheiro. Essa vontade deve ser expressa de maneira tão lúcida quanto possível. Se não o for, depois da sua morte, estando você no bardo do vir a ser, verá seus parentes tendo discussões sobre os seus bens ou usando mal seu dinheiro, e isso vai perturbá-lo. Diga com precisão quanto do seu dinheiro deve ser dedicado à caridade ou a outros propósitos espirituais, ou quanto deve ser dado a cada um dos parentes. Tornar claro, até os últimos detalhes, deixará você tranquilo e o ajudará a verdadeiramente soltar-se de tudo.

Como já disse, é essencial que a atmosfera em volta de nós quando morremos seja a mais pacífica possível. Assim, os mestres tibetanos aconselham que os parentes e amigos aflitos não devem estar presentes à cabeceira de quem morre, para que não provoquem emoções perturbadoras no momento da morte. Funcionários de asilos contaram que pessoas que estão morrendo às vezes pedem que suas famílias não os visitem nesse momento, justamente em virtude do medo de que eles evoquem sentimentos dolorosos e forte apego. Em alguns casos isso pode ser muito difícil de as famílias entenderem; elas podem achar que não são amadas por aquele que está morrendo. Devem ter em mente, no entanto, que a mera presença de pessoas queridas pode desencadear fortes sentimentos de apego na pessoa que vai morrer, tornando a sua partida mais difícil do que nunca.

É extremamente difícil não chorar quando se está à cabeceira de alguém que se ama e está morrendo. Aconselho a todos que façam o melhor que puderem para afastar do que está morrendo todo apego e sofrimento, quando a morte chega de fato. Chorem juntos, expressem seu amor e digam adeus, mas tentem encerrar esse processo antes que a morte chegue. Se possível, é melhor que parentes e amigos não revelem excessivo pesar no instante da morte, porque a consciência da pessoa que morre está excepcionalmente vulnerável nesse instante. O *Livro Tibetano dos Mortos* diz que o choro e as lágrimas em torno do leito de uma pessoa são sentidos por ela como uma tempestade de trovões e granizo. Mas não se preocupe se tiver um acesso de choro junto ao leito de uma pessoa que morre. Não se pode evitar e não há razão para se aborrecer ou sentir-se culpado.

Uma das minhas tias-avós, Ani Pelu, era uma extraordinária praticante espiritual. Ela estudou com alguns dos legendários mestres de seu tempo, especialmente com Jamyang Khyentse, e ele a abençoou escrevendo-lhe um especial "conselho do coração". Robusta e redonda, era de fato a chefe da nossa família, com um belo e nobre rosto e uma natureza desinibida e até temperamental de ioguine. Parecia ser uma mulher muito prática, que tomou para si o encargo de administrar os assuntos da família. Mas um mês antes de morrer Ani mudou por completo e da maneira mais tocante. Ela, que sempre fora tão atarefada, deixou tudo de lado, com calmo e descuidado abandono. Parecia estar em estado contínuo de meditação e ficava cantando as suas passagens favoritas dos escritos de Longchenpa, o santo do Dzogchen. Ela que sempre gostara de comer carne, pouco antes de morrer não mais queria tocar nesse alimento. Tinha sido a rainha do seu mundo e poucas pessoas tinham pensado nela como uma ioguine. Na sua morte mostrou quem era realmente, e nunca vou me esquecer da paz profunda que dela irradiou naqueles dias.

De muitas maneiras, Ani Pelu foi meu anjo da guarda. Acho que me amava de modo especial porque não tinha filhos. Meu pai estava sempre muito ocupado como administrador de Jamyang Khyentse e minha mãe também vivia ocupada com a imensa família; ela jamais pensava em coisas das quais Ani Pelu nunca se esquecia. Ani Pelu perguntava sempre ao meu mestre: "O que vai ser desse menino quando crescer? Será que terá obstáculos?". E às vezes o mestre lhe respondia coisas que nunca diria a respeito do meu futuro, se ela não estivesse ali para insistir.

No fim da sua vida, Ani Pelu tinha uma enorme serenidade em seu ser e estabilidade na sua prática espiritual; mas mesmo ela, quando estava para morrer, pediu para que eu não estivesse presente, a fim de evitar que o seu amor por mim pudesse lhe trazer um momento de apego. Isso mostra o quanto levava a sério o conselho de seu amado mestre Jamyang Khyentse: "No momento da morte deixe de lado todos os pensamentos de apego e de aversão".

ENTRANDO NA CLARA CONSCIÊNCIA

Sua irmã Ani Rilu também passou a vida inteira praticando e encontrou os mesmos grandes mestres. Tinha um grosso livro de orações que recitava o dia inteiro. De tempo em tempo ela cochilava um pouco e quando acordava continuava a prática do ponto em que havia parado. Ela fazia a mesma coisa dia e noite, de modo que quase nunca dormia uma noite inteira, e comumente terminava fazendo sua prática matutina à noite e a prática noturna pela manhã. Sua irmã mais velha, Pelu, era uma pessoa mais resoluta e disciplinada, e quando já estava idosa não suportava esse rompimento infindável da rotina normal. Ela dizia: "Por que você não faz sua prática matutina de manhã e a prática noturna à noite, e apaga a luz antes de ir para a cama como todo mundo faz?" Ani Rilu murmurava: "Sim, sim", mas continuava exatamente do mesmo jeito.

Naqueles dias eu teria ficado do lado de Ani Pelu, mas agora entendo a sabedoria contida no que Ani Rilu fazia. Ela estava mergulhando numa corrente de prática espiritual e a sua vida inteira e o seu ser tinham se tornado um fluxo contínuo de oração. De fato, penso que sua prática era tão forte que lhe permitia continuar orando até nos sonhos, e qualquer um que faz isso tem uma chance muito boa de liberação nos bardos.

A morte de Ani Rilu teve a mesma qualidade serena e passiva que a da sua existência. Ficou doente por algum tempo, e eram nove horas de uma manhã de inverno quando a mulher de meu mestre sentiu que a morte de Ani Rilu se aproximava depressa. Embora nessa fase já não pudesse falar, ela ainda se conservava alerta. Rapidamente mandou-se alguém para pedir a Dodrupchen Rinpoche, um notável mestre que vivia por perto, que viesse dar uma última orientação e fazer Phowa, a prática da transferência de consciência no momento da morte.

Em nossa família havia um velho chamado A-pé Dorje, que morreu em 1989 com a idade de oitenta e cinco anos. Ele viveu com a minha família por cinco gerações e era um homem cujo bom senso, sabedoria de avô, excepcional força moral e bondade de coração, bem como o dom de reconciliar disputas, tornaram-no para mim a encarnação de tudo que o Tibete tem de bom – uma pessoa vigorosa, terrena e comum que viveu espontaneamente no espírito dos ensinamentos.[2] Ele me ensinou muito quando menino, principalmente o quanto é importante ser bondoso com os outros e a nunca abrigar pensamentos negativos, mesmo se alguém nos faz mal. Tinha o dom natural de comunicar valores espirituais do modo mais simples; ele quase que seduzia cada um a ser aquilo que há de melhor em si mesmo. A-pé já nasceu contador de histórias e me mantinha entretido, criança que eu era, com histórias de fadas, contos do épico Gesar ou narrativas das lutas nas províncias orientais quando a China invadiu o Tibete, no começo dos anos 50. Onde quer que fosse levava luz e alegria, bem como um humor que fazia qualquer situação difícil parecer menos complicada. Mesmo quando estava beirando seus oitenta anos, lembro bem, era ainda animado e ativo, indo às compras todo dia, coisa que fez quase até o dia da sua morte.

A-pé Dorje tinha o hábito de fazer compras todas as manhãs por volta das nove horas. Ouvira dizer que Ani Rilu estava à beira da morte e foi visitá-la em seu quarto. Tinha o costume de falar bem alto, quase gritando. "Ani Rilu", bradou. Ela abriu os olhos. "Minha cara menina", disse ele irradiando afeto, com seu sorriso encantador, "agora é hora de mostrar sua verdadeira têmpera. Não vacile. Não hesite. Você foi tão abençoada encontrando mestres tão maravilhosos e recebendo ensinamentos de todos eles. Não só isso: também teve a oportunidade de praticar. O que mais poderia pedir? Agora, tudo o que precisa fazer é manter a essência dos ensinamentos no seu coração, especialmente a instrução para o momento da morte que seus mestres lhe deram. Guarde isso na mente e não se distraia".

"Não se preocupe conosco. Estaremos bem. Vou fazer compras agora e talvez quando voltar já não veja você. Sendo assim, adeus." Disse isso com um enorme sorriso. Ani Rilu ainda estava lúcida e o modo como ele disse aquilo fez com que ela sorrisse com gratidão, e fizesse um ligeiro sinal com a cabeça.

A-pé Dorje sabia que é vital, quando nos aproximamos da morte, concentrar a essência de toda a nossa prática espiritual numa "prática do coração" que incorpore tudo. O que ele disse a Ani Rilu resume a terceira linha do verso de Padmasambhava, que nos diz, referindo-se ao instante da morte: "Entrarei atento na lúcida experiência do ensinamento".

Para alguém que conquistou o reconhecimento da natureza da mente e o estabilizou na sua prática, isso significa repousar no estado de Rigpa. Se você não tem essa estabilidade, lembre-se no fundo do seu coração da essência dos ensinamentos de seu mestre, especialmente as instruções para o momento da morte. *Tenha-as na mente e no coração, pense em seu mestre e faça sua mente uma só com a dele, enquanto ocorre a sua morte.*

AS INSTRUÇÕES PARA MORRER

Uma imagem frequentemente usada para caracterizar o bardo da morte é a da bela atriz sentada em frente ao espelho. Seu último espetáculo está prestes a começar, e ela retoca a maquiagem e verifica sua aparência antes de entrar no palco pela última vez. Exatamente assim, no momento da morte o mestre reapresenta a nós a verdade essencial dos ensinamentos – no espelho da natureza da mente – e nos orienta de modo direto para o coração da nossa prática. Se o nosso mestre não está presente, amigos espirituais que têm uma boa relação cármica conosco poderão estar lá para ajudar-nos a lembrar.

Diz-se que o melhor momento para essa introdução é depois que a respiração externa cessou e antes do fim da "respiração interna", embora seja mais seguro começar durante o processo de dissolução, antes que os sentidos entrem em colapso. Se você não tiver a oportunidade de ver seu mestre pouco antes de morrer, precisará receber e familiarizar-se com essas instruções bem antes.

Se o mestre está presente, o que ele ou ela fará segundo nossa tradição é o que se segue. Primeiro, diz palavras como: "Ó filho/filha de uma família iluminada, ouça com atenção...", e aí nos conduz pelos estágios do processo de dissolução, um a um. Resumirá então a essência da introdução, poderosa e explicitamente, em poucas e pungentes palavras, de maneira a criar uma forte impressão em nossa mente e pedindo-nos para repousar na natureza da mente. Se isso estiver acima da nossa capacidade, o mestre nos lembrará da prática de Phowa, se estamos familiarizados com ela; caso contrário, fará a prática de Phowa para nós. Então, como precaução adicional, o mestre pode também explicar a natureza das experiências dos bardos após a morte; e como todas elas são, sem exceção, projeções da nossa própria mente, ele nos inspirará a confiança para reconhecer isso a cada momento. "Ó filho ou filha, o que quer que veja, por mais apavorante que possa parecer, reconheça como a projeção da sua própria mente; reconheça-o como a luminosidade e a irradiação da sua própria mente."[3] Por último, o mestre nos instruirá a lembrar dos reinos puros dos budas, a gerar devoção e a orar para renascer lá. Ele repetirá as palavras da introdução três vezes e, permanecendo no estado de Rigpa, dirigirá sua bênção ao discípulo que está morrendo.

AS PRÁTICAS PARA MORRER

Há três práticas fundamentais para morrer:

- O ideal consiste em permanecer na natureza da mente, ou evocar a essência da nossa prática;
- A seguir vem a prática de Phowa, a transferência de consciência;
- Por último, confiar no poder da oração, da devoção, da aspiração e nas bênçãos dos seres iluminados.

Os grandes praticantes do Dzogchen, como já disse, atingiram a completa realização da natureza da mente durante a vida. Assim, quando morrem precisam apenas continuar a repousar e permanecer no estado de Rigpa, enquanto fazem a transição através da morte. Não têm necessidade de transferir sua consciência para qualquer reino búdico ou iluminado, uma vez que já tornaram real a mente de sabedoria dos budas dentro de si próprios. A morte para eles é o momento da liberação definitiva – o coroamento da sua realização e a consumação da sua prática. O *Livro Tibetano dos Mortos* tem apenas estas poucas palavras para lembrar isso ao praticante: "Ó Senhor! Agora a Luminosidade Base está nascendo. Reconheça-a e repouse na prática".

Diz-se que aqueles que conseguiram a realização completa da prática do Dzogchen morrem *"como uma criança recém-nascida"*, sem qualquer cuidado ou preocupação com a morte. Não precisam pensar em quando ou onde vão morrer, nem têm necessidade alguma de ensinamentos, instruções ou lembretes.

Dentre os praticantes de nível médio, aqueles dotados de melhor capacidade morrem *"como mendigos na rua"*. Ninguém percebe a sua presença e ninguém os perturba. Devido à estabilidade da sua prática não são em absoluto afetados pelo meio que os cerca. Poderiam morrer com a mesma facilidade num hospital cheio, ou em casa, no meio de uma família cheia de altercações e resmungos.

Nunca me esquecerei de um iogue que conheci no Tibete. Ele era como o flautista de Hamelin da lenda, que todas as crianças seguiam por onde fosse. Em todo lugar que ia estava cantarolando, levando junto toda a comunidade; recomendava a cada um que praticasse e dissesse "OM MANI PADME HUM", o mantra do Buda da Compaixão[4]. Tinha uma grande roda de orações e sempre que alguém lhe dava alguma coisa ele a costurava na roupa, de modo que depois de algum tempo ele próprio se parecia com uma roda de orações, quando girava. Lembro-me também de que tinha um cachorro que o seguia por toda parte. Tratava o animal como se fosse humano, comia a mesma comida que ele, na mesma tigela; dormia perto dele, via-o como se fosse seu melhor amigo e até conversava com ele regularmente.

Poucas pessoas o levavam a sério e alguns o chamavam de "iogue maluco", mas muitos lamas o elogiavam e diziam que não devíamos desprezá-lo. Meu avô e minha família sempre o trataram com respeito, e até o convidavam a entrar na sala de meditação, oferecendo-lhe chá e pão. Segundo os costumes do Tibete jamais se visita alguém de mãos vazias, e um dia ele interrompeu o chá para dizer: "Oh! sinto muito, quase esqueci... este é um presente meu para o senhor!" Ele tomou a própria *kata** do pescoço e o

---

* *Kata*: lenço branco, longo e estreito que se oferece em gesto de boas-vindas ou de bênção. [N. da Revisão Técnica]

pão que meu avô acabara de lhe oferecer e deu-os de volta como se fossem um presente.

Frequentemente dormia ao ar livre. Um dia, no terreno do mosteiro de Dzogchen, ele faleceu: com o cão ao lado, bem no meio da rua, junto a um monte de lixo. Ninguém esperava o que aconteceu então, mas muita gente testemunhou. Em volta do seu corpo apareceu uma esfera deslumbrante com as cores do arco-íris.

Diz-se que dentre os "praticantes de nível médio, aqueles dotados de capacidade razoável morrem *como animais selvagens ou leões, em montanhas nevadas, em grutas de montanha ou vales desertos*". Eles podem tomar conta de si mesmos de forma completa e preferem ir para lugares desertos para morrer tranquilamente, sem serem perturbados ou atingidos pelo espalhafato e exagero dos amigos e parentes.

Os mestres lembrarão aos praticantes realizados as práticas que terão de usar quando se aproximar a morte. Estão aqui dois exemplos que vêm da tradição do Dzogchen. No primeiro, os praticantes são aconselhados a deitarem-se na "posição do leão adormecido". Depois recomenda-se-lhes focalizar a sua consciência nos próprios olhos e fixar o olhar no céu à sua frente. Simplesmente deixando sua mente inalterada, eles repousam nesse estado, permitindo que seu Rigpa se misture com o espaço primordial da verdade. Quando surge a Luminosidade Base da morte, eles entram nela de modo natural, atingindo a iluminação.

Mas isso só é possível para uma pessoa que já estabilizou sua realização da natureza da mente através da prática. Para aqueles que ainda não atingiram esse nível de perfeição, e precisam de um método mais formal para se concentrar, há uma outra prática: visualizar a sua consciência como uma vogal "A" de cor branca e lançá-la para fora através do canal central, saindo pelo topo da cabeça e chegando até o reino búdico. Essa é uma prática de Phowa, de transferência da consciência, e é o método com que meu mestre ajudou Lama Tseten quando ele morreu.

As pessoas que dominaram com sucesso uma dessas duas práticas ainda atravessarão o processo físico da morte, segundo se diz, mas não atravessarão os estados subsequentes do bardo.

PHOWA: A TRANSFERÊNCIA DA CONSCIÊNCIA

Agora que o bardo da morte desponta sobre mim,
Abandonarei toda possessividade, anseio e apego,
Entrarei sem distração na lúcida presença do ensinamento,
E lançarei minha consciência no espaço do incriado Rigpa;
Ao deixar este corpo formado de carne e de sangue
Saberei que ele é uma ilusão transitória.

"Lançarei minha consciência no espaço do incriado Rigpa" refere-se à transferência da consciência, a prática de Phowa, que é a prática mais comumente usada para morrer e a instrução especial associada ao bardo da morte. Phowa é uma prática de ioga e meditação que tem sido usada por séculos para preparar-se para a morte e ajudar os que estão morrendo. O princípio é que no instante da morte o praticante ejeta sua consciência e a funde na mente de sabedoria do Buda, naquilo que Padmasambhava designava como "o espaço do incriado Rigpa". Essa prática pode ser conduzida pelo indivíduo ou efetuada por um mestre qualificado ou um bom praticante, em benefício de quem morre.

Há muitas categorias de Phowa, que correspondem às capacidades, experiências e treinamento de diferentes indivíduos. Mas a prática de Phowa mais usual é aquela conhecida como "Phowa dos três reconhecimentos": *reconhecimento do nosso canal central* [5] *como o caminho; reconhecimento da nossa consciência como o viajante, e reconhecimento do ambiente de um reino búdico como o destino.*

O tibetano comum, com responsabilidades de trabalho e família, não pode devotar toda a sua vida ao estudo e à prática, ainda que tenha imensa fé e confiança nos ensinamentos. Quando seus filhos crescem e aproxima-se o fim de sua vida – o que no Ocidente se chamaria de "aposentadoria" – ele normalmente faz uma peregrinação ou encontra mestres e se concentra na prática espiritual. É frequente, então, que seja treinado em Phowa para preparar-se para a morte. Phowa é referido nos ensinamentos como um método de obter a iluminação sem a experiência de uma vida de prática meditativa.

Na prática de Phowa a presença central invocada é a do Buda Amitabha, o Buda da Luz Sem Limites. Amitabha goza de grande popularidade entre as pessoas comuns na China e no Japão, bem como no Tibete e nos Himalaias. Ele é o Buda primordial da família Padma ou Lótus, que é a família búdica a que pertencem os seres humanos. Ele representa a nossa natureza pura e simboliza a transmutação do desejo, emoção predominante do reino humano. Mais intrinsecamente, Amitabha é a natureza ilimitada e luminosa da nossa mente. Na morte, a verdadeira natureza da mente se manifestará no momento em que surge a Luminosidade Base, embora a maioria de nós não tenha familiaridade com ela a ponto de reconhecê-la. Quão habilidosos e compassivos são os budas por nos terem dado um método como esse para invocar a verdadeira corporificação da luminosidade, na presença radiante de Amitabha!

Seria inadequado explicar aqui os detalhes da prática tradicional de Phowa, que deve sempre e em todas as circunstâncias ser feita sob a orientação de um mestre qualificado. Nunca experimente fazer essa prática por sua própria conta, sem a orientação apropriada.

Na morte, explicam os ensinamentos, nossa consciência, que cavalga um "vento" e assim precisa de uma abertura para deixar o corpo, pode fazê-lo por qualquer uma das nove aberturas. A rota que ela toma determina exatamente em que reino da existência nós vamos renascer. Quando ela deixa o corpo pela abertura da fontanela, no alto da cabeça, vamos renascer, conforme se diz, numa terra pura, onde podemos gradualmente seguir para a iluminação.[6]

Essa prática, quero enfatizar mais uma vez, só pode ser feita sob a supervisão de um mestre qualificado, que tem a bênção para dar a transmissão correta. Não é necessário ter vasto conhecimento intelectual ou profundidade de realização para fazer Phowa com sucesso, mas somente devoção, compaixão, visualização focalizada e um profundo sentimento da presença do Buda Amitabha. O estudante recebe as instruções e então as coloca em prática até que os sinais de realização apareçam. Entre esses sinais estão: coceira no alto da cabeça, dores de cabeça, surgimento de um fluido claro e inchaço ou uma espécie de maciez em torno da fontanela – ou até a abertura de um pequeno orifício ali, onde tradicionalmente se insere a ponta de uma folha de grama como teste ou medida do sucesso da prática.

Há não muito tempo atrás, um grupo de tibetanos idosos instalou-se na Suíça sob a orientação de um mestre de Phowa. Seus filhos, que tinham sido educados no país, eram céticos sobre os efeitos da prática. No entanto, eles se admiraram com a transformação de seus pais, que depois de um retiro de Phowa de dez dias mostraram alguns dos sinais de realização mencionados acima.

Pesquisas sobre os efeitos psicofisiológicos da prática de Phowa foram realizadas pelo cientista japonês Dr. Hiroshi Motoyama. Mudanças fisiológicas precisas no sistema nervoso, no sistema metabólico e no sistema de meridianos da acupuntura foram registradas ao longo desta prática.[7] Uma das descobertas do Dr. Motoyama ao estudar o funcionamento do corpo do mestre de Phowa que ele estava observando foi que os padrões de fluxo da energia pelos meridianos do corpo eram semelhantes aos verificados em pessoas com forte capacidade de percepção extrassensorial. Ele também descobriu, através do uso de eletroencefalograma, que as ondas cerebrais durante a prática de Phowa são muito diversas daquelas encontradas em iogues que praticam outros tipos de meditação. Os resultados mostraram que Phowa envolve a estimulação de certa parte do cérebro, o hipotálamo, e também interrompe a atividade mental consciente ordinária, permitindo que um profundo estado de meditação seja experimentado.

Às vezes dá-se o caso de pessoas comuns terem, através da bênção de Phowa, experiências de visões muito fortes. Esses vislumbres da paz e da luz do reino do Buda, e as visões que essas pessoas têm de Amitabha, lembram certos aspectos das experiências de quase morte. E, como nestas últimas, o sucesso na prática de Phowa também traz confiança e destemor ao enfrentar o momento da morte.

A prática essencial de Phowa, que expliquei no capítulo anterior, é tanto uma prática de cura para os vivos como uma prática para o momento da morte, e *pode ser realizada sempre, sem qualquer perigo.* No entanto, a ocasião adequada para a prática tradicional de Phowa é de suma importância. Por exemplo, diz-se que tentar transferir a consciência de alguém antes do momento da morte natural é equivalente a um suicídio. O momento em que se faz Phowa é quando a respiração externa já cessou e a interna ainda continua. Mas talvez seja mais seguro começar durante o processo de dissolução (descrito no próximo capítulo) e repetir a prática várias vezes.

Assim, quando um mestre que aperfeiçoou o método tradicional de Phowa faz a prática para alguém que está morrendo, visualizando a consciência dessa pessoa e ejetando-a para fora pela fontanela, é essencial que a ocasião seja exata e não cedo demais. Um praticante avançado e com conhecimento do processo da morte pode examinar detalhes como os canais, o movimento dos ventos e o calor do corpo para sentir quando esse momento chegou. Para pedir a um mestre que faça a transferência para alguém que está morrendo, deve-se contatá-lo o mais cedo possível, porque se pode fazer Phowa mesmo a distância.

Muitos obstáculos podem surgir na prática de Phowa. Visto que qualquer estado de espírito pouco saudável, ou mesmo o menor desejo de posse, será um obstáculo quando chegar a hora da morte, você deve tentar não ser dominado nem pelo mais leve anelo ou pensamento negativo. Acreditava-se no Tibete que fica muito difícil fazer Phowa quando no quarto onde está a pessoa que vai morrer há produtos feitos de pele animal ou derivados. Também o cigarro – ou qualquer tipo de droga – tem o efeito de bloquear o canal central, tornando essa prática mais difícil.

Diz-se que "mesmo um grande pecador" pode ser liberado no momento da morte, se tiver a sua consciência transferida para um reino búdico por um mestre poderoso e realizado. E este ainda pode influir sobre o futuro da pessoa através de Phowa, ajudando-a a renascer num reino mais elevado, mesmo se faltar a ela mérito ou prática, ou se a execução de Phowa não for totalmente bem-sucedida. Para que Phowa tenha sucesso, no entanto, as condições devem ser realmente perfeitas. Phowa pode ajudar alguém com forte carma negativo, mas só se ele ou ela tem uma ligação próxima e pura com o mestre que faz a prática, se tem fé nos ensinamentos e se pediu, de todo coração, a purificação.

Num cenário ideal, no Tibete, membros da família normalmente convidariam muitos lamas para fazer Phowa até que sinais de realização se manifestassem. Eles poderiam fazer isso por horas a fio, centenas de vezes, talvez um dia inteiro. Alguns dos que estão para morrer não precisam de mais do que uma ou duas sessões para que se manifeste um sinal. Para outros, mesmo um dia inteiro de prática não é suficiente. Isso, é desnecessário dizer, depende muito do carma daquele que morre.

No Tibete houve praticantes que, mesmo não tendo sido famosos por sua prática, tinham um poder especial de fazer Phowa, e com eles os sinais logo se manifestavam. Há vários sinais, na pessoa que morre, quando um Phowa bem-sucedido é levado a cabo por um praticante. Às vezes um chumaço de cabelo cai da região da fontanela ou um calor ou sopro de vapor é visto ou sentido saindo do alto da cabeça. Em alguns casos excepcionais, os mestres ou praticantes eram de tal modo poderosos que, quando proferiam a sílaba que efetua a transferência, todos na sala perdiam os sentidos, ou um pedaço de osso voava do crânio da pessoa morta quando a consciência era ejetada com imensa força.[8]

A GRAÇA DA ORAÇÃO NO INSTANTE DA MORTE

Sustenta-se na tradição de todas as religiões que morrer num estado de oração é algo imensamente poderoso. Então, o que espero que você possa fazer quando morrer é invocar do fundo do coração todos os budas e o seu mestre. Reze para que todas suas ações negativas nesta e em outras vidas possam ser purificadas pelo seu arrependimento, e você possa morrer consciente e em paz, ganhar um bom renascimento e obter a liberação suprema.

Faça um pedido único e concentrado para renascer ou num reino puro ou como um ser humano, onde possa proteger, nutrir e auxiliar a outros. A tradição tibetana considera que morrer com esse tipo de amor e essa terna compaixão no seu coração, até seu último suspiro, é uma outra forma de Phowa que lhe assegurará pelo menos a obtenção de um outro precioso corpo humano.

É essencial criar o melhor *imprint* possível no fluxo mental antes da morte. A prática mais efetiva de todas para chegar a isso é uma prática simples do Guru Ioga, em que a pessoa que morre funde sua mente com a mente de sabedoria do mestre, do Buda ou de algum ser iluminado. Ainda que você não possa visualizar seu mestre nesse instante, tente ao menos lembrar-se dele, tenha-o no coração e morra em estado de devoção. Quando sua consciência acordar outra vez, após a morte, esse *imprint* da presença dele acordará com você, e você será liberado. Se morrer lembrando-se dele, as possibilidades da graça desse mestre são ilimitadas: mesmo a manifestação de som, luz e cor no bardo do dharmata podem surgir como a bênção do mestre, e a irradiação de sua natureza de sabedoria.

Se o mestre está presente à cabeceira, ele ou ela saberá se tem sua presença estampada no fluxo mental da pessoa que morre. O mestre pode, para afastar a pessoa que morre de outras distrações, fazer alguma observação notável ou significativa. Pode dizer, por exemplo, em voz alta: "Lembre-se de mim!" O mestre prenderá a atenção da pessoa do modo que julgar necessário, criando uma impressão indelével que retornará como memória do mestre no estado do bardo. Quando a mãe de um professor conhecido estava morrendo e mergulhava no estado de coma, Dilgo Khyentse Rinpoche estava à sua cabeceira e fez uma coisa muito incomum: deu-lhe um tapa na perna. Se ela não se esqueceu de Dilgo Khyentse Rinpoche quando entrou na morte, foi sem dúvida abençoada.

Na nossa tradição, praticantes comuns também rezarão a qualquer buda de sua devoção, com quem sintam ter uma conexão cármica. Se é Padmasambhava, rezarão para renascer no seu glorioso reino puro, o Palácio da Luz de Lótus na Montanha Cor de Cobre; se é Amitabha que eles amam e reverenciam, rezarão para renascer em seu paraíso "bem-aventurado", a maravilhosa Terra Pura de Dewachen.[9]

A ATMOSFERA PARA MORRER

De que modo podemos então, com mais sensibilidade, ajudar praticantes espirituais comuns que estão morrendo? Todos precisaremos do amor e dos cuidados que vêm ao recebermos apoio emocional e prático, mas para os praticantes espirituais a atmosfera, a intensidade e a dimensão do auxílio espiritual ganham um significado especial. Seria ideal, e uma grande bênção, se o mestre estivesse com eles; mas se isso não for possível, seus amigos espirituais podem ser de enorme ajuda lembrando à pessoa que vai morrer a essência dos ensinamentos e a prática que durante a vida esteve mais próxima do seu coração. Para um praticante que morre, são essenciais a inspiração espiritual e a atmosfera de confiança, fé e devoção que dela nascem. A presença amorosa e infatigável do mestre ou de amigos espirituais, o incentivo dos ensinamentos, tudo se junta para criar e sustentar essa inspiração, quase tão preciosa nas últimas semanas e dias de vida quanto a própria respiração.

Uma aluna querida estava morrendo de câncer, e me perguntou como seria o melhor modo de praticar quando o momento da morte fosse se aproximando, particularmente quando já não tivesse forças para se concentrar em qualquer prática formal.

"Lembre-se apenas de como tem sido afortunada", disse-lhe, "por ter encontrado tantos mestres, recebido tantos ensinamentos e tido tempo e possibilidade de praticar. Prometo-lhe que o benefício disso tudo jamais será perdido: o bom carma assim criado ficará com você e vai ajudá-la. Mesmo escutar o ensinamento ainda que só uma vez, ou encontrar um mestre como Dilgo Khyentse Rinpoche e ter com ele uma forte conexão, como você teve, é liberador em si mesmo. Nunca se esqueça disso e nunca se esqueça também de quanta gente há que na sua posição nunca teve essa maravilhosa oportunidade.

"Se chegar o dia em que você não puder mais praticar de maneira ativa, a única coisa importante a fazer é relaxar o mais profundamente possível na confiança da Visão, e repousar na natureza da mente. Não importa se seu corpo ou cérebro estarão ainda funcionando: a natureza da sua mente estará sempre lá, como o céu, radiante, abençoada, ilimitada e imutável... Saiba disso acima de qualquer dúvida e deixe que esse conhecimento dê a você força bastante para dizer, sem preocupação alguma com a própria dor, mesmo que seja grande: 'Agora vá embora e me deixe só!' Se então alguma coisa a irrita ou de algum modo a aborrece, não desperdice seu tempo tentando mudá-la, mas trate de voltar sempre à Visão.

"Confie na natureza da sua mente, confie profundamente, e relaxe de modo completo... Não há nada novo que precise aprender, adquirir ou compreender. Permita apenas que floresça em você aquilo que já recebeu, e abra-se para profundidades cada vez maiores.

"Confie naquela que para você é a mais inspiradora de todas as práticas. E se for difícil visualizar ou seguir uma prática de tipo formal, lembre-se do que Dudjom Rinpoche costumava dizer: sentir a presença é mais importante do que dispor de detalhes de uma clara visualização. Este é o momento de sentir tão intensamente quanto puder, de sentir com todo seu ser, a presença dos seus mestres, de Padmasambhava, dos budas. Não importa o que esteja acontecendo com seu corpo, lembre-se de que seu coração nunca fica doente ou incapacitado.

"Você amou Dilgo Khyentse Rinpoche: sinta a sua presença e de fato peça sua ajuda e purificação. Ponha-se inteiramente em suas mãos: coração e mente, corpo e alma. A simplicidade da confiança total é uma das forças mais poderosas do mundo.

"Já lhe contei a bonita história de Ben de Kongpo? Ele era um homem muito simples e com imensa fé, vindo de Kongpo, uma província do sudeste do Tibete. Tinha ouvido muita coisa sobre Jowo Rinpoche, o 'Senhor Precioso', uma bela estátua do Buda como príncipe, aos doze anos, que se encontra no Jokhang Temple de Lhasa. Dizem que foi feita ainda quando o Buda estava vivo e é a mais sagrada das estátuas em todo o Tibete. Ben não sabia se se tratava de um buda ou de um ser humano, e estava resolvido a visitar Jowo Rinpoche para apurar toda a verdade. Calçou suas botas e caminhou, semana após semana, na direção de Lhasa no Tibete central.

"Estava faminto quando chegou e, ao entrar na catedral, viu a grande estátua do Buda, tendo à sua frente uma fileira de lamparinas de manteiga e bolos especiais deixados ali como oferendas. Ben assumiu prontamente que esses bolos eram o que Jowo Rinpoche comia. 'Os bolos', disse a si mesmo, 'devem ser para molhar na manteiga das lamparinas, que ficam acesas para que essa manteiga não endureça. Acho que vou fazer como Jowo Rinpoche faz'. E molhou um pedaço de bolo na manteiga e o comeu, olhando para a imagem no alto que parecia sorrir de maneira benevolente para ele.

"'Que lama bonzinho você é', disse. 'Os cães entram no templo e roubam os alimentos que o povo deixa aqui para você, e tudo o que faz é sorrir... O vento apaga as lamparinas e você continua sorrindo... De todo modo, vou andar em redor do templo enquanto rezo, para mostrar meu respeito. Você pode tomar conta de minhas botas até que eu volte?' Tirando suas velhas botas empoeiradas, ele as colocou no altar em frente à imagem e saiu.

"Enquanto Ben caminhava ao redor do imenso templo, o vigia voltou e, para seu horror, descobriu que alguém havia comido as oferendas e ainda pusera um imundo par de botas no altar. Indignado, agarrou as botas para jogá-las fora quando uma voz veio da estátua, dizendo: 'Pare aí. Ponha essas botas onde estavam. Estou tomando conta delas para Ben de Kongpo'.

"Logo Ben voltou para pegar as botas e fitou o rosto da

estátua, que ainda sorria calmamente para ele. 'Você é o que chamaria de um bom lama. Por que não vai nos visitar em nossa vila, no próximo ano? Vou cozinhar um porco e fazer um pouco de cerveja...' Jowo Rinpoche falou pela segunda vez e prometeu que o visitaria.

"Ben voltou para casa em Kongpo, contou à mulher tudo o que acontecera e disse-lhe para ficar sempre preparada para a visita de Jowo Rinpoche, pois não sabia exatamente quando ele viria. O ano passou, e um dia sua mulher entrou correndo pela casa para dizer que tinha visto alguma coisa brilhante, como o Sol sob a superfície do rio. Ben pediu que pusesse a água do chá para ferver, e correu até o lugar que ela lhe indicou. Quando viu Jowo Rinpoche brilhando na água, pensou que ele tivesse caído ali e estivesse se afogando. Pulou n'água, apanhou-o e o carregou para fora.

"Quando voltaram para a casa de Ben, conversando pelo caminho, chegaram a uma enorme parede rochosa. Jowo Rinpoche disse então: 'Bem, na verdade eu sinto muito, mas não posso entrar na casa', e com isso dissolveu-se no rochedo. A partir desse dia há dois lugares famosos de peregrinação em Kongpo: um deles é o Rochedo Jowo, o paredão rochoso onde se vê a forma do Buda, e o outro é o rio Jowo, onde se pode ver a imagem do Buda. As pessoas dizem que as bênçãos e o poder de cura desses lugares são idênticos aos do Jowo Rinpoche de Lhasa. E tudo aconteceu graças à imensa fé e à confiança cheia de simplicidade de Ben.

"Espero de você o mesmo tipo de confiança pura de Ben. Deixe que seu coração se encha de devoção por Padmasambhava e por Dilgo Khyentse Rinpoche, e simplesmente sinta que está na presença dele, que todo o espaço à sua volta é ele. Invoque-o então e repasse em sua mente cada instante que passou com ele. Funda sua mente com a dele e diga do fundo do seu coração e nas suas próprias palavras: 'Veja como estou desamparada a ponto de não poder mais praticar intensivamente. Agora preciso apoiar-me totalmente em você. Confio em você de maneira absoluta. Tome conta de mim e faça-me uma só com você'. Faça a prática do Guru

Ioga, imaginando com especial intensidade os raios de luz que vêm do mestre e purificam você, queimando todas as impurezas, a sua doença também, e curando-a; imagine o seu corpo dissolvendo-se em luz; e sua mente fundindo-se, ao final, com a mente de sabedoria dele, em completa confiança.

"Ao fazer a prática não se preocupe se sente que ela não está fluindo com facilidade; simplesmente confie e sinta-a no seu coração. Tudo agora depende da inspiração, porque só ela relaxará sua ansiedade e dissolverá seu nervosismo. Assim, conserve diante de você uma bela fotografia de Dilgo Khyentse Rinpoche ou uma imagem de Padmasambhava. Olhe para ela delicadamente no início da sua prática e então apenas relaxe sob sua radiância. Imagine que há sol lá fora e que você pode tirar toda sua roupa e ali se aquecer. Livre-se de todas as suas inibições e se descontraia na intensidade da bênção, quando de fato senti-la. E profundamente, muito profundamente, abandone tudo, solte-se de tudo.

"Não se preocupe com coisa alguma. Ainda que perceba que a sua atenção está vagando, não há uma 'coisa' particular a que você deva se agarrar. Deixe tudo fluir e deixe-se levar pela consciência da bênção. Não permita que questões menores e insignificantes distraiam você, questões do tipo: 'Isso será Rigpa? Ou não?' Agora apenas deixe-se ser mais e mais natural. Lembre-se, seu Rigpa está sempre aí, sempre na natureza da sua mente. Lembre-se das palavras de Dilgo Khyentse Rinpoche: 'Se sua mente está sem alteração, você está no estado de Rigpa'. Você recebeu os ensinamentos e também a introdução à natureza da mente; então relaxe em Rigpa, sem dúvidas na mente.

"Você tem bastante sorte em ter por perto bons amigos espirituais. Anime-os a criar um ambiente de prática ao seu redor e a continuar praticando com você até a sua morte e depois dela. Faça com que leiam para você um poema de que gosta, ou uma orientação do seu mestre, ou um ensinamento inspirado. Peça-lhes para ouvir uma mídia com a voz de Dilgo Khyentse Rinpoche, um cântico da prática ou uma peça musical elevada. Oro para que a cada momento de despertar você possa unir-se com a prática, numa atmosfera viva e iluminada de inspiração.

"Enquanto ouve a música ou o ensinamento, deixe-se adormecer nela, despertar nela, cochilar nela, fazer sua refeição dentro dela... Deixe que a atmosfera da prática invada os mínimos pontos da sua vida, como fez minha tia Ani Rilu. Nada faça a não ser a prática, de tal modo que ela continue até nos seus sonhos. E permita, como ela, que a prática seja sua última e mais forte memória e influência sobre sua mente, entrando no seu fluxo mental no lugar dos hábitos comuns do dia a dia.

"E quando sentir-se próxima do fim, pense somente em Dilgo Khyentse Rinpoche, a cada respiração e a cada batida de seu coração. Qualquer que seja o pensamento com que morra, lembre-se, é o que retornará mais forte quando redespertar nos bardos após a morte."

DEIXANDO O CORPO

Agora que o bardo da morte desponta sobre mim,
Abandonarei toda possessividade, anseio e apego,
Entrarei sem distração na lúcida presença do
ensinamento,
E lançarei minha consciência no espaço do incriado
Rigpa;
Ao deixar este corpo formado de carne e de sangue
Saberei que ele é uma ilusão transitória.

No momento, nosso corpo é indubitavelmente o centro de todo o nosso universo. Nós o associamos, sem pensar, com nosso eu e nosso ego, e essa associação falsa e impensada uma e outra vez reforça nossa ilusão da sua existência inseparável e concreta. Porque o nosso corpo parece existir de modo tão convincente, nosso "eu" parece existir, e "você" parece existir, e todo o nosso mundo dualista e ilusório, que nunca cessamos de projetar a nosso redor, parece sem dúvida sólido e real. Quando morremos, toda essa complexa construção se desfaz dramaticamente em pedaços.

O que acontece, para dizer de modo simples, é que no seu nível mais sutil a consciência continua sem o corpo e atravessa uma série de estados conhecidos como "bardos". O ensinamento nos diz que, precisamente pelo fato de que nos bardos não temos mais um corpo, não há nenhuma razão para temer qualquer experiência que possamos ter após a morte, ainda que ela seja apavorante. Afinal de contas, como pode alguma coisa atingir "ninguém"? O problema, no entanto, é que nos bardos a maior parte das pessoas continua agarrada a um falso sentido de eu, com uma dependência fantasmática da solidez física; e essa continuidade daquela ilusão, que esteve na raiz de todo sofrimento na vida, na morte expõe essas pessoas a mais sofrimento, especialmente no "bardo do vir a ser".

O essencial, como você pode ver, é perceber agora, durante a vida e enquanto ainda tem um corpo, que a aparente e tão convincente solidez desse corpo é mera ilusão. O modo mais poderoso de perceber isso é aprender a se tornar, após a meditação, "filho da ilusão": evitar a solidificação da percepção de si mesmo e do seu mundo, em que sempre se é tentado a cair; e continuar como "filho da ilusão", vendo diretamente, como na meditação, que todos os fenômenos são ilusórios e feitos da mesma matéria dos sonhos. O aprimoramento da percepção da natureza ilusória do corpo é uma das realizações mais profundas e inspiradoras que temos para ajudar a nos soltarmos de tudo.

Inspirados por esse conhecimento e fortalecidos por ele, quando nos depararmos na morte com o *fato* de que o nosso corpo é uma ilusão, estaremos preparados para reconhecer essa sua natureza ilusória sem medo, para calmamente nos libertarmos de todo apego que temos a ele e deixá-lo para trás de bom grado, até com gratidão e alegria, conhecendo-o então pelo que realmente é. De fato, pode-se dizer, estaremos prontos, de modo real e por inteiro, *para morrer ao morrermos* e assim atingir a liberdade final.

Pense então no momento da morte como uma estranha fronteira da mente, uma terra de ninguém na qual de um lado, se não entendemos a natureza ilusória do nosso corpo, podemos sofrer um vasto trauma emocional quando o perdermos; e de outro, estamos diante da possibilidade de uma liberação ilimitada, uma liberdade que nasce precisamente da ausência daquele mesmo corpo.

Quando por fim estamos libertos do corpo que definiu e dominou nossa compreensão de nós mesmos por tanto tempo, a visão cármica de uma vida se exaure completamente, mas qualquer carma que poderá ser criado no futuro ainda não começou a se cristalizar. Dessa forma, o que acontece na morte é que há um "intervalo", uma brecha ou espaço que é fértil e tem vastas possibilidades; é um momento de rico e imenso poder em que a única coisa que importa, ou poderia importar, é aquilo que a nossa mente de fato é. Despojada do corpo físico a mente fica nua, revelando surpreendentemente o que sempre foi: o arquiteto da nossa realidade.

Assim, se no momento da morte já temos uma realização estável da natureza da mente, num só instante podemos purificar todo nosso carma. E se mantivermos esse reconhecimento estável, poderemos na verdade ser capazes de liquidar completamente esse carma, entrando na vastidão da pureza primordial da natureza da mente, e atingindo a liberação. Padmasambhava explica:

> *Por que será, você pode conjeturar, que durante o estado de bardo é possível encontrar estabilidade apenas reconhecendo por um só instante a natureza da mente? A resposta é que, no presente, a sua mente está envolta numa rede, a rede do "vento do carma". E o "vento do carma" está ele próprio envolto numa rede, a rede do nosso corpo físico. O resultado é que não temos independência ou liberdade. Mas assim que o nosso corpo se separa em mente e matéria, no instante imediatamente antes de ser outra vez envolvido na rede de um futuro corpo, a mente[10], junto com sua manifestação mágica, fica sem um suporte concreto e material. Enquanto inexiste essa base material somos independentes – e podemos reconhecer isso. Esse poder de ganhar estabilidade apenas reconhecendo a natureza da mente é como uma tocha que, em um instante, pode clarear a escuridão acumulada em eras infindáveis. Assim, se pudermos reco-*

> *nhecer a natureza da mente no bardo, do mesmo modo que podemos agora ao sermos guiados por um mestre, não há a menor dúvida de que obteremos a iluminação. É por isso que, de agora em diante, devemos nos familiarizar com a natureza da mente através da prática.*[11]

QUINZE

O PROCESSO DE MORRER

Nas palavras de Padmasambhava,

> *Os seres humanos enfrentam duas causas de morte: a extemporânea ou prematura e a causada pela extinção do seu período natural de vida. A prematura pode ser evitada pelos métodos ensinados para prolongar a vida. No entanto, quando a causa da morte é o esgotamento do tempo de vida natural, você é como uma lamparina cujo óleo acabou. Não há maneira de, ludibriando, afastar a morte; precisa aprontar-se para ir.*

Vamos examinar agora as duas causas de morte: o esgotamento do nosso tempo natural de vida, e um obstáculo ou acidente que leva nossa vida a um fim prematuro.

O ESGOTAMENTO DO NOSSO TEMPO DE VIDA

Devido ao nosso carma, todos temos um certo tempo de vida; quando ele se exaure é extremamente difícil prolongá-lo. No entanto, uma pessoa que já se aperfeiçoou em práticas avançadas de ioga pode vencer esse limite e de fato aumentar a duração da sua vida. Há uma tradição que nos fala que às vezes os mestres ficam sabendo do seu tempo de vida, pois seus professores lhes falam sobre isso. No entanto eles sabem que, pela força da própria prática, pela pureza do seu elo com os discípulos e pelos benefícios do seu trabalho, podem viver mais. Meu mestre disse a Dilgo Khyentse Rinpoche que ele viveria até os oitenta anos, mas que além disso dependeria da sua própria prática. Ele viveu oitenta e dois anos. Dudjom Rinpoche ouviu dizer que ele viveria até os setenta e três, mas foi até os oitenta e dois.

MORTE PREMATURA

Diz-se, por outro lado, que se há um obstáculo apenas de certo tipo que ameaça cortar a nossa vida de maneira prematura, a morte pode ser mais facilmente evitada – desde que, é claro, saibamos de antemão. Nos ensinamentos do bardo e nos textos médicos tibetanos, encontramos descrições de sinais que advertem sobre a morte iminente, alguns prevendo-a para os próximos anos ou meses e outros para semanas ou dias. Podem ser sinais físicos, determinadas modalidades de sonhos e investigações específicas usando métodos de observação da sombra[1]. Infelizmente, só alguém com especial conhecimento pode saber interpretar esses sinais, cujo propósito é avisar alguém de que sua vida está em perigo, alertando-o para a necessidade de usar práticas que prolonguem a vida antes que esses obstáculos intervenham.

Desde que acumule "mérito", qualquer prática espiritual que façamos ajudará a prolongar a nossa vida e trazer boa saúde. Um bom praticante passa a sentir-se física, psicológica, emocional e espiritualmente sadio através da inspiração e do poder de sua prática, que é ao mesmo tempo a maior fonte de saúde e a mais poderosa proteção contra as doenças.

Há também "práticas de longa vida" especiais, que concentram a energia de vida dos elementos e do universo através do poder de meditação e visualização. Quando nossa energia está fraca e desequilibrada, essas práticas de longevidade a fortalecem, a harmonizam, e o efeito disso é o prolongamento do nosso período de vida. Há também muitas outras práticas para aumentar a vida.

Uma delas é salvar a vida de animais que estão para ser abatidos, comprando-os e libertando-os. Essa prática é popular no Tibete e nas regiões do Himalaia onde, por exemplo, as pessoas vão ao mercado para comprar peixes e depois os soltam. Isso se baseia na lógica cármica natural: tirar a vida de outros seres vivos ou fazê--los sofrer encurtará a sua própria vida, enquanto que conceder a vida a estenderá.

O "DOLOROSO" BARDO DA MORTE

O bardo da morte acontece entre o momento que contraímos uma doença terminal ou caímos sob uma condição que acarreta a morte e a cessação da "respiração interior". É chamado "doloroso" porque, se não estivermos preparados para o que nos acontecerá na morte, pode ser uma experiência de tremendo sofrimento.

Mesmo para um praticante o processo todo de morrer pode ainda ser vivido com sofrimento, já que perder o corpo e esta vida pode ser uma experiência muito difícil. Mas se tivermos recebido instruções sobre o significado da morte, saberemos que existe uma enorme esperança no momento em que a Luminosidade Base surgir no momento da morte. No entanto, resta ainda a incerteza de se vamos reconhecê-la ou não, e por isso é tão importante estabilizar o reconhecimento da natureza da mente pela prática enquanto ainda estamos vivos.

Muitos de nós, entretanto, não tivemos a boa sorte de encontrar os ensinamentos, e não temos ideia do que a morte realmente é. Quando de repente percebemos que toda nossa vida, toda nossa realidade está desaparecendo, é aterrorizador: não sabemos o que nos acontece ou para onde estamos indo. Nada em nossa experiência prévia nos preparou para aquilo. Como todos que já cuidaram de pessoas que estão morrendo sabem, nossa ansiedade aumentará a experiência da dor física. Se não cuidamos das nossas vidas, ou nossas ações foram más e negativas, sentiremos arrependimento, culpa e medo. Assim, ter um pouco de familiaridade com esses ensinamentos sobre os bardos nos trará alguma serenidade, inspiração e esperança, mesmo que nunca os tenhamos praticado ou atingido a realização deles.

Para os bons praticantes, que sabem exatamente o que acontece, não apenas a morte é menos dolorosa e assustadora como é o momento que eles estavam esperando; encaram-no então com equanimidade e até com alegria. Recordo como Dudjom Rinpoche costumava contar a história da morte de um iogue que atingira a realização. Ele estivera doente por alguns dias e seu médico chegou para examiná-lo. Percebeu que estava morrendo, mas não sabia se devia ou não dizer-lhe. Seu rosto ficou grave, e ele permaneceu à cabeceira do doente, olhando-o sério e solene. Mas o iogue insistia, com entusiasmo quase infantil, que o médico lhe dissesse o pior. Este finalmente cedeu, mas tentou falar de maneira a consolá-lo. Disse-lhe gravemente: "Tenha cuidado, o momento chegou". Para espanto do doutor, o iogue ficou deliciado, tão emocionado quanto uma criança olhando um presente de Natal que ainda não abriu. "É verdade mesmo?", perguntou. "Que doces palavras, que notícia feliz!" Olhou para o céu, entrou diretamente num estado de profunda meditação e morreu.

No Tibete todo mundo sabia que morrer uma morte espetacular era a maneira de ficar realmente famoso, se isso não houvesse acontecido em vida. Um homem de quem ouvi falar estava decidido a morrer de modo miraculoso e em grande estilo. Sabia que os mestres às vezes predizem o dia da própria morte, e reúnem seus discípulos para que estejam presentes à sua morte. Esse homem reuniu então todos os seus amigos para uma grande festa em torno do seu leito de morte. Sentou-se nele em postura de meditação, esperando a morte, mas nada aconteceu. Depois de várias horas seus convidados começaram a se cansar da espera e disseram uns aos outros: "Vamos começar a comer". Encheram seus pratos e lançando um olhar para o futuro cadáver que tinham à frente disseram: "Ele está morrendo, não precisa comer". Com o passar das horas e sem sinal da morte, o "moribundo" é que começou a se sentir faminto e a se preocupar com o fato de que dentro em pouco não sobraria nada para comer. Desceu do seu leito e se juntou à festa. Sua grande encenação transformou-se num fiasco humilhante.

Bons praticantes podem cuidar de si mesmos quando morrem, mas os praticantes comuns precisarão ter seu professor ao lado, se possível, ou então um amigo espiritual que possa recordar-lhes a essência de sua prática, inspirando-os para a Visão.

Quem quer que sejamos, será de grande ajuda ter familiaridade com o processo de morrer. Se compreendermos os seus estágios, saberemos que todas as experiências estranhas e pouco familiares que estamos atravessando são parte de um processo natural. Quando esse processo começa, ele sinaliza a chegada da morte e nos lembra que temos que entrar em alerta. E para o praticante cada estágio da morte será um indicador, lembrando-o do que está lhe acontecendo e recordando a prática a ser feita em cada estágio.

O PROCESSO DO MORRER

O processo de morrer é explicado nos diferentes ensinamentos tibetanos em detalhe. Essencialmente, ele consiste em duas fases de dissolução: uma dissolução externa em que os sentidos e elementos se dissolvem, e uma dissolução interna dos estados de pensamento e das emoções, densos e sutis. Mas primeiro precisamos entender os componentes do nosso corpo e mente que se desintegram na morte.

Nossa existência inteira é determinada pelos elementos: terra, água, fogo, ar e espaço. Por meio deles nosso corpo é formado e sustentado; quando eles se dissolvem, morremos. Estamos familiarizados com os elementos externos, que condicionam o modo como vivemos, mas o que importa é a maneira como esses elementos externos interagem com os elementos internos dentro do nosso corpo físico. E o potencial e a qualidade desses cinco elementos também existem dentro da nossa mente. A habilidade da mente para servir de base a toda experiência é a qualidade terra; sua continuidade e adaptabilidade é água; sua claridade e capacidade de perceber é fogo; seu contínuo movimento é ar, e sua vacuidade ilimitada é espaço.

O que se segue explica como nosso corpo físico é formado. Um antigo texto de medicina tibetana afirma:

> *A consciência dos sentidos surge da nossa mente. A carne, os ossos e o órgão do olfato, bem como os odores sentidos por esse órgão, são formados pelo elemento terra. O sangue, os líquidos do corpo, o órgão do paladar e os sabores sentidos por esse órgão vêm do elemento água. O calor, a cor clara, o órgão da visão e a forma percebida por esse órgão vêm do elemento fogo. A respiração, o órgão do tato e as sensações físicas sentidas por esse órgão são formados pelo elemento vento. As cavidades do corpo, o órgão da audição e os sons percebidos por esse órgão são formados pelo elemento espaço.*[2]

"Em resumo", escreve Kalu Rinpoche, "é a partir da mente, que incorpora as qualidades dos cinco elementos, que o corpo físico se desenvolve. O próprio corpo físico está imbuído dessas qualidades e é por causa desse complexo mente/corpo que percebemos o mundo exterior – que por sua vez é composto das cinco qualidades fundamentais da terra, água, fogo, vento e espaço".[3]

A tradição tântrica do budismo tibetano oferece uma explicação do corpo totalmente diversa da que a maioria de nós conhece. É a de um sistema psicofísico que consiste numa rede dinâmica de canais sutis, "ventos" ou ar interno, e essências. Eles são chamados, respectivamente: *nadi, prana* e *bindu* em sânscrito; e *tsa, lung* e *tiklé* em tibetano. Conhecemos alguma coisa parecida nos meridianos e na energia *ch'i* da medicina chinesa e da acupuntura.

Os mestres comparam o corpo humano a uma cidade, sendo os canais as suas estradas, os ventos um cavalo e a mente um cavaleiro. Há 72.000 canais sutis no corpo, mas são três os principais: o canal central, correndo paralelo à coluna, e os canais esquerdo e direito, correndo um de cada lado daquele primeiro. O direito e o esquerdo fazem uma espiral em torno do central cruzando-o em certos pontos e formando uma série de "nós". Ao longo do canal central situam-se alguns "canais circulares", os *chacras* ou centros de energia, de onde se ramificam os canais como varetas de um guarda-chuva.

Através desses canais fluem os ventos ou o ar interno. São cinco ventos raiz e cinco ventos secundários. Cada um dos ventos raiz dá suporte a um elemento e é responsável por uma função do corpo humano. Os ventos secundários dão suporte ao funcionamento dos sentidos. Diz-se que os ventos que fluem através de todos os canais, exceto o central, são impuros e ativam padrões de pensamento negativo e dualista; os ventos no canal central são chamados "ventos da sabedoria"[4].

As "essências" são contidas dentro dos canais. Há essências vermelhas e brancas. O principal centro da essência branca é o topo da cabeça, e o da vermelha é o umbigo.

Na prática de ioga avançada, esse sistema é visualizado muito precisamente pelo iogue. Fazendo os ventos entrarem e se dissolverem no canal central pela força da meditação, um praticante pode atingir a realização direta da luminosidade, ou a "Clara Luz" da natureza da mente. Isso se torna possível pelo fato de que a consciência cavalga o vento. Assim, dirigindo sua mente para qualquer ponto particular do corpo, um praticante pode trazer até ali os ventos; ao fazer isso o iogue imita o que acontece na morte: quando os nós dos canais se soltam, os ventos fluem para o canal central e a iluminação é experimentada momentaneamente.

Dilgo Khyentse Rinpoche conta a história de um mestre orientador de retiros num mosteiro em Kham, que era muito próximo dos seus irmãos mais velhos. Ele se aperfeiçoara na prática da ioga dos canais, ventos e essências. Um dia falou ao seu auxiliar: "Vou morrer em breve e peço a você o favor de procurar no calendário uma data auspiciosa para isso". O auxiliar ficou atordoado mas não se atreveu a contradizê-lo. Examinou o calendário e disse que na próxima segunda-feira as estrelas no céu estariam em posição auspiciosa. O mestre disse então: "Segunda-feira é daqui a três dias. Bem, acho que consigo". Quando seu auxiliar voltou ao quarto, um pouco depois, encontrou-o sentado ereto na postura de meditação iogue, imóvel como se estivesse morto. Não havia respiração mas podia-se perceber um pulso tênue. Decidiu nada fazer e esperar. Ao meio-dia ouviu de repente uma profunda exalação e o mestre voltou à sua condição normal; conversou com ele de modo bem humorado e pediu seu almoço, que comeu com disposição. Tinha estado segurando a respiração durante toda a sessão de meditação matutina. A razão pela qual fizera isso é que o nosso período de vida é contado por um número finito de respirações, e o mestre, sabendo que esse número estava próximo, segurou a respiração para não atingi-lo antes do dia auspicioso. Logo depois do almoço fez uma respiração profunda e a manteve até a noite. Fez o mesmo no dia seguinte e no outro. Quando chegou a segunda-feira, perguntou: "É hoje o dia auspicioso?" "Sim", respondeu o auxiliar. "Ótimo, irei hoje", concluiu o mestre. E naquele dia, sem qualquer doença visível ou dificuldade, o mestre morreu durante sua meditação.

Uma vez que temos um corpo físico, temos também o que se conhece como os cinco *skandhas* – os agregados que compõem toda a nossa existência mental e física. Eles constituem a nossa experiência, são a base para o apego do ego e também a base do sofrimento do samsara. São eles: forma, sentimento, percepção, intelecto e consciência, também traduzidos como: forma, sensação, reconhecimento, formação e consciência. "Os cinco skandhas representam a estrutura constante da psicologia humana, assim como o seu padrão de evolução e o padrão de evolução do mundo. Os skandhas também estão relacionados com bloqueios de diferentes tipos – espirituais, materiais e emocionais".[5] Eles são analisados com minuciosa profundidade pela psicologia budista.

Todos esses componentes se dissolverão quando morrermos. Morrer é um processo complexo e interdependente, em que grupos de aspectos inter-relacionados do nosso corpo e mente se desintegram simultaneamente. Logo que os ventos desaparecem, falham as funções corpóreas e os sentidos. Os centros de energia entram em colapso e, sem os seus ventos fundamentais, os elementos se dissolvem em sequência, do mais denso aos mais sutil.

O resultado é que cada estágio da dissolução tem seu efeito físico e psicológico na pessoa que morre, que se reflete em sinais físicos externos e também em experiências internas.

Amigos às vezes me perguntam: pessoas como nós podem ver esses sinais externos em amigos ou parentes que estão morrendo? Meus estudantes que cuidam dos que estão para morrer me contam que alguns desses sinais físicos são observados em hospitais e *hospices*. No entanto, os estágios da dissolução externa podem ocorrer muito rapidamente e nem sempre de maneira óbvia, e via de regra as pessoas no mundo moderno que cuidam dos que estão próximos da morte não procuram por tais sinais. É comum que enfermeiras de hospitais muito movimentados confiem na sua intuição e em muitos outros fatores, como o comportamento dos médicos e membros da família do paciente ou o estado da mente da pessoa, para prever a morte de alguém. Elas também observam, mas nunca de maneira sistemática, alguns sinais físicos como a mudança de cor da pele, um certo odor que às vezes aparece e notáveis mudanças na respiração. Os medicamentos modernos, entretanto, podem muito bem mascarar os sinais que os ensinamentos tibetanos indicam, e no Ocidente há pouca pesquisa sobre esse tópico tão importante. Isso não indica o quanto o processo da morte é pouco respeitado e compreendido no mundo moderno?

A POSIÇÃO PARA MORRER

Tradicionalmente, a posição que em geral se recomenda para morrer é a da pessoa deitada sobre o seu lado direito, assumindo a postura do "leão adormecido", que é aquela em que o Buda morreu. A mão esquerda descansa na coxa esquerda; coloca-se a mão direita sob o queixo, fechando a narina direita. As pernas ficam estendidas e levemente dobradas. Do lado direito do corpo há certos canais sutis que estimulam o "vento cármico" da ilusão. Repousando na postura do leão adormecido e fechando a narina direita, bloqueiam-se esses canais e facilita-se à pessoa o reconhecimento da Luminosidade Base quando ela surge na morte. Isso também ajuda a consciência a deixar o corpo através da abertura no topo da cabeça, se todas as outras aberturas por onde ela pode sair estiverem bloqueadas.

A DISSOLUÇÃO EXTERNA: OS SENTIDOS E OS ELEMENTOS

A dissolução externa se dá quando os sentidos e elementos se dissolvem. Como exatamente experimentamos isso quando morremos?

A primeira coisa que podemos perceber é como os nossos sentidos cessam de funcionar. Se as pessoas em torno do nosso leito estão conversando, haverá um ponto em que podemos ouvir o som das suas vozes, mas não entendemos o sentido das palavras que dizem. Isso significa que a consciência do ouvido deixou de funcionar. Olhamos para um objeto à nossa frente e só podemos ver seu contorno e não os seus detalhes. Isso quer dizer que a consciência dos olhos falhou. E o mesmo acontece com as nossas faculdades do olfato, do paladar e do tato. Quando os sentidos não mais podem ser experimentados inteiramente, está ocorrendo a primeira fase do processo de dissolução.

As quatro próximas fases acompanham a dissolução dos elementos:

Terra

Nosso corpo começa a perder toda sua força. Toda a nossa energia se exaure. Não podemos nos levantar, ficar em pé ou segurar qualquer coisa. Não conseguimos sequer manter nossa cabeça erguida. Sentimos como se estivéssemos caindo, afundando dentro do chão ou sendo esmagados por um grande peso. Alguns textos tradicionais dizem que é como se uma montanha imensa estivesse sendo posta sobre nós, comprimindo-nos. Sentimo-nos pesados e desconfortáveis em qualquer posição. Podemos pedir para ser levantados, para que elevem nossos travesseiros ou para que as cobertas da cama sejam retiradas. Nossa pele perde a cor e fica pálida. Nosso rosto fica encovado e manchas escuras aparecem em nossos dentes. Torna-se mais difícil abrir e fechar os olhos. À medida que o agregado da forma se dissolve, tornamo-nos fracos e frágeis. Nossa mente se agita e delira, mas logo mergulha na sonolência.

Esses são sinais de que o elemento *terra* está-se retirando no elemento água. Isso significa que o vento relacionado com o elemento terra já não é capaz de servir de base para a consciência, e a habilidade do elemento água é mais manifesta. Assim, o "sinal secreto" que aparece na mente é a visão de uma miragem tremeluzente.

Água

Começamos a perder o controle dos fluidos do nosso corpo. O nariz começa a escorrer e a pingar. Pode ocorrer uma secreção nos olhos e talvez tenhamos incontinência urinária. Não conseguimos mover a língua. Nossos olhos começam a ficar secos nas órbitas; os lábios, secos e brancos, e a boca e garganta obstruídas e grudentas. As narinas se afundam e sentimos muita sede. Trememos e contorcemo-nos, crispados. O cheiro da morte começa a ficar muito presente. Com a dissolução do agregado do sentimento, as sensações corpóreas se reduzem, alternando entre dor e prazer, calor e frio. Nossa mente fica enevoada, frustrada, irritada e nervosa. Algumas fontes dizem que nos sentimos como se nos afogássemos num oceano ou estivéssemos sendo levados por um imenso rio.

O elemento *água* se dissolve no fogo, cuja habilidade de servir de base para a consciência torna-se manifesta. Assim, o "sinal secreto" é a visão de uma neblina com pequenas espirais turbilhonantes de fumaça.

Fogo

Nossa boca e nariz secam completamente. Todo calor do nosso corpo começa a se dissipar, quase sempre a partir dos pés e das mãos primeiro, e por último do coração. Talvez um vapor quente saia pelo topo da cabeça. Nossa respiração é fria ao passar pela boca e pelo nariz. Não podemos mais beber ou comer. O agregado da percepção se dissolve e a nossa mente alterna entre a claridade e a confusão. Não conseguimos lembrar dos nomes de parentes e amigos e nem reconhecê-los. Fica cada vez mais difícil perceber qualquer coisa à nossa volta, sons e imagens se confundem.

Kalu Rinpoche escreve: "Para o indivíduo que morre, a experiência interior é a de ser consumido numa chama, de estar no meio de uma labareda trovejante ou talvez sentir o mundo todo sendo consumido num holocausto de fogo".

O elemento *fogo* se dissolve no ar e fica menos apto para servir de base para a consciência, enquanto a capacidade do elemento ar para fazer isso fica mais manifesta. Assim, o "sinal secreto" é o de centelhas vermelhas e brilhantes dançando sobre um fogo aberto, como vagalumes.

Ar

Torna-se cada vez mais difícil respirar. O ar parece escapar pela garganta. Começamos a arfar e ofegar. Nossas inspirações são curtas e penosas e as expirações são mais longas. Nossos olhos viram-se para cima e ficamos totalmente imóveis. Quando o agregado do intelecto se dissolve, a mente fica aturdida e não percebe mais o mundo exterior. Tudo se transforma num borrão. Nossa última sensação de contato com o mundo físico se esvai.

Começamos a alucinar e a ter visões: se houve muita negatividade em nossa vida, podemos ver formas aterrorizantes. Momentos medonhos e pavorosos de nossa vida podem voltar, e até mesmo podemos chegar a gritar de terror. Se tivermos vivido existências de bondade e compaixão, podemos sentir felicidade, ter visões paradisíacas e até "encontrar" amigos amados e seres iluminados. Há paz na morte, em vez de medo, para os que viveram existências bondosas.

Kalu Rinpoche escreve: "A experiência interna para o indivíduo que morre é a de um grande vento varrendo o mundo todo, inclusive a pessoa que está morrendo, um incrível turbilhão que consome o universo inteiro".[6]

O que ocorre é que o elemento *ar* se dissolve na consciência. Os ventos se uniram todos no "vento que dá suporte à vida" no coração. Assim, o "sinal secreto" é descrito como a visão de uma tocha incandescente, ou lâmpada, com um fulgor vermelho.

Nossa inspiração continua ficando cada vez mais rasa e a expiração mais longa. Nesse ponto, o sangue reflui e penetra no "canal da vida", no centro do nosso coração. Três gotas de sangue se juntam, uma após a outra, dando origem a três longas exalações finais. Então, subitamente, a nossa respiração cessa.

Um calor tênue ainda permanece no coração. Todos os sinais vitais se foram e esse é o ponto em que se atesta, numa clínica moderna, que estamos "mortos". Mas os mestres tibetanos nos falam de um processo interno que ainda continua. Diz-se que o tempo entre o fim da respiração e o cessar da "respiração interna" é aproximadamente "o tempo que se gasta para fazer uma refeição", por volta de vinte minutos. Mas nada é certo, e todo esse processo pode ocorrer muito depressa.

A DISSOLUÇÃO INTERNA

Na dissolução interna, quando os estados de pensamento e as emoções densas e sutis se dissolvem, quatro níveis cada vez mais sutis de consciência podem ser encontrados.

Aqui o processo da morte reflete ao inverso o processo da concepção. Quando o esperma e o óvulo dos nossos pais se unem, a nossa consciência, impelida pelo seu carma, é atraída. Durante o desenvolvimento do feto, a essência do nosso pai, um núcleo que é descrito como "branco e abençoado", repousa no chacra do topo da nossa cabeça, no alto do canal central. A essência da mãe, um núcleo que é "vermelho e quente", repousa no chacra localizado, segundo se diz, quatro dedos abaixo do umbigo. É dessas duas essências que evoluem as próximas fases da dissolução.

Com o desaparecimento do vento que a mantinha lá, a essência branca herdada de nosso pai desce pelo canal central para o coração. Como sinal externo, há uma experiência de "brancura", como "um céu puro banhado de luar". Como sinal interno, nossa consciência se torna extremamente clara e todos os estados de pensamento resultantes da raiva, trinta e três ao todo, chegam ao fim. Essa é a fase do "Aparecimento".

Então, a essência da mãe começa a subir pelo canal central, com o desaparecimento do vento que a mantinha no lugar. O sinal externo é uma experiência de "vermelhidão", semelhante a um sol brilhando num céu puro. Como sinal interno surge uma grande experiência de felicidade e todos os estados de pensamento resultantes do desejo, quarenta ao todo, deixam de existir. Esse estágio é conhecido como "Aumento".[7]

Quando as essências vermelha e branca se encontram no coração, a consciência está envolvida nelas. Tulku Urgyen Rinpoche, um destacado mestre que viveu no Nepal, diz: "A experiência se parece com o encontro do céu e a terra". Como sinal externo temos a experiência de "negritude", como um céu vazio amortalhado na mais profunda treva. O sinal interno é a experiência de um estado mental livre de pensamentos. Os sete estados de pensamento resultantes da ignorância e da ilusão chegam ao seu fim. Isso é conhecido como "Plena Consecução".[8]

Então, à medida que outra vez nos tornamos levemente conscientes, a Luminosidade Base aparece como um céu imaculado, livre de nuvens, nevoeiro ou cerração. É às vezes chamada "a mente da Clara Luz da morte". Sua Santidade o Dalai Lama diz: "Essa consciência é a mente mais profunda e sutil. Damos a ela o nome de natureza búdica, fonte real de toda consciência. O contínuo dessa mente perdura mesmo através do estado búdico".[9]

A MORTE DOS "VENENOS"

Que acontece então quando morremos? É como se estivéssemos voltando ao nosso estado original. Tudo se dissolve, à medida que corpo e mente se desemaranham. Os três "venenos" – raiva, desejo e ignorância – morrem todos, o que significa que cessam todas as emoções negativas, a raiz do samsara, e então há um intervalo, uma abertura.

E aonde nos leva esse processo? À base primordial da natureza da mente, em toda sua pureza e simplicidade natural. Agora tudo o que a obscurecia foi removido e a nossa verdadeira natureza é revelada.

Um igual envolvimento pode acontecer, como expliquei no capítulo 5 – "Trazendo a Mente para Casa" –, quando praticamos meditação e temos experiências de felicidade, clareza e ausência de pensamentos, o que indica, por sua vez, que o desejo, a raiva e a ignorância dissolveram-se momentaneamente.

Quando desejo, raiva e ignorância morrem, tornamo-nos cada vez mais puros. Alguns mestres explicam que, para um praticante de Dzogchen, as fases de aparecimento, aumento e consecução são sinais da manifestação gradual de Rigpa. Como tudo o que obscurece a natureza da mente está morrendo, a claridade de Rigpa começa a aparecer e a crescer gradativamente. Todo o processo se transforma no desenvolvimento do estado de luminosidade, vinculado ao reconhecimento que o praticante tem da claridade de Rigpa.

No Tantra há um enfoque diferente da prática feita durante o processo de dissolução. Na ioga dos canais, ventos e essências, o praticante tântrico prepara-se na vida para o processo da morte ensaiando as mudanças de consciência do processo de dissolução, que culminam na experiência de luminosidade ou "Clara Luz". O praticante também busca manter a consciência dessas mudanças quando cai no sono. Porque, e aqui é importante lembrar, essa sequência de estados cada vez mais profundos de consciência não acontece unicamente na morte. Ela ocorre também, via de regra despercebida, quando adormecemos ou sempre que passamos dos níveis mais densos aos níveis mais sutis de consciência. Alguns mestres mostraram que ela também ocorre nos próprios processos psicológicos cotidianos do nosso estado de vigília.[10]

O relato detalhado do processo de dissolução pode parecer complicado, mas familiarizar-nos com ele pode trazer grandes benefícios. Para os praticantes há uma série de instruções especiais a seguir em cada estágio da dissolução. Por exemplo, você pode transformar o processo de morrer numa prática de Guru Ioga. A cada estágio da dissolução externa você gera devoção e ora para o mestre, visualizando-o nos diferentes centros de energia. Quando o elemento terra se dissolve e aparece o sinal de miragem, você visualiza o mestre no centro do seu coração. Quando o elemento água se dissolve e aparece o sinal de fumaça, você visualiza o mestre no centro de seu umbigo. Quando o elemento fogo se dissolve e aparece o sinal de vagalumes, você visualiza o mestre no centro da testa. E quando o elemento vento se dissolve e o sinal da tocha aparece, você se concentra na transferência da sua consciência para a mente de sabedoria do seu mestre.

Há muitas descrições dos estágios da morte, divergentes entre si em pequenos detalhes e na ordem dos acontecimentos. O que expus aqui diz respeito ao padrão geral, mas pode se desenrolar de maneira diversa conforme o preparo do indivíduo. Lembro-me que quando Samten, o assistente de meu mestre, estava morrendo, a sequência era mais pronunciada. Mas podem ocorrer variações devido aos efeitos da doença específica da pessoa que está morrendo, e o estado dos seus canais, ventos e essências. Os mestres dizem que todos os seres vivos, mesmo os menores insetos, atravessam esse processo. Em caso de morte súbita ou de acidente, ainda assim isso ocorre, embora de maneira extremamente rápida.

Descobri que o modo mais fácil de compreender o que está acontecendo durante o processo de morrer, com sua dissolução externa e interna, é um *desenvolvimento gradual e emergente dos níveis mais sutis da consciência.* Cada um deles surge da sucessiva dissolução dos constituintes do corpo e da mente, à medida que o processo avança paulatinamente para a revelação da consciência mais sutil de todas: a Luminosidade Base ou Clara Luz.

III

MORTE E RENASCIMENTO

DEZESSEIS

A BASE

Ouvimos sempre afirmações como esta: "A morte é o momento da verdade", ou "A morte é o instante em que finalmente você se vê face a face consigo mesmo". E vimos como aqueles que passam por experiências de quase morte às vezes relatam que ao testemunharem a vida ser repassada diante de si fazem-se perguntas como: "Que fez você da sua vida? Que fez você pelos outros?" Tudo isso leva a um fato: na morte não podemos escapar de quem ou do que realmente somos. Gostemos ou não, a nossa verdadeira natureza é revelada. Mas é importante saber que há dois aspectos do nosso ser que são mostrados no momento da morte: nossa natureza absoluta e nossa natureza relativa – como somos e como temos sido nesta vida.

Como já expliquei, na morte todos os elementos que integram o nosso corpo e mente vão sendo removidos e desintegram-se. À medida que o corpo morre, dissolvem-se os sentidos e os elementos sutis, vindo em seguida a morte do aspecto ordinário da mente com todas suas emoções negativas de raiva, desejo e ignorância. Finalmente, nada fica para obscurecer a nossa verdadeira natureza, uma vez que tudo o que anuviava a mente iluminada desapareceu. E o que se revela é a base primordial da nossa natureza absoluta, que é como um céu puro e sem nuvens.

Chama-se a isso o despontar da Luminosidade Base, ou "Clara Luz", em que a própria consciência se dissolve no espaço todo-abrangente da verdade. O *Livro Tibetano dos Mortos* diz sobre esse momento:

> *A natureza de tudo é aberta, vazia e nua como o céu. Vacuidade luminosa, sem centro nem circunferência: o puro e desnudo Rigpa desponta.*

Padmasambhava descreve a luminosidade da seguinte maneira:

> *A Clara Luz autogerada, que jamais, nem mesmo no*
> *princípio, teve nascimento,*
> *É a filha de Rigpa, que por sua vez não tem pais – que*
> *extraordinário!*
> *Essa sabedoria que a si mesma gerou e não foi criada*
> *por ninguém – que extraordinário!*
> *Que nunca experienciou nascimento, e não tem nada*
> *em si mesma que poderia causar-lhe a morte –*
> *que extraordinário!*
> *Embora obviamente visível, não há ninguém lá*
> *que a veja – que extraordinário!*
> *Embora tenha vagado pelo samsara, nenhum mal a*
> *atingiu – que extraordinário!*
> *Embora tenha visto o próprio estado búdico, disso não lhe*
> *adveio nenhum bem – que extraordinário!*
> *Embora exista em todos e em toda parte, passou*
> *irreconhecida – que extraordinário!*
> *E no entanto você continua esperando conseguir, em*
> *outro lugar, algum outro fruto que não esse –*
> *que extraordinário!*
> *Ainda que ela seja o mais essencialmente seu, você a*
> *procura em outra parte – que extraordinário!*

Por que esse estado é conhecido como "luminosidade" ou Clara Luz? Os mestres têm modos diferentes de explicar. Uns dizem que isso expressa a claridade irradiante da natureza da mente, sua condição totalmente livre das trevas ou do obscurecimento: "livre da escuridão de desconhecer e dotada da habilidade de conhecer".

Outro mestre descreve a luminosidade da Clara Luz como "um estado em que a distração é mínima", porque todos os elementos, sentidos e objetos dos sentidos foram dissolvidos. O importante é não confundi-la nem com a luz física que conhecemos, nem com as experiências de luz que se desdobrarão em breve no próximo bardo; a luminosidade que surge na morte é a radiância natural da sabedoria de nosso próprio Rigpa, "a natureza una, presente por todo o samsara e o nirvana".

O surgimento da Luminosidade Base ou Clara Luz no momento da morte é *a maior* oportunidade para a liberação. Mas é essencial perceber em que termos é dada essa oportunidade. Alguns autores e estudiosos modernos da morte subestimaram a profundidade desse momento. Porque leram e interpretaram o *Livro Tibetano dos Mortos* sem o benefício das instruções orais e o treinamento que explicam plenamente seu sentido sagrado, eles o supersimplificaram tirando conclusões precipitadas. Uma das afirmações que fazem é a de que o surgimento da Luminosidade Base *é* a iluminação. Gostamos de identificar a morte com o céu ou a iluminação, porém mais importante do que essa identificação é saber que o momento da morte só oferece uma oportunidade real para a liberação se tivermos sido introduzidos à natureza da nossa mente, nosso Rigpa, e se o estabelecemos e estabilizamos através da meditação, integrando-o em nossa vida.

Ainda que a Luminosidade Base se apresente naturalmente a todos nós, muitos estão despreparados para a sua absoluta imensidão, a vasta e sutil profundeza da sua simplicidade desnuda. A maioria de nós simplesmente não dispõe de meios para reconhecê-la, porque não se familiarizou durante a vida com o modo de obter esse reconhecimento. O que acontece, então, é que tendemos a reagir de modo instintivo com os nossos medos, hábitos e condicionamentos passados, todos os nossos velhos reflexos. Embora as emoções negativas tenham morrido para a luminosidade aparecer, os hábitos de muitas vidas ainda permanecem – escondidos no fundo da nossa mente ordinária; embora toda a nossa confusão morra na morte, em vez de nos rendermos e abrirmos para a luminosidade, retraimo-nos em nossos medos e ignorância, e instintivamente enfatizamos o nosso apego.

Isso é o que nos impede de verdadeiramente utilizar esse momento poderoso como uma oportunidade para a liberação. Padmasambhava diz: "Todos os seres viveram e morreram e renasceram incontáveis vezes. Vez após vez eles experimentaram a indescritível Clara Luz. Mas, obscurecidos pelas trevas da ignorância, vagam infinitamente num ilimitado samsara".

A BASE DA MENTE ORDINÁRIA

Todas essas tendências habituais – resultado do nosso carma negativo – que nasceram da escuridão da ignorância, ficam acumuladas na base da mente ordinária. Sempre me pergunto qual seria um bom exemplo para ajudar a descrever essa base da mente ordinária. Pode-se compará-la a uma bolha de vidro transparente, uma fina película elástica, uma barreira quase invisível ou um véu que obscurece o todo da nossa mente; mas a imagem mais útil que me ocorre talvez seja a de uma porta de vidro. Imagine-se sentado em frente a uma porta de vidro que dá para o seu jardim, olhando através dela, fitando o espaço. Na aparência, não há nada entre você e o céu, pois você não vê a porta. Pode até dar com o nariz nela se se levantar e tentar atravessá-la pensando não haver nada. Mas se tocar o vidro verá imediatamente que há algo em que ficam suas impressões digitais, alguma coisa que se põe entre você e o espaço lá fora.

Do mesmo modo, a base da mente ordinária impede-nos de abrir caminho até a natureza da nossa mente – que tem qualidades similares às do céu – ainda que possamos vislumbrá-la. Como eu disse, os mestres explicam que há um perigo de os praticantes de meditação se equivocarem tomando a experiência da base da mente ordinária pela verdadeira natureza da mente. Quando descansam em estado de grande calma e quietude, podem estar descansando apenas na base da mente ordinária. É a diferença entre olhar para o céu de dentro de um domo de vidro e olhar para esse mesmo céu do lado de fora, ao ar livre. Precisamos deixar a base da mente comum para descobrir o ar fresco e puro de Rigpa, e deixá-lo entrar.

Assim, purificar essa barreira sutil, enfraquecê-la e rompê-la é o alvo ou propósito de toda a nossa prática espiritual, e também a real preparação para o momento da morte. Quando essa barreira desmorona por completo, nada se interpõe entre você e o estado de onisciência.

A introdução à natureza da mente dada pelo mestre atravessa a base da mente ordinária, já que é através dessa dissolução da mente conceitual que a mente iluminada se revela explicitamente. Então, cada vez que repousamos na natureza da mente, a base da mente ordinária se torna mais fraca. Mas perceberemos que o tempo que podemos ficar no estado da natureza da mente depende por completo da estabilidade da nossa prática. Infelizmente, "os velhos hábitos custam a morrer", e a base da mente ordinária retorna. Nossa mente é como o alcoólatra que pode abandonar o vício por algum tempo, mas que recai nele quando é tentado ou está deprimido.

Tal como a porta de vidro retém toda a sujeira da sua mão e dos seus dedos, também a base da mente comum reúne e armazena todo seu carma e seus hábitos. E assim como temos sempre que limpar o vidro, temos também que ficar purificando a base da mente ordinária. É como se o vidro fosse ficando mais fino à medida que o limpamos, como se surgissem buracos nele e por fim se dissolvesse no ar.

Pela nossa prática vamos estabilizando a natureza da mente mais e mais, até que ela deixa de ser simplesmente a nossa natureza absoluta e torna-se a nossa realidade de todo dia. Com o desenvolvimento desse processo, nossos hábitos se dissolvem e a diferença entre meditação e vida cotidiana diminui. Aos poucos você se torna alguém que pode caminhar diretamente para o jardim através da porta de vidro, sem obstrução. E o sinal de que a base da mente ordinária está enfraquecendo é que conseguimos repousar, com cada vez menos esforço, na natureza da mente.

Quando surge a Luminosidade Base, o ponto crucial será o quanto fomos capazes de repousar na natureza da mente, de unir a nossa natureza absoluta da mente com a nossa vida cotidiana, e de purificar nossa condição ordinária no estado de pureza primordial.

O ENCONTRO DA MÃE COM A FILHA

Há um meio de nos prepararmos integralmente para reconhecer o surgimento da Luminosidade Base no momento da morte. É através do mais alto nível de meditação – como expliquei no capítulo 10, "A Essência Mais Profunda" – em que se dá a fruição completa da prática do Dzogchen. É a chamada "União de Duas Luminosidades", também conhecida como "Fusão das Luminosidades Mãe e Filha".

A Luminosidade Mãe é o nome que se dá à Luminosidade Base. Essa é a natureza fundamental e inerente de tudo, subjacente a toda nossa experiência e que se manifesta em toda sua glória no momento da morte.

A Luminosidade Filha, também chamada Luminosidade Caminho, é a natureza da nossa mente que, se introduzida pelo mestre e reconhecida por nós, podemos estabilizar pela meditação e integrar de maneira cada vez mais completa em nossa ação na vida. Quando a integração é completa, o reconhecimento é integral e ocorre a realização.

Ainda que a Luminosidade Base seja nossa natureza inerente e a natureza de tudo, nós não a reconhecemos e ela se mantém como se estivesse oculta. Gosto de pensar na Luminosidade Filha como uma chave que o mestre nos dá para auxiliar-nos a abrir a porta do reconhecimento da Luminosidade Base, sempre que surge a oportunidade.

Imagine que você tem de encontrar uma mulher que chega de avião. Se não tem ideia de como ela é, pode estar no aeroporto e ela passar direto por você sem que se encontrem; mas se vir uma fotografia dela e a mantiver firme na memória, você a reconhecerá tão logo se aproxime.

Uma vez que a natureza da mente foi introduzida e você a reconhece, tem a chave para reconhecê-la novamente. Mas da mesma forma que precisa conservar a fotografia com você, e continuar olhando para ela repetidas vezes a fim de ter a certeza de reconhecer a pessoa que vai encontrar no aeroporto, precisa também continuar aprofundando e estabilizando seu reconhecimento da natureza da mente através da prática regular. Então, esse reconhecimento fica tão arraigado em você, passa de tal modo a fazer parte de você, que a fotografia já não é mais necessária; quando encontrar a pessoa o reconhecimento será espontâneo e imediato. Desse modo, depois de continuada prática do reconhecimento da natureza da mente, quando no instante da morte surgir a Luminosidade Base você estará pronto para reconhecê-la e fundir-se com ela – tão instintivamente, dizem os mestres do passado, quanto uma criancinha correndo para o colo da mãe, como velhos amigos se encontrando ou um rio desaguando no mar.

E no entanto isso é extremamente difícil. A única maneira de assegurar esse reconhecimento é estabilizar e aperfeiçoar agora, enquanto estamos vivos, a prática de fundir as duas luminosidades. Isso só é possível ao longo de uma vida inteira de treinamento e empenho. Como dizia meu mestre Dudjom Rinpoche, se não praticamos a fusão das duas luminosidades agora, e de agora em diante, não se pode afirmar que o reconhecimento acontecerá de forma natural por ocasião da morte.

Como de fato fundimos as luminosidades? Essa é uma prática muito profunda e avançada, e aqui não é a ocasião de explicá-la. Mas o que podemos dizer é isto: quando o mestre nos introduz na natureza da mente, é como se a nossa visão tivesse sido restaurada, pois estivemos cegos em relação à Luminosidade Base que está em tudo. A introdução do mestre abre em nós um olho de sabedoria com que podemos ver claramente a verdadeira natureza de tudo o que surge, a natureza luminosa – a Clara Luz – de todos nossos pensamentos e emoções. Imagine que nosso reconhecimento da natureza da mente torna-se, depois de estabilizada e aperfeiçoada a prática, como um sol constantemente resplandecente. Pensamentos e emoções continuam a surgir; são como ondas de escuridão. Mas, a cada vez que as ondas encapelam-se e encontram a luz, dissolvem-se de imediato.

À medida que desenvolvemos mais e mais essa habilidade de reconhecer, ela se torna parte da nossa visão cotidiana. Quando somos capazes de trazer a realização da nossa natureza absoluta à experiência do dia a dia, temos maiores possibilidades de reconhecer a Luminosidade Base no momento da morte.

A prova para saber se temos ou não essa chave é o modo como vemos nossos pensamentos e emoções no instante em que surgem; se temos a capacidade de penetrá-los diretamente com a Visão e reconhecer a sua natureza luminosa inerente, ou se obscurecemos essa natureza com as nossas reações instintivas habituais.

Se a base da nossa mente comum está completamente purificada, é como se tivéssemos destruído o depósito do nosso carma e assim esvaziado o suprimento cármico dos futuros renascimentos. Entretanto, se não pudemos purificar a nossa mente por completo, ainda teremos resíduos de hábitos passados e tendências cármicas estocados nesse depósito de carma. Sempre que se materializarem condições favoráveis, eles se manifestarão, impulsionando-nos para novos renascimentos.

A DURAÇÃO DA LUMINOSIDADE BASE

A Luminosidade Base desponta. Para um praticante, ela dura o quanto ele puder repousar, atento, no estado da natureza da mente. Para a maioria das pessoas, no entanto, ela não dura mais que um estalar de dedos, e para alguns, dizem os mestres, "o tempo que se gasta para fazer uma refeição". A vasta maioria não reconhece em absoluto a Luminosidade Base, e em vez disso mergulha num estado de inconsciência que pode prolongar-se por até três dias e meio. É então que a consciência finalmente deixa o corpo.

Isso levou ao costume tibetano de evitar que o corpo seja tocado ou perturbado por três dias após a morte. É especialmente importante no caso de um praticante que pode ter-se fundido com a Luminosidade Base e estar repousando no estado da natureza da mente. Lembro-me, no Tibete, do cuidado que todos tinham em manter uma atmosfera de paz e silêncio em torno do corpo, particularmente no caso de um grande mestre ou praticante, de maneira a não causar a menor perturbação.

Mas também era frequente não mexer o corpo de uma pessoa comum antes de passados os três dias, já que nunca se sabe se uma pessoa é ou não realizada, e é incerto o momento em que a consciência se separou do corpo. Acredita-se que se ele for tocado em determinado lugar – por exemplo, ao aplicar-se uma injeção – a consciência pode ser desviada para esse ponto. Então, a consciência do morto pode sair pela abertura mais próxima, ao invés de pela fontanela, levando a um renascimento infeliz.

Alguns mestres insistem mais que outros nessa questão de deixar o corpo em paz por três dias. Chadral Rinpoche, um mestre tibetano do tipo Zen que viveu na Índia e no Nepal, respondia a pessoas que argumentavam que um cadáver podia cheirar mal se mantido em clima quente durante tanto tempo: "E daí? Você não vai comê-lo nem tentar vendê-lo".

Assim, num sentido estrito, é melhor fazer autópsias e cremações após três dias de espera. Nos dias de hoje, no entanto, já que pode não ser prático ou possível manter um corpo por esse tempo sem movê-lo, pelo menos deve-se fazer a prática de Phowa antes que ele seja tocado.

A MORTE DE UM MESTRE

Um praticante realizado continua no reconhecimento da natureza da mente no momento da morte e desperta na Luminosidade Base quando ela se manifesta. Ele ou ela pode permanecer nesse estado até por vários dias. Alguns praticantes e mestres morrem eretos e sentados na postura de meditação, e outros na "postura do leão adormecido". Além de seu perfeito equilíbrio, ocorrem outros sinais que mostram que está repousando no estado de

Luminosidade Base: há ainda um certo colorido e algum brilho no seu rosto, o nariz não afunda, a pele permanece macia e flexível, o corpo não enrijece, diz-se que os olhos conservam um brilho suave e compassivo e ainda há um calor no coração. Toma-se grande cuidado em não tocar o corpo do mestre e faz-se silêncio ao seu redor até que saia desse estado de meditação.

Gyalwang Karmapa, um grande mestre e líder de uma das quatro principais escolas do budismo tibetano, morreu num hospital nos Estados Unidos em 1981. Ele foi inspiração permanente para todos aqueles que o cercavam, devido à sua constante jovialidade e compaixão. Diz o Dr. Ranulfo Sanchez, chefe da cirurgia:

> *Eu mesmo senti que Sua Santidade não era uma pessoa comum. Quando olhava para você era como se o procurasse no seu íntimo, como se visse através do seu corpo. A mim impressionava muito o modo como me olhava e parecia compreender o que estava acontecendo. Sua Santidade influenciou praticamente todos os que tiveram contato com ele no hospital. Muitas vezes, quando sentíamos que ia morrer, sorria para nós e nos dizia que estávamos enganados, e aí melhorava...*
>
> *Sua Santidade nunca tomou qualquer remédio para a dor. Nós médicos íamos vê-lo e percebíamos que ele sofria muito, e assim lhe perguntávamos: "Sente muita dor hoje?" Respondia sempre: "Não". Perto do fim percebíamos que sentia nossa ansiedade, e isso tornou-se para ele uma contínua brincadeira. Perguntávamos: "Está sentindo alguma dor?" Ele sorria de um modo extremamente bondoso e dizia: "Não..."*
>
> *Todos seus sinais vitais estavam fracos. Dei-lhe uma injeção... para que pudesse comunicar-se nos seus últimos momentos. Deixei o quarto por uns minutos enquanto ele conversava com os tulkus, a quem garantira que não pretendia morrer naquele dia. Quando voltei, cinco minutos depois, estava sentado em postura ereta com seus olhos bem abertos: "Alô, como está?", perguntou. Seus sinais vitais haviam retornado e em meia hora estava sentado na cama, conversando e rindo. Do ponto de vista médico, era algo*

nunca visto; as enfermeiras estavam pálidas. Uma delas arregaçou a manga para me mostrar seu braço arrepiado.

A equipe de enfermagem foi informada de que o corpo do Karmapa não seguiu a progressão usual de *rigor mortis* e decomposição, mas pareceu ficar exatamente como estava no momento da morte. Depois de algum tempo perceberam que a região do coração continuava morna. Disse o Dr. Sanchez:

> *Levaram-me ao quarto cerca de trinta e seis horas após sua morte. Toquei a área junto ao seu coração e ela estava mais quente que a área ao redor. É algo para o qual não temos explicação médica.*[1]

Alguns mestres morrem meditando, sentados e com o corpo ereto. Kalu Rinpoche morreu em 1989 no seu mosteiro no Himalaia, com alguns mestres, um médico e uma enfermeira presentes. Seu discípulo mais próximo escreveu:

> *O próprio Rinpoche tentou sentar-se, mas teve dificuldades. Lama Gyaltsen, sentindo que havia talvez chegado a hora e que não sentar-se podia criar um obstáculo ao Rinpoche, segurou-o por trás e o sentou. O Rinpoche estendeu-me seus braços e também eu o ajudei. Queria sentar-se de maneira correta, o que indicou com um gesto da mão. O médico e a enfermeira pareciam contrariados com isso, e o Rinpoche relaxou sua postura um pouquinho. No entanto, assumiu a posição de meditação... Juntou suas mãos na posição, abriu os olhos em olhar de meditação e seus lábios se moveram suavemente. Um sentimento profundo de paz e felicidade nos envolveu e expandiu-se em nossa mente. Todos sentíamos que a indescritível felicidade que nos tomava era um pálido reflexo daquilo que permeava a mente do Rinpoche. Lentamente, seu olhar e suas pálpebras baixaram e sua respiração cessou.*[2]

Sempre vou me lembrar da morte do meu querido mestre Jamyang Khyentse Chökyi Lodrö, no verão de 1959. Na última fase da sua vida ele procurou sair o mínimo possível do mosteiro. Mestres de todas as tradições iam para lá em grupos pedir-lhe ensinamentos, e responsáveis por todas as linhagens buscavam suas instruções, já que ele era a fonte de transmissão desses ensinamentos. O mosteiro onde vivia, Dzongsar, tornou-se um dos mais vibrantes centros de atividade espiritual no Tibete, onde todos os grandes lamas chegavam em visita. Sua palavra na região era lei. Era um mestre tão grande que praticamente todos eram seus discípulos, a tal ponto que tinha poder para fazer cessar guerras locais ameaçando retirar sua proteção espiritual dos contendores de ambos os lados.

Infelizmente, à medida que a pressão dos invasores chineses aumentava, as condições em Kham se deterioraram depressa e, mesmo ainda menino, pude sentir a ameaça do que depois viria. Em 1955, meu mestre teve sinais indicando que deveria deixar o Tibete. Primeiro seguiu numa peregrinação aos lugares sagrados no centro e no sul do país e, em seguida, para atender um profundo desejo do seu mestre, peregrinou até os sítios sagrados da Índia, e eu fui com ele. Todos esperávamos que a situação melhorasse enquanto estávamos fora. Somente depois entendi que a decisão de meu mestre de viajar fora tomada, por muitos outros lamas e pessoas comuns, como um sinal de que o Tibete estava condenado; isso permitiu que escapassem dali em tempo hábil.

Meu mestre havia recebido reiteradas vezes um convite para visitar o Sikkim, uma pequena nação no Himalaia e um dos lugares sagrados de Padmasambhava. Jamyang Khyentse era a encarnação do mais santo dos homens do Sikkim e o rei local pediu-lhe que transmitisse ensinamentos lá e abençoasse o lugar com a sua presença. Logo que souberam que ele tinha ido para lá, muitos mestres vieram do Tibete para receber seus ensinamentos, trazendo textos raros e escrituras que de outro modo jamais teriam sobrevivido. Jamyang Khyentse era um mestre dos mestres e o Palácio Templo onde vivia tornou-se novamente um grande centro espiritual. Como a situação no Tibete tornava-se cada vez mais desastrosa, mais e mais lamas se reuniram em torno dele.

Diz-se que às vezes os grandes mestres que ensinam muito não vivem existências muito longas; é quase como se atraíssem para si obstáculos presentes no caminho dos ensinamentos espirituais. Houve profecias afirmando que, se meu mestre tivesse deixado de dar ensinamentos e viajado como um eremita anônimo para locais remotos do país, teria vivido muitos anos mais. De fato, ele tentou fazer isso: quando partimos de Kham em nossa última viagem, ele deixou todos seus bens para trás e saiu em completo segredo, com a intenção de não ensinar e só viajar em peregrinação. Mas uma vez que se soube quem ele era, pessoas de todos os cantos o requisitaram para dar-lhes instruções e iniciações. Tão vasta era a sua compaixão que, mesmo sabendo o quanto se arriscava, sacrificou a própria vida para continuar ensinando.

Foi no Sikkim, então, que Jamyang Khyentse adoeceu. Ao mesmo tempo, chegou da China a terrível notícia de que o Tibete finalmente caíra. Todos os principais lamas, líderes das linhagens, chegaram uns após outros para visitá-lo, e preces e rituais de longa vida foram-lhe dedicados dia e noite. Todos participaram. Pedíamos-lhe que continuasse vivendo, porque um mestre da sua grandeza tem o poder de decidir quando é tempo de deixar seu corpo. Ele simplesmente ficava na cama, aceitando nossas oferendas e rindo, dizendo com um sorriso sábio: "Está bem, só para ser auspicioso direi que vou viver".

A primeira indicação que tivemos de que ele ia morrer foi através de Gyalwang Karmapa. O mestre disse a ele que havia completado o trabalho que viera fazer nesta vida e que havia decidido deixar este mundo. Um dos seus auxiliares mais próximos explodiu em lágrimas quando o Karmapa revelou-lhe isso; então soubemos. De fato, sua morte ocorreu logo depois que chegou a notícia de que os três grandes mosteiros do Tibete – Sera, Drepung e Ganden – haviam sido ocupados pelos chineses. Parecia tragicamente simbólico que o Tibete caísse e esse grande ser, a encarnação do budismo tibetano, estivesse morrendo.

Jamyang Khyentse Chökyi Lodrö morreu às três horas da manhã do sexto dia do quinto mês do calendário tibetano. Dez dias antes, quando estávamos fazendo uma prática de longa vida por ele, que durou toda a noite, subitamente o chão estremeceu com um enorme terremoto. De acordo com os sutras budistas, esse é um sinal que marca o passamento iminente de um ser iluminado.[3]

Durante três dias sua morte foi mantida em completo segredo e a ninguém foi permitido saber que Khyentse havia morrido. Eu soube apenas que sua saúde piorara e, em vez de dormir em seu quarto, como fazia habitualmente, pediram que eu dormisse em outro. Lama Chokden, assistente mais próximo de Khyentse e também seu mestre de cerimônias, esteve mais tempo com ele do que qualquer outra pessoa. Era um homem silencioso, sério, ascético, de olhos penetrantes e rosto cavado, digno e elegante, mas de comportamento humilde. Chokden era conhecido por sua integridade fundamental, sua cortesia de coração e profunda decência humana, além de extraordinária memória: parecia lembrar-se de cada palavra dita pelo meu mestre, de cada história, e conhecia os menores detalhes do mais complexo ritual e seu significado. Era também um praticante exemplar e professor nato. Vimos então Lama Chokden continuar levando as refeições do meu mestre para seu quarto, mas a expressão de seu rosto estava sombria. Continuávamos a perguntar como passava Khyentse, e Chokden dizia apenas: "Ele está exatamente igual". Em certas tradições, depois que um mestre morre e durante o tempo em que fica em meditação após a morte, é importante manter segredo. Somente três dias mais tarde, como disse, soubemos que ele morrera.

O governo da Índia mandou, então, um telegrama para Pequim. De lá a mensagem seguiu para o mosteiro de meu mestre, Dzongsar, no Tibete, onde muitos dos monges já estavam em lágrimas porque de algum modo sabiam que ele estava morrendo. Pouco antes de partirmos do Tibete, Khyentse fizera uma misteriosa afirmação: voltaria ali ainda uma vez antes de morrer. E de fato o fez. No dia de Ano Novo daquele ano, cerca de seis meses antes da sua morte, quando se realizava uma dança ritual, muitos dos monges mais velhos tiveram uma visão dele, exatamente como era, aparecendo no céu. No mosteiro meu mestre fundara um centro de estudos, famoso por produzir alguns dos melhores eruditos da atualidade. No templo maior havia uma estátua do futuro Buda, Maitreya. Uma manhã bem cedo, logo depois do dia de Ano Novo, quando a visão apareceu no céu, o vigia abriu a porta do templo: Khyentse estava sentado no regaço do Buda Maitreya.

Meu mestre morreu na "postura do leão adormecido". Ali estavam todos os sinais de que ele permanecia em estado de meditação, e ninguém tocou seu corpo por três dias inteiros. O momento em que deixou a meditação ficará gravado em mim para sempre: seu nariz de repente murchou, a cor do rosto sumiu e a cabeça caiu ligeiramente para o lado. Até então houvera uma certa postura, energia e vida no seu corpo.

Era noite quando lavamos seu corpo e o vestimos, tirando-o do quarto para levá-lo ao templo principal do palácio. Multidões estavam lá, enchendo o templo e as redondezas em manifestação de respeito.

Então alguma coisa extraordinária aconteceu. Uma luz leitosa e incandescente, como um espesso e luminoso nevoeiro, começou a aparecer e aos poucos espalhar-se por toda parte. O templo do palácio tinha quatro fortes lâmpadas elétricas do lado de fora; àquela hora elas normalmente brilhavam, pois já era escuro às sete da noite. No entanto, naquela noite o seu brilho estava ofuscado pela luz misteriosa. Apa Pant, que era então ministro de Assuntos Políticos no Sikkim, foi o primeiro a telefonar para saber o que era aquilo. Muitos outros também ligaram; essa estranha luz sobrenatural foi testemunhada por centenas de pessoas. Um dos mestres presentes nos disse que tais manifestações de luz são descritas nos Tantras como sinal de que alguém está atingindo o estado búdico.

Planejou-se originalmente manter o corpo de Jamyang Khyentse no templo do palácio por uma semana, mas logo começamos a receber telegramas dos seus discípulos. Estávamos em 1959; muitos deles, inclusive Dilgo Khyentse Rinpoche, tinham acabado de chegar ao exílio após longa e perigosa fuga do Tibete. Todos pediam para que o corpo fosse conservado a fim de que pudessem vê-lo. E assim o mantivemos por mais duas semanas. A cada dia havia quatro diferentes sessões de oração com centenas de monges, conduzidas por diferentes lamas de todas as escolas e presididas com frequência pelos detentores das linhagens; milhares e milhares de lamparinas de manteiga foram oferecidas. O corpo não cheirou nem começou a se decompor, de modo que o conservamos ainda por mais uma semana. Na Índia faz um calor tórrido no verão, mas mesmo passadas semanas e semanas o seu corpo não mostrou nenhum sinal de decomposição. Acabamos mantendo-o ali por seis meses; todo um ambiente de oração e prática evolveu em sua presença sagrada: ensinamentos que Jamyang Khyentse estivera transmitindo, e que ficaram incompletos por causa da sua morte, foram terminados pelos seus discípulos mais velhos; muitos e muitos monges foram ordenados.

Finalmente levamos o corpo para o local que ele havia escolhido para a cremação. Tashiding é um dos lugares mais sagrados do Sikkim, fica no alto de uma colina. Todos os discípulos subiram até lá e juntos construímos uma stupa para suas relíquias, embora na Índia todo trabalho manual e cansativo seja normalmente feito por trabalhadores contratados. Todos, jovens e velhos, de um mestre como Dilgo Khyentse Rinpoche à pessoa mais comum, levaram pedras para a colina e construíram tudo com as próprias mãos. Esse foi talvez o maior testemunho da devoção que ele inspirou.

Palavra alguma poderá jamais comunicar a perda que foi a morte de Jamyang Khyentse. Deixando o Tibete, eu e minha família perdemos todas as nossas terras e propriedades, porém eu era muito jovem para ter desenvolvido algum apego a elas. Mas a perda de Jamyang Khyentse foi tão enorme que ainda hoje, tantos anos depois, a pranteio. Toda minha infância foi vivida ao sol da sua presença. Dormi numa pequena cama ao pé do seu leito e acordei anos seguidos ao sussurro das suas orações matutinas e o som do seu mala, o rosário budista. Suas palavras, seu ensinamento, a grande e pacífica radiância da sua presença, seu sorriso, tudo são lembranças indeléveis para mim. Ele é a inspiração da minha vida e é a sua presença, bem como a de Padmasambhava, que sempre invoco quando estou em dificuldades ou quando ensino. Sua morte foi uma perda incalculável para o mundo e para o Tibete. Costumo pensar a respeito dele como penso a respeito de Dilgo Khyentse Rinpoche: se só ele restasse depois da destruição do budismo, este ainda continuaria vivo, pois ele era a corporificação plena do significado do budismo. Com a morte de Jamyang Khyentse toda uma época e talvez uma dimensão inteira de poder e conhecimento espiritual desapareceram com ele.

Ele morreu com sessenta e sete anos apenas. Penso como todo o futuro do budismo tibetano teria sido diferente se Jamyang Khyentse tivesse vivido para inspirar o seu crescimento no exílio e no Ocidente, com a mesma autoridade e o infinito respeito por todas as tradições e linhagens que o fizeram tão amado no Tibete. Porque ele era o mestre dos mestres, e porque todos os detentores de linhagem receberam dele ensinamentos e iniciações, reverenciando-o como seu professor-raiz, ele conseguia reunir todos naturalmente, num espírito de cooperação e devotada harmonia.

Mas um grande mestre não morre jamais. Jamyang Khyentse está aqui me trazendo inspiração enquanto escrevo; ele é a força por trás deste livro e de tudo aquilo que ensino, bem como o fundamento e a base do espírito de tudo quanto faço; é ele que continua me dando orientação interior. Sua bênção, e a confiança que ela me dá, têm me guiado através das dificuldades de tentar representar, de toda maneira que posso, a tradição que ele representava de modo tão sublime. Seu rosto nobre está hoje mais vivo para mim do que o das pessoas que me cercam, e nos seus olhos vejo sempre aquela luz da sabedoria e da compaixão transcendentes que nenhum poder, no céu ou na terra, pode apagar.

Possam todos vocês, leitores deste livro, conhecê-lo um pouco como o conheço; possam todos vocês ser inspirados como fui pela dedicação de sua vida e o esplendor da sua morte; e possam todos vocês tirar do seu exemplo de total dedicação ao bem-estar de todos os seres sencientes a coragem e sabedoria de que precisarão para trabalhar pela verdade nestes tempos!

DEZESSETE

A RADIÂNCIA INTRÍNSECA

Quando a Luminosidade Base desponta na morte, um praticante experiente manterá plena consciência e se fundirá com ela, atingindo assim a liberação. Mas se deixamos de reconhecer a Luminosidade Base, encontramos então o próximo bardo, o bardo luminoso do dharmata.

O ensinamento sobre o bardo do dharmata é uma instrução muito especial, específica da prática do Dzogchen e entesourada no coração dos ensinamentos do Dzogchen durante séculos. De início, senti alguma hesitação em apresentar publicamente esse que é o mais sagrado dos ensinamentos e, se não houvesse qualquer precedente, talvez não o fizesse. Entretanto, o *Livro Tibetano dos Mortos* e muitos outros textos que se referem ao bardo do dharmata já foram publicados, tendo levado a algumas conclusões ingênuas. Sinto que é extremamente importante e oportuno tornar disponível uma clarificação franca e direta desse bardo, colocando-o no seu verdadeiro contexto. Devo esclarecer que não entrarei em qualquer detalhe sobre as práticas adiantadas nele envolvidas; nenhuma dessas práticas poderia ser feita, sob qualquer circunstância, sem as instruções e orientação de um mestre qualificado, e sem a manutenção de um compromisso e conexão com ele absolutamente puros.

Reuni visões e insights de muitas fontes diferentes para fazer com que este capítulo – que é para mim um dos mais importantes do livro – seja tão elucidativo quanto possível. Espero que através dele alguns de vocês estabeleçam uma conexão com esse ensinamento extraordinário, e sejam inspirados a investigar mais profundamente e a iniciar a sua própria prática.

AS QUATRO FASES DO DHARMATA

A palavra sânscrita *dharmata*, ou *chö nyi* em tibetano, significa a natureza intrínseca de tudo, a essência das coisas como elas são. Dharmata é a verdade nua e incondicionada, a natureza da realidade, ou a verdadeira natureza da existência fenomênica. O que examinamos aqui é algo fundamental para a total compreensão da natureza da mente e da natureza de tudo.

O fim do processo de dissolução e o despontar da Luminosidade Base abriram uma dimensão inteiramente nova que agora começa a desdobrar-se. Um modo útil que encontrei de explicar isso é compará-los à maneira como a noite se transforma em dia. A fase final do processo de dissolução na morte é a experiência negra do estágio de "Plena Consecução". É descrita como "um céu amortalhado em trevas". O surgimento da Luminosidade Base é como a claridade num céu aberto quando o dia começa a raiar. Gradualmente o sol do dharmata começa a surgir em todo seu esplendor, iluminando os contornos da terra em todas as direções. A radiância natural de Rigpa manifesta-se de modo espontâneo e resplandece como energia e luz.

Tal como o sol nasce nesse céu claro e vazio, os aspectos luminosos do bardo do dharmata surgirão do espaço oniabrangente da Luminosidade Base. O nome que damos a essa manifestação de som, luz e cor é "presença espontânea", porque ela está sempre inerentemente presente na vastidão da "pureza original", que é sua base.

O que de fato ocorre aqui é um processo de desdobramento em que a mente e a sua natureza fundamental vão pouco a pouco se tornando mais manifestas. O bardo do dharmata é um estágio nesse processo. E é através dessa dimensão de luz e energia que a mente se desdobra do seu mais puro estado, a Luminosidade Base, para manifestar-se como forma no bardo seguinte, o bardo do vir a ser.

Acho muito sugestivo que a física moderna tenha mostrado que a matéria, quando investigada, revela-se como um oceano de energia e luz. "A matéria, de certo modo, é luz condensada ou congelada... toda matéria é uma condensação de luz dentro de padrões, movendo-se de um lado para outro em velocidades médias menores que a da luz", explica David Bohm. A física moderna também compreende a luz de modo multifacetado: "É energia e é também informação – conteúdo, forma e estrutura. É o potencial para tudo".[1]

O bardo do dharmata tem quatro fases, cada uma delas apresentando mais uma oportunidade para a liberação. Se a oportunidade não é aproveitada, então a próxima fase se desdobra. A explanação desse bardo que darei a seguir tem origem nos Tantras do Dzogchen, em que se ensina que o verdadeiro significado do bardo do dharmata pode ser compreendido somente pela prática especial e avançada da luminosidade, o Tögal. O bardo do dharmata figura com destaque bem menor em outros ciclos de ensinamentos sobre a morte na tradição tibetana. Mesmo no *Livro Tibetano dos Mortos*, que também pertence aos ensinamentos do Dzogchen, a sequência dessas quatro fases é apenas implícita, como se fosse sutilmente oculta, e ali não aparece em uma estrutura clara e ordenada.

Devo enfatizar, no entanto, que tudo o que as palavras podem fazer é dar um quadro conceitual do que poderá ocorrer no bardo do dharmata. As manifestações desse bardo permanecerão apenas como imagens conceituais até que o praticante tenha aperfeiçoado a prática do Tögal, momento em que cada detalhe da descrição que darei em seguida se torna uma experiência pessoal inegável. O que tento dar a você aqui é alguma ideia de que essa dimensão maravilhosa e surpreendente pode existir, completando a minha descrição de todos os bardos. Desejo profundamente que ela possa ser proveitosa como uma espécie de lembrança quando você passar pelo processo da morte.

1. Luminosidade – a paisagem de luz

No bardo do dharmata você toma um corpo de luz. A primeira fase desse bardo ocorre quando "o espaço se dissolve na luminosidade".

De repente, você se torna consciente de um mundo fluido e vibrante de som, luz e cor. Todas as características ordinárias do nosso ambiente conhecido fundiram-se numa paisagem de luz que permeia tudo. Ela é brilhantemente clara e radiante, transparente e multicolorida, cintilante e ilimitada por qualquer tipo de dimensão ou direção, e está constantemente em movimento. O *Livro Tibetano dos Mortos* considera-a como "uma miragem numa planície sob o calor do verão". Suas cores são a expressão natural das qualidades elementares e intrínsecas da mente: o espaço é percebido como luz azul, a água como luz branca, a terra como amarela, o fogo vermelha e o vento verde.

O grau de estabilidade dessas deslumbrantes manifestações de luz no bardo do dharmata depende inteiramente da estabilidade que você conseguiu atingir na prática do Tögal. A real maestria dessa prática fará com que você consiga manter estável a experiência e assim usá-la para ganhar a liberação. De outro modo, o bardo do dharmata apenas brilhará como o clarão de um relâmpago; você nem mesmo saberá que ele ocorreu. Deixe-me reiterar uma vez mais que apenas um praticante do Tögal estará apto a fazer o crucial reconhecimento: que essas manifestações radiantes de luz não têm existência separada da natureza da mente.

2. União – as deidades

Se você não é capaz de reconhecer isso como a manifestação espontânea de Rigpa, os raios e cores individuais começam então a integrar-se e aglutinar-se em pontos ou bolas de luz de diferentes tamanhos, chamadas tiklé. Dentro delas surgem os "mandalas das deidades pacíficas e iradas", como enormes concentrações esféricas de luz que parecem ocupar todo o espaço.

Essa é a segunda fase, conhecida como "luminosidade dissolvendo-se na união", onde a luminosidade se manifesta na forma de budas ou deidades de vários tamanhos, cores e formas, contendo diferentes atributos. A luz cheia de brilho que emana delas é ofuscante e estonteante, o som é tremendo como o ribombar de mil trovões, e os raios e fachos de luz são como os *lasers*, penetrando tudo.

Essas são as "quarenta e duas deidades pacíficas e cinquenta e oito deidades iradas" descritas no *Livro Tibetano dos Mortos*. Elas se revelam por um certo período de "dias", assumindo o seu padrão característico de mandala de cinco partes. Essa é uma visão que ocupa a sua percepção por completo e com tamanha intensidade que, se você não for capaz de reconhecê-la pelo que de fato é, parecerá terrificante e perigosa. O medo absoluto e o pânico cego poderão consumi-lo e você desfalecerá.

Finíssimos raios de luz jorram de você e das deidades, unindo o seu coração aos delas. Incontáveis esferas luminosas que aumentam de tamanho e giram, aparecerão nos raios das deidades, à medida que todas elas se dissolvem em você.

3. Sabedoria

Se outra vez você fracassa em reconhecer e conseguir estabilidade, desdobra-se a próxima fase, chamada "união dissolvendo-se na sabedoria".

Outro fino raio de luz origina-se em seu coração e abre-se uma grandiosa visão; cada detalhe, no entanto, permanece distinto e preciso. Essa é a manifestação dos vários aspectos da sabedoria, que aparecem juntos num espetáculo de planos de luz e resplandecentes tiklés luminosos de forma esférica.

Primeiramente, num plano de profundo azul luminoso, aparecem tiklés cintilantes cor azul safira, em padrões de cinco. Acima deles, num plano de luz branca, aparecem tiklés radiantes, brancos como cristal. Acima ainda, num plano de luz amarela, surgem tiklés dourados e, sobre eles, um plano de luz vermelha serve de base a tiklés de coloração vermelho-rubi. Todos eles são coroados por uma esfera radiosa, como um dossel de penas de pavão.

Essa esfuziante exibição de luz é a manifestação das cinco sabedorias: a sabedoria do espaço todo-abrangente, a sabedoria do espelho, a sabedoria da equanimidade, a sabedoria do discernimento e a sabedoria que tudo realiza. Mas já que a sabedoria que tudo realiza só se aperfeiçoa quando se chega à iluminação, ela não aparece ainda. Assim, não há o plano verde de luzes e tiklés, embora esteja contido em todas as outras cores. O que se manifesta aqui é o nosso potencial de iluminação; a sabedoria que tudo realiza só aparecerá quando nos tornarmos budas.

Se você não obtém aqui a liberação, através do repouso atento na natureza da mente, os planos de luz e seus tiklés, assim como o seu Rigpa, todos se dissolvem na esfera radiante de luz que é como um dossel de penas de pavão.

4. Presença espontânea

Isso anuncia a fase final do bardo do dharmata, "sabedoria dissolvendo-se na presença espontânea". Agora o todo da realidade se apresenta num tremendo espetáculo. Primeiro, o estado de pureza original nasce como um céu aberto e sem nuvens. Então, as deidades pacíficas e iradas aparecem, seguidas pelos reinos puros dos budas, e abaixo delas os seis reinos da existência samsárica.

O ilimitado dessa visão está além da nossa imaginação comum. Cada possibilidade é apresentada: da sabedoria e liberação à confusão e o renascimento. Nesse ponto você se verá dotado do poder de percepção e recordação clarividentes. Por exemplo, com total clarividência e seus sentidos desobstruídos, você conhecerá suas vidas passadas e futuras, verá a mente de outros e terá conhecimento de todos os seis reinos da existência. Num instante poderá evocar de maneira vívida todos os ensinamentos que ouviu – e até mesmo ensinamentos que nunca ouviu despertarão em sua mente.

A visão inteira, então, dissolve-se retornando à sua essência original, como um toldo ou tenda que cai quando as suas cordas são cortadas.

Se tem estabilidade suficiente para reconhecer essas manifestações como a "autorradiância" de seu próprio Rigpa, você se liberará. Mas sem a experiência da prática do Tögal, não será capaz de ter a visão das deidades, que são "brilhantes como o sol". Em vez disso, como resultado das tendências habituais de suas vidas prévias, seu olhar será atraído para baixo, para os seis reinos. São *eles* que você reconhecerá e que servirão de isca para atraí-lo novamente para a ilusão.

No *Livro Tibetano dos Mortos* atribuem-se períodos de dias às experiências do bardo do dharmata. Não se trata de dias solares de vinte e quatro horas, porque na esfera do dharmata fomos completamente além dos limites de tempo e espaço. Esses dias são "dias de meditação", e referem-se à extensão temporal que formos capazes de repousar sem distração na natureza da mente ou num único estado mental. Sem estabilidade na prática da meditação esses dias podem ser muito curtos, e a manifestação das deidades pacíficas e iradas tão fugaz que sequer poderemos registrar que elas se manifestaram.

COMPREENDENDO O DHARMATA

Agora que o bardo do dharmata desponta sobre mim,
Abandonarei todo medo e terror,
Reconhecerei tudo o que aparece como a manifestação do meu próprio Rigpa,
E saberei que é a manifestação natural deste bardo;
Agora que alcancei esse ponto crucial,
Não temerei as deidades pacíficas e iradas que surgem da natureza da minha própria mente.

A chave para a compreensão desse bardo consiste no fato de que todas as experiências que nele ocorrem são parte da radiância original da natureza da nossa mente. O que acontece é que diferentes aspectos da sua energia iluminada estão sendo liberados. Assim como os arco-íris dançantes de luz que se irradiam de um cristal são sua manifestação natural, também as deslumbrantes manifestações do dharmata não podem ser separadas da natureza da mente. *Elas são sua expressão espontânea.* Assim, não importa quão aterrorizantes possam ser essas manifestações, diz o *Livro Tibetano dos Mortos*, elas não lhe trarão mais medo do que um leão empalhado.

Estritamente falando, no entanto, seria um equívoco chamar essas manifestações de "visões" ou "experiências", porque visão e experiência dependem de uma relação dualista entre o percebedor e a coisa percebida. Se podemos reconhecer as manifestações do bardo do dharmata como sendo a energia de sabedoria da nossa própria mente, não há diferença entre percebedor e percebido, e essa é uma experiência de não dualidade. Entrar por completo nessa experiência é obter a liberação. Porque, como diz Kalu Rinpoche: "A liberação surge naquele estado pós-morte em que a consciência pode perceber que as suas experiências nada são além da própria mente".[2]

No entanto, agora que já não estamos mais assentados em ou protegidos por um corpo físico ou um mundo físico, as energias da natureza da mente liberadas no estado de bardo podem parecer esmagadoramente reais e ganhar uma existência objetiva. Elas parecem habitar o mundo fora de nós. E sem a estabilidade da prática não temos conhecimento de nada que seja não dual, que independa da nossa própria percepção. Se tomarmos essas manifestações de maneira errada, como sendo alguma coisa separada de nós, como "visões externas", reagiremos com medo ou esperança, o que nos conduzirá à ilusão.

Tal como no surgir da Luminosidade Base o reconhecimento é a chave para a liberação, também ocorre o mesmo no bardo do dharmata. Só que aqui o reconhecimento da *autorradiância de Rigpa*, a energia manifesta da natureza da mente, é o que faz a diferença entre atingir a liberação ou continuar num ciclo incontrolado de renascimentos. Tome, por exemplo, a manifestação de uma centena de deidades pacíficas e iradas, que ocorre na segunda fase deste bardo. São os budas das cinco famílias búdicas, suas contrapartes femininas, bodisatvas masculinos e femininos, os budas dos seis reinos e um bom número de deidades iradas e protetoras. Todas surgem em meio à luz brilhante das cinco sabedorias.

Como entender esses budas ou deidades? "Cada uma dessas formas puras expressa uma perspectiva iluminada de parte da nossa experiência impura".[3] Os cinco budas masculinos são o aspecto puro dos cinco agregados do ego. Suas cinco sabedorias são o aspecto puro das cinco emoções negativas. Os cinco budas femininos são as qualidades elementais puras da mente, que nós experimentamos como os elementos impuros do nosso corpo físico e meio ambiente. Os oito bodisatvas são o aspecto puro dos diferentes tipos de consciência, e suas contrapartes femininas são os objetos dessas consciências.

Tanto no caso em que se manifesta a visão pura das famílias búdicas e sua sabedoria, quanto no caso em que surge a visão impura dos agregados e emoções negativas, eles são intrinsecamente a mesma coisa em sua natureza fundamental. A diferença reside em *como os reconhecemos*, e se reconhecemos que eles emergem da base da natureza da mente como a sua energia iluminada.

Tome como exemplo o que se manifesta em nossa mente comum como um pensamento de *desejo*; se sua verdadeira natureza é reconhecida, ele surge, livre do apego, como "sabedoria do discernimento". O *ódio* e a *raiva*, quando verdadeiramente reconhecidos, surgem como claridade similar à do diamante, livres do apego; esta é a "sabedoria do espelho". Quando a *ignorância* é reconhecida, ela surge como vasta e natural claridade sem conceitos: é a "sabedoria do espaço todo-abrangente". O *orgulho*, quando reconhecido, é percebido como não dualidade e igualdade: a "sabedoria da equanimidade". O *ciúme*, quando reconhecido, é libertado da parcialidade e do apego, surgindo como a "sabedoria que tudo realiza". Assim, as cinco emoções negativas emergem como resultado direto de não reconhecermos a sua verdadeira natureza. Quando reconhecidas, são purificadas e liberadas, mostrando-se como nada menos que a manifestação das cinco sabedorias.

No bardo do dharmata, quando você deixa de reconhecer

as luzes brilhantes dessas sabedorias, o autoapego invade sua "percepção", tal como, segundo diz um mestre, uma pessoa que está seriamente enferma, com febre alta, e começa a ter alucinações e ver toda espécie de miragens. Assim, por exemplo, se você deixou de reconhecer a luz vermelho-rubi da sabedoria do discernimento, ela surge como fogo, porque é a essência pura do elemento fogo; se você deixa de reconhecer a verdadeira natureza da radiância dourada da sabedoria da equanimidade, ela surge como o elemento terra, porque é a essência pura do elemento terra; e assim por diante.

Quando o apego ao eu penetra a "percepção" das manifestações do bardo do dharmata, esse é o momento em que se transformam, pode-se dizer que até se solidificam, através disso, nas diversas bases da ilusão do samsara.

Um mestre Dzogchen usa o exemplo do gelo e da água para mostrar como essa falta de reconhecimento e o autoapego se desdobram: a água é geralmente líquida, um elemento com qualidades maravilhosas, que purifica e sacia a sede. Mas, quando congela, solidifica-se e vira gelo. Do mesmo modo, sempre que surge o apego ao eu, ele solidifica tanto a nossa experiência interior quanto o modo como percebemos o mundo à nossa volta. Todavia, assim como ao calor do Sol o gelo derrete e se faz água, com a luz do conhecimento revela-se a nossa ilimitada sabedoria.

Agora podemos ver exatamente de que maneira, após o surgimento da Luminosidade Base e do bardo do dharmata, o samsara surge como resultado de dois fracassos sucessivos em reconhecer a natureza essencial da mente. No primeiro, não é reconhecida a Luminosidade Base, a base da natureza da mente; se o reconhecimento houvesse acontecido, a liberação teria sido obtida. No segundo, manifesta-se o aspecto energético da natureza da mente e uma segunda oportunidade para a liberação se apresenta; se ela tampouco for reconhecida, as emoções negativas que surgem começam a solidificar-se em diferentes percepções falsas, que juntas vão criar os reinos ilusórios chamados samsara, e que nos aprisionam no ciclo de nascimento e morte. O todo da prática espiritual, portanto, é dedicado a reverter diretamente o que eu chamaria de progresso da ignorância, e a "descriar" e "dessolidificar" aquelas falsas percepções interligadas e interdependentes que levaram ao nosso aprisionamento na realidade ilusória que, afinal, nós mesmos inventamos.

Tal como quando a Luminosidade Base despontou no momento da morte, aqui também no bardo do dharmata a liberação não pode ser considerada ainda garantida. Porque quando a luz brilhante da sabedoria resplandece, é acompanhada da manifestação de sons e luzes simples, reconfortantes e suaves, menos desafiadores e abrangentes que ela. Essas luzes opacas – acinzentadas, amarelas, verdes, azuis, vermelhas e brancas – são as nossas tendências habituais inconscientes acumuladas por ódio, cobiça, ignorância, desejo, ciúme e orgulho. Essas são as emoções que criam os seis reinos do samsara, respectivamente: os reinos do inferno, dos fantasmas famintos, dos animais, dos seres humanos, dos semideuses e dos deuses.

Se não reconhecemos e estabilizamos em vida a natureza da mente do dharmata, somos instintivamente atraídos para as luzes opacas dos seis reinos quando a tendência básica para o apego, construída ao longo de toda a vida, começa a entrar em atividade e a despertar. Ameaçada pela radiância dinâmica da sabedoria, a mente se retrai. As luzes aconchegantes, o convite das nossas tendências costumeiras, seduzem-nos a um renascimento determinado por aquela emoção negativa que domina nosso carma e nosso fluxo mental.

Vamos tomar um exemplo de manifestação de um dos budas pacíficos do *Livro Tibetano dos Mortos,* que ilustrará todo esse processo. O mestre ou amigo espiritual dirige-se à consciência do morto:

> *Ó filho / filha de uma família iluminada, ouça sem distração!*
>
> *No terceiro dia emergirá uma luz amarela, que é a pura essência do elemento terra. Simultaneamente, do campo búdico do sul, de cor amarela, conhecido como*

"O Glorioso", o Buda Ratnasambhava aparecerá diante de você, com seu corpo amarelo e segurando em sua mão uma joia que realiza desejos. Ele está sentado em um trono sustentado por cavalos, e abraça Mamaki, a consorte suprema. Em torno dele estão os dois bodisatvas masculinos Akashagarbha e Samantabhadra[4], *e os dois bodisatvas femininos Mala e Dhupa, de modo que seis budas aparecem saindo da vastidão da luz de arco-íris.*

A pureza inerente do skandha do sentimento – que é a "sabedoria da equanimidade" – uma luz amarela, deslumbrante e adornada com tiklés de luz grandes e pequenos, fulgurante e clara, intolerável aos olhos, irradiará até você a partir do coração de Ratnasambhava e sua consorte, penetrando o seu coração de tal modo que os olhos não suportam encará-la.

Exatamente ao mesmo tempo, junto com a luz de sabedoria, uma luz azul opaca representando o reino humano virá em sua direção e penetrará em seu coração. Então, levado pelo orgulho, você fugirá aterrorizado da intensidade da luz amarela, mas ficará encantado com a obscurecida luz azul do reino humano, apegando-se então a ele.

Nesse momento, não tema a penetrante luz amarela em toda a sua deslumbrante radiância, mas reconheça-a como sabedoria. Deixe que seu Rigpa repouse nela, relaxado e à vontade, num estado livre de qualquer atividade. Tenha confiança nela; tenha devoção e anseie por ela. Se a reconhecer como a natural radiância do seu próprio Rigpa, mesmo que não tenha devoção e não tenha feito a necessária oração inspiradora, todos os corpos dos budas e raios de luz irão se fundir inseparavelmente com você, que atingirá então o estado búdico.

Se não a reconhecer como a radiância natural do seu Rigpa, então reze por isso com devoção, pensando: "Esta é a luz da compassiva energia do Buda Ratnasambhava. Tomo refúgio nela". Porque de fato o Buda Ratnasambhava está vindo para guiá-lo por entre os terrores do bardo, e é o gancho da sua energia compassiva, feito de raios de luz. Assim, encha seu coração de devoção por ele.

Não se encante com a opaca luz azul do reino humano. Essa é a sedutora trilha das tendências habituais que você acumulou através de um orgulho intenso. Se estiver apegado a ela você cairá no reino humano, onde provará a dor do nascimento, da velhice, da doença e da morte, perdendo a oportunidade de sair do pântano do samsara. Essa (opaca luz azul) é um obstáculo bloqueando o caminho para a liberação. Não olhe para ela, portanto, mas abandone o orgulho! Abandone as tendências habituais que acarreta! Não se apegue (à opaca luz azul)! Não anseie por ela! Sinta devoção e anseie pela luz amarela que irradia e leva ao deslumbramento, centrando sua total atenção no Buda Ratnasambhava e dizendo esta oração:

Ai de mim!
Quando por intenso orgulho eu vagar no samsara,
Possa o Buda Ratnasambhava mostrar-me o caminho
Da radiante trilha de luz que é a "sabedoria da equanimidade".
Possa a suprema consorte Mamaki caminhar atrás de mim;
Possam eles me ajudar pelo perigoso caminho do bardo,
E levar-me ao perfeito estado búdico.

Dizendo essa prece de inspiração com profunda devoção, você se dissolverá numa luz de arco-íris no coração do Buda Ratnasambhava e de sua consorte, tornando-se um Buda Sambhogakaya[5] *no campo búdico do sul, conhecido como "O Glorioso".*

Essa descrição do aparecimento do Buda Ratnasambhava conclui explicando que, através dessa "demonstração" oferecida pelo mestre ou amigo espiritual, a liberação é certa, ainda que as forças da pessoa morta possam estar enfraquecidas. No entanto, mesmo depois dessa "mostra" ser repetida muitas vezes, diz o *Livro Tibetano dos Mortos* que há aqueles que, devido ao seu carma negativo, não reconhecerão nem vão ganhar a liberação. Perturbados por desejos e obscurecimentos, e aterrorizados pelos diferentes sons e luzes, eles fugirão. Assim, no "dia" seguinte, o Buda que virá, Amitabha, o Buda da Luz Ilimitada, com seu mandala de deidades, aparecerá em todo o esplendor de sua deslumbrante luz vermelha, manifestando-se junto com a esvaecida, sedutora e amarela trilha de luz dos fantasmas famintos, que é criada a partir do desejo e da mesquinhez. E assim, o *Livro Tibetano dos Mortos* apresenta a manifestação de cada uma das deidades pacíficas e iradas, uma por vez e de modo similar.

Muitas vezes me perguntam: "As deidades aparecem a uma pessoa do Ocidente? Em caso positivo, aparecem sob formas familiares aos ocidentais?"

As manifestações do bardo do dharmata são chamadas "espontaneamente presentes". Isso significa que elas são inerentes e incondicionadas, existindo em todos nós. Seu aparecimento não depende de qualquer avanço espiritual que tenhamos conseguido; só seu reconhecimento depende. Não são exclusivas dos tibetanos; são uma experiência universal e fundamental, mas o modo como são percebidas depende do nosso condicionamento. Uma vez que são por natureza ilimitadas, têm a liberdade de se manifestar de qualquer forma.

Portanto as deidades podem tomar formas com que estamos mais familiarizados em nossa vida. Por exemplo, para praticantes cristãos as deidades podem surgir como o Cristo ou a Virgem Maria. Geralmente, todo o propósito da manifestação iluminada dos budas é ajudar-nos, e assim podem assumir a forma mais apropriada e benéfica para nós. Mas seja lá qual for aquela que assumam, é importante reconhecer que não há qualquer diferença na sua natureza fundamental.

RECONHECIMENTO

Explica-se no Dzogchen que, do mesmo modo que uma pessoa não reconhecerá a Luminosidade Base sem uma verdadeira realização da natureza da mente e uma experiência estável da prática do Trekchö, sem a estabilidade do Tögal é muito difícil que alguém reconheça o bardo do dharmata. Um praticante que tenha atingido a realização da prática do Tögal, e que aperfeiçoou e estabilizou a luminosidade da natureza da mente, já chegou em vida a um conhecimento direto das mesmas manifestações que emergirão no bardo do dharmata. Essa energia e luz, assim, estão dentro de nós, embora no momento estejam ocultas. Mas quando o corpo e os níveis mais densos da mente morrem, elas são naturalmente liberadas, e o som, a cor e a luz da nossa verdadeira natureza resplandecem.

Contudo, não é somente através do Tögal que esse bardo pode ser usado como uma oportunidade para a liberação. Praticantes do budismo tântrico relacionarão as manifestações do bardo do dharmata com a sua própria prática. No Tantra, o princípio das deidades é um modo de comunicação. É difícil relacionar-se com a presença de energias iluminadas se elas não têm forma ou base para comunicação pessoal. As deidades são entendidas como metáforas, que personificam e captam as infinitas energias e qualidades da mente de sabedoria dos budas. Personificá-las na forma de deidades torna possível ao praticante reconhecê-las e se relacionar com elas. Através do treino em criar e reabsorver as deidades na prática da visualização, ele descobre que a mente que percebe a deidade, e a própria deidade, não são separadas.

No budismo tibetano o praticante terá um *yidam*, isto é, a prática de um buda ou deidade específica com quem tem uma forte ligação cármica, que é para ele uma encarnação da verdade, que invoca como a essência da sua prática. Em lugar de perceber as manifestações do dharmata como fenômeno externo, o praticante do Tantra vai relacioná-las com sua prática yidam, unindo-se e fundindo-se com elas. Uma vez que em sua prática reconheceu o yidam como a radiância natural da mente iluminada, está preparado para ver as manifestações com esse reconhecimento, deixando-as surgir como a deidade. Com essa percepção pura, o praticante reconhece o que quer que apareça no bardo como nada além de manifestação do yidam. Então, através do poder de sua prática e da bênção da deidade, ele ou ela ganhará a liberação no bardo do dharmata.

É por isso que na tradição tibetana aconselha-se o leigo e o praticante comum não familiarizados com a prática do yidam a levar em consideração toda manifestação que surja, reconhecendo-a imediatamente como Avalokiteshvara, o Buda da Compaixão, ou Padmasambhava, ou Amitabha – aquele com que tiver se familiarizado mais. Resumindo, o modo como você tenha praticado em sua vida será exatamente o modo pelo qual tentará reconhecer as manifestações do bardo do dharmata.

Outra maneira reveladora de olhar para o bardo do dharmata é vê-lo como dualidade sendo expressa em sua forma mais pura. Mostram-se a nós os meios de liberação, mas simultaneamente somos seduzidos pela chamada dos nossos hábitos e instintos. Experimentamos a pura energia da mente e sua confusão, a um só e mesmo tempo. É quase como se fôssemos incitados a tomar uma resolução – escolher entre uma e outra. Não é preciso dizer, no entanto, que até o fato de termos ou não essa escolha é determinado pelo estágio e perfeição alcançados em nossa prática espiritual ao longo da vida.

DEZOITO

O BARDO DO VIR A SER

A experiência da morte, para a maioria das pessoas, significará apenas passar a um estado de esquecimento ao fim do processo de morrer. Os três estágios da dissolução interna podem ser tão rápidos, dizem alguns, como estalar três vezes os dedos. As essências branca e vermelha do pai e da mãe reúnem-se no coração e surge a experiência negra chamada "Plena Consecução". Assim, a Luminosidade Base desponta, mas nós deixamos de reconhecê-la e mergulhamos na inconsciência.

Como já disse, esse é o primeiro não reconhecimento, ou estágio de ignorância, chamado *Ma Rigpa* em tibetano, o oposto de Rigpa. Isso assinala o começo em nós de um outro ciclo do samsara, que por um instante foi interrompido no momento da morte. Ocorre então o bardo do dharmata e ele simplesmente passa como um relâmpago, sem ser reconhecido. Esse é o segundo não reconhecimento, o segundo estágio de ignorância, Ma Rigpa.

A primeira coisa de que somos conscientes é disto: "como se o céu e a terra se separassem de novo". Subitamente despertamos no estado intermediário que fica entre a morte e um novo renascimento. Esse é o bardo do vir a ser, o *bardo sipa*, o terceiro bardo da morte.

Não tendo reconhecido a Luminosidade Base nem o bardo do dharmata, as sementes de todas as nossas tendências habituais ficam ativadas e despertam novamente. O bardo do vir a ser abarca o período entre esse redespertar e a nossa entrada no útero da próxima vida.

A palavra *sipa,* na expressão bardo sipa, que é traduzida como vir a ser, também significa "possibilidade" e "existência". No bardo sipa, como a mente não está mais limitada e obstruída pelo corpo físico deste mundo, as "possibilidades" são infinitas para o "vir a ser" que renasce em diferentes reinos. Esse bardo tem a "existência" externa do corpo mental e a "existência" interna da mente.

A característica mais importante do bardo do vir a ser é que nele a *mente* desempenha papel predominante, enquanto o bardo do dharmata desdobrou-se no reino de Rigpa. Assim, no bardo do dharmata temos um corpo de luz, e no bardo do vir a ser temos um corpo mental.

No bardo do vir a ser a mente é dotada de imensa claridade e de mobilidade ilimitada, embora a direção em que se move seja determinada unicamente pelas tendências habituais do nosso carma passado. Assim, é chamado o bardo "cármico" do vir a ser, porque como diz Kalu Rinpoche: "É o resultado inteiramente automático ou cego de nossas ações prévias ou carma, e nada do que ali acontece é uma decisão consciente por parte do ser. Somos simplesmente levados para lá e para cá pela força do carma".[1]

Nesse ponto a mente chegou ao próximo estágio no seu processo de desdobramento gradual: do seu estado mais puro – a Luminosidade Base – através de sua luz e energia – as manifestações do bardo do dharmata – chegando até as manifestações mais grosseiras de uma forma mental no bardo do vir a ser. O que acontece então nesse estágio é um processo invertido de dissolução: os ventos reaparecem e com eles vêm os estados de pensamento relacionados com a ignorância, o desejo e a raiva. Então, pelo fato de a memória do nosso corpo cármico passado estar ainda fresca em nossa mente, tomamos um "corpo mental".

O CORPO MENTAL

No bardo do vir a ser o nosso corpo mental tem várias características especiais. Ele tem todos os seus sentidos. É extremamente leve, lúcido e móvel, e de sua consciência se diz que é sete vezes mais clara do que a que temos em vida. É também dotado de uma espécie rudimentar de clarividência que não está sob controle consciente, mas lhe dá a capacidade de ler a mente dos outros.

De início o corpo mental terá forma semelhante à do corpo da vida recém-vivida, mas sem defeitos e em pleno viço. Ainda que você tenha sido doente ou tenha conhecido alguma deficiência física em vida, no bardo do vir a ser terá um corpo mental perfeito.

Um dos antigos ensinamentos do Dzogchen diz-nos que o corpo mental tem o tamanho aproximado de uma criança de oito a dez anos.

Devido à força do pensamento conceitual, também conhecido como "vento cármico", o corpo mental é incapaz de se manter imóvel, ainda que por um instante. Está em permanente movimento. Pode ir aonde quiser sem obstáculos, através apenas do pensamento. Devido ao fato de o corpo mental não ter base física, pode atravessar barreiras sólidas como muros e montanhas.[2]

O corpo mental pode ver através de objetos tridimensionais. Mas como perdemos as essências do pai e da mãe do corpo físico, já não temos a luz do Sol ou da Lua, mas só um brilho turvo a clarear o espaço bem à nossa frente. Podemos ver os seres de outro bardo, mas não podemos ser vistos pelos seres vivos, exceto aqueles que têm o tipo de clarividência desenvolvido em profunda experiência de meditação.[3] Assim, podemos encontrar e conversar por instantes fugazes com outros viajantes do mundo do bardo, aqueles que morreram antes de nós.

Devido à presença dos cinco elementos em sua constituição, o corpo mental parece-nos sólido e ainda sentimos acessos de fome. Os ensinamentos do bardo nos dizem que o corpo mental vive de odores e tira seu alimento de oferendas que são queimadas, mas só pode beneficiar-se delas se tiverem sido dedicadas especialmente em seu nome.

Nesse estado a atividade mental é muito veloz: os pensamentos chegam em rápida sucessão e podemos fazer muitas coisas de uma só vez. A mente continua a perpetuar padrões e hábitos estabelecidos, em especial o seu apego a experiências e à crença de que em última análise elas são reais.

AS EXPERIÊNCIAS DO BARDO

Nas primeiras semanas do bardo, temos a impressão de que somos um homem ou uma mulher, tal como fomos em nossa vida recém-vivida. Não percebemos que estamos mortos. Voltamos para casa para encontrar nossa família e nossos entes queridos. Tentamos falar com eles, tocá-los no ombro. Mas eles não respondem, nem mostram sinais de notar que estamos lá. Por mais que tentemos, nada pode fazer com que nos percebam. Vemos, impotentes, quando eles choram ou ficam atordoados, de coração partido por causa da nossa morte. Inutilmente procuramos fazer uso dos nossos pertences. Não se põe mais nosso lugar à mesa e as pessoas fazem acordos para decidir quem ficará com as nossas posses. Temos raiva, ficamos frustrados e feridos, sentimo-nos "como um peixe", diz o *Livro Tibetano dos Mortos*, "que se debate na areia quente".

Se somos muito apegados ao nosso corpo podemos até tentar, em vão, reentrar nele ou pairar à sua volta. Em casos extremos o corpo mental pode permanecer perto de suas posses ou do corpo por semanas e até anos a fio. E ainda assim podemos não nos dar conta de que estamos mortos. Só quando vemos que não produzimos sombra, não refletimos no espelho nem deixamos nossas pegadas no chão é que finalmente entendemos. E o puro e simples choque de reconhecer que morremos pode fazer-nos desfalecer.

No bardo do vir a ser nós revivemos todas as experiências da vida que se encerrou, reexaminando minuciosamente detalhes há muito esquecidos e revisitando lugares, segundo os mestres, onde "nada mais fizemos do que cuspir no chão". A cada sete dias somos compelidos a viver a experiência da morte outra vez, com todo o seu sofrimento. Se nossa morte foi pacífica, aquele estado pacífico da mente é repetido; se foi atormentada, no entanto, aquele tormento se repete também. E lembre-se que tudo isso acontece com uma consciência sete vezes mais aguçada do que em vida, e no fugidio período do bardo do vir a ser todo o carma negativo das vidas prévias retorna de um modo ferozmente concentrado e perturbador.

Nossa incansável e solitária peregrinação pelo mundo do bardo é frenética como um pesadelo, e tal como num sonho ainda acreditamos que temos um corpo físico e realmente existimos. No entanto, todas as experiências desse bardo surgem só da nossa mente, criadas pelo nosso carma e pelos hábitos que retornam.

Os ventos dos elementos voltam e, como diz Tulku Urgyen Rinpoche: "Ouvem-se fortes sons dos quatro elementos, da terra, da água, do fogo e do vento. Há o som de uma avalanche continuamente desmoronando às nossas costas, o som das corredeiras de um grande rio, o som de uma enorme e chamejante massa de fogo como um vulcão e o som de uma grande tempestade"[4]. Tentando escapar deles em meio à apavorante escuridão, três diferentes abismos, segundo se conta, abrem-se diante de nós em branco, vermelho e negro, "profundos e pavorosos". Eles são, segundo o *Livro Tibetano dos Mortos*, nossa própria raiva, desejo e ignorância. Somos assaltados por trombas d'água enregelantes, tempestades de granizo formado de pus e sangue; assombrados por ameaçadores gritos dos desencarnados; acossados por demônios antropófagos e feras carnívoras.

Somos arrastados implacavelmente pelo vento do carma, sem conseguir encontrar chão firme. Diz o *Livro Tibetano dos Mortos*: "A essa altura, o grande furacão do carma, apavorante, insuportável, rodopiando ferozmente, empurrará você por trás". Consumidos pelo pavor, levados a esmo como a semente no vento, vagamos indefesos na tristeza e obscuridade do bardo. Atormentados pela fome e a sede, procuramos refúgio aqui e ali. As percepções da nossa mente mudam a cada momento, atirando-nos "como lançados por uma catapulta" – diz o *Livro Tibetano dos Mortos* – em estados alternados de sofrimento e alegria. Em nossa mente surge o anseio por um corpo físico, mas fracassamos ao tentar escolhê-lo, o que provoca um sofrimento ainda maior.

Toda a paisagem e ambiente são modelados pelo nosso carma, do mesmo modo como o bardo do mundo pode ser povoado pelas imagens de pesadelo das nossas próprias delusões. Se nossa conduta habitual na vida foi positiva, nossas percepções e experiências no bardo estarão acompanhadas de bênção e felicidade; se nossa vida foi má e dolorosa para outros, nossas experiências no bardo serão de dor, desgosto e medo. Assim, como se dizia no Tibete, os pescadores, açougueiros e caçadores são atacados por versões monstruosas das suas antigas vítimas.

Pessoas que estudaram detalhadamente as experiências de quase-morte e em particular os casos de "retrospectiva de vida" – que é uma das ocorrências mais frequentes – perguntam-se se é possível imaginar o horror das experiências do bardo vividas por um rei da droga, um ditador ou um torturador nazista. A "retrospectiva de vida" parece sugerir que após a morte podemos experimentar *todos* os sofrimentos pelos quais fomos direta ou indiretamente responsáveis.

A DURAÇÃO DO BARDO DO VIR A SER

O bardo do vir a ser inteiro tem duração média de quarenta e nove dias e mínima de uma semana. Mas ele varia, do mesmo modo como hoje algumas pessoas vivem cem anos e outras morrem ainda jovens. Alguns ficam paralisados no bardo e se tornam espíritos ou fantasmas. Dudjom Rinpoche costumava explicar que, durante os primeiros vinte e um dias no bardo, ainda se conserva forte impressão de nossa vida anterior; esse é, portanto, o período mais importante para os vivos conseguirem ajudar as pessoas mortas. A partir daí, sua futura vida começa lentamente a tomar forma, e torna-se a influência dominante.

Temos de esperar no bardo até que possamos fazer uma conexão cármica com nossos futuros pais. Às vezes penso no bardo como algo semelhante ao saguão de uma estação, em que você pode esperar até quarenta e nove dias antes da transferência para a próxima vida. Mas há dois casos especiais em que não se tem de esperar no estado intermediário, porque a intensidade do poder do carma conduzirá de imediato ao próximo renascimento. O primeiro refere-se àqueles que viveram vidas extremamente benfazejas e positivas, e treinaram de tal modo sua mente na prática espiritual que a força de sua realização leva-os sem demora a um bom renascimento. O segundo diz respeito àquelas vidas que foram negativas e voltadas para o mal; esses viajam rapidamente para seu próximo nascimento, onde quer que ele possa ocorrer.

JULGAMENTO

Alguns relatos do bardo descrevem uma cena de julgamento, uma espécie de revisão ou exame de vida semelhante ao julgamento *post-mortem* encontrado em muitas culturas do mundo. Sua boa consciência, um anjo branco guardião, atua como advogado de defesa, relacionando as coisas boas que você fez; sua má consciência, um demônio negro, faz a acusação. Bem e mal são somados como seixos brancos e pretos. O "Senhor da Morte", que preside, consulta então o espelho do carma e faz seu julgamento.[5]

Sinto que nessa cena de julgamento há paralelos interessantes com a retrospectiva de vida que acontece nas experiências de quase-morte. *Em última análise, todo julgamento ocorre dentro da nossa própria mente. Somos o juiz e o réu.* "É interessante notar", diz Raymond Moody, "que, nos casos que estudei, o julgamento vinha não do ser de luz, que parecia amar e aceitar aquelas pessoas de qualquer modo, mas de dentro do indivíduo que estava sendo julgado".[6]

Uma mulher que viveu uma experiência de quase-morte disse a Kenneth Ring: "Sua vida é mostrada a você – e você faz o julgamento... Você julgando a si próprio. Todos os seus pecados foram perdoados, mas você é capaz de se perdoar por não ter feito o que devia ter feito, e por certas pequenas imposturas que cometeu na vida? Você pode se perdoar? Esse é o julgamento".[7]

A cena de julgamento também mostra que aquilo que realmente conta, na análise final, é a motivação por trás de cada uma de nossas ações. E ainda, que não há modo de escapar dos efeitos causados por ações, palavras e pensamentos passados, e das marcas e hábitos que produziram em nós. Isso significa que somos totalmente responsáveis, não só por esta vida mas por nossas futuras vidas também.

O PODER DA MENTE

Sendo nossa mente tão leve, móvel e vulnerável no bardo, os pensamentos que surgem, bons ou maus, têm tremendo poder e influência. Sem um corpo físico para nos ancorar, os pensamentos de fato tornam-se realidade. Imagine a raiva e o sofrimento que podemos sentir vendo o nosso enterro sendo levado a cabo sem nenhum cuidado; parentes ambiciosos discutindo a respeito de nossas posses, ou amigos que amamos profundamente e que pensávamos que nos amassem, falando de nós de modo desdenhoso, lesivo ou simplesmente com ar de superioridade. Tal situação pode ser muito perigosa porque nossa reação, em sua violência, pode conduzir-nos diretamente a um renascimento infeliz.

O irresistível poder do pensamento, portanto, é *o elemento chave* no bardo do vir a ser. Nesse momento crucial encontramo--nos completamente expostos a todos os hábitos e tendências que, com nossa permissão, surgiram e dominaram nossa vida. Se você não elimina esses hábitos e tendências agora, em vida e não evita que eles controlem sua mente, no bardo do vir a ser você será a desamparada vítima deles, golpeada para lá e para cá pelo seu poder. Por exemplo: no bardo do vir a ser a mais leve irritação pode ter um efeito devastador. É por isso que tradicionalmente a pessoa que lê [à cabeceira do morto ou daquele que vai morrer] o *Livro Tibetano dos Mortos* deve ser alguém com quem se tenha afinidade; do contrário, o próprio som da sua voz pode enfurecê--lo, provocando as mais desastrosas consequências.

Os ensinamentos dão-nos muitas descrições da crueza da mente no bardo do vir a ser. A mais notável delas diz que nossa mente nesse bardo é como um ferro quente ao rubro, que pode ser moldado como quisermos até que esfrie; então, solidifica-se rapidamente na forma em que foi deixado. É desse modo que, segundo se diz, um único pensamento positivo nesse bardo pode conduzir à iluminação, e uma simples reação negativa pode mergulhá-lo no mais prolongado e extremo sofrimento. O *Livro Tibetano dos Mortos* não nos poderia advertir mais energicamente:

> *Este é o momento em que se está na fronteira entre ir para cima ou para baixo; este é o momento em que, se nos entregamos à preguiça só por um instante, poderemos cair em constante sofrimento; este é o momento em que pela concentração por um instante pode-se merecer felicidade constante. Concentre sua mente de forma unidirecionada; esforce-se por prolongar os efeitos do bom carma!*

O *Livro Tibetano dos Mortos* tenta despertar qualquer ligação com a prática espiritual que a pessoa morta possa ter tido, e encoraja-nos a abandonar o apego a pessoas e bens; a deixar de lado o anseio por um corpo; a não ceder ao desejo ou raiva; a cultivar a bondade em vez da hostilidade e a nem mesmo pensar em ações negativas. Ele recorda à pessoa que morreu que nada há a temer. De um lado diz-lhe que as assustadoras figuras do bardo nada são além de projeções de suas ilusões, vazias por natureza. E de outro, afirma que essas figuras têm apenas "um corpo mental de tendências habituais", portanto vazio também. "Assim, a vacuidade não pode trazer dano à vacuidade".

A natureza cambiante e precária do bardo do vir a ser pode também ser a fonte de muitas oportunidades para a libertação, e a suscetibilidade da mente nesse bardo pode ser revertida em nosso benefício. Tudo o que temos a fazer é lembrar de uma instrução; só é preciso que um pensamento positivo nasça na mente.

Se pudermos recordar um ensinamento que tenha nos inspirado ir ao encontro da natureza da mente, e até mesmo se só tivermos uma boa inclinação para a prática ou uma conexão profunda com uma prática espiritual, isso bastará para nos libertar.

No bardo do vir a ser os reinos búdicos não aparecem espontaneamente como no bardo do dharmata. Só por lembrar-se deles, porém, você pode transferir-se direto para lá, pelo poder da sua mente, e seguir rumo à iluminação. Diz-se que, se você puder invocar um buda, ele aparecerá de imediato à sua frente. Mas lembre-se: mesmo que as possibilidades sejam ilimitadas precisamos ter, senão todo, ao menos algum controle sobre nossa mente nesse bardo; e isso é extremamente difícil porque aqui ela é muito vulnerável, fragmentada e inquieta.

Assim, nesse bardo, sempre que você puder recobrar sua consciência, mesmo que por um momento, evoque sua ligação com a prática espiritual, recorde de seu mestre ou buda e invoque-os com todas as suas forças. Se na vida você desenvolveu o reflexo natural de orar sempre que as coisas ficam difíceis ou críticas, ou saem de seu controle, estará pronto para de imediato invocar ou chamar à mente um ser iluminado como o Buda ou Padmasambhava, Tara ou Avalokiteshvara, Cristo ou a Virgem Maria. Se puder invocá-los com fervor e devoção concentrada, e com todo seu coração, através do poder das suas bênçãos a sua mente será liberada no espaço da mente de sabedoria deles. Nesta vida a oração pode às vezes parecer de pouco resultado, mas seu efeito no bardo tem um poder sem precedentes.

Mesmo assim, a descrição que lhe dei do bardo mostra a enorme dificuldade de fixar a mente nessas circunstâncias, se não tivemos treinamento anterior. Pense como é quase impossível lembrar de algo como uma oração num sonho, ou num pesadelo, e quão impotentes e fracos nos sentimos então; no bardo do vir a ser temos dificuldade semelhante, senão maior, de recuperar o controle dos nossos pensamentos. Por isso a palavra de ordem do *Livro Tibetano dos Mortos*, repetida muitas e muitas vezes, é: "Não se distraia". Ou, como ele aponta:

Esta é a linha divisória entre budas e seres sencientes...
"Num instante estão separados, e num instante completa iluminação."

RENASCIMENTO

À medida que no bardo do vir a ser se aproxima o momento do renascimento, você anseia cada vez mais pelo apoio de um corpo material, e busca qualquer um que esteja disponível para renascer. Diferentes sinais começarão a aparecer, alertando-o para o reino em que provavelmente renascerá. Luzes de cores variadas brilham dos seis reinos da existência e você se sentirá atraído por uma ou outra, dependendo da emoção negativa que predomina em sua mente. Uma vez que foi arrastado para dentro de uma dessas luzes, é muito difícil voltar atrás.

Imagens e visões vão surgir então, ligadas aos diferentes reinos. À medida que você fica mais familiarizado com os ensinamentos, poderá estar mais atento ao que elas de fato significam. Os sinais variam ligeiramente, de acordo com diferentes ensinamentos. Alguns afirmam que, se você for renascer como um deus, terá a visão de estar entrando num palácio celestial de muitos pavimentos. Se for renascer como um semideus, você se sentirá entre armas de fogo que giram em círculo, ou indo para um campo de batalha. Se for renascer como um animal, ver-se-á em uma caverna, um buraco no chão ou um ninho feito de palha. Se tiver a visão de um tronco, uma floresta cerrada ou um pano trançado, irá renascer como um fantasma faminto. E se for renascer no inferno, sentirá que está sendo levado, impotente, para um abismo escuro, por uma estrada negra, para uma terra sombria de casas em vermelho ou preto, ou na direção de uma cidade de ferro.

Há muitos outros sinais indicando o reino para o qual você está se encaminhando, como o direcionamento ou movimentação do seu olhar. Se for renascer no reino dos deuses ou no reino humano, terá seu olhar dirigido para cima; se no reino animal, olhará diretamente para a frente, como fazem os pássaros; se no reino do inferno ou dos fantasmas famintos, diretamente para baixo, como se estivesse mergulhando.

Se algum desses sinais aparecer, você deve ficar alerta para não cair em um desses renascimentos desafortunados.

Ao mesmo tempo você terá intenso desejo e nostalgia de certos reinos, sendo atraído para eles de modo completamente instintivo. Os ensinamentos nos advertem de que nesse ponto há grande perigo de você correr para qualquer lugar que lhe pareça oferecer alguma segurança, por causa da sua avidez e impaciência por renascer. Se seu desejo for frustrado, a raiva que surge trará por si só o fim abrupto do bardo e você será arrastado para seu futuro renascimento pela corrente dessa emoção negativa. Desse modo, como pode ver, seu renascimento futuro é diretamente determinado pelo desejo, pela raiva e pela ignorância.

Imagine-se correndo para um lugar de refúgio, simplesmente para escapar da violenta investida das experiências do bardo. Então, aterrorizado e querendo fugir, você pode ficar apegado e assumir um novo nascimento, não importa onde, apenas para ter um. Você pode até, como explica o *Livro Tibetano dos Mortos*, ficar confuso e tomar um mau nascimento por um bom, ou vice-versa. Ou ouvir as vozes dos seus entes queridos chamando-o, ou canções sedutoras, e seguir esses sons para então descobrir que caiu na armadilha de um dos reinos inferiores.

Precisa tomar muito cuidado para não entrar de maneira cega num desses reinos indesejáveis. Mas o maravilhoso é que, no instante em que fica consciente do que está acontecendo, você pode começar a influir no seu destino e mudá-lo.

Jogado para lá e para cá pelo vento do carma, você chegará ao lugar onde seus futuros pais estão fazendo amor. Vendo-os, você ficará emocionalmente atraído e, por causa das suas conexões cármicas passadas, começará a sentir, de forma espontânea, forte apego ou aversão. Atração e desejo pela mãe e aversão e ciúme pelo pai resultarão no seu nascimento como um menino, e o contrário como menina.[8] Entretanto, se você sucumbir a essas fortes paixões, não apenas renascerá, mas essa mesma emoção poderá levá-lo a um nascimento em um reino inferior.

Há alguma coisa que possamos fazer agora para evitar ou dirigir nosso próximo renascimento? Os ensinamentos do bardo dão dois tipos específicos de instruções: métodos para prevenir o renascimento ou, falhando estes, para escolher um bom nascimento.

Primeiro, as diretrizes para *fechar a entrada para outro nascimento.* O melhor método é abandonar as emoções como desejo, ódio ou ciúme, reconhecendo que nenhuma dessas experiências do bardo tem qualquer realidade última. Se você pode perceber isso e repousar a mente na sua natureza verdadeira e vazia, evitará o renascimento. Aqui o *Livro Tibetano dos Mortos* nos avisa:

> *Ai! O pai e a mãe, a grande tempestade, o rodamoinho, o trovão, as projeções aterrorizantes e todos os fenômenos aparentes são ilusórios na sua real natureza. Apareçam como aparecerem, não são reais. Todas as substâncias são falsas e ilusórias. São como a miragem, não têm permanência nem são imutáveis. De que vale o desejo? De que vale o medo? É ver o não existente como existente...*

E mais adiante adverte:

> *"Todas as substâncias são minha própria mente, e essa mente é vacuidade, que nunca teve surgimento nem obstrução". Pensando nisso, mantenha sua mente natural e sem dispersão, contida em sua própria natureza como água que se derrama sobre água, tal como é, livre, aberta e relaxada. Deixando-a repousar de modo natural e solto, você pode estar seguro de que a entrada no útero de todos os diferentes tipos de nascimento estará certamente fechada.*[9]

O segundo melhor método para evitar o renascimento é ver seus pais em potencial como o Buda, ou seu mestre, ou a deidade yidam. Na ocasião, deve tentar gerar um sentimento de renúncia à atração que tem pelo desejo, pensando nos reinos puros dos budas. Isso evitará o renascimento e poderá fazer com que você renasça num dos reinos búdicos.

Se você não conseguir estabilizar a mente de modo a fazer esse tipo de prática, restarão os métodos para *escolher um renascimento*, que estão ligados aos marcos e sinais dos diferentes reinos. Se você tem que renascer, ou se quer intencionalmente retomar um corpo para prosseguir seu caminho espiritual e trazer benefícios aos outros, não deve entrar em outro reino senão o humano. Só nele as condições são favoráveis ao progresso espiritual. Se você for renascer no reino humano em condições afortunadas, dizem os ensinamentos, sentirá que está chegando a uma bela e suntuosa casa, ou a uma cidade, ou no meio de uma multidão, ou terá a visão de casais fazendo amor.

Do contrário, geralmente não temos escolha. Somos atraídos para nosso lugar de nascimento "com a inexorabilidade de um pássaro sendo atraído para a arapuca, capim seco pegando fogo ou um animal afundando num brejo". Diz o *Livro Tibetano dos Mortos*: "Ó filho/filha de uma família iluminada, mesmo que você não queira ir, não dispõe de poder próprio; está impotente e é compelido a ir".

Apesar disso, como os ensinamentos sempre nos lembram de forma inspiradora, sempre há esperança; *agora* é o tempo de rezar. Querendo e concentrando-se intensamente, mesmo nesse exato momento, você ainda pode renascer em um dos reinos búdicos, ou pode gerar uma profunda aspiração de renascer numa família humana onde lhe será possível encontrar o caminho espiritual e continuar em direção à liberação. Se você tem um carma forte que o impele a um reino particular, pode não haver escolha. Sua aspiração passada e orações, no entanto, podem ajudá-lo a dar nova forma ao seu destino, de modo a renascer em uma vida que o conduza um dia à liberação.

Mesmo quando entra no útero, você pode seguir orando para que isso aconteça. Pode visualizar-se como um ser iluminado qualquer – como Vajrasattva[10], segundo tradicionalmente dizem os mestres – abençoando o útero em que está entrando como um ambiente sagrado, "um palácio dos deuses", e continuando a praticar.

Agora que o bardo do vir a ser desponta sobre mim,
Concentrarei minha mente numa só direção,
E me empenharei para prolongar os resultados
do bom carma,
Fechando a entrada do renascimento e tentando evitar
renascer.
Este é o momento em que a perseverança e a percepção
pura são necessárias;
Abandonar as emoções negativas e meditar no mestre.

Em última análise, é o anseio da mente de habitar um reino particular que nos impele a reencarnar, e é sua tendência à solidificação e ao apego que encontra expressão definitiva no renascimento físico. Esse é o estágio seguinte no processo de manifestação que vimos acontecer através dos bardos.

Se você tem êxito em direcionar a mente para um nascimento humano, fechou o círculo. Estará posicionado para nascer de novo no bardo natural desta vida. Quando você vê seu pai e sua mãe na relação sexual, sua mente é atraída de modo irresistível e entra no útero. Isso sinaliza o final do bardo do vir a ser, momento em que a sua mente experimenta uma vez mais os sinais das fases de dissolução e o surgimento da Luminosidade Base. Então, a experiência negra da Plena Consecução surge de novo e no mesmo instante é feita a conexão com o novo útero.

E assim começa a vida, tal como acaba, com a Luminosidade Base.

DEZENOVE

AJUDA APÓS A MORTE

Com muita frequência, no mundo moderno, quando alguém morre, uma das fontes mais profundas de angústia entre os que ficam pranteando a sua ausência é a convicção de que não há nada que possam fazer para ajudar o ente querido que partiu, convicção que só agrava e torna mais sombria a solidão do pesar dos que ficam. Mas isso não é verdade. Há muitas, inúmeras maneiras pelas quais podemos ajudar os mortos e assim ajudarmo-nos a superar a sua ausência. Uma das características peculiares do budismo, e um dos caminhos em que a onisciente habilidade e compaixão dos budas é mais profundamente demonstrada, consiste nas muitas práticas que têm por finalidade ajudar uma pessoa que já morreu, e também consolar os que lhe sobrevivem. A visão de vida e morte do budismo tibetano é abrangente e mostra com clareza que há maneiras de auxiliar as pessoas em todas as situações que possamos imaginar, já que não há barreira de espécie alguma entre o que chamamos "vida" e o que chamamos "morte". O poder radiante e o calor do coração compassivo podem ajudar em todos os níveis e reinos.

QUANDO PODEMOS AJUDAR

O bardo do vir a ser, como já descrevemos, pode ser um período muito conturbado e perturbador. Ainda assim há grandes esperanças nele. As qualidades do corpo mental que durante o bardo do vir a ser tornam-no tão vulnerável – claridade, mobilidade, sensibilidade e clarividência – *também o fazem particularmente receptivo à ajuda vinda dos vivos.* O fato de não ter forma ou base física faz com que se torne muito fácil de guiar. O *Livro Tibetano dos Mortos* compara o corpo mental a um cavalo que pode ser prontamente controlado pelas rédeas, ou um imenso tronco de árvore quase impossível de mover em terra mas que, flutuando na água, pode ser levado sem qualquer esforço na direção que se desejar.

O período mais poderoso para fazer prática espiritual por alguém que morreu é durante os cerca de quarenta e nove dias do bardo do vir a ser, com especial ênfase nos primeiros vinte e um dias. É nessas três primeiras semanas que os mortos têm uma ligação mais forte com *esta* vida, o que os torna mais acessíveis à ajuda. Assim, é nesse período que a prática espiritual tem uma possibilidade maior de influenciar-lhes o futuro abrindo oportunidades de liberação, ou ao menos ensejar um renascimento melhor. Devemos empregar todos os meios possíveis de ajudar os que morreram, porque depois que a forma física da sua próxima existência começa gradualmente a determinar-se – e diz-se que isso ocorre entre o vigésimo primeiro e o quadragésimo nono dia após a morte – a possibilidade de mudança real é muito mais limitada.

O auxílio aos mortos, no entanto, não está limitado aos quarenta e nove dias após a morte. *Nunca é tarde demais para ajudar alguém que morreu, não importa há quanto tempo isso tenha ocorrido.* A pessoa que você deseja ajudar pode ter morrido há cem anos, não obstante ainda é possível praticar em seu benefício. Dudjom Rinpoche costumava dizer que mesmo que alguém tenha conquistado a iluminação e se tornado um buda, ainda necessitará de toda assistência que puder no seu trabalho de ajudar os outros.

COMO PODEMOS AJUDAR

O melhor e mais fácil caminho para auxiliar uma pessoa que morreu é fazer a prática essencial de Phowa – que ensinei no capítulo 13, "A Ajuda Espiritual aos que Vão Morrer" – logo que soubermos da sua morte.

No Tibete dizemos que assim como é da natureza do fogo queimar, ou a da água matar a sede, é da natureza dos budas estar presente logo que alguém os invoca, tão infinito é seu compassivo desejo de ajudar todos os seres sencientes. Não pense nem por um instante que se *você* invocar a verdade para socorrer um amigo que morreu será menos efetivo do que se um "homem santo" orasse por ele. Pelo fato de estar perto da pessoa que morreu, a intensidade do seu amor e a profundidade de sua ligação dão à sua invocação um poder maior. Os mestres nos asseguram isso: chame-os, e os budas *vão* responder.

Khandro Tsering Chödrön, a esposa espiritual de Jamyang Khyentse, dizia sempre que, se você tem um bom coração e ora por alguém querendo realmente o bem dessa pessoa, a oração terá resultado. Portanto, fique confiante de que, se alguém que você ama muito morreu, e você reza por ele com sinceridade e amor verdadeiro, sua oração *será* excepcionalmente poderosa.

O melhor e mais indicado momento para fazer Phowa é antes de o corpo ser tocado ou movido de algum modo. Se isso não é possível, tente então fazer a prática no lugar onde a pessoa morreu, ou pelo menos imagine esse lugar com intensidade na sua mente. Há uma ligação poderosa entre a pessoa que morreu, o lugar e também o instante da morte, especialmente no caso de alguém que teve morte traumática.

No bardo do vir a ser, como disse, a consciência daquele que morreu passa pela experiência da morte toda semana, exatamente no mesmo dia. Assim, você deve fazer Phowa, ou outra prática espiritual que tenha escolhido, em qualquer um dos quarenta e nove dias de permanência no bardo, mas *de modo especial* no mesmo dia da semana que a pessoa morreu.

Sempre que o parente ou amigo que morreu voltar à sua mente, ou quando mencionarem o seu nome, envie-lhe seu amor e concentre-se em fazer Phowa, pelo tempo que quiser, quantas vezes quiser.

Outra coisa que pode ser feita sempre que pensar em alguém que morreu é recitar logo um mantra como OM MANI PADME HUM (pronunciado pelos tibetanos como Om Mani Pémé Hung), o mantra do Buda da Compaixão, que purifica cada uma das emoções negativas que causam o renascimento[1]; ou o OM AMI DEWA HRIH, o mantra de Amitabha, o Buda da Luz Ilimitada. Pode-se então seguir daí com a prática de Phowa.

Mas faça você ou não alguma dessas práticas para ajudar o ente querido que morreu, não se esqueça nunca de que a consciência no bardo é na verdade aguda clarividência; simplesmente enviar bons pensamentos para ele já será muito benéfico.

Quando você ora por alguém que lhe foi próximo, se quiser pode estender o abraço da sua compaixão para incluir outros mortos em suas preces: vítimas de atrocidades, guerras, desastres e fome, ou aqueles que morreram ou estão morrendo agora em campos de concentração como os da China e do Tibete. Você pode até orar por pessoas que morreram anos atrás, como seus avós, membros de sua família há muito falecidos, ou vítimas de combates como as Guerras Mundiais. Imagine suas orações indo especialmente para aqueles que perderam sua vida em extrema angústia, paixão ou raiva.

As pessoas que sofreram *morte súbita* ou *violenta* têm uma urgência particular de ajuda. Vítimas de homicídio, suicídio, acidentes ou guerra podem ficar presas na armadilha de seu sofrimento, angústia e medo, ou ver-se aprisionadas na real experiência da morte, incapacitadas de seguir em frente no processo de renascimento. Quando você pratica Phowa por elas, faça-o com maior força e fervor do que habitualmente. Imagine formidáveis raios de luz emanando dos budas ou dos seres divinos, derramando toda sua compaixão e bênção. Imagine essa luz indo até a pessoa que morreu, purificando e libertando-a da confusão e da dor da morte, assegurando-lhe paz profunda e permanente. Imagine então, com todo seu coração e mente, que a pessoa morta se dissolve na luz, e a sua consciência, agora curada e livre de todo sofrimento, ascende para fundir-se de maneira indissolúvel e para sempre na mente de sabedoria dos budas.

Alguns ocidentais que visitaram recentemente o Tibete falaram-me sobre um incidente que testemunharam. Um dia, um tibetano que caminhava à beira de uma estrada foi atropelado por um caminhão chinês e morreu na hora. Um monge que por acaso passava por ali correu depressa e se sentou perto do morto que jazia no chão. Viram-no inclinar-se sobre ele e recitar alguma prática em seu ouvido; de repente, para espanto de todos, o morto voltou à vida. O monge fez então uma prática que reconheceram como a transferência de consciência e guiou calmamente o acidentado no seu morrer. O que aconteceu? Com toda clareza, o monge compreendeu que o violento choque da morte deixara o homem terrivelmente perturbado; assim, agiu sem hesitação: primeiro libertou a mente do morto de sua aflição, e logo, por meio de Phowa, levou-o a um reino búdico ou para um bom renascimento. Aos ocidentais que estavam observando a cena, o monge parecia uma pessoa comum, mas essa história notável mostra que ele era um praticante de considerável poder.

As práticas de meditação e orações não são o único tipo de ajuda que podemos dar aos mortos. Podemos fazer caridade em seu nome, ajudando os doentes e necessitados. Podemos dar seus bens aos pobres. Podemos contribuir em seu nome para empreendimentos humanitários ou espirituais, como hospitais, projetos de auxílio, asilos e mosteiros.

Podemos também patrocinar retiros orientados por bons praticantes espirituais, ou encontros de oração em lugares sagrados como Bodhgaya, conduzidos por grandes mestres. Podemos oferecer velas para a pessoa que morreu, ou patrocinar obras de arte relacionados à prática espiritual. Outro método de ajudar os mortos, especialmente bem visto no Tibete e no Himalaia, é salvar a vida de animais que de outro modo seriam abatidos, e devolvê-los à liberdade.

É importante dedicar todo mérito e bem-estar que emanam de atos de caridade e generosidade como esses à pessoa morta, e a todos os que já morreram, para que possam obter um melhor renascimento e circunstâncias favoráveis na sua próxima vida.

A CLARIVIDÊNCIA DA PESSOA MORTA

Lembre-se: a consciência clarividente da pessoa no bardo do vir a ser é sete vezes mais clara do que em vida. Isso pode trazer-lhe *grande sofrimento ou grandes benefícios.*

Assim, é essencial que você, após a morte de alguém que ama, esteja tão atento quanto possível ao seu comportamento, para não perturbar ou ferir quem morreu. Porque quando o morto se volta para os que deixou para trás ou os que foram convidados a praticar em seu favor, ele pode, em seu novo estágio de ser, não apenas ver o que está acontecendo como ler diretamente sua mente. Se os parentes tramam intrigas e competem em torno da divisão dos bens deixados, falando e pensando somente em apegos e aversões, sem nenhum amor verdadeiro pelo morto, isso pode provocar nele intensa raiva, dor ou desilusão – e essas emoções turbulentas irão arrastá-lo a um provável renascimento infeliz.

Por exemplo, imagine uma pessoa que morreu vendo praticantes espirituais orando em seu benefício, mas sem a intenção real de ajudá-lo, com a mente tomada por distrações triviais; ela pode perder toda a fé que tinha. Imagine-a ainda tendo que ver seus entes queridos perturbados e entregues à dor; isso pode mergulhá-la em profundo sofrimento. E se a pessoa que morreu descobre, por exemplo, que seus parentes só encenaram amor por causa do seu dinheiro, pode ficar com uma desilusão tão aguda que a faça decidir voltar como um fantasma para importunar o herdeiro da sua fortuna. Você pode ver por aí que aquilo que faz, que pensa e a maneira como se comporta têm importância crucial para as pessoas que morreram, com um impacto no futuro delas muito maior do que pode imaginar.[2]

Verá agora porque é absolutamente essencial para a paz de espírito do morto que aqueles que deixou para trás estejam em harmonia. Essa é a razão pela qual, no Tibete, quando todos os amigos e parentes do morto se reuniam, eram incentivados a praticar e a cantar juntos, tanto quanto possível, um mantra como OM MANI PADME HUM. Isso é algo que todo mundo no Tibete podia fazer e sabia, com certeza, que estava ajudando a pessoa que tinha morrido; todos se sentiam inspirados a participar desse ato de fervorosa prática comunitária.

A clarividência da pessoa que morreu, no bardo do vir a ser, é também o que torna excepcionalmente benéfica a prática feita em sua intenção por um mestre ou praticante espiritual experiente.

O que um mestre faz é repousar no estado primordial de Rigpa, a natureza da mente, e invocar o corpo mental da pessoa morta, que está vagando no bardo do vir a ser. Quando o corpo mental vem à presença do mestre pelo poder da meditação, essa presença pode indicar-lhe a natureza essencial de Rigpa. Pelo poder de sua clarividência, o ser que está no bardo pode, através de sua Visão, penetrar na mente de sabedoria do mestre, e naquele momento ser introduzido na natureza da mente, obtendo a liberação.

Qualquer exercício espiritual que um praticante comum faça para o amigo íntimo que morreu será, pela mesma razão, de enorme ajuda. Você pode, por exemplo, fazer a prática das Cem Deidades Pacíficas e Iradas, vinculada ao *Livro Tibetano dos Mortos*, ou simplesmente repousar num sereno estado de compaixão; em especial, se invocar o morto convidando-o para entrar na essência da sua prática, o efeito será por demais benéfico.

Sempre que morre um praticante budista informamos seu mestre, todos seus professores e amigos espirituais, para que possam de imediato começar a praticar por ele. Costumo guardar os nomes das pessoas que morreram, enviando-os aos grandes mestres que conheço na Índia e nos Himalaias. Com o intervalo de poucas semanas, eles os incluirão numa prática de purificação, e uma vez por ano numa prática conjunta de dez dias, intensiva, nos mosteiros.[3]

PRÁTICAS DO BUDISMO TIBETANO PARA OS MORTOS

1. O Livro Tibetano dos Mortos

No Tibete, assim que se fez a prática de Phowa pela pessoa que morreu, lê-se repetidamente o *Livro Tibetano dos Mortos* e fazem-se as práticas a ele associadas. Na parte oriental do país tínhamos a tradição de lê-lo durante todos os quarenta e nove dias após a morte. Pela leitura, os mortos são informados do estágio do processo da morte que atravessam, e recebem a inspiração e a orientação de que precisam.

Os ocidentais sempre me perguntam: "Como pode alguém que está morto *ouvir* o *Livro Tibetano dos Mortos*?"

A resposta simples é que a consciência da pessoa que morreu, quando invocada pelo poder da oração, pode ler nossa mente e sentir exatamente tudo o que estamos pensando ou meditando. Por isso não há obstáculos para que ela compreenda o *Livro Tibetano dos Mortos* ou as práticas feitas em sua intenção, mesmo que sejam realizadas em tibetano. Para ela a linguagem não é barreira de espécie alguma, uma vez que o *significado* essencial do texto pode ser entendido plena e diretamente por sua mente.

Isso faz com que seja vital que o praticante se mantenha o mais concentrado e atento possível durante a prática, e não a faça de modo automático. Além disso, como o morto está vivendo a experiência real, pode ter mais capacidade do que nós para entender a verdade do *Livro Tibetano dos Mortos.*

Às vezes me perguntam: "Mas o que acontece se a consciência já mergulhou num estado de esquecimento no instante da morte?" Uma vez que não podemos saber por quanto tempo o morto ficará nesse estado de inconsciência, e quando ele ou ela entrará no bardo do vir a ser, o *Livro Tibetano dos Mortos* é lido e praticado uma e outra vez, para cobrir qualquer eventualidade.

"Mas e as pessoas que não conhecem os ensinamentos do *Livro Tibetano dos Mortos?* Devemos lê-lo para elas?" O Dalai Lama deu-nos esta clara orientação:

> *Acreditando você ou não em religião, é muito importante ter uma mente pacífica no instante da morte... Do ponto de vista budista, quer a pessoa que morre creia ou não no renascimento, o seu renascimento existe; assim, uma mente tranquila, ainda que neutra, é essencial no momento da morte. Se a pessoa não acredita, a leitura do* Livro Tibetano dos Mortos *pode agitar sua mente... pode produzir aversão e até prejudicá-la em vez de ajudá-la. Todavia, no caso de alguém que é aberto aos ensinamentos, os mantras ou os nomes do Buda podem ajudá-lo a gerar um tipo de conexão, portanto podem ser úteis. É importante levar em conta, sobretudo, a atitude da pessoa que está morrendo.*[4]

2. O Né Dren e o Chang Chok

Lado a lado com a leitura do *Livro Tibetano dos Mortos*, caminham a prática do *Né Dren*, ritual para guiar os mortos, e o *Chang Chok*, a purificação ritual em que um mestre guia a consciência do morto para um melhor renascimento.

O ideal é que o Né Dren e o Chang Chok sejam feitos imediatamente após a morte, ou ao menos dentro dos quarenta e nove dias. Se o corpo não está presente, a consciência do falecido é chamada a ocupar um *tsenjang*: uma efígie, um cartão com sua descrição e nome, ou mesmo uma fotografia. O poder do Né Dren ou o Chang Chok deriva do fato de que, durante o período imediatamente posterior ao falecimento, o morto tem um forte sentimento de ainda possuir o corpo que tinha em vida.

Pelo poder da meditação do mestre, a consciência da pessoa que morreu, vagando sem rumo no bardo, será chamada para o tsenjang, que representa a sua identidade. A consciência e as sementes cármicas dos seis reinos são então purificadas; dá-se um ensinamento, tal como acontecia durante a vida, e a pessoa morta é introduzida à natureza da mente. Por último, faz-se Phowa e a consciência do morto é dirigida para um dos reinos búdicos. Aí é queimado o tsenjang, representando a antiga identidade individual agora descartada, e o carma é purificado.

3. A Purificação dos Seis Reinos

Meu mestre Dilgo Khyentse Rinpoche frequentemente dizia que a prática conhecida como "Purificação dos Seis Reinos" era a melhor prática de purificação a ser feita quando morria um praticante.

A Purificação dos Seis Reinos é uma prática usada em vida que emprega a visualização e a meditação para purificar o corpo de cada uma das seis grandes emoções negativas, juntamente com os reinos de existência que criam. Pode também ser usada para os mortos, e é particularmente poderosa porque purifica a raiz de seu carma e também de suas ligações com o samsara. Isso é essencial: se essas emoções negativas não são purificadas, determinarão o reino do samsara em que a pessoa morta irá renascer.

De acordo com os Tantras do Dzogchen, as emoções negativas acumulam-se no sistema psicofísico composto pelos canais sutis, ar interior e energia, e se concentram em determinados centros de energia do corpo. Assim, as sementes do reino dos infernos e a causa deles – o ódio – ficam nas solas dos pés; o reino dos fantasmas famintos e sua causa – a avareza – ficam na base do tronco; o reino animal e sua causa – a ignorância – ficam no umbigo; o reino humano e sua causa – a dúvida – ficam no coração; o reino dos semideuses e sua causa – o ciúme e a inveja – estão na garganta; e o reino dos deuses e sua causa – o orgulho – estão no topo da cabeça.

Quando, nessa prática de Purificação dos Seis Reinos, cada reino e sua emoção negativa são purificados, o praticante imagina que todo carma criado por aquela emoção particular se exauriu, e aquela parte específica do seu corpo associada ao carma de uma emoção particular dissolve-se totalmente na luz. Assim, quando você faz essa prática por uma pessoa morta, imagine de todo coração e mente que ao finalizá-la o inteiro carma da pessoa foi purificado, e seu corpo e todo o seu ser se dissolveram em luz radiante.[5]

4. A prática das Cem Deidades Pacíficas e Iradas

Outro meio de ajudar os mortos é a prática das Cem Deidades Pacíficas e Iradas (essas deidades foram descritas no capítulo 17 – "A Radiância Intrínseca"). O praticante considera seu corpo inteiro como o mandala das Cem Deidades Pacíficas e Iradas; as deidades pacíficas são visualizadas no centro de energia do coração, e as deidades iradas no cérebro. O praticante então imagina que as deidades emitem milhares de raios de luz, que chegam até os mortos e os purificam de todo o seu carma negativo.

O mantra de purificação que o praticante recita é o mantra de Vajrasattva, deidade que preside todos os mandalas tântricos e a deidade central do mandala das Cem Deidades Pacíficas e Iradas, cujo poder é invocado especialmente para purificação e cura. Esse é o "Mantra das Cem Sílabas", que inclui "sílabas semente" de cada uma das Cem Deidades Pacíficas e Iradas.[6]

Você pode usar uma forma curta do mantra de Vajrasattva, de seis sílabas: OM VAJRA SATTVA HUM (pronunciada em tibetano como Om Benza Satto Hung). O significado essencial desse mantra é: "Ó Vajrasattva! Que o seu poder nos conceda a purificação, a cura e a transformação". Recomendo fundamentalmente esse mantra para purificação e cura.

Outro mantra importante que aparece nos Tantras do Dzogchen e nas práticas ligadas ao *Livro Tibetano dos Mortos* é A A HA SHA SA MA. As seis sílabas desse mantra têm o poder de "fechar os portões" dos seis reinos do samsara.

5. Cremação

Em várias tradições orientais, geralmente a *cremação* é o modo de dar fim ao cadáver. No budismo tibetano há também práticas específicas para a cremação. O crematório ou pira funeral é visualizada como o mandala de Vajrasattva, ou as Cem Deidades Pacíficas e Iradas; as deidades são visualizadas com intensidade e invoca-se a sua presença. O cadáver da pessoa que morreu é visto como a representação real de todo seu carma negativo e seus obscurecimentos. Queimando o corpo, estes são consumidos pelas deidades numa grande festa, e transmutados e transformados por elas na sua natureza de sabedoria. Imaginam-se raios de luz vindo das deidades; visualiza-se o corpo dissolvendo-se por completo na luz, e todas as máculas da pessoa morta sendo purificadas nas chamas ardentes da sabedoria. À medida que você faz essa visualização, pode recitar o mantra de Vajrasattva de cem ou de seis sílabas. Essa prática simples para a cremação foi transmitida e inspirada por Dudjom Rinpoche e Dilgo Khyentse Rinpoche.

As cinzas do corpo e o tsenjang podem então ser misturados com barro para fazer pequenas imagens chamadas *tsatsa*. Recebendo bênçãos, elas são dedicadas à pessoa que morreu, criando assim condições auspiciosas para um bom renascimento futuro.

6. As práticas semanais

Na cultura tibetana as práticas e os rituais acontecem regularmente a cada sétimo dia após a morte ou, se a família tiver condições financeiras para tanto, em cada um dos quarenta e nove dias. Monges são convidados para fazer prática, especialmente os lamas mais próximos à família ou que tinham algum elo com o morto. Lamparinas são oferecidas e orações recitadas sem interrupção, principalmente até o momento em que o corpo é retirado da casa. Oferendas são feitas aos mestres e aos altares, e esmolas dadas aos pobres em nome da pessoa morta.

Essas práticas "semanais" em intenção da pessoa que morreu são consideradas essenciais, uma vez que o corpo mental no bardo do vir a ser passa toda semana, no mesmo dia, pela vivência da morte. Se o morto tem bastante mérito como resultado de ações positivas no passado, então o benefício dessas práticas poderá dar-lhe ímpeto para transferir-se a um reino puro. Falando estritamente, se uma pessoa faleceu numa quarta-feira antes do meio-dia, o dia da prática da primeira semana deverá ser a terça-feira seguinte. Se a pessoa morre após o meio-dia, será a quarta-feira seguinte.

Os tibetanos consideram a quarta semana após a morte especialmente significativa, porque alguns dizem que a maioria dos seres ordinários não fica no bardo por mais de quatro semanas. A sétima semana é também considerada uma data crítica, pois segundo a tradição o prazo mais longo de permanência no bardo é quarenta e nove dias. Assim, nessas ocasiões os mestres e praticantes serão convidados para a casa, e práticas, oferendas e doações aos necessitados são feitas em larga escala.

Outra cerimônia de oferenda e festejos acontecem um ano depois da morte, para marcar o renascimento do morto. Muitas famílias tibetanas têm cerimônias anuais nos aniversários dos seus mestres, pais, esposos, irmãos e irmãs, e nesses dias dão donativos para os pobres.

AJUDANDO OS QUE PERDERAM ENTES QUERIDOS

Entre tibetanos, sempre que alguém morre é natural que seus parentes e amigos se reúnam, e todos sempre encontram algum modo de dar sua ajuda. Toda a comunidade dá forte apoio espiritual, emocional e prático, e a família do morto nunca é deixada ao desamparo, sentindo-se confusa ou sem saber o que fazer. Na sociedade tibetana qualquer um sabe que todo o possível está sendo feito pela pessoa que morreu, e essa certeza dá forças aos que ficaram para suportar, aceitar e sobreviver à morte dos seus entes queridos.

Tudo isso é tão diferente na sociedade moderna, onde a solidariedade comunitária foi quase totalmente esquecida! Sempre penso em como um apoio assim pode evitar que a dor da perda se prolongue e se torne desnecessariamente difícil.

Meus alunos que trabalham nos *hospices* fazendo aconselhamento para os que passaram por perdas de entes queridos, contaram-me que uma das maiores fontes de angústia para essas pessoas é a crença de que nem eles nem ninguém mais pode fazer nada pelos seus entes queridos que morreram. Mas há muita coisa que pode ser feita para ajudar nossos mortos, como estive mostrando.

Um modo de confortar os que passaram por perdas é incentivá-los a fazer algo pelos entes queridos que morreram: viver de maneira mais altruísta em nome deles, praticando em sua intenção e dando assim à sua morte um significado mais profundo. No Tibete os parentes podem até fazer uma peregrinação pela pessoa morta e, em momentos especiais ou lugares sagrados, eles pensarão nos entes queridos que perderam e farão práticas por eles. Os tibetanos nunca esquecem seus mortos: fazem oferendas nos altares em sua intenção; em grandes encontros de oração, patrocinam rezas para eles; fazem donativos por eles para projetos espirituais, e onde quer que encontrem mestres pedirão orações especiais para seus mortos. O maior consolo para um tibetano seria saber que um mestre faz práticas em intenção do seu parente que morreu.

Então, não deixemos que parte de nós morra com nossos entes queridos; procuremos viver com fervor ainda maior depois que eles partiram. Tentemos ao menos atender de alguma forma os desejos e aspirações da pessoa morta, dando por exemplo alguns dos seus pertences como caridade, ou patrocinando em seu nome um projeto que lhe foi particularmente caro.

Os tibetanos, via de regra, escrevem cartas de condolências a amigos que passaram por perdas, em termos similares a estes:

> *Tudo é impermanente, e todas as coisas morrem. Você sabe disso. Foi natural que sua mãe morresse quando morreu; espera-se que as gerações mais velhas vão embora antes da nossa. Ela era idosa e não estava bem, e não há de ter-se ressentido por haver deixado seu corpo. E porque você pode ajudá-la agora patrocinando práticas e fazendo boas ações em seu nome, ela estará feliz e aliviada. Assim, por favor, não fique triste.*

Se nosso amigo perdeu um filho ou alguém muito próximo que parecia jovem demais para morrer tão cedo, poderemos dizer-lhe:

Agora seu menininho morreu, e é como se o mundo inteiro tivesse desmoronado. Eu sei que parece muito cruel e sem lógica. Não posso explicar a morte de seu filho, mas sei que isso deve ser o resultado natural do carma dele, e acredito e sei que essa morte deve ter purificado algum débito cármico que você e eu não conseguimos entender. Sua dor é minha dor. Mas tenha coragem, anime-se, pois agora você e eu podemos ajudar seu filho através da nossa prática, nossas boas ações e nosso amor. Podemos tomar a mão dele e caminhar ao seu lado, mesmo agora, mesmo já tendo morrido, e ajudá-lo a encontrar um novo nascimento e uma vida mais longa da próxima vez.

Em outros casos podemos escrever:

Sei que sua dor é imensa, mas quando for tentado pelo desespero apenas pense o quanto é feliz sua amiga por ter mestres praticando por ela. Pense que em outros tempos e outros lugares não havia essa ajuda espiritual para os que morriam. Pense, quando se lembrar da morte daquela que foi sua amada, em quantas pessoas estão morrendo no mundo hoje, sozinhas, esquecidas, abandonadas e sem qualquer apoio de uma visão espiritual. Pense nos que morreram nos anos terríveis da Revolução Cultural no Tibete, quando todo tipo de prática espiritual era proibido.

Quando o desespero o ameaçar, lembre-se também de que entregar-se a ele só perturbará aquela que morreu. Seu sofrimento pode até afastá-la do caminho que pode estar tomando em direção de um bom renascimento. Se você for consumido pela dor, estará se impossibilitando de ajudá-la. Quanto mais firme estiver, mais positivo será o estado de sua mente, mais conforto poderá dar a quem morreu, e mais poderá fazer para que ela encontre condições de libertar-se.

Quando estiver triste, tenha a coragem de dizer a si mesmo: "Os sentimentos que estou vivendo, todos passarão; e ainda que voltem, não podem durar para sempre". Se não tentar prolongá-los, todos os seus sentimentos de perda e dor começarão naturalmente a dissolver-se até desaparecerem.

Em nosso mundo, no entanto, onde nem sabemos que é possível auxiliar os mortos, e onde não enfrentamos de modo algum a realidade da morte, essa reflexão serena e sábia pode resultar difícil. Uma pessoa que está passando por uma perda pela primeira vez pode simplesmente ser dominada por um mundo de sentimentos perturbadores de tristeza, raiva, ceticismo, retraimento e culpa, sentimentos esses que produzem uma devastação no seu íntimo. Ajudar os que acabaram de passar pela perda de uma pessoa próxima vai exigir toda a sua paciência e sensibilidade. Precisará dedicar-lhes tempo e deixá-los falar, ouvindo silenciosamente e sem julgar enquanto eles evocam suas recordações mais íntimas, ou voltam vezes e mais vezes aos detalhes da morte. Acima de tudo, precisará estar presente quando eles atravessarem aqueles instantes que são provavelmente a tristeza e a dor mais violentas de sua vida. Assegure-se de estar disponível a toda hora, e até quando não parecem precisar de você. Carol, uma viúva, deu uma entrevista para uma série de vídeos sobre a morte, um ano depois do falecimento de seu marido. "Quando revê o último ano", alguém lhe perguntou, "quem você acha que a auxiliou mais?" Ela disse: "As pessoas que telefonavam e apareciam sempre, mesmo quando eu dizia 'não'".

As pessoas que choram a perda de alguém passam por uma espécie de morte. Tal como uma pessoa que está de fato morrendo, elas precisam saber que as emoções perturbadoras que estão sentindo são naturais. Precisam saber também que o luto geralmente é um processo longo e tortuoso, em que a dor retorna sempre em ciclos. Seu choque, entorpecimento e descrença cederão, vindo no lugar deles uma profunda e às vezes desesperada consciência da imensidão da sua perda, que assentará afinal num estado de recuperação e equilíbrio. Diga-lhes que esse é um padrão que se repetirá sempre, mês após mês, e que todos seus receios e temores de serem incapazes de "funcionar" como seres humanos outra vez são normais. Diga-lhes que embora possa levar um ano ou dois, sua dor um dia terminará definitivamente, transformando-se em aceitação.

Como diz Judy Tatelbaum:

> *A dor é uma ferida que precisa de atenção para ser curada. Atravessá-la e superá-la significa encarar nossos sentimentos honesta e abertamente, expressando-os e liberando-os por completo, tolerando-os e aceitando-os por quanto tempo for preciso, até que a ferida se cure. Temos medo de que a dor nos derrube se tomarmos conhecimento dela. A verdade é que a dor, quando nos permitimos experienciá-la, se dissolve, passa. A dor não expressa é dor que dura indefinidamente.*[7]

Mas, infelizmente, é muito comum que amigos e família dos que sofreram perdas esperem que eles voltem "ao normal" depois de poucos meses. Isso apenas intensifica sua confusão e isolamento enquanto a dor continua, e às vezes até se aprofunda.

No Tibete, como já disse, toda a comunidade, família e parentes tomam parte nos quarenta e nove dias que se sucedem à morte, e cada um assume a tarefa de ajudar espiritualmente a pessoa que morreu, com centenas de coisas para fazer. Os que ficam sofrem, e podem chorar um pouco como é natural, e então quando todos se vão a casa parece vazia. No entanto, de muitas maneiras sutis e confortadoras, o apoio e sustentáculo nesses quarenta e nove dias terá aliviado uma grande parte do seu luto.

A maneira de encarar a perda na nossa sociedade é muito diferente, e a dor é significativamente maior no caso de morte súbita ou suicídio. Isso reforça a impressão de que os que ficam são impotentes para ajudar seus entes queridos que se foram. É muito importante, para os que perdem de morte súbita um ente querido, comparecer e ver o corpo, ou será difícil dar-se conta de que a morte realmente aconteceu. Se possível, as pessoas devem sentar-se perto do corpo para dizer o que precisam dizer, expressar seu amor e começar a se despedir.

Se isso não é possível, traga uma fotografia da pessoa que acabou de morrer e comece o processo de elaborar o relacionamento, de dizer adeus, e deixar tudo para trás. Encoraje os que sofreram a morte súbita de um ente querido a fazer isso, pois irá auxiliá-los a aceitar a nova e dura realidade da morte. Fale-lhes também daqueles meios que descrevi para ajudar a pessoa morta, meios simples que eles podem usar em vez de ficarem se lembrando desesperançada e repetidamente do momento da morte, em frustração silenciosa e autorrecriminação.

No caso de uma morte súbita, os que ficam podem com frequência experimentar sentimentos intensos e desconhecidos de *raiva* por aquilo que acreditam ser a causa da morte. Ajude-os a expressar essa raiva, porque se a segurarem dentro de si, mais cedo ou mais tarde irá mergulhá-los em uma depressão crônica. Ajude-os a se soltar da raiva e a expor a profundidade da dor que está por baixo dela. Então eles podem iniciar a dolorosa mas necessária tarefa curativa de desapegar-se.

Acontece também, e com frequência, de alguém sentir um intenso sentimento de *culpa* pela morte de um ente querido, reexaminando obsessivamente desacertos na relação que terminou, ou torturando a si mesmo sobre o que poderia ter feito para evitar a morte. Ajude essas pessoas a falar sobre seus sentimentos de culpa, não importa quão irracionais e loucos possam parecer. Lentamente esses sentimentos irão diminuir, eles perdoarão a si próprios e seguirão sua vida.

UMA PRÁTICA DO CORAÇÃO

Quero agora dar a você uma prática que pode realmente ajudá-lo quando estiver vivendo uma dor profunda. É uma prática que meu mestre Jamyang Khyentse sempre dava às pessoas que passavam por tormento emocional, angústia mental ou colapso nervoso, e sei de minha própria experiência que ela pode trazer enorme alívio e consolo. A vida de alguém que ensina num mundo como o nosso não é nada fácil. Quando eu era mais jovem enfrentei muitos momentos de crise e dificuldade; então invocava Padmasambhava, como ainda faço hoje, pensando nele como uno com todos os meus mestres. Assim descobri por mim mesmo como era transformadora essa prática e porque todos os meus mestres costumavam dizer que a prática de Padmasambhava é a mais útil quando você passa por agitações ou turbulências: ela tem o poder de fazê-lo agir e orientá-lo para sobreviver na confusão caótica do nosso tempo.

Assim, sempre que estiver desesperado, angustiado ou deprimido, sempre que sentir que não consegue seguir adiante, ou estiver com o coração apertado, aconselho-o a usar essa prática. As únicas condições para que ela seja efetiva são fazê-la com toda a sua vontade e pedir ajuda, realmente pedir.

Mesmo que você faça meditação não estará livre da dor emocional e do sofrimento, e de suas vidas passadas ou desta podem emergir uma porção de coisas difíceis de enfrentar. Você pode achar que não tem a sabedoria e a estabilidade suficientes em sua prática para lidar com elas, e que só a sua meditação não basta. O que precisa então é do que eu chamo "uma prática do coração". Sempre me entristece que as pessoas não tenham uma prática desse tipo para ajudá-las num momento de desespero, porque se você dispuser dela descobrirá que é de uma preciosidade além de qualquer medida, tornando-se uma fonte de permanente transformação e fortalecimento.

1. Invocação

Invoque no céu à sua frente a presença do ser iluminado que mais o inspire, vendo-o como a encarnação de todos os budas, bodisatvas e mestres. Para mim, como já disse, essa encarnação é Padmasambhava. Mesmo que você não possa visualizar a forma desse ser com os olhos da mente, sinta com força a sua presença e invoque seu poder, compaixão e bênção infinitos.

2. Apelo

Abra seu coração e invoque esse ser com a força da dor e do sofrimento que você sente. Se sente vontade de chorar, não se contenha: deixe as lágrimas rolarem e de fato peça ajuda. Saiba que *há* alguém que com certeza está do seu lado. Alguém que o escuta, que o compreende com amor e compaixão, sem nunca julgá-lo: em poucas palavras, um amigo de verdade. Chame-o das profundezas da sua dor, usando o mantra OM AH HUM VAJRA GURU PADMA SIDDHI HUM, o mantra que foi usado durante séculos por centenas de milhares de seres como uma fonte curativa de purificação e proteção.

3. Enchendo o coração de felicidade

Imagine e saiba agora que o buda que você invocou responde, com todo o seu amor, compaixão, sabedoria e poder. Imensos raios de uma torrente de luz saem dele ou dela e seguem até você. Imagine essa luz como néctar que preenche seu coração completamente e transforma todo o seu sofrimento em bênçãos.

Um modo como Padmasambhava aparece é sentado na postura de meditação, envolto em suas vestes, irradiando um encantador sentimento de cálido e aconchegante bem-estar, com um sorriso amoroso em seu rosto. Nessa emanação ele é chamado de "Grande Bem-Aventurança". Suas mãos apoiam-se relaxadas sobre o colo, segurando uma taça feita da parte superior de um crânio. Ela contém o néctar da Grande Bem-Aventurança, fonte de toda cura, que borbulha e gira dentro dela. Padmasambhava está sentado serenamente numa flor de lótus, envolto numa esfera de luz cintilante.

Pense nele como infinitamente cálido e amoroso, um sol de felicidade, conforto, paz e cura. Abra seu coração, deixe todo o seu sofrimento sair e peça ajuda. E diga este mantra: OM AH HUM VAJRA GURU PADMA SIDDHI HUM.

Agora imagine milhares de raios de luz saindo do corpo ou do coração dele. Imagine que o néctar da Grande Bem-Aventurança, na taça feita de um crânio que ele segura em suas mãos, transborda de felicidade e se derrama sobre você numa torrente contínua de líquida luz dourada. Ela flui até o seu coração e o preenche, transformando seus sofrimentos em alegria.

Esse fluxo de néctar que vem do Padmasambhava da Grande Bem-Aventurança é a prática maravilhosa que meu mestre ensinava: ela nunca deixou de me dar grande inspiração e ajuda nos momentos de real necessidade.

4. Ajudando os que morreram

Fazendo muitas e muitas vezes essa prática, cantando o mantra e enchendo o coração de alegria e bem-aventurança, seu sofrimento pouco a pouco se dissolverá na paz segura e confiante da natureza da sua mente. Você perceberá, com alegria e deleite, que os budas não estão fora de você, mas sempre com você, inseparáveis da natureza da sua mente. E o que eles fizeram através de suas bênçãos é fortalecê-lo e alimentá-lo com a confiança do buda dentro de você.

Agora, com todo o poder e a confiança que essa prática lhe deu, imagine que envia essa bênção, a luz da curativa compaixão dos seres iluminados, para seu ente querido que morreu. Isso é especialmente vital no caso de alguém que sofreu morte traumática, pois transforma o seu sofrimento e traz felicidade e paz. No passado você pode ter-se sentido desamparado em sua dor e impotente para ajudar a pessoa querida, mas agora, através dessa prática, você pode se consolar, encorajar e fortalecer para ajudá-la.

MANTENDO O CORAÇÃO ABERTO

Não espere resultados imediatos ou milagres. Pode ser que só consiga aliviar o seu sofrimento depois de algum tempo, ou mesmo muito depois, quando você menos esperar. Não tenha a menor expectativa de que isso vá "funcionar" ou que acabe com seu sofrimento de uma vez por todas. Esteja tão aberto para a sua dor quanto está, na sua prática, para os seres iluminados e para os budas.

Você pode até vir a se sentir misteriosamente grato ao seu sofrimento, porque ele lhe dá uma oportunidade de trabalhar com você mesmo e de transformar-se. Sem ele você nunca teria tido a possibilidade de descobrir que há, escondido na natureza e na profundidade do sofrimento, um tesouro de felicidade. Os períodos de sofrimento na sua vida podem ser aqueles em que está mais aberto; o ponto em que é mais vulnerável pode ser realmente o de sua maior força.

Assim, diga para si mesmo: "Não vou fugir desse sofrimento. Quero usá-lo da melhor e mais enriquecedora maneira que puder, de modo a poder tornar-me mais compassivo e mais útil aos outros". O sofrimento, além de tudo, pode ensinar-nos sobre a compaixão. Se você sofre, saberá como é quando outros sofrem. E se está na posição de poder ajudar outros, é através de seu sofrimento que encontrará a compreensão e a compaixão necessárias para isso.

Portanto, não importa o que faça, não recuse sua dor; aceite-a e permaneça vulnerável. Por mais desesperado que se sinta, aceite sua dor como ela é, porque de fato ela lhe está oferecendo um presente que não tem preço: a oportunidade de descobrir, através da prática espiritual, o que está além do sofrimento. "A dor", escreveu Rumi, "pode ser o jardim da compaixão". Se você mantém seu coração aberto para tudo, a dor pode tornar-se a sua maior aliada na busca do amor e da sabedoria.

E já não estamos cansados de saber que se proteger da dor não funciona? Que quando tentamos nos defender do sofrimento só sofremos mais e não aprendemos o que poderíamos com a experiência? Como Rilke escreveu, o coração protegido que "nunca se expôs à perda, inocente e seguro, não pode conhecer a ternura. Somente um coração perdido e resgatado pode ser satisfeito: livre, por tudo o que deixou para trás, para se alegrar em sua maestria".[8]

PÔR FIM À DOR E APRENDER PELA DOR

Quando você se sente sobrepujado pelo seu sofrimento, procure inspirar-se de uma daquelas maneiras que mencionei ao tratar da prática de meditação no capítulo 5 – "Trazendo a Mente para Casa". Um dos métodos mais poderosos que conheço para aliviar e dissolver o sofrimento é ir para a natureza, especialmente contemplar uma cachoeira, deixando que as lágrimas e a dor saiam de você e o purifiquem, como a água que flui. Pode também ler um texto tocante sobre a impermanência ou o sofrimento, e deixar a sabedoria contida em suas linhas trazer-lhe consolo.

Aceitar a dor e pôr-lhe fim *é possível.* Muita gente usou e achou útil uma variação do método que expus para resolver questões pendentes. Não importa há quanto tempo seu ente amado morreu, você achará esse método muito eficaz.

Visualize todos os budas e seres iluminados no céu, acima e em torno de você, emanando raios de luz compassiva e dando a você seu apoio e bênçãos. Na presença deles, sinta a sua dor e diga o que tem a dizer, o que de fato está em seu coração e sua mente, para o ente que você ama e que morreu.

Visualize a pessoa morta olhando para você com muito mais amor e compreensão do que ela jamais teve quando viva. Saiba que ela quer que você compreenda que ela o ama e perdoa o que você possa ter feito, e também quer pedir e receber o *seu* perdão.

Permita ao seu coração abrir-se e ponha em palavras toda raiva, todo sentimento de mágoa que possa estar guardando, e deixe que eles se dissolvam completamente. Com todo o coração e mente, perdoe a pessoa morta. Diga-lhe do seu perdão, diga-lhe do quanto você se arrepende por todo sofrimento que possa ter-lhe causado.

Agora sinta, com todo seu ser, o perdão e o amor fluindo dessa pessoa até você. Saiba do fundo do coração que você é digno de amor e merece ser perdoado. Sinta a sua dor se dissolvendo.

Ao fim da prática, pergunte a si mesmo se pode dizer um adeus verdadeiro e realmente deixar aquela pessoa partir; imagine-a voltando-se e indo embora. Conclua então fazendo Phowa ou outra prática para ajudar os mortos.

Esta prática vai dar-lhe uma vez mais a oportunidade de mostrar seu amor, fazendo algo para ajudar a pessoa que morreu, e levando a relação que teve com ela à cura e ao término na sua alma.

Você tem muito a aprender com a dor e o luto da perda, se você se permitir isso. O luto pode forçá-lo a olhar diretamente para a sua vida, compelindo-o a nela encontrar propósito onde antes pode não ter havido nenhum. Quando de súbito você se vê sozinho depois da morte de alguém que ama, é como se lhe estivesse sendo dada uma nova vida, e lhe perguntassem: "O que fará desta nova vida? Pelo que quer continuar a viver?"

Perda e desamparo podem remetê-lo ao que acontece quando na vida não se demonstra amor e apreço, ou quando não se pede perdão. Podem assim torná-lo muito mais sensível às pessoas queridas que ainda vivem. Elisabeth Kübler-Ross disse: "O que tento ensinar às pessoas é a viver de tal modo que possam dizer aquelas coisas enquanto o outro ainda pode ouvi-las".[9] Raymond Moody, após dedicar toda a sua vida à pesquisa sobre experiências de quase morte, escreveu: "Comecei a compreender quão próximos da morte estamos todos nós na vida cotidiana. Mais do que nunca, agora tomo todo o cuidado de deixar que cada pessoa que amo saiba o que sinto".[10]

Assim, este é o meu conselho de coração para aqueles que estão nas profundezas da dor e do desespero depois de perder alguém que muito amavam: orar por ajuda, força e graça. Ore para que você supere e descubra o significado mais rico e profundo da nova vida em que agora se encontra. Seja vulnerável e receptivo, seja corajoso e paciente. Mais do que tudo, procure já, em sua própria vida, maneiras de partilhar mais profundamente seu amor com os outros.

VINTE

A EXPERIÊNCIA DE QUASE MORTE: UMA ESCADA PARA O CÉU?

Agora, no Ocidente, estamos bem familiarizados com a experiência de quase morte, nome dado à série de experiências relatadas por pessoas que sobreviveram a um incidente em que chegaram à morte clínica ou próximo dela. A experiência de quase morte tem sido registrada ao longo da História em todas as tradições místicas e xamânicas, por escritores e filósofos tão variados quanto Platão, o papa Gregório Magno, alguns dos grandes mestres sufis, Tolstoi e Jung. Meu exemplo histórico favorito é contado pelo grande historiador inglês, monge Bede, no século VIII.

> *Nessa época, um milagre digno de nota como os dos velhos tempos, ocorreu na Inglaterra. Pois, para despertar os vivos da morte espiritual, um homem já morto retornou à vida corpórea e relatou muitas coisas notáveis que viu, algumas das quais merecem ser aqui resumidas. Havia um chefe de família que vivia num condado da Nortúmbria conhecido como Cunningham, e que levava uma vida devota com os seus. Caiu doente e piorou muito até mergulhar numa crise, morrendo nas primeiras horas de uma noite. Mas ao amanhecer voltou à vida e repentinamente sentou-se, para espanto de quantos choravam ao lado de*

seu corpo, e que fugiram. Somente sua esposa, que o amava do modo mais terno, ficou com ele, embora trêmula e temerosa. O homem tranquilizou-a e disse: "Não fique assustada, porque eu verdadeiramente me ergui das garras da morte e fui autorizado a viver entre os homens outra vez. Mas doravante não devo viver como o fazia, devo adotar um modo de vida muito diferente..." Não muito mais tarde ele deixou todas as responsabilidades mundanas e entrou para o mosteiro de Melrose...

E Bede continua:

Eis o depoimento que ele costumava dar de sua experiência: "Um belo homem num manto brilhante era o meu guia, e andamos em silêncio naquilo que me pareceu ser a direção nordeste. Enquanto caminhávamos chegamos a um largo e profundo vale de infinita extensão... Logo ele me conduziu da escuridão a um ambiente de luz clara e quando seguíamos nessa luz brilhante vi diante de nós um imenso muro cujas dimensões não pareciam ter limites em todas as direções, inclusive para o alto. Como não visse portão, janela ou entrada nele, comecei a imaginar para que fôramos até ali. Mas quando chegamos perto, de repente – não sei de que modo – já estávamos no alto, sobre ele. Do lado de dentro havia um largo e belo prado... Tamanha era a luz que inundava esse lugar que me parecia maior e mais brilhante que a luz do dia comum, ou dos raios de Sol do meio-dia..."

(Disse-me o guia): "Agora você deve retornar ao seu corpo e uma vez mais viver entre os homens; mas se você vier a pesar suas ações com mais cuidado e a estudar para manter simples e virtuosas suas palavras e hábitos, então quando morrer também haverá de ganhar um lar entre esses espíritos felizes que está vendo. Porque, quando há pouco deixei-o por um momento, eu o fiz de modo a descobrir qual seria seu futuro". Quando ele me disse aquilo eu fiquei relutante em retornar ao meu corpo, porque estava encantado pela graça e beleza do lugar que observava e da gente que via ali. Mas não ousei questionar meu guia, e

enquanto isso, não sei bem como, repentinamente encontrei-me vivo e entre os homens mais uma vez.

Bede termina assim seu depoimento:

> *Esse homem de Deus não discutiu essas e outras coisas que viu com gente indiferente e de vida descuidada, mas somente com aqueles que... queriam tomar a sério suas palavras e crescer na santidade.*[1]

Os recursos da moderna tecnologia médica somaram uma nova e interessante dimensão à experiência de quase morte; muita gente hoje foi revivida da "morte", por exemplo, depois de acidentes, ataques cardíacos ou doenças sérias, durante cirurgias ou em combate. A experiência de quase morte foi o tema de um grande número de pesquisas científicas e especulações filosóficas. De acordo com uma autorizada sondagem de opinião Gallup de 1982, um número extraordinário de americanos – mais de oito milhões, ou um em vinte da população – teve ao menos uma experiência de quase morte.[2]

Embora duas pessoas nunca tenham exatamente a mesma experiência – assim como duas pessoas jamais têm a mesma experiência nos bardos – surge um padrão comum das diferentes fases de contato com a morte, uma "experiência central". As pessoas relatam as características seguintes:

1. Experimentam um estado alterado de sentimento, que é de paz e bem-estar, sem dor, sensações corporais ou medo.

2. Podem ouvir um zumbido ou um som de algo que corre, e ter a chamada "experiência fora do corpo": ver-se separados do próprio corpo, via de regra olhando-o de um ponto acima dele; os sentidos da visão e audição parecem ampliados; a consciência é clara e vividamente desperta, e é possível até deslocar-se através de paredes.

3. Percebem uma outra realidade, entrando numa grande escuridão, flutuando num espaço sem dimensão e, em seguida, movimentando-se rápido por dentro de um túnel.

4. Veem uma luz, de início um ponto distante para o qual são atraídas até serem completamente banhadas por luz e amor. Essa luz é descrita como ofuscante e de grande beleza, mas não machuca a visão. Algumas pessoas relatam o encontro com "um ser de luz", uma presença luminosa parecendo onisciente que alguns chamam Deus ou Cristo, cheia de amor e compaixão. Às vezes podem testemunhar, em sua presença, uma retrospectiva da própria vida, vendo tudo o que nela fizeram, bom ou mau. Comunicam-se de maneira telepática com essa presença numa dimensão sem tempo e geralmente plena de bem-aventurança, em que todos os conceitos de tempo e espaço perdem o sentido. Mesmo se a duração da experiência for apenas de um ou dois minutos do tempo normal, ela pode ser de vasta elaboração e riqueza.

5. Alguns podem ver um mundo interior de beleza sobrenatural, com paisagens e construções paradisíacas, música celestial e um sentimento de unidade das coisas. Uns poucos, parece, relatam visões aterrorizantes de reinos infernais.

6. Podem chegar a uma fronteira que não conseguem ultrapassar; alguns encontram parentes ou amigos mortos e falam com eles. Decidem (muitas vezes com relutância) voltar ao corpo e à vida, ou recebem a ordem para fazê-lo, às vezes com um sentido de missão e serviço, outras para proteger ou cuidar de sua família, ou simplesmente para levar a cabo o propósito desta vida que não foi concluído.

Para as pessoas que passam pela experiência de quase morte, o aspecto mais importante, repetidamente relatado na literatura especializada, é a completa transformação que ela traz à sua vida, carreira, atitudes e relações. Elas podem não perder o medo da dor e do morrer, mas perdem o medo da morte em si; ficam mais tolerantes e amorosas; tornam-se mais interessadas nos valores espirituais, o "caminho da sabedoria", e com frequência numa espiritualidade universal, mais do que no dogma de alguma religião.

Como deve ser então interpretada a experiência de quase morte? Alguns autores ocidentais que leram o *Livro Tibetano dos*

Mortos comparam essas experiências com as que ocorrem nos bardos descritos pela tradição tibetana. À primeira vista há de fato paralelos interessantes entre as duas; mas como os detalhes das experiências de quase morte podem ser relacionados com os ensinamentos sobre os bardos? Penso que esse assunto pede um estudo especial que ultrapassa o escopo deste livro, mas há algumas semelhanças e diferenças que podemos analisar.

A ESCURIDÃO E O TÚNEL

A fase final do processo de dissolução do bardo da morte, você se lembra, é quando a experiência negra da "Plena Consecução" emerge "como um céu vazio amortalhado na mais profunda treva". Nesse ponto, os ensinamentos falam de um momento de felicidade e alegria. Uma das principais características da experiência de quase morte é a impressão de mover-se "a uma terrível velocidade" e "sentindo-se sem peso algum", num espaço negro de "escuridão total, pacífica e maravilhosa" e através de um "túnel longo e escuro".

Uma mulher contou a Kenneth Ring:

> *É como um vazio, um nada; e é tamanha a paz, tão agradável, que você quer que continue. É uma completa escuridão, não há sensação alguma, não há sentimento... uma espécie de túnel escuro. Apenas uma flutuação. É como estar suspenso no ar.*[3]

E outra mulher disse-lhe:

> *A primeira coisa de que me lembro é de um tremendo som de coisas se precipitando, uma coisa tremenda... É difícil encontrar as palavras certas para descrever. A coisa mais próxima que consigo associar àquilo é talvez o som de um tornado – um imenso jorro de vento que quase me tragou. E eu estava sendo puxada para um ponto estreito de uma enorme área.*[4]

Uma mulher contou a Margot Grey:

> *Eu estava no que parecia ser o espaço exterior. Era absolutamente negro lá fora e eu me sentia como se tivesse sido tragada por uma abertura como a do fim de um túnel. Sabia disso porque podia ver uma luz no final; por isso sabia que o fim estava lá. Estava na vertical e ia sendo levada para a abertura. Sei que não era um sonho; os sonhos nunca são assim. Em nenhum momento pensei que fosse um sonho.*[5]

A LUZ

No momento da morte, a Luminosidade Base ou Clara Luz surge em todo o seu esplendor. O *Livro Tibetano dos Mortos* diz: "Ó filho/filha de uma família iluminada... seu Rigpa é luminosidade e vacuidade inseparáveis, e se apresenta como uma grande vastidão de luz. Além do nascimento e da morte está, de fato, o Buda da Luz Imutável".

Melvin Morse, que se especializou na pesquisa sobre experiências de quase morte em crianças, observa: "Em quase toda experiência infantil de quase morte (e em cerca de um quarto das que ocorrem nos adultos) está presente um elemento de luz. Todas se referem à luz que aparece nos estágios finais da experiência de quase morte, depois de ter vivido uma experiência 'fora do corpo', ou de ter viajado pelo túnel".[6]

Uma das melhores descrições do aproximar-se da luz foi feita por Margot Grey:

> *Então gradualmente você percebe que muito, mas muito longe na distância, uma incomensurável distância, parece estar chegando o fim do túnel, onde vê uma luz branca; mas está tão longe quanto uma estrela solitária que se vê no céu, e para imaginá-la você deve lembrar-se de que está olhando dentro do túnel e essa luz vem lá do final. Você se concentra nesse pontinho de luz porque, ao ser levado para frente, pode antecipar que vai chegar nele.*

Gradualmente, à medida que se dirige para lá em enorme velocidade, o ponto se torna cada vez maior. O processo inteiro, pensando-se depois, parece durar cerca de um minuto. Ao chegar cada vez mais perto daquele ponto brilhante, não há a sensação de um súbito fim do túnel, mas de uma fusão com a luz. Nesse momento o túnel está atrás de você e adiante há essa magnífica luz branco-azulada. Seu clarão é tão brilhante, mais brilhante que uma luz capaz de cegar alguém imediatamente, mas essa luz não lhe faz mal algum aos olhos.[7]

Muitas outras experiências de quase morte falam dessa mesma luz:

Minha descrição da luz era – bom, não era uma luz mas a total e completa ausência de escuridão... Você pensa em luz como uma grande luz iluminando coisas que fazem sombras, e coisas do tipo. Essa luz era realmente a ausência de escuridão. Não estamos habituados a esse conceito porque a luz sempre faz sombra, a menos que ela esteja em todos os pontos à nossa volta. Mas essa luz era tão total e completa que não era questão de olhar para ela: você estava nela.[8]

Alguém contou a Kenneth Ring: "Não era brilhante. Era como uma luz velada, ou coisa do gênero. Mas não era esse tipo de luz produzida por uma lâmpada. Sabe como era? Era como se alguém atenuasse a luz do Sol. Ela me fez sentir muito, muito tranquilo. Já não tinha medo. Tudo ia ficar muito bem".[9]

Uma mulher contou a Margot Grey: "A luz é mais brilhante do que qualquer coisa que se possa imaginar. Não há palavras para descrevê-la. Eu estava tão feliz, é impossível explicar. Era um sentimento forte de serenidade, um sentimento maravilhoso. A luz é tão brilhante que normalmente cegaria você, mas não fazia qualquer mal aos olhos".

Outros contam com detalhes que não só podem ver a luz como entram diretamente nela, e falam nas sensações que têm: "Não sentia em mim uma identidade separada. Eu era a luz, e era um com ela".[10]

Uma mulher que passou por duas grandes cirurgias em dois dias seguidos contou a Margot Grey: "Só a minha essência era sentida. O tempo já não importava e o espaço estava completamente preenchido de felicidade. Banhava-me uma luz radiante e eu estava imersa numa aura de arco-íris. Tudo era fusão. Os sons eram de uma outra ordem, harmoniosos, sem nome (agora chamo aquilo de música)".[11]

Um outro homem que atingiu esse ponto de entrar na luz descreve-o assim:

> *A seguinte série de eventos parece ocorrer simultaneamente, mas para descrever o processo terei que descrever cada um dos eventos. A sensação é a da presença de alguma espécie de ser ou, mais ainda, um tipo de energia; não uma personalidade no sentido de uma outra pessoa, mas uma inteligência com quem é possível a comunicação. Além disso, seu tamanho é tal que abarca tudo mais à sua frente. Um ser que engolfa tudo, e você se sente dentro.*
>
> *A luz se comunica imediatamente com você, numa telecinese instantânea em que as ondas do seu pensamento são lidas, qualquer que seja o idioma. É impossível receber uma comunicação dúbia. A primeira mensagem que recebi foi "Relaxe, tudo é bonito, tudo está bem, você nada tem a temer". Fiquei logo à vontade. No passado, se os médicos me diziam "Fique tranquilo, não há nada a temer, não vai doer", normalmente doía – não dava para confiar neles.*
>
> *Mas essa era a sensação mais bonita que eu jamais tivera: absoluto amor puro. Cada sensação, cada emoção é simplesmente perfeita. Você se sente cálido, mas a coisa nada tem a ver com temperatura. Tudo lá é vívido e claro. O que a luz comunica a você é um sentimento de verdadeiro e puro amor. É a primeira vez que você passa por algo assim, desde a eternidade. Não pode ser comparado com o amor de sua esposa, ou o amor dos seus filhos, ou o amor sexual. Mesmo que essas coisas todas se combinassem, não teriam comparação com o sentimento que você obtém dessa luz.*[12]

Um homem que quase se afogara aos quatorze anos recorda-se:

> *Ao chegar à fonte da luz pude ver dentro dela. Não posso sequer começar a descrever em termos humanos os sentimentos que tive a respeito do que vi. Era um mundo gigantesco e infinito de calma, amor, energia e beleza. É como se a vida humana fosse insignificante, comparada a isso. E no entanto enfatizava a importância da vida, ao mesmo tempo que solicitava a morte como caminho para uma vida diferente e melhor. Era todo ser, toda beleza, todo significado para a existência inteira. Era toda a energia do universo para sempre num só lugar.*[13]

Melvin Morse escreveu de modo comovente sobre as experiências de quase morte com crianças, contando como elas descrevem a luz em sua eloquência simples: "Tenho um segredo maravilhoso para contar a você. Subi numa escada até o céu". "Só queria ir para aquela Luz. Esquecer meu corpo, esquecer tudo. Só queria ir para aquela Luz." "Era uma Luz bonita que tinha tudo de bom nela. Durante mais ou menos uma semana vi o brilho daquela Luz em todas as coisas." "Quando voltei do coma no hospital, abri meus olhos e vi pedaços da Luz por toda parte. Podia ver como tudo no mundo se encaixa."[14]

SEMELHANÇAS COM O BARDO DO VIR A SER

Na experiência de quase morte a mente se liberta momentaneamente do corpo, e passa por um grande número de experiências semelhantes às do corpo mental no bardo do vir a ser.

1. Experiência fora do corpo

A experiência de quase morte começa geralmente com uma experiência fora do corpo: as pessoas podem ver seu próprio corpo, bem como o ambiente em volta delas. Isso coincide com o que já se disse sobre o *Livro Tibetano dos Mortos.*

"Lembro-me", disse Grey, "de estar voltando da anestesia e dormir, logo me percebi fora do corpo, sobre a cama, olhando para a minha carcaça lá embaixo. Eu estava consciente de que era apenas cérebro e olhos, e não me lembrava de ter um corpo."[15]

Um homem que sofreu um ataque cardíaco contou a Kenneth Ring: "Era como se eu estivesse lá no alto, no espaço, e só a minha mente estivesse ativa. Sem sensações corporais, como se só o meu cérebro estivesse suspenso no ar. Eu não tinha nada senão minha mente. Sem peso, não tinha nada".[16]

2. Desamparado, olhando os parentes

Já descrevi como, no bardo do vir a ser, os mortos podem ver e ouvir seus parentes vivos mas não conseguem, às vezes cheios de frustração, comunicar-se com eles. Uma mulher da Flórida contou a Michael Sabom que de um ponto próximo do teto olhava para baixo na direção de sua mãe: "A coisa mais importante de que me lembro é que eu me sentia muito triste de não poder mostrar a ela que estava tudo bem comigo. De algum modo eu sabia que estava bem, mas não sabia como comunicar isso a ela...".[17]

"Recordo tê-los visto lá na sala de espera... minha mulher, meu filho mais velho, minha filha mais velha e o médico... não sabia porque estavam chorando."[18]

E uma mulher disse a Michael Sabom: "Fiquei sentada vendo a mim mesma em convulsões e minha mãe e minha empregada gritando e berrando porque pensavam que eu estava morta. Eu sentia muito por elas... só tristeza, profunda tristeza. Mas eu me sentia livre lá em cima, e não havia razão para sofrimento".[19]

3. Forma perfeita, mobilidade e clarividência

O corpo mental no bardo do vir a ser é descrito no *Livro Tibetano dos Mortos* "como um corpo da idade de ouro", que tem mobilidade quase sobrenatural e clarividência. Aqueles que passam por experiências de quase morte também descobrem que a forma que possuem é completa e que estão na plenitude da vida.

"Eu flutuava e era um homem muito mais jovem... A impressão

que tinha era que de algum jeito podia me ver através de um reflexo ou alguma coisa assim, e tinha vinte anos menos do que tenho agora."[20]

Descobrem além disso que podem viajar instantaneamente, apenas pelo poder do pensamento. Um veterano do Vietnã contou a Michael Sabom:

"Sentia como se pudesse pensar em mim mesmo em qualquer lugar ou tempo que quisesse, de imediato... Sentia-me alegre e estimulado com a sensação de poder. Podia fazer tudo o que queria fazer... É mais real do que aqui, de fato."[21]

"Lembro de ter voltado de repente direto ao campo de batalha onde me perdera... Era quase como se me materializasse lá, e de repente, no instante seguinte, estar aqui. Num piscar de olhos."[22]

Muitas experiências de quase morte também relatam uma sensação clarividente de total conhecimento "do começo ao fim dos tempos"[23]. Uma mulher contou a Raymond Moody: "Subitamente, todo conhecimento de tudo que se iniciou desde o comecinho, seguindo até o infinito – por um segundo conheci todos os segredos de todas as eras, todo o significado do universo, das estrelas, da Lua – de tudo".[24]

"Houve um momento nessa coisa – bom, não há meio de descrever – que era como se eu soubesse todas as coisas... Por um instante, lá, foi como se a comunicação fosse desnecessária. Tive a certeza de que tudo o que quisesse saber poderia ser sabido."[25]

"Enquanto estive lá, senti-me no centro das coisas. Senti-me iluminada e limpa. Senti que podia ver o ponto essencial em tudo. Tudo se encaixava, tudo fazia sentido, até os tempos mais negros. É quase como se as peças de um quebra-cabeças afinal se juntassem."[26]

4. Encontrando outros

Nos ensinamentos tibetanos, descreve-se o corpo mental no bardo do vir a ser como o encontro com outros seres no bardo. Do mesmo modo, nas experiências de quase morte frequentemente é possível conversar com outros que já morreram. O veterano do

Vietnã que falou a Michael Sabom disse que enquanto jazia inconsciente no campo de batalha e via seu próprio corpo:

> *Os treze rapazes que haviam sido mortos um dia antes de mim, e que eu havia posto em sacos plásticos, estavam bem ali na minha frente. E mais do que isso, durante aquele mês de maio minha companhia perdera quarenta e dois homens. Todos os quarenta e dois mortos estavam ali. Não estavam na forma em que percebemos o corpo humano... Mas eu sei que estavam lá. Sentia a presença deles. Nós nos comunicávamos sem falar com nossa voz.*[27]

Uma mulher cujo coração parou durante uma anestesia para extrair um dente, conta:

> *Então dei por mim, e estava numa bonita paisagem, com a grama mais verde do que qualquer outra coisa que já havia visto na Terra; luz e brilho especiais. As cores ultrapassam qualquer descrição, as cores aqui são tão pálidas se comparadas com aquelas... Naquele lugar vi pessoas que eu sabia falecidas. Não conversávamos com palavras, mas era como se eu soubesse o que estavam pensando e ao mesmo tempo soubesse que elas percebiam o que eu pensava.*[28]

5. Reinos diferentes

No bardo do vir a ser, bem como em outros tipos de visão, o corpo mental tem visões e percebe sinais de diferentes reinos. Algumas das pessoas que sobreviveram às experiências de quase morte relatam visões de mundos interiores, paraísos, cidades de luz, com música transcendental.

Uma mulher conta a Raymond Moody:

> *Longe na distância... podia ver uma cidade. Havia edifícios – edifícios separados. Eram cintilantes, cheios de brilho. As pessoas eram felizes lá. Havia águas borbulhando, fontes... uma cidade de luz, seria o modo certo de descrevê-la... Era admirável. Havia uma linda música no ar. Tudo era fulgurante, maravilhoso... Mas se eu tivesse*

entrado lá acho que nunca mais teria voltado... A mim disseram que se entrasse ali não poderia mais voltar... que a decisão era minha.[29]

Outra pessoa disse a Margot Grey:

> *Parece que me encontrava no que aparentava ser uma espécie de estrutura ou edifício, mas que me lembre, sem paredes. Havia sim uma bela luz dourada que envolvia tudo... Notei perto de mim muitas pessoas que pareciam estar passeando ou indo a algum lugar; e não pareciam nem mesmo estar andando mas sim deslizando de algum modo. Não me sentia em nada separado delas; um dos sentimentos de que mais me lembro sobre elas era o de unidade, de fazer parte integralmente de tudo a meu redor e dentro de mim.*[30]

6. Visões infernais

Nem todas as descrições na experiência de quase morte, no entanto, são positivas, como você poderia esperar a partir do já exposto sobre os ensinamentos tibetanos. Algumas pessoas relatam experiências terríveis de medo, pânico, solidão, desolação e abatimento; há uma vívida semelhança com as descrições do bardo do vir a ser. Uma pessoa ouvida por Margot Grey falou de ter-se sentido sugada para dentro de "um imenso e negro vórtice, como um turbilhão". Os que tiveram experiências negativas tendem a sentir, de maneira muito similar à dos que vão renascer em reinos inferiores do bardo do vir a ser, que estão viajando em sentido descendente em vez de ascendente:

> *Movia-me como se fosse parte de uma espécie de rio de som – um murmúrio constante de barulho humano... Senti-me caindo nele e me tornando parte da corrente, lentamente sendo engolfado por ela. Um grande medo se apossou de mim como se soubesse que, uma vez vencido por essa massa de ruído cada vez maior, eu estaria perdido.*[31]
>
> *Estava olhando para o fundo de um grande poço, cheio de uma névoa cinzenta turbilhonante de onde saíam*

> *e se estendiam mãos e braços, tentando me agarrar e me arrastar para dentro. Era um lamento medonho, cheio de desespero.*[32]

Outras pessoas chegaram a experienciar aquilo que só pode ser denominado de visões infernais, de frio intenso e calor insuportável, e ouviram o som atormentado de lamentações ou rugidos de feras. Uma mulher contou a Margot Grey:

> *Estava num lugar envolto em bruma. Senti que estava no inferno. Havia um grande poço com vapor saindo dele, e braços e mãos vinham para fora, tentando me pegar... Estava aterrorizada com essas mãos que queriam se cravar em mim e puxar-me para o poço com elas... um imenso leão vindo do outro lado saltou em minha direção, e eu gritei. Não sentia medo dele, mas sabia que de algum modo ele me arrastaria para dentro do poço medonho... Fazia muito calor lá e o vapor e a névoa que pairavam no ar eram ferventes.*[33]

Um homem que sofreu uma parada cardíaca relatou: "Eu descia, descia para as profundezas da terra. O ódio pairava no ar e eu senti um medo horrível. Tudo em volta era cinzento. O ruído era de assustar, com rosnados e rugidos como os de animais selvagens enlouquecidos rangendo seus dentes".[34]

Raymond Moody escreve que várias pessoas afirmam ter visto seres que pareciam vítimas da armadilha de sua incapacidade de renunciar aos apegos do mundo físico: propriedades, pessoas ou hábitos. Uma mulher fala dessa "gente desnorteada":

> *Aquilo que você diria que era a cabeça deles estava virada para baixo, ao contrário; tinham um ar triste e deprimido; moviam-se arrastando os pés, como se fossem tolhidos por correntes... pareciam exaustos, vagarosos, envelhecidos. E pareciam condenados para sempre a arrastar-se e a andar em círculos, sem saber a direção, sem saber a quem seguir ou o que procurar.*

> *Quando passei por eles nem sequer levantaram o rosto para ver o que estava acontecendo... Era como se pensassem: "Tudo acabou, pelo visto. O que estou fazendo? Que é tudo isto?" Apenas esse comportamento de total desesperança e falta de motivação – não saber o que fazer, aonde ir, quem se é, não saber absolutamente nada.*
>
> *Pareciam estar se movendo para sempre, em vez de ficarem sentados, mas não iam a qualquer direção especial. Começavam indo em frente, e então guinavam para a esquerda, davam alguns passos, e guinavam novamente para a direita. E sem nada para fazer. Procuravam, mas o que procuravam eu não sei.*[35]

Nos relatos que temos das experiências de quase morte, ocasionalmente percebe-se uma fronteira ou um limite; atinge-se um ponto sem retorno. Nesse limite, então, a pessoa escolhe voltar à vida (ou é instruída nesse sentido), às vezes pela presença da luz. Nos ensinamentos tibetanos sobre o bardo não há paralelo com isso, porque eles descrevem o que ocorre à pessoa que de fato morreu. Houve no Tibete, entretanto, um grupo de pessoas chamadas *déloks* que tinham algo similar a uma experiência de quase morte, e o que elas relatam é fascinantemente parecido.

O DÉLOK: UMA EXPERIÊNCIA TIBETANA DE QUASE MORTE

Fenômeno curioso, pouco conhecido no Ocidente, mas familiar aos tibetanos, é o délok. Em tibetano, *dé lok* significa "aquele que voltou da morte", e tradicionalmente os déloks são pessoas que parecem "morrer", como resultado de uma enfermidade, e que percorrem o bardo. Eles visitam os reinos infernais, onde testemunham o julgamento dos mortos e os sofrimentos do inferno, e às vezes vão aos paraísos e aos reinos búdicos. Podem estar acompanhados por uma deidade que os protege e que explica o que está acontecendo. Após uma semana, o délok é mandado de volta para o corpo com uma mensagem do Senhor da Morte para os vivos, encorajando-os à prática espiritual e a adotar uma maneira benéfica de viver. Frequentemente os déloks têm grande dificuldade de fazer as pessoas acreditarem na sua história, e passam o resto de suas vidas contando uma e outra vez suas experiências aos demais com o propósito de levá-los ao caminho da sabedoria. Foram escritas biografias de alguns dos mais famosos déloks, que são cantadas em todo o Tibete por menestréis itinerantes.

Vários aspectos dos déloks correspondem não apenas aos ensinamentos do bardo descritos no *Livro Tibetano dos Mortos* – como seria de esperar – mas também à experiência de quase morte.

Lingza Chökyi era uma famosa délok nascida no lugar do Tibete de onde vim, e que viveu no século XVI. Em sua biografia ela nos conta que não conseguiu entender que havia morrido, que saiu do seu corpo e viu o cadáver de um porco em sua cama, vestindo sua roupa. Tentou desesperadamente e em vão comunicar-se com a família, enquanto se preparavam para as práticas da sua morte. Ficou furiosa com eles quando não perceberam sua presença ali, e não lhe deram seu prato de comida. Quando seus filhos choraram, ela sentiu sair "um jato de pus e sangue" que lhe causou intensa dor. Ela conta também que sentia alegria cada vez que se realizavam as práticas, e uma felicidade imensurável quando por fim estava presente o mestre que praticava por ela, e quando sua mente e a dele tornaram-se uma só.

Depois de algum tempo ela ouviu alguém que lhe parecia ser seu pai chamando-a, e ela o seguiu. Chegou ao reino do bardo, que lhe pareceu um país. Dali, conta ela, havia uma ponte onde o Senhor da Morte contava as boas e más ações dos mortos, e que levava ao reino dos infernos. Nesse reino encontrou várias pessoas que repetiam suas histórias, e viu um grande iogue que viera às regiões infernais para liberar os seres.

Finalmente, Lingza Chökyi foi mandada de volta ao mundo, uma vez que havia sido cometido um engano em relação ao seu nome e o de sua família, e ainda não era a sua hora de morrer. Com a mensagem do Senhor da Morte para os vivos, ela voltou ao seu corpo e se recuperou, passando o resto da vida falando sobre o que aprendera.

O fenômeno do délok não é apenas histórico; ele continuou existindo até muito recentemente no Tibete. Em alguns relatos consta que um délok deixava o corpo por cerca de uma semana e encontrava pessoas que tinham morrido, às vezes totalmente desconhecidas por ele, que lhe davam mensagens para seus parentes ainda vivos, pedindo-lhes para fazer certas práticas em sua intenção. O délok voltava então ao seu corpo e passava essas mensagens. No Tibete esse era um acontecimento reconhecido, e criaram-se elaborados métodos para detectar se o délok era ou não fraudulento. A filha de Dilgo Khyentse Rinpoche contou a Françoise Pommaret, autora de um livro sobre os déloks, que no Tibete, enquanto o délok estava vivendo sua experiência, os orifícios do seu corpo eram fechados com manteiga e uma pasta feita de farinha de cevada era colocada no seu rosto[36]. Se a manteiga não derretia e a máscara não rachava, o délok era considerado autêntico.

A tradição dos déloks existe até hoje na região tibetana do Himalaia. Esses déloks são pessoas muito comuns, geralmente mulheres, devotas e de grande fé. Eles "morrem" por algumas horas em dias especiais do calendário budista, e sua principal função é atuar como mensageiros entre os vivos e os mortos.

A MENSAGEM DA EXPERIÊNCIA DE QUASE MORTE

Como vimos, há significativas semelhanças entre a experiência de quase morte e os ensinamentos do bardo; há também significativas diferenças. A maior destas, claro, é que os que passam pela experiência de quase morte *não* morrem, enquanto os ensinamentos descrevem o que acontece às pessoas quando morrem, após a morte física real, e quando tomam um novo nascimento. O fato de que os que passam por experiências de quase morte não vão além na jornada para a morte – alguns só "morrem" por um minuto – explica ao menos a possibilidade de diferenças entre as duas situações.

Alguns escritores sugeriram que a experiência de quase

morte revela os estágios do processo de dissolução no bardo da morte. Sinto que é prematuro tentar relacionar de modo preciso a experiência de quase morte com as descrições do bardo, porque a pessoa que sobrevive à experiência de quase morte esteve apenas – literalmente – "perto da morte". Expliquei a meu mestre Dilgo Khyentse Rinpoche a natureza da experiência de quase morte, e ele a chamou de fenômeno que pertence à natureza do bardo *desta* vida, porque a consciência simplesmente deixa o corpo da pessoa que "morreu", e vaga temporariamente em vários reinos.

Para Dilgo Khyentse Rinpoche, aqueles que passam pela quase morte estão vivendo sua morte clínica dentro do bardo natural desta vida. Talvez eles fiquem no limiar dos bardos, mas sem entrar neles e depois retornar. Qualquer que seja a sua experiência, estão ainda no bardo natural desta vida. É a experiência que têm da luz semelhante ao despertar da Luminosidade Base? Será que um pouco antes desse vasto sol nascer essas pessoas tenham um vislumbre intenso dos primeiros raios da alvorada?

Quaisquer que sejam os significados últimos dos detalhes da experiência de quase morte, fico extremamente comovido pelos muitos relatos que ouvi e li a respeito; tocam-me em especial algumas atitudes que nascem dessas experiências e que refletem de forma tão rica a visão budista da vida. Já falei de duas delas: a profunda transformação e o despertar espiritual que acontecem naqueles que viveram as experiências; e as implicações, para sua vida, do retrospecto do seu passado. A visão retrospectiva da vida ocorre com frequência na experiência de quase morte e demonstra muito claramente a inexorabilidade do carma, bem como o longo alcance e os efeitos poderosos de nossas ações, palavras e pensamentos. A mensagem central que os que passam pelas experiências trazem de seu encontro com a morte, ou a presença do "ser de luz", é exatamente a mesma do Buda e dos ensinamentos do bardo: as qualidades essenciais e mais importantes na vida são o amor e o conhecimento, a compaixão e a sabedoria.

Essas pessoas certamente começam a ver o que nos dizem os ensinamentos do bardo: vida e morte estão na própria mente. E a confiança que muitas delas parecem ter depois dessa experiência reflete esse entendimento mais profundo da mente.

Há também certas semelhanças fascinantes entre a experiência de quase morte, incluindo os seus resultados e estados místicos, e os estados alterados de consciência. Por exemplo, uma série de fenômenos paranormais foram relatados pelos que passaram pela quase morte. Alguns têm visões planetárias precognitivas ou proféticas, ou "antevisões da vida" que se revelam excepcionalmente acuradas; outros relatam vivências do que parece ser a energia da *kundalini* [37], ao voltarem da quase morte; outros ainda descobrem que têm reais e notáveis poderes de clarividência ou cura psíquica e física.

Muitos dos que chegaram perto da morte falam de um modo pessoal e inegavelmente eloquente sobre o amor, a beleza, a paz, a felicidade e a sabedoria que experimentaram. Para mim isso soa como se eles houvessem tido certos vislumbres da radiância da natureza da mente, e não chega a surpreender que esses vislumbres tenham resultado em verdadeira transformação espiritual. Ainda assim, "não precisamos quase morrer para experimentar uma realidade espiritual mais elevada"[38], como afirma Margot Grey. Essa realidade espiritual mais elevada está aqui e agora na vida, se pudermos descobri-la e entrar nela.

Gostaria de recomendar uma precaução essencial: não deixe que esses relatos de quase morte, tão inspiradores, embalem você na crença de que tudo o que tem de fazer para ficar nesses estados de paz e bênção é morrer. Não é tão simples, e nem poderia ser.

Às vezes, quando as pessoas estão atravessando um período de sofrimento e dor, sentem que não podem aguentar mais; ouvir essas histórias sobre a quase morte pode tentá-las a pôr um fim no sofrimento acabando com a própria vida. Essa pode parecer uma solução simples, mas ela ignora o fato de que tudo o que vivemos faz parte da vida. É impossível fugir. Se você foge, terá depois de enfrentar seu sofrimento de um modo ainda mais profundo.

Além do mais, se é verdade que a maioria das experiências de quase morte até agora reunidas parecem agradáveis, há ainda alguma controvérsia sobre se isso reflete a verdadeira raridade das experiências negativas e apavorantes, ou meramente a dificuldade de relembrá-las. As pessoas podem não querer ou não conseguir lembrar-se conscientemente das experiências mais sombrias e assustadoras. E os que passam por experiências de quase morte enfatizam que o que aprenderam é a importância de transformar a vida *agora*, enquanto estamos vivos, porque temos, segundo dizem, "uma missão mais importante enquanto estamos aqui"[39].

Essa transformação da nossa vida agora é o ponto mais urgente e essencial. Não seria trágico se essa mensagem central da experiência de quase morte – de que a vida é basicamente sagrada e precisa ser vivida com intensidade e propósito sagrados – fosse obscurecida e perdida numa romantização barata da morte? Não seria ainda mais trágico se esse otimismo barato agravasse o descaso pelas nossas verdadeiras responsabilidades para com nós mesmos e com o mundo, descaso esse que está ameaçando a sobrevivência do planeta?

O SIGNIFICADO DA EXPERIÊNCIA DE QUASE MORTE

Alguns tentaram mostrar, como era inevitável, que as vivências da quase morte constituem algo diferente da experiência espiritual, e cientistas de tendência reducionista quiseram diminuir a importância do fenômeno explicando-o em termos de efeitos fisiológicos, neurológicos, químicos ou psicológicos. No entanto, pesquisadores da experiência de quase morte, eles próprios médicos e cientistas, refutaram com lucidez essas objeções, uma por uma, e insistem em que elas não podem explicar o todo da experiência de quase morte. Como escreve Melvin Morse ao fim de seu magnífico livro *Closer to the Light: Learning from Children's Near-Death Experiences [Mais Perto da Luz – Aprendendo com as Crianças que Viveram a Experiência de Quase Morte]:*

> *Mas essas experiências parecem ser um conjunto de acontecimentos em que não se pode entender o todo olhando*

para suas várias partes. Não se pode entender música estudando as várias frequências de som que geram cada nota, nem é necessário ter uma compreensão profunda de física acústica para gostar de Mozart. A experiência de quase morte continua um mistério.[40]

Melvin Morse também diz:

> *Sinto que entender as experiências de quase morte será nosso primeiro passo para curar a grande divisão entre ciência e religião que começou com Isaac Newton, há quase trezentos anos. Educar médicos, enfermeiras e nós mesmos sobre o que as pessoas experimentam naquelas horas finais fará em pedaços os preconceitos que temos em nosso modo de pensar sobre a medicina e a vida.*[41]

Em outras palavras, o próprio avanço da tecnologia médica está simultaneamente criando os meios de revolucionar a si mesma. Diz Melvin Morse:

> *Acho irônico que justamente a nossa tecnologia médica tenha levado a essa superabundância de experiências de quase morte... Houve experiências assim através dos séculos, mas só nos últimos vinte anos conquistamos a tecnologia de ressuscitar pacientes. Agora que eles nos falam do que viram, vamos ouvi-los. Esse é para mim um desafio da nossa sociedade... As experiências de quase morte são, para mim, um processo psicológico natural associado ao morrer. Faço aqui uma ousada previsão de que, se pudermos reintegrar esse conhecimento à nossa sociedade, isso não somente ajudará os pacientes que estão morrendo como ajudará a sociedade como um todo. Vejo a medicina de hoje como destituída de espírito... Não há motivo pelo qual a tecnologia e o espírito não possam existir lado a lado.*[42]

Uma das razões deste livro é mostrar que acredito no que Melvin Morse diz ser possível: a tecnologia e o espírito podem e devem existir lado a lado, se queremos desenvolver plenamente nosso potencial humano. Uma ciência humana completa, e completamente útil, não deveria ter a coragem de abranger e explorar os fatos da mística, os fatos da morte e do morrer conforme revelados na experiência de quase morte e neste livro?

Bruce Greyson, um dos principais representantes da pesquisa sobre a quase morte, diz:

> *A ciência precisa tentar explicar a experiência de quase morte porque nela está a chave do seu próprio crescimento... A história nos diz que a ciência só vem a desenvolver novos métodos quando tenta explicar fenômenos que estão além do alcance no momento. Acredito que a experiência de quase morte é um dos quebra-cabeças que podem forçar os cientistas a desenvolver um novo método científico – um que incorpore todas as fontes do conhecimento: não apenas as deduções lógicas do intelecto e a observação empírica do que é físico, mas também a experiência direta do místico.*[43]

Bruce Greyson também disse que acredita que as experiências de quase morte ocorrem por um motivo: "Baseado nas minhas observações dessas experiências por muitos anos, penso que nós as temos para aprender como ajudar os outros".

Kenneth Ring vê ainda outra extraordinária possibilidade e significado para as experiências de quase morte. Ele pergunta por que tanta gente está agora tendo essas experiências e passa por uma transformação espiritual *nesta* época. Por muitos anos um dos mais corajosos pioneiros no campo das pesquisas sobre a quase morte, ele concluiu que aqueles que as têm são "mensageiros da esperança", falando de uma realidade espiritual mais elevada e mais nobre, e convidando-nos a mudar urgentemente cada aspecto da vida que levamos agora; visando acabar com todas as guerras, com as divisões entre religiões e povos, e ajudar a salvar o meio ambiente:

> *Acredito... que a humanidade como um todo está lutando coletivamente para despertar para um modo mais novo e mais elevado de consciência, ... e que a experiência de quase morte pode ser vista como um* instrumento da

> evolução *para obter essa transformação, num certo período de anos, em milhões de pessoas.*[44]

Se isso é verdade ou não, pode depender afinal de todos nós: de termos realmente a coragem de enfrentar as implicações da experiência de quase morte e os ensinamentos do bardo, e de podermos, pela transformação de nós mesmos, transformar o mundo que nos cerca, e assim, progressivamente, o futuro inteiro da humanidade.

IV
CONCLUSÃO

VINTE E UM

O PROCESSO UNIVERSAL

Setenta anos depois da ocupação chinesa do Tibete, o mundo ainda ignora o que de fato aconteceu, ignora a extensão do terror, da destruição e do genocídio sistemático que o povo tibetano teve de suportar e ainda suporta. De uma população de seis milhões de pessoas, mais de um milhão morreram nas mãos dos chineses. As vastas florestas do Tibete, tão indispensáveis à ecologia do mundo quanto as da Amazônia, foram derrubadas; sua fauna selvagem foi quase totalmente dizimada; seus planaltos e rios foram poluídos com rejeitos nucleares; a grande maioria dos seus seis mil e quinhentos mosteiros foi destruída ou saqueada; o povo tibetano enfrenta sua extinção, e a glória de sua cultura em sua própria terra natal está sendo eliminada quase por completo.

Desde o próprio início da ocupação chinesa do Tibete, em 1950, muitas atrocidades foram cometidas. Mestres espirituais, monges e monjas foram os primeiros alvos, porque os comunistas chineses queriam acima de tudo atingir o espírito do povo eliminando todos os traços de vida religiosa. Muitas e muitas histórias comoventes me foram contadas durante estes anos sobre mortes pavorosas, nas piores circunstâncias imagináveis, que testemunharam e pagaram o tributo final ao esplendor da verdade que os chineses estavam desesperados por destruir.

Na região do Tibete de onde venho, a província de Kham,

havia um velho *khenpo*, um abade, que passou muitos anos de sua vida em retiro nas montanhas. Os chineses avisaram que iam "puni-lo", o que todos sabiam que significava ser torturado ou morto, e mandaram um destacamento de soldados ao seu eremitério a fim de prendê-lo. O khenpo era bem idoso e não podia andar, e os chineses lhe arranjaram um cavalo velho, esquálido e sarnento, para a sua última viagem. Sentaram-no sobre o cavalo, amarraram-no a ele e fizeram o animal seguir a trilha que ia do mosteiro ao acampamento militar. O khenpo começou a cantar. Os chineses não entendiam as palavras, mas os monges que foram levados com ele disseram que ele cantava "canções de experiência", belas canções que brotavam espontaneamente da profundidade e da alegria da sua realização. Lentamente, o grupo abria seu caminho montanha abaixo; os soldados num silêncio de pedra e muitos dos monges soluçando. O khenpo, no entanto, cantou durante todo o percurso.

Não muito antes da chegada ao acampamento, ele parou de cantar e fechou seus olhos; a partir daí o grupo seguiu em silêncio. Quando atravessaram o portão do acampamento, perceberam que o khenpo havia morrido. Deixara o seu corpo tranquilamente.

O que sabia ele que o fez tão sereno, mesmo em face da morte? O que lhe deu, mesmo nos seus últimos momentos, a alegria e o destemor de cantar? Talvez ele estivesse cantando alguns versos de "A Radiância Imaculada", o último testamento do mestre Dzogchen do século XIV, Longchenpa:

Num céu noturno sem nuvens, a lua cheia,
"Senhora das Estrelas", está para nascer...
A face do meu senhor compassivo, Padmasambhava,
Aproxima-se de mim irradiando sua acolhedora ternura.

Meu deleite na morte é muito, mas muito maior do que
O deleite dos mercadores ao fazer vasta fortuna no mar,
Ou o dos senhores dos deuses ao jactar-se de sua vitória
na batalha;

Ou o daqueles sábios que chegaram ao êxtase do perfeito conhecimento.
Assim, como um viajante que ganha a estrada quando é tempo de ir,
Não me demorarei mais neste mundo,
Mas irei habitar na fortaleza da grande bem-aventurança da imortalidade.

Esta vida minha acabou, meu carma se extinguiu, aquilo que rezas benéficas puderam trazer já se exauriu,
Todas as coisas mundanas já passaram e o espetáculo desta vida terminou.
Num momento reconhecerei a própria essência da manifestação do meu ser
Nos reinos puros e vastos dos estágios do bardo;
Agora estou perto de estabelecer-me na base da perfeição primordial.

As riquezas em mim encontradas fizeram felizes as mentes de outros,
Usei a bênção desta vida para realizar todos os benefícios da ilha da liberação;
Tendo estado com vocês, meus nobres discípulos, durante todo este tempo,
A alegria de partilhar a verdade me deixou pleno e satisfeito.

Agora que todas as ligações entre nós nesta vida estão se acabando,
Sou um mendigo sem rumo que morrerá como gosta;
Não sintam tristeza por mim, mas sigam sempre rezando.
Estas palavras são meu coração falando, falando para ajudá-los;
Pensem nelas como uma nuvem de flores de lótus, e na devoção de vocês como abelhas chegando às flores para colher delas a alegria transcendente.

Pelo grande bem destas palavras
Possam os seres de todos os reinos do samsara,
Na base da perfeição primordial, atingir o nirvana.

Essas são inequivocamente as palavras de alguém que conquistou a mais alta realização, com tudo o que ela pode trazer – alegria, destemor, compreensão e liberdade que são a meta dos ensinamentos e da vida humana. Penso em mestres como Longchenpa, e nos meus próprios mestres Jamyang Khyentse, Dudjom Rinpoche, Dilgo Khyentse Rinpoche, e imagino os seres que têm a profundidade de realização deles como magníficas águias das montanhas, que pairam acima da vida e da morte e as veem tal como são, em todas as suas intrincadas e misteriosas correlações.

Ver pelos olhos da águia da montanha a visão da realização é olhar lá embaixo uma paisagem em que se dissolvam os limites que pensávamos existir entre vida e morte. O físico David Bohm descreveu a realidade como sendo "a totalidade contínua em movimento fluente". O que é visto pelos mestres, então, visto diretamente e com absoluta compreensão, é o movimento fluente e aquela totalidade contínua. Aquilo que em nossa ignorância chamamos "vida" e aquilo que em nossa ignorância chamamos "morte" são meros aspectos diferentes daquela totalidade e daquele movimento. Essa é a vasta e transformadora visão que se abre para nós pelos ensinamentos do bardo, e que é encarnada na vida dos mestres supremos.

A REVELAÇÃO DOS BARDOS

Ver a morte através de olhos realizados é ver a morte no contexto dessa totalidade e como parte, e apenas parte, desse movimento sem começo nem fim. A singularidade e o poder dos ensinamentos do bardo consistem no fato de, ao mostrar com total clareza o verdadeiro processo da morte, revelar também o verdadeiro processo da vida.

Vamos ver novamente o que acontece a uma pessoa que morre, em cada um dos três estágios cruciais da morte:

1. Na culminação do processo de morrer, após a dissolução dos elementos, dos sentidos e dos estados mentais, a natureza

última da mente – a Luminosidade Base – é por um momento desnudada.

2. Então, de modo fugaz, a sua radiância é exposta e fulgura em manifestações de som, cores e luz.

3. Em seguida, a consciência da pessoa morta desperta e entra no bardo do vir a ser. Sua mente ordinária retorna e assume uma manifestação – a forma do corpo mental – sujeita aos ditames do carma e dos hábitos passados. Estes impulsionam a mente ordinária a se agarrar às ilusórias experiências do bardo como se fossem algo real e sólido.

Assim sendo, o que os ensinamentos do bardo nos mostram a respeito da morte? Nada menos do que três fases de um processo de gradual manifestação da mente: do mais puro estado da natureza essencial da mente, através da luz e da energia (a radiância da natureza da mente), até uma cristalização crescente numa forma mental. O que se desvenda com tanta clareza no bardo da morte, no bardo do dharmata e no bardo do vir a ser, é um processo tríplice: primeiro, desdobramento que leva a um desnudamento; segundo, radiância espontânea; e terceiro, cristalização e manifestação.

Os ensinamentos induzem-nos a ir além. O que eles nos mostram – e penso que esse é um insight verdadeiramente revolucionário, que uma vez compreendido muda nossa concepção de tudo – é que esse padrão tríplice não se desdobra apenas no processo do morrer e da morte: está se desdobrando agora, *neste momento, a cada momento*, dentro da nossa mente, em nossos pensamentos e emoções e em cada um dos níveis da nossa experiência consciente.

Outra maneira que os ensinamentos nos oferecem de compreender esse processo é *olhar aquilo que se revela* em cada fase do morrer e da morte. Os ensinamentos falam de três níveis do ser, chamado em sânscrito de *kaya*. A palavra *kaya* significa literalmente "corpo", mas aqui significa dimensão, campo ou base.

Vamos conhecer agora o processo tríplice a partir dessa perspectiva:

1. A natureza absoluta, descoberta ou revelada na Luminosidade Base no momento da morte, é chamada *Dharmakaya*, dimensão da verdade "vazia" e incondicionada na qual jamais entraram a ilusão e a ignorância, ou qualquer espécie de conceito.

2. A radiância intrínseca de energia e luz que se manifesta espontaneamente no bardo do dharmata é chamada *Sambhogakaya*, dimensão do desfrute e deleite completo, campo da total plenitude, de absoluta riqueza, que está além de todas as limitações dualistas, além do espaço e do tempo.

3. A esfera de cristalização na forma que se revela no bardo do vir a ser é chamada *Nirmanakaya*, dimensão da manifestação incessante.

Lembre-se agora de que quando examinamos a natureza da mente vimos que ela tem esses três mesmos aspectos: a sua *essência* vazia tal como o céu; sua *natureza* luminosa radiante, e sua *energia* compassiva, não obstruída e que tudo permeia; todas simultaneamente presentes, interpenetrando-se e constituindo uma unidade dentro do Rigpa. Padmasambhava descreve isso da seguinte maneira:

> *Dentro desse Rigpa, os três kayas são inseparáveis e totalmente presentes como um só:*
> *Como é vazia e não criada em qualquer parte, seja de que modo for, é o Dharmakaya.*
> *Como sua claridade luminosa representa a radiância transparente e inerente da vacuidade, é o Sambhogakaya.*
> *Como seu surgimento não é obstruído ou interrompido em parte alguma, é o Nirmanakaya.*
> *Estes três, completa e integralmente presentes como um único todo, constituem sua verdadeira essência.*[1]

Os três kayas referem-se então a esses três aspectos intrínsecos da nossa mente iluminada. Referem-se também, é claro, a diferentes faculdades da nossa percepção. A grande maioria de nós é limitada em sua visão, e só percebe a dimensão Nirmanakaya, da forma e manifestação. Esta é a razão que leva essa maioria a ver o momento da morte como um espaço em branco, uma lacuna, um estado de esquecimento, já que não encontramos nem desenvolvemos um modo de reconhecer a realidade do Dharmakaya quando ele surge como a Luminosidade Base. Tampouco temos qualquer esperança de reconhecer os campos do Sambhogakaya, tal como aparecem no bardo do dharmata. Como toda a nossa vida foi vivida no reino das percepções impuras da manifestação no Nirmanakaya, no momento da morte somos transportados de volta àquela dimensão; despertamos excitados e distraídos em um corpo mental no bardo do vir a ser, tomando experiências ilusórias por reais e sólidas, exatamente como fizemos em vidas anteriores e, cambaleando em nosso desamparo, somos impulsionados pelo nosso carma passado a um renascimento.

Seres altamente realizados, no entanto, despertaram em si mesmos uma percepção totalmente diversa da nossa, a tal ponto purificada, evoluída e refinada que, mesmo enquanto ainda habitam um corpo humano, percebem a realidade de uma maneira purificada, transparente para eles em toda a sua ilimitada dimensão. E como vimos, para esses seres realizados, a experiência da morte não traz medo ou surpresas; é compreendida e aceita como uma oportunidade para a liberação final.

O PROCESSO NO SONO

As três fases do processo que vemos desdobrar-se nos estados do bardo da morte podem ser percebidas também em vida, em outros níveis de consciência. Vamos considerá-las à luz do que ocorre no sono e no sonho:

1. Quando adormecemos, os sentidos e as camadas mais densas da consciência se dissolvem, e de modo gradual a natureza absoluta da mente, poderíamos dizer a Luminosidade Base, é brevemente desnudada.

2. Em seguida, há uma dimensão de consciência comparável ao bardo do dharmata, tão sutil que via de regra nos passa despercebida – simplesmente não percebemos sua existência. Quantos de nós, afinal, somos conscientes daquele momento do sono antes que os sonhos comecem?

3. A maioria de nós só consegue ter consciência do próximo estágio, quando a mente se torna outra vez ativa e nos encontramos num mundo onírico, parecido com o do bardo do vir a ser. Assumimos aí um corpo onírico, e passamos por diferentes experiências oníricas influenciadas e modeladas em grande parte pelos hábitos e atividades do nosso estado de vigília, experiências que pensamos ser sólidas e reais, sem nunca nos darmos conta de que estamos sonhando.

O PROCESSO NOS PENSAMENTOS E EMOÇÕES

Pode-se reconhecer exatamente o mesmo processo do funcionamento dos pensamentos e das emoções, e na maneira como surgem:

1. A Luminosidade Base, a natureza absoluta da mente, é o estado primordial de Rigpa que existe antes de qualquer pensamento ou emoção.

2. No interior do seu espaço incondicionado, ativa-se uma energia fundamental, a radiância espontânea de Rigpa, que começa a emergir como a base, o potencial e o combustível da emoção bruta.

3. Essa energia pode então tomar a forma de emoções e pensamentos que finalmente impelem-nos à ação e nos levam a acumular carma.

Quando nos tornamos intimamente familiarizados com a prática da meditação, podemos ver esse processo com clareza inequívoca:

1. À medida que pensamentos e emoções silenciam, perdem sua força e se dissolvem na natureza da mente, podemos então, momentaneamente, vislumbrar o próprio Rigpa – o estado primordial.
2. Nesse estado percebemos que da quietude e da calma da natureza da mente emana um movimento e energia virgem, sua própria autorradiância.
3. Se algum apego se mistura com o surgir dessa energia, ela inevitavelmente se cristaliza em formas mentais, que por sua vez nos levarão de volta à atividade conceitual e mental.

O PROCESSO NA VIDA COTIDIANA

Agora que já vimos como esse processo se reproduz no sono e no sonho, e como ele acontece na própria formação do pensamento e da emoção, vamos vê-lo em ação na experiência do dia a dia, no nosso cotidiano.

O melhor modo de fazer isso é olhar de perto um movimento de júbilo ou de raiva. Examine esse movimento e verá que sempre existe um espaço ou lacuna antes do início do surgimento de qualquer emoção. Esse momento fecundo antes que a energia da emoção tenha a oportunidade de surgir é um instante de consciência pura e original em que podemos, se nos permitirmos, ter um vislumbre da verdadeira natureza da mente. Por um instante, quebra-se o feitiço da ignorância e estamos totalmente livres de qualquer necessidade ou de qualquer possibilidade de apego, e mesmo a ideia de "agarrar-se a algo" se torna ridícula e redundante. No entanto, em vez de nos ligarmos à "vacuidade" desse espaço, em que podemos encontrar a felicidade de estarmos livres do peso e da carga de qualquer ideia, referência ou conceito, nós nos apegamos à duvidosa segurança do drama familiar e reconfortante das nossas emoções, conduzidas pelas nossas habituais tendências profundas. E é assim que uma energia inerentemente incondicionada, que surge da natureza da mente, cristaliza-se na forma de uma emoção, e que a sua fundamental pureza é então colorida e distorcida pela nossa visão samsárica para fornecer uma contínua fonte de distrações e ilusões no cotidiano.

Se examinarmos cada aspecto da nossa vida, como já mostrei, descobriremos que passamos muitas e muitas vezes, no sono e no sonho, em pensamentos e emoções, por esse mesmo processo dos bardos. E os ensinamentos nos revelam que é precisamente esse fato – o de que atravessamos o processo dos bardos repetidamente, tanto na vida quanto na morte, e em todos os diferentes níveis de consciência – que nos dá inúmeras oportunidades de liberação, agora e também na morte. Os ensinamentos nos mostram que são o caráter, a forma e a singularidade do processo que nos oferecem a oportunidade de liberação ou o potencial para continuar na confusão. Porque cada aspecto do processo todo nos dá, ao mesmo tempo, a oportunidade da liberação ou a da confusão.

Os ensinamentos do bardo abrem para nós uma porta, mostrando-nos como podemos sair do ciclo incontrolado de mortes e renascimentos, a repetitiva rotina da ignorância, vida após vida. Eles nos revelam que nesse processo dos bardos da vida e da morte, sempre que podemos reconhecer e manter uma percepção estável da natureza da mente – de Rigpa – ou mesmo quando conseguimos adquirir algum controle sobre a nossa mente, podemos atravessar aquela porta que leva à liberação. Esse reconhecimento será diferente conforme a fase do bardo envolvida, conforme a sua familiaridade com a própria Visão da natureza da mente, e ainda conforme a profundidade da compreensão que você tem de sua mente, seus pensamentos e emoções.

O que os ensinamentos do bardo também nos dizem, porém, é que aquilo que ocorre em nossa mente agora, em vida, é *exatamente* o que acontecerá nos estados do bardo na morte, pois essencialmente não há diferenças entre ambos; vida e morte são uma só, em "totalidade contínua" e "movimento fluente". Por isso, um dos mais realizados monges tibetanos do século XVII, Tsele Natsok Rangdrol, explica as práticas essenciais para cada um dos bardos – o desta vida, o da morte, o do dharmata e o do vir a ser – em termos do estado da nossa compreensão atual da natureza dos pensamentos e emoções, da mente e suas percepções:

Reconheça essa infinita variedade de aparências como
um sonho,
Como nada além das projeções da sua mente, ilusórias e
irreais.
Sem agarrar-se a nada, repouse na sabedoria de seu
Rigpa, que transcende todos os conceitos:
Esse é o âmago da prática do bardo desta vida.

Você está destinado a morrer em breve, e nada então
poderá ser-lhe de real auxílio.
O que você experimenta na morte é só o seu próprio
pensamento conceitual.
Sem fabricar pensamentos, deixe-os morrer no vasto
espaço em que o seu Rigpa reconhece a si mesmo:
Esse é o âmago da prática do bardo da morte.

Tudo o que se apega ao aparecimento ou desaparecimento,
como sendo bom ou mau, é apenas sua mente.
E essa mente em si é a autorradiância do Dharmakaya:
aquilo que surge, seja o que for.
Não se apegar ao que surge, não elaborar conceitos a
partir disso, não aceitar nem rejeitar:
Esse é o âmago da prática do bardo do dharmata.

O samsara é a sua mente, o nirvana também é a sua
mente,
Todo prazer e toda dor, e todas as ilusões e enganos não
existem em parte alguma senão na sua mente.
Ganhar o controle da sua própria mente:
Esse é o âmago da prática do bardo do vir a ser.

Agora estamos prontos para examinar um bardo em particular com o intuito de ver como nossa prática de meditação, nossa compreensão das emoções e pensamentos e nossas experiências nesse bardo estão inseparavelmente interligadas; veremos também como as nossas experiências nesse bardo se refletem em nossa vida cotidiana. Talvez o bardo mais útil para estudar seja o do dharmata, onde a pura energia que se tornará emoção começa a emergir espontaneamente como radiância intrínseca da natureza da mente; e as emoções, sei bem, são uma preocupação central e quase obsessiva das pessoas no mundo moderno. Compreender verdadeiramente a natureza da emoção é adiantar-se bastante na trilha para a liberação.

O propósito fundamental da meditação é tornar-se capaz de repousar, sem distração, no estado de Rigpa, e perceber com aquela Visão que tudo o que surge na mente não é senão a manifestação do próprio Rigpa, da mesma maneira como o Sol e seus milhões de raios são uma unidade indivisível. Como diz Tsele Natsok Rangdrol em seu verso para o bardo do dharmata: "Tudo o que se apega ao aparecimento ou desaparecimento, como sendo bom ou mau, é apenas sua mente. E essa mente em si é a autorradiância do Dharmakaya..."

Assim, quando você está no estado de Rigpa e surgem pensamentos e emoções, você reconhece exatamente o que são e de onde estão brotando: então, o que quer que nasça torna-se a própria irradiação dessa sabedoria. Se você perde a presença dessa consciência pura e original de Rigpa, e deixa de reconhecer tudo o que surge, então tudo se tornará separado de você. Isso passa a formar o que chamamos "pensamento", ou uma emoção, e isso é a criação da dualidade. Para evitar isso e as suas consequências, diz Tsele Natsok Rangdrol: "Não se apegar ao que surge, não elaborar conceitos a partir disso, não aceitar nem rejeitar: esse é o âmago da prática do bardo do dharmata".

Essa separação entre você e tudo o que surge na sua mente, bem como a dualidade que ela engendra, ampliam-se espetacularmente após a morte. Isso explica o fato de que no bardo do dharmata, sem aquele reconhecimento essencial da verdadeira natureza de tudo o que surge dentro da mente, os sons, luzes e raios que se manifestam podem tomar a forma de uma realidade objetiva feita de fenômenos externos e chocantes que acontecem com *você*. O que então pode você fazer em tal situação senão fugir da brilhante radiância das deidades pacíficas e iradas e correr para as conhecidas, opacas e sedutoras luzes dos seis reinos? Eis o reconhecimento crucial no bardo do dharmata: o que desponta é a energia de sabedoria da sua mente; os budas e as luzes da sabedoria não são em absoluto separados de você, mas são sim a sua própria energia de sabedoria. Atingir essa realização é uma experiência de não dualidade. Entrar dentro dela é liberação.

O que ocorre no bardo do dharmata ao morrermos, e em qualquer momento de nossa vida em que uma emoção começa a surgir, o mesmo processo natural. O que está em questão é se reconhecemos ou não a verdadeira natureza do que surge. Se podemos reconhecer o surgimento de uma emoção pelo que realmente é, energia espontânea da natureza da nossa própria mente, então estamos aptos a nos libertar dos efeitos negativos ou dos possíveis perigos daquela emoção, e deixá-la dissolver-se na pureza primordial da vasta extensão de Rigpa.

Esse reconhecimento, e a liberdade que traz, só pode ser fruto de muitos e muitos anos da mais disciplinada prática de meditação, porque requer uma longa familiaridade com a natureza da mente e a estabilização de Rigpa. Nada mais nos trará aquilo pelo que mais ansiamos: a calma e a bem-aventurada liberação das nossas tendências habituais e emoções conflitantes. Os ensinamentos podem mostrar-nos que essa liberação é difícil de obter, mas o fato de existir a possibilidade já é uma tremenda fonte de esperança e inspiração. *Há* um modo de compreender o pensamento e a emoção, a mente e sua natureza, a vida e a morte completamente; e isso é conseguir a realização. Porque os iluminados, como já disse, veem a vida e a morte como se estivessem na palma das suas mãos; eles sabem que, como Tsele Natsok Rangdrol escreveu: "O samsara é a sua mente, o nirvana também é a sua mente; todo prazer e toda dor, e todas as ilusões e enganos não existem em parte alguma senão na sua mente". E esse claro conhecimento, estabilizado pela longa prática e integrado em cada movimento, cada pensamento, cada emoção da realidade relativa da vida desses iluminados, liberou-os. Dudjom Rinpoche disse: "Tendo purificado a grande ilusão e as trevas do coração, a luz radiante e não obscurecida do sol surge continuamente".

A ENERGIA DO DELEITE

Penso sempre no que Dudjom Rinpoche escreveu: "A natureza da mente é a natureza de tudo". Pergunto-me se esse processo tríplice que os bardos revelam é verdadeiro não apenas, como descobrimos, em relação a todos os diferentes níveis e diferentes experiências da consciência, na vida e na morte, mas também em relação à verdadeira natureza do próprio universo.

Quanto mais reflito sobre os três kayas e o tríplice processo dos bardos, mais férteis e intrigantes paralelos encontro com a visão íntima e profunda de outras tradições espirituais, bem como de muitos outros campos aparentemente diversos do empenho humano. Penso na visão cristã da natureza e atividade de Deus representadas na Trindade, em Cristo como o ser encarnado que se manifestou como forma a partir da base do Pai, através do veículo sutil do Espírito Santo. Não seria no mínimo esclarecedor imaginar Cristo como similar ao Nirmanakaya, o Espírito Santo como afim com o Sambhogakaya, e a base absoluta de ambos como o Dharmakaya? No budismo tibetano a palavra *tulku*, "encarnação", na verdade significa Nirmanakaya, corporificação e atividade da energia compassiva e iluminada que constantemente reaparece. Essa compreensão não é muito parecida com a ideia cristã da encarnação?

Penso também na tríplice visão hindu da essência de Deus, chamada em sânscrito *Satcitananda* (sat-cit-ananda), que numa tradução aproximada significa "manifestação, consciência e bem-aventurança". Para os hindus, Deus é a explosão simultânea e extática de todas essas forças e poderes de uma vez. Novamente, podem ser feitos paralelos fascinantes com a visão dos três kayas: o Sambhogakaya pode talvez ser comparado a *ananda* – a energia de bem-aventurança da natureza de Deus –, Nirmanakaya a *sat* e Dharmakaya a *cit*. Os que já viram a grande escultura de Shiva nas cavernas de Elephanta, na Índia, com suas três faces representando as três faces do Absoluto, têm alguma ideia da grandeza e da majestade dessa visão do divino.

Essas duas visões místicas da essência, da natureza e da ação da dimensão divina mostram uma compreensão distinta porém sugestivamente similar à visão budista sobre os diferentes e interpenetrantes níveis do ser. Não acham no mínimo instigante o fato de um processo tríplice estar presente no coração de cada uma dessas diferentes tradições místicas, mesmo tendo em conta que elas consideram a realidade a partir dos seus próprios pontos de vista?

Pensando acerca do que a natureza da manifestação pode ser, e nas diferentes mas inter-relacionadas abordagens para entendê-la, sou levado a pensar sobre a natureza da criatividade humana, a manifestação na forma do mundo interior da humanidade. Ao longo dos anos, muitas vezes me perguntei como a revelação dos três kayas e bardos poderia lançar luz no processo inteiro da expressão artística, aludindo a sua verdadeira natureza e finalidade oculta. Cada ação individual e manifestação de criatividade, seja na música, pintura ou poesia, e ainda nas revelações das descobertas científicas – como muitos cientistas as descreveram –, surge de uma misteriosa base de inspiração e é mediada até a forma por uma energia de tradução e comunicação. Estaremos aqui diante de mais uma manifestação do inter-relacionado processo tríplice que vimos em ação nos bardos? Será por isso que certos trabalhos de música e poesia, e certas descobertas científicas, parecem ter significado e relevância quase infinitas? E isso explicaria seu poder de nos guiar até um estado de contemplação e alegria, onde alguns segredos essenciais da nossa natureza e da natureza da realidade são revelados? De onde vieram estas linhas de Blake?

Ver o Mundo num Grão de Areia
E o Céu numa Flor Silvestre
Ter o Infinito na palma das mãos
E toda a Eternidade numa hora.[2]

No budismo tibetano o Nirmanakaya é concebido como a manifestação da iluminação no mundo físico, numa infinita variedade de formas e modos. É tradicionalmente definido de três maneiras. Uma é a manifestação de um buda inteiramente realizado, como Sidarta Gautama, que nasceu no mundo e nele ensina; outra é um ser aparentemente comum, abençoado com uma especial capacidade de beneficiar os outros: um tulku, e a terceira é um ser por cujo intermédio algum grau de iluminação contribui para beneficiar e inspirar outros através de várias artes, ofícios e ciências. Neste último caso, como diz Kalu Rinpoche, o impulso desse ser iluminado é "uma expressão espontânea, assim como a luz irradia espontaneamente do Sol, sem que ele emita diretrizes nesse sentido ou tenha qualquer pensamento consciente sobre o assunto. O Sol é, e irradia".[3] Assim, uma das explicações do poder e da natureza do gênio artístico não poderia ser a de que estes retiram sua inspiração suprema da dimensão da Verdade?

Isso de modo algum nos permite dizer que os grandes artistas sejam iluminados; está claro, pelas suas vidas, que eles não o são. Não obstante, também está claro que eles podem ser, em certos períodos cruciais e em certas condições excepcionais, instrumento e canal de energia iluminada. Quem, ao ouvir as grandes obras de Beethoven e de Mozart, pode negar que outra dimensão às vezes parece manifestar-se através de seus trabalhos? E quem, observando as grandes catedrais da Europa medieval, como Chartres, ou a mesquita de Isfahan, ou as esculturas de Angkor, ou ainda a beleza e riqueza dos templos hindus de Ellora, pode deixar de ver que os artistas que os criaram foram diretamente inspirados por uma energia que verte da base e origem de todas as coisas?

Penso numa grande obra de arte como uma lua brilhando no céu noturno; ela ilumina o mundo, embora a luz que irradia não seja a dela, mas só o reflexo do sol oculto do absoluto. A arte ajudou muitos a vislumbrarem a natureza da espiritualidade. No entanto, uma das razões da limitação de parte da arte moderna não seria a perda desse conhecimento da origem e propósito sagrados da arte, isto é: dar às pessoas a visão da sua verdadeira natureza e do seu lugar no universo, e restaurar nelas, infinitamente renovado, o valor e o significado da vida com suas infinitas possibilidades? Seria então, o significado real da expressão artística inspirada similar ao campo do Sambhogakaya, aquela dimensão de energia incessante, luminosa e bem-aventurada que Rilke chama de "energia alada do deleite"? Aquela radiância que transmite, traduz e comunica a pureza e o significado infinito do absoluto ao finito e ao relativo – em outras palavras, do Dharmakaya para o Nirmanakaya?

O DESENVOLVIMENTO DE UMA VISÃO DE TOTALIDADE

Uma das muitas maneiras pelas quais o exemplo de Sua Santidade o Dalai Lama me inspirou foi sua inesgotável curiosidade e abertura para as várias facetas e descobertas da ciência moderna.[4] O budismo, afinal de contas, é comumente chamado de "uma ciência da mente", e quando contemplo os ensinamentos do bardo com sua precisão, sua vasta e sóbria claridade, fico abismado e cheio de gratidão. Se o budismo é uma ciência da mente, então para mim o Dzogchen e os ensinamentos do bardo representam a essência dessa ciência, a semente de visão e praticidade mais profundas, a partir da qual uma vasta árvore de realizações inter-relacionadas floresceu e continuará a florescer com a evolução da humanidade, de modos que ora não podem ser imaginados.

Através dos anos e de muitos encontros com cientistas de todos os tipos, fiquei cada vez mais tocado pela riqueza dos paralelos entre os ensinamentos do Buda e as descobertas da física moderna. Felizmente, muitos dos maiores pioneiros da ciência e da filosofia do Ocidente tornaram-se também conscientes desses paralelos, e os estão investigando com tato, vivacidade e a percepção de que do diálogo entre o misticismo, a ciência da mente e da consciência, e as várias ciências da matéria, uma nova visão do universo – e da nossa responsabilidade para com ele – poderá emergir. Estou cada vez mais convencido de que os próprios ensinamentos do bardo, com seu tríplice processo de desdobramento, têm uma contribuição única a dar nesse diálogo.

De todas as alternativas possíveis, gostaria de focalizar aqui uma visão científica particular que me atraiu especialmente – a do físico David Bohm. Bohm imaginou um novo enfoque da realidade que, embora controvertido, inspirou uma reação de enorme simpatia nos pesquisadores de todos os diferentes tipos de disciplinas: a própria física, a medicina, a biologia, a matemática, a neurociência, a psiquiatria, e entre artistas e filósofos. David Bohm concebeu uma nova abordagem científica da realidade que se baseia, tal como os ensinamentos do bardo, numa compreensão da totalidade e da unicidade da existência como um todo sem interrupções nem emendas.

A ordem multidimensional e dinâmica que ele vê em ação no universo possui essencialmente três aspectos. O mais óbvio deles é o nosso mundo tridimensional de objetos, espaço e tempo, que ele chama de ordem *explícita* ou *desenvolvida*. De onde ele acredita que essa ordem se desenvolveu? De um campo universal e uno, "uma base além do tempo", a ordem *implícita* ou *envolvida*, como ele a chama, que é o pano de fundo que perpassa a nossa experiência inteira. Ele vê o relacionamento entre essas duas ordens como um processo contínuo onde o que é (des)envolvido na ordem explícita é então reenvolvido na ordem implícita. Como fonte que organiza esse processo em várias estruturas, ele "propõe" (uma palavra que gosta de usar, uma vez que toda sua filosofia apoia-se no fato de que as ideias devem ser criadas a partir do livre fluxo do diálogo, e ser sempre vulneráveis) a *ordem superimplícita*, uma dimensão ainda mais sutil e potencialmente infinita.

Não poderíamos traçar um claro paralelo entre essas três ordens, os três kayas e o processo dos bardos? Como dizia David Bohm: "Toda noção de ordem implícita é, para começar, um modo de discutir a origem da forma a partir do sem-forma, através do processo de explicitação ou desenvolvimento".[5]

Inspira-me também a imaginativa sequência dada por David Bohm a esse modo de compreender a matéria que emergiu da física quântica para a própria consciência, um salto que, para mim, será encarado como cada vez mais necessário à medida que a ciência se abre e evolui. "A mente", diz ele, "pode ter uma estrutura semelhante à do universo, e no movimento subjacente que chamamos de espaço vazio há na verdade uma energia tremenda, um movimento. As formas particulares que aparecem na mente podem ser análogas às partículas, e ao chegar à base da mente podem ser percebidas e sentidas como luz."[6]

Paralelamente à sua noção das ordens implícita e explícita, David Bohm imaginou um modo de ver o relacionamento entre o mental e o físico, entre a mente e a matéria, chamado *soma-significado*. Ele escreve: "A noção de soma-significado importa em que o soma (ou o físico) e seu significado (que é mental) não são de modo algum separadamente existentes, mas em vez disso são dois aspectos de uma realidade total".[7]

Para David Bohm, o universo manifesta três aspectos mutuamente implicados: matéria, energia e significado.

> *Do ponto de vista da ordem implícita, energia e matéria são imbuídas de um certo tipo de significado que dá forma à sua atividade global e à matéria que surge nessa atividade. A energia da mente e da substância material do cérebro são também imbuídas de uma espécie de significado que dá forma à sua atividade global. Assim, simplificando, a energia envolve a matéria e o significado, enquanto a matéria envolve a energia e o significado... Mas também o significado envolve ambas: matéria e energia... Portanto, cada uma dessas noções básicas envolve as outras duas.*[8]

Simplificando uma visão excepcionalmente sutil e refinada, seria possível dizer que para David Bohm o significado tem uma importância especial e amplamente abrangente. Diz ele: "Isso implica, em contraste com a visão usual, que o significado é uma parte inerente e essencial da nossa realidade global, e não mera qualidade abstrata e etérea que tem sua existência apenas na mente. Ou, dizendo de outra maneira: na vida humana, de modo muito geral, significar *é* ser..." Na própria ação de interpretar o universo nós o estamos criando: "de certo modo, podemos afirmar que somos a totalidade dos nossos significados".[9]

Não seria útil começar a imaginar paralelos entre esses três aspectos da noção de universo de David Bohm e os três kayas? Uma investigação mais profunda das ideias de Bohm poderia talvez mostrar que o significado, a energia e a matéria guardam entre si uma relação similar à dos três kayas. Será que isso pode sugerir que o papel do *significado*, como ele explica, é de algum modo análogo ao do Dharmakaya, aquela totalidade incondicionada e infinitamente fértil de onde procedem todas as coisas? O trabalho da *energia*, por cujo intermédio significado e matéria agem um sobre o outro, tem uma certa afinidade com o Sambhogakaya, constante e espontâneo jorrar de energia a partir da base da vacuidade; e a criação da *matéria*, na visão de David Bohm, guarda semelhanças com o Nirmanakaya, cristalização contínua daquela energia na forma e na manifestação.

Pensando em David Bohm e na sua notável explicação da realidade, sou tentado a perguntar o que poderia descobrir um grande cientista que fosse também um praticante espiritual realizado, treinado por um grande mestre. O que teria para nos dizer um cientista e sábio, um Longchenpa e um Einstein reunidos num só, sobre a natureza da realidade? Um dos futuros florescimentos da grande árvore dos ensinamentos do bardo não seria um diálogo místico-científico, alguma coisa que mal podemos imaginar, mas em cujo limiar parecemos estar? E o que isso significaria para a humanidade?

O mais profundo paralelo entre as ideias de David Bohm e os ensinamentos do bardo é que ambos nascem de uma visão de totalidade. Essa visão, se fosse capaz de fortalecer os indivíduos para transformar sua consciência e influenciar assim a sociedade, poderia trazer de volta ao nosso mundo um sentido de viva inter-relação e significado, um sentido hoje desesperadamente necessário.

> *O que estou propondo aqui é que o modo geral humano de pensar a totalidade, isto é, a visão geral que o homem tem do mundo, é crucial para a ordem global da própria mente humana. Se o homem pensa na totalidade como constituída de fragmentos independentes, então é assim que sua mente tenderá a operar, mas se ele pode incluir tudo de forma coerente e harmoniosa num todo global indiviso, uno e sem fronteiras (porque cada fronteira é uma divisão ou quebra), então sua mente tenderá a mover-se de modo similar, e disso fluirá uma ação ordenada dentro do todo.*[10]

Todos os grandes mestres estariam de perfeito acordo com David Bohm quando ele escreve:

> *Uma mudança de significado é necessária para mudar este mundo política, econômica e socialmente. Mas essa mudança deve começar no indivíduo; esse significado deve mudar para ele... se o significado é uma parte vital da realidade, então, uma vez que a sociedade, o indivíduo e as relações são vistos como significando alguma coisa diferente, uma mudança fundamental terá ocorrido.*[11]

Em última análise, a visão dos ensinamentos do bardo e a mais profunda compreensão tanto da arte quanto da ciência convergem todas para um fato: a nossa responsabilidade para com todos e para com nós mesmos; e a necessidade de usar essa responsabilidade da maneira mais urgente e extensiva: transformando a nós mesmos, o significado da nossa vida e, assim, o mundo ao nosso redor.

Como disse o Buda: “Mostrei a vocês o caminho da liberação; agora devem percorrê-lo vocês mesmos”.

VINTE E DOIS

SERVIDORES DA PAZ

Um dos meus alunos mais antigos, que viu este livro se desenvolver ao longo dos anos, perguntou-me há não muito tempo: "O que bem no fundo da alma você deseja que aconteça por meio deste livro, quando ele for publicado?" A imagem de Lama Tseten, que eu ainda garoto vi morrer, veio logo à minha mente, com a sua calma e delicada dignidade na morte. Respondi-lhe: "Quero que cada ser humano não tema a morte, ou a vida; quero que cada ser humano chegue à morte em paz, rodeado do mais sábio, claro e terno cuidado, encontrando a felicidade suprema que só pode vir da compreensão da natureza da mente e da realidade".

Thomas Merton escreveu: "O que ganhamos viajando até a Lua, se não podemos cruzar o abismo que nos separa de nós mesmos? Essa é a mais importante de todas as viagens de descobrimento, e sem ela todo o resto é não apenas inútil, mas desastroso".[1] Gastamos milhões de dólares a cada minuto treinando pessoas para matar e destruir, e em bombas, aviões e mísseis. Mas em comparação gastamos quase nada ensinando aos seres humanos a natureza da vida e da morte, ou ajudando-os, quando esta chega, a enfrentá-la e compreender o que lhes acontece. Que terrível e triste situação é essa, e quanto revela da nossa ignorância e falta de verdadeiro amor por nós mesmos e pelos demais! Acima de qualquer outra coisa, rezo para que o livro que escrevi contribua um pouquinho, de algum modo, para mudar essa situação no mundo, e possa ajudar a despertar o maior número possível de pessoas para a urgência da transformação espiritual e a urgência da necessidade de sermos responsáveis por nós mesmos e pelos outros. Somos todos budas em potencial, e todos desejamos viver em paz e morrer em paz. Quando é que a humanidade entenderá isso, e criará de fato uma sociedade que reflita em todas suas áreas e atividades essa compreensão simples e sagrada? Sem ela, para que serve a vida? E sem ela, como podemos morrer bem?

É crucial agora que uma visão iluminada da morte e do morrer seja introduzida no mundo em todos os níveis de educação. As crianças não devem ser "protegidas" da morte, mas apresentadas, enquanto jovens, à verdadeira natureza da morte e ao que podem aprender com ela. Por que não apresentar essa visão, na sua forma mais simples, a todos os grupos etários? O conhecimento sobre a morte, sobre como ajudar os que estão morrendo e sobre a natureza espiritual da morte e do morrer deve estar à disposição de todos os níveis da sociedade; pode ser ensinado em profundidade e com verdadeira imaginação nas escolas, faculdades e universidades de todos os tipos; e especialmente e mais importante, deve estar à disposição nas clínicas e hospitais universitários para médicos e enfermeiras que cuidam de pessoas que estão para morrer, e que têm responsabilidade em relação a elas.

Como você pode ser um médico realmente eficiente se não tem ao menos alguma compreensão da verdade sobre a morte, ou de como cuidar espiritualmente de seu paciente que está morrendo? Como é possível ser uma enfermeira eficiente se ainda não começou a encarar seu medo da morte, e nada tem a dizer para aqueles que estão morrendo e pedem sua orientação e sabedoria? Conheço muitos médicos e enfermeiras bem-intencionados, gente sincera, de mente aberta a novas ideias e abordagens. Rezo para que este livro lhes dê a coragem e a força de que vão precisar para auxiliar suas instituições a absorver as lições dos ensinamentos, e adaptá-los a elas. Já não é tempo da profissão médica entender que a pesquisa sobre a verdade a respeito da vida, da morte e da prática de curar são inseparáveis? O que espero deste livro é que ele ajude a inspirar em toda parte um debate sobre o que exatamente pode ser feito em favor dos que estão morrendo, e sobre as melhores condições de fazê-lo. Uma revolução espiritual e prática na formação de médicos e enfermeiras, na concepção daquilo que o hospital deve oferecer, e no tratamento real dos que estão morrendo é urgentemente necessária, e espero que este livro dê a isso uma humilde contribuição.

Expressei repetidamente minha admiração pelo trabalho pioneiro que tem sido feito no *hospice movement*. Nele finalmente vemos os que estão morrendo serem tratados com a dignidade que merecem. Gostaria de fazer aqui um profundo apelo a todos os governos do mundo para que encorajem a criação de hospitais e *hospices*, dotando-os de verbas tão generosas quanto possível.

É minha intenção fazer deste livro a base de diferentes tipos de programas de treinamento. Eles atenderiam pessoas de todas as origens e profissões, em especial aquelas que dedicam cuidados aos que estão morrendo: famílias, médicos, enfermeiras, sacerdotes de todos os credos, conselheiros, psiquiatras e psicólogos.

Há um rico e ainda muito pouco conhecido corpo de revelações médicas no budismo tibetano, bem como profecias de Padmasambhava descrevendo com detalhes doenças de nossa era. Gostaria de fazer um forte apelo aqui para que se financiem pesquisas sérias sobre esses ensinamentos. Quem sabe quantas curas podem ser descobertas a partir deles, e quanta angústia trazida por doenças como câncer e AIDS, e mesmo outras que ainda não se manifestaram, pode ser assim aliviada?

Então, o que espero deste livro? Que inspire uma tranquila revolução na maneira pela qual vemos a morte e o cuidado com os que vão morrer, e por decorrência, no modo de ver a vida e de cuidar dos vivos.

Enquanto este livro estava sendo escrito, meu grande mestre Dilgo Khyentse Rinpoche deixou seu corpo. Era uma sexta-feira, 27 de setembro de 1991, em Thimphu, no Butão. Tinha oitenta e dois anos e esteve sua vida inteira a serviço de todos os seres. Quem entre os que o conheceram haverá de um dia esquecê-lo? Como homem, teve a estatura de uma montanha enorme e fulgurante; sua majestade teria sido demasiada se não emanassem sempre dele a calma e a delicadeza mais profundas, um humor rico e natural, e aquela paz e felicidade que sinalizam a realização suprema. Para mim e para muitos outros, ele foi um mestre com a realização e a importância de Milarepa, de Longchenpa, de Padmasambhava e até do próprio Buda. Quando morreu foi como se o Sol tivesse sumido do céu, deixando o mundo às escuras, e toda uma gloriosa era da espiritualidade tibetana chegou ao fim. O que quer que o futuro nos reserve, estou certo de que nunca mais veremos alguém como ele. Tê-lo visto uma vez, ainda que por um momento, creio, é ter plantado em si uma semente de liberação que nada destruirá jamais, e que um dia há de florescer completamente.

Houve muitos sinais surpreendentes, antes e depois da morte de Dilgo Khyentse Rinpoche, que deram testemunho da sua grandeza; porém o que mais me tocou aconteceu a mais de seis mil quilômetros de distância, no sul da França, num lugar chamado Lerab Ling, perto de Montpellier, que se tornou um centro de retiro sob sua bênção. Deixo que um dos meus alunos, que vive e trabalha lá, lhes conte o que ocorreu:

> *Naquela manhã o céu parecia mais escuro que o normal, e o primeiro sinal da alvorada foi uma profunda linha vermelha no longínquo horizonte. Íamos para a cidade; quando nos aproximamos da parte mais elevada da estrada, a tenda que abrigava o altar, colocada no local do nosso futuro templo, surgiu no alto da colina à nossa direita. Subitamente, um raio de luz solar atravessou incisivo a penumbra e brilhou diretamente sobre a tenda branca do altar, fazendo-a fulgurar na manhã ainda nascente. Continuamos o caminho e, ao chegarmos à curva da estrada que dava acesso à cidade, um impulso repentino nos fez dar uma olhada para a tenda, atrás. O céu, então, estava claro. Ficamos pasmos. Um arco-íris brilhante se alongava*

pelo vale inteiro, com suas cores tão vivas e brilhantes que parecia que podíamos até tocá-lo. Surgindo do horizonte à nossa esquerda, cruzava o céu inteiro. O misterioso é que não havia o menor sinal de chuva – só o arco-íris, vivo e radiante contra o vasto céu vazio. Foi só no dia seguinte, à noite, que ouvimos dizer que aquele fora o dia em que Dilgo Khyentse Rinpoche havia falecido no Butão. Tivemos todos a certeza de que o arco-íris fora um sinal de sua bênção, descendo sobre todos nós, no Lerab Ling.

Quando o Buda estava morrendo num bosque em Kushinagara, rodeado por quinhentos dos seus discípulos, disse-lhes antes de expirar: "É da natureza das coisas que tomam forma dissolver-se depois. Empenhem-se com todo seu ser para alcançar a perfeição". Essas palavras vieram-me com insistência desde a morte de Dilgo Khyentse Rinpoche. Há ensinamento mais incisivo sobre a impermanência do que o falecimento de um mestre supremo, que parecia o verdadeiro eixo do mundo? Sua morte fez com que todos nós que o conhecemos e fomos seus discípulos nos sentíssemos sozinhos e entregues à própria sorte. Agora depende de cada um levarmos em frente nossa vida, encarnando o quanto pudermos a tradição que ele representou de maneira tão nobre. Temos de fazer o que os discípulos do Buda fizeram, quando foram deixados sós no mundo sem sua presença radiante: "Empenharmo-nos com todo nosso ser para alcançar a perfeição".

Aquele arco-íris que se armou no céu matutino da França e cobriu o vale do Lerab Ling é um sinal, penso, de que Dilgo Khyentse Rinpoche abençoa e continuará a abençoar o mundo inteiro. Livre do seu corpo, vive agora no esplendor incondicionado e atemporal do Dharmakaya, com o poder que todos os que obtiveram a iluminação têm de ajudar além das limitações de espaço e tempo. Acredite no nível da realização dele e apele para ele de coração, e verá que ele estará com você no mesmo instante. Como poderia ele, que amou todos os seres com amor tão perfeito, alguma vez abandonar-nos? E para onde iria, ele que se fez um só com todas as coisas?

Quão afortunados somos por ter um mestre como ele, que encarnou tudo o que a tradição tibetana foi e que esteve conosco por trinta anos após a queda do Tibete, ensinando no Himalaia, na Índia, na Europa, na Ásia e nos Estados Unidos. Que venturoso termos centenas de horas dos seus ensinamentos gravadas em fita, na sua própria voz, em muitos vídeos que transmitem um pouco da majestade da sua presença, e traduções para o inglês e outras línguas daquilo que brotou da sua mente de sabedoria. Penso sobretudo nos ensinamentos que deu no sul da França, perto de Grenoble, no último ano de sua vida, olhando montanhas e vales de grandeza similar à da natureza tibetana; ali ele transmitiu os mais importantes ensinamentos do Dzogchen a 1500 estudantes, muitos dos quais, o que me deu especial alegria, discípulos meus do mundo inteiro. Alguns dos mestres presentes sentiram que através desse ato, no último ano de sua vida, Dilgo Khyentse Rinpoche estava colocando definitivamente seu selo sobre a vinda desses ensinamentos para o Ocidente, e abençoando o recebimento destes com o poder que acumulou em muitas vidas de meditação. De minha parte senti, com imensa gratidão, que ele abençoava também tudo o que eu estivera tentando fazer pelos ensinamentos em terras ocidentais, ao longo dos anos.

Pensar em Dilgo Khyentse Rinpoche e no que fez pela humanidade é encontrar reunida e manifesta, numa pessoa, toda a grandeza daquilo que o Tibete está oferecendo ao mundo.

Sempre me pareceu muito mais do que coincidência que o Tibete tenha caído em 1959, bem no momento em que o Ocidente estava na iminência de abrir seu coração e mente para as tradições da sabedoria do Oriente. Assim, quando o Ocidente se tornou receptivo, alguns dos ensinamentos mais profundos daquela tradição, que tinham sido preservados na pura solidão das terras montanhosas do Tibete, puderam ser dados à humanidade. É vital agora, a todo custo, preservar essa tradição viva de sabedoria, pela qual o povo tibetano tanto sofreu para torná-la acessível a nós. Lembremo-nos deles em nosso coração, e trabalhemos no sentido de que suas terras e tradições lhes sejam restituídas. Esses grandes ensinamentos que partilhei com vocês não podem ser praticados abertamente pelo próprio povo que os guardou por tanto tempo. Que esteja próximo o dia em que os mosteiros e conventos do Tibete possam ressurgir de suas ruínas, e as vastas terras tibetanas ser dedicadas à paz e à busca da iluminação!

Grande parte do futuro da humanidade pode depender do restabelecimento de um Tibete livre, um Tibete que serviria de santuário para buscadores de todos os tipos e crenças e, como coração da sabedoria de um mundo que evolui, o laboratório em que as mais altas visões e as tecnologias sagradas possam ser experimentadas, refinadas e novamente vividas, como foram por muitos séculos, para servir agora de inspiração e ajuda a toda a espécie humana em sua hora de perigo. É difícil encontrar o perfeito meio ambiente para a prática dessa sabedoria num mundo como o nosso. Um Tibete restaurado, purificado pela tragédia e com a determinação renovada por tudo o que sofreu, seria esse ambiente de importância crucial para a evolução da humanidade.

Gostaria de dedicar este livro às centenas de milhares de pessoas que morreram no terror do Tibete, testemunhando até o fim a sua fé e a maravilhosa visão dos ensinamentos do Buda, e àqueles que morreram neste último século em situações aterradoras semelhantes: os judeus, os cambojanos, os russos, as vítimas das duas Guerras Mundiais, a todos os que morreram abandonados e esquecidos, e a todos que continuam sendo privados da oportunidade de praticar seu caminho espiritual.

Muitos mestres acreditam que os ensinamentos tibetanos estão agora entrando numa nova era. Há muitas profecias de Padmasambhava e outros mestres visionários que predisseram a vinda desses ensinamentos para o Ocidente. Agora que chegou esse tempo, sei que os ensinamentos ganharão nova vida. Essa nova vida vai exigir mudanças, mas acredito que as adaptações vão nascer de uma compreensão muito profunda, de maneira a não trair a pureza da tradição, ou seu poder, ou a atemporalidade da sua verdade. Se a profundidade da compreensão da tradição se unir a uma consciência real dos problemas e desafios da vida moderna, surgirão adaptações que certamente só irão fortalecer, ampliar e enriquecer a tradição, revelando níveis mais profundos dos próprios ensinamentos, e fazendo-os ainda mais efetivos na lida com as dificuldades do nosso tempo.

Muitos dos grandes mestres tibetanos que visitaram o Ocidente nos últimos sessenta anos já desapareceram, e tenho certeza de que morreram rezando para que os ensinamentos não beneficiassem apenas os tibetanos, nem somente os budistas, mas o mundo inteiro. Penso que eles sabiam exatamente quão preciosos e reveladores serão esses ensinamentos quando o mundo moderno estiver preparado para recebê-los. Penso em Dudjom Rinpoche e em Karmapa, que escolheram morrer no próprio Ocidente, como para abençoá-lo com o poder de sua iluminação. Possam suas preces pela transformação do mundo e pela iluminação dos corações e mentes da humanidade ser atendidas! E possamos nós, que recebemos seus ensinamentos, corresponder a essa responsabilidade, esforçando-nos para corporificá-los!

O maior desafio que os ensinamentos espirituais como o budismo enfrentam, nessa transição dos seus locais de origem para o Ocidente, consiste em saber como aqueles que os estudam podem encontrar, num mundo turbulento, acelerado e atormentado, a maneira de praticá-los com a calma e a firme determinação que requerem para tornar viável a consecução da sua verdade. O treinamento espiritual, afinal de contas, é a mais elevada e, em certos casos, a mais exigente forma de educação, e deve ser seguido com a mesma aplicação dedicada e sistemática de todos os treinamentos sérios. Como podemos aceitar o fato de que para formar um médico são necessários anos de estudo e prática, mas tudo o que se requer para o nosso caminho espiritual ao longo da vida sejam bênçãos, iniciações e encontros ocasionais com diferentes mestres? No passado, as pessoas ficavam num lugar e seguiam um mestre por toda a vida. Pense em Milarepa, servindo Marpa por anos e anos antes de amadurecer espiritualmente a ponto de poder deixá-lo e praticar por sua conta. O treinamento espiritual requer uma transmissão contínua, trabalhando com o mestre, aprendendo, seguindo-o com ardor e sutil habilidade. A questão maior para o futuro do ensinamento no mundo moderno é como aqueles que o seguem podem ser ajudados e inspirados para encontrar o ambiente interno e externo adequado, no qual possam praticar de modo integral, seguindo-o sempre, completando seu aprendizado e incorporando a sua essência mais profunda.

Os ensinamentos de todos os caminhos místicos do mundo deixam claro que há dentro de nós uma imensa reserva de poder, o poder da sabedoria e da compaixão, o poder daquilo que Cristo chamou de Reino dos Céus. Se aprendermos a usá-lo – e essa é a meta da busca da iluminação – ele pode transformar não apenas a nós mesmos, mas o mundo a nosso redor. Houve alguma vez um tempo em que o uso claro e integral desse poder sagrado foi mais essencial e urgente? Houve alguma vez um tempo em que foi mais vital entender a natureza desse puro poder e o modo de canalizá-lo para ser usado em benefício do mundo? Rezo para que todos vocês que leem este livro possam vir a conhecer o poder da iluminação, a acreditar nele e a reconhecer a natureza da sua mente, porque reconhecer a natureza da sua mente é fazer surgir na base do seu ser uma compreensão que mudará por inteiro sua visão de mundo, e ajudará você a descobrir e a desenvolver, natural e espontaneamente, um desejo compassivo de servir a todos os seres, aliado a um conhecimento direto de como fazer isso melhor, com as habilidades e destrezas que tem, em qualquer circunstância que esteja. Rezo então para que você venha a descobrir no mais profundo do seu ser a verdade viva destas palavras de Nyoshul Khenpo:

> *Uma compaixão sem esforço pode nascer por todos os seres que não descobriram sua verdadeira natureza. Tão sem limites é ela que, se lágrimas pudessem expressá-la, você choraria infinitamente. Não apenas compaixão, mas recursos de tremenda habilidade podem surgir quando você realiza a natureza da mente. Também será liberado de todo sofrimento e medo, como o medo do nascimento, da morte e do estado intermediário. Então, disseram os budas que se*

você fosse falar da alegria e da ventura que nascem dessa realização, e para isso juntasse toda a glória, a alegria, o prazer e a felicidade do mundo, não chegaria a uma pequena parte da ventura que experimenta realizando a natureza da mente.

Servir o mundo a partir dessa união dinâmica de sabedoria e compaixão é participar mais efetivamente da preservação do planeta. Mestres de todas as tradições religiosas presentes na Terra agora entendem que o treinamento espiritual é *essencial* não só para monges e monjas, mas para todas as pessoas, qualquer que seja a sua fé ou modo de vida. O que tentei mostrar neste livro é a natureza prática, ativa e efetiva do desenvolvimento espiritual. Como diz um famoso ensinamento tibetano: "Quando o mundo está tomado pelo mal, todos os infortúnios devem ser transformados no caminho da iluminação". O perigo que todos juntos atravessamos torna essencial que não mais pensemos no desenvolvimento espiritual como um luxo, mas como uma necessidade para a sobrevivência.

Ousemos imaginar por um momento como seria viver num mundo onde um expressivo número de pessoas aceitasse a oportunidade oferecida pelos ensinamentos, devotando parte de sua vida à prática espiritual séria e a reconhecer a natureza de sua mente, usando assim a oportunidade da sua morte para chegar mais perto do estado búdico, renascendo com uma meta: servir e beneficiar outros.

Este livro lhe dá uma tecnologia sagrada com que pode transformar não apenas a sua vida presente, não apenas o seu morrer e a sua morte, mas também suas vidas futuras e o futuro da humanidade. O que meus mestres e eu esperamos inspirar aqui é um grande salto à frente no sentido da evolução consciente da humanidade. Aprender a morrer é aprender a viver; aprender a viver é aprender a agir, tanto nesta vida como nas vidas que virão. Transformar-se verdadeiramente e aprender a renascer como um ser transformado, dedicado a ajudar os outros, é de fato ajudar o mundo do modo mais poderoso de todos.

O insight mais compassivo da minha tradição e sua mais nobre contribuição à sabedoria espiritual da humanidade foi a sua compreensão e reiterada vivificação do ideal do bodisatva, ser que toma para si o sofrimento de todos os seres sencientes, que empreende a jornada para a liberação não só pelo seu próprio bem mas visando ajudar todos os outros, e que no final, depois de obter a iluminação, não se dissolve no absoluto ou foge da agonia do samsara, mas decide voltar repetidamente para devotar sua sabedoria e compaixão a serviço do mundo todo. O que o mundo necessita, mais do que qualquer outra coisa, é de ativos servidores da paz como esses, "vestidos", como dizia Longchenpa, "com a armadura da perseverança", dedicados à sua missão de bodisatva, expandindo a sabedoria a todas as esferas da nossa experiência. Precisamos de advogados "bodisatvas", artistas e políticos bodisatvas, médicos e economistas bodisatvas, professores e cientistas bodisatvas, técnicos e engenheiros bodisatvas, bodisatvas por toda parte, trabalhando conscientemente como canais de compaixão e sabedoria em todos os níveis e em cada situação da sociedade; trabalhando para transformar suas mentes e ações, e as dos outros; trabalhando incansavelmente e certos do apoio dos budas e seres iluminados, pela preservação do nosso mundo e por um futuro mais misericordioso. Como disse Teilhard de Chardin: "Algum dia, depois de termos dominado os ventos, as ondas, as marés e a gravidade,... saberemos utilizar... as energias do amor. Então, pela segunda vez na história do mundo, o homem terá descoberto o fogo". Ou na maravilhosa oração de Rumi:

Ó amor, ó puro amor profundo, esteja aqui, esteja agora
Seja tudo; mundos se dissolvem na sua radiância
imaculada e infinita,
Frágeis folhas vivas queimam com você, mais brilhantes
que frias estrelas:
Faça-me seu servo, sua respiração, sua essência.

Uma das minhas esperanças mais profundas para este livro é

que ele possa ser um companheiro infalível e leal para todo aquele que decida tornar-se um bodisatva, uma fonte de orientação e inspiração para aqueles que realmente querem enfrentar o desafio deste tempo e empreender a jornada para a iluminação a partir da compaixão por todos os outros seres. Possam eles nunca esmorecer ou se desapontar; possam eles nunca desistir da esperança, apesar dos terrores, dificuldades e obstáculos que surjam à sua frente. Possam esses obstáculos inspirá-los na conquista de mais determinação. Possam eles ter fé no amor e na força imorredouros de todos os seres iluminados que abençoaram e ainda abençoam a Terra com a sua presença; possam eles obter estímulo, como tenho constantemente obtido, nos exemplos vivos dos grandes mestres, homens e mulheres como nós, que têm com infinita coragem observado as últimas palavras do Buda, que exorta a todos os seres a se empenhar para atingir a perfeição. Possa a visão que tantos mestres místicos de todas as tradições tiveram, de um mundo futuro livre da crueldade e do horror, onde a humanidade poderá viver na felicidade suprema da natureza da mente, tornar-se, através dos seus esforços, realidade. Vamos todos orar juntos por esse mundo melhor, primeiro com Shantideva e depois com São Francisco de Assis:

Enquanto existir espaço
E viverem seres sencientes,
Possa eu também ficar,
Para dissipar a miséria do mundo.

Senhor,
fazei de mim um instrumento de vossa paz!
Onde houver ódio, que eu leve o amor,
onde houver ofensa, que eu leve o perdão,
onde houver discórdia, que eu leve a união,
onde houver dúvida, que eu leve a fé,
onde houver erro, que eu leve a verdade,
onde houver desespero, que eu leve a esperança,
onde houver tristeza, que eu leve a alegria,
onde houver trevas que eu leve a luz!

Ó Mestre,
fazei que eu procure mais
consolar que ser consolado,
compreender que ser compreendido,
amar que ser amado.
Pois é dando que se recebe,
perdoando que se é perdoado,
e é morrendo que se vive
para a vida eterna!

Possa este livro ser dedicado a todos os meus mestres: para aqueles que morreram, possam suas aspirações ser atendidas, e quanto aos que estão vivos, sejam longas suas vidas, possa seu grande e sagrado trabalho ser coroado do mais brilhante sucesso, e possam seus ensinamentos inspirar, encorajar e dar alento a todos os seres. Peço de todo coração que as reencarnações de Dudjon Rinpoche e de Dilgo Khyentse Rinpoche cresçam para tornarem-se tão poderosas e plenamente iluminadas quanto possível a fim de ajudar-nos a vencer os perigos desta era.

Possa este livro ser também dedicado a todos aqueles sobre quem você leu aqui e que já morreram: Lama Tseten, Lama Chokden, Samten, Ani Pelu, Ani Rilu e A-pé Dorje. Lembre-se deles em suas orações, e lembre-se também daqueles meus alunos que morreram ou que estão morrendo agora, cuja devoção e coragem tanto me inspiraram.

Possa este livro ser dedicado a todos os seres – vivos, morrendo ou mortos. Para todos quantos neste momento atravessam o processo da morte, possa sua morte ser pacífica e livre de dor ou medo. Possam aqueles que agora estão nascendo e aqueles que estão lutando nesta vida ser alimentados pelas bênçãos dos budas, e possam eles encontrar os ensinamentos e seguir o caminho da sabedoria. Possam suas vidas ser felizes e frutíferas, e livres de toda a tristeza. Possam aqueles que leem este livro tirar ilimitados e fecundos benefícios dele, e possam estes ensinamentos transformar seu coração e sua mente. Esta é a minha oração.

Possa cada ser dos seis reinos obter, todos juntos, a base da perfeição primordial!

APÊNDICE UM

MEUS MESTRES

Jamyang Khyentse Chökyi Lodrö (1896-1959) foi o mais notável mestre tibetano do século passado. Autoridade em todas as tradições e detentor de todas as linhagens, foi o coração do movimento *Non-partisan* no Tibete.

Jamyang Khyentse Chökyi Lodrö e Sogyal Rinpoche

Dudjon Rinpoche (1904-1987), um dos mais proeminentes iogues eruditos e mestres de meditação do Tibete. Considerado representação viva de Padmasambhava, ele foi um autor prolífico e revelou os "tesouros" escondidos por Padmasambhava. Foto: Peri Eagleton.

Dudjon Rinpoche dando ensinamentos e Sogyal Rinpoche traduzindo. Londres, 1979. Foto: Giles Oliver.

Dilgo Khyentse Rinpoche (1910-1991) foi reconhecido como mestre incomparável dos ensinamentos Dzogchen, e descobridor dos tesouros espirituais de Padmasambhava. Foi o maior discípulo de Jamyang Khyentse Chökyi Lodrö, e mestre de muitos lamas importantes, inclusive Sua Santidade o Dalai Lama. Foto de Werner Nowotny.

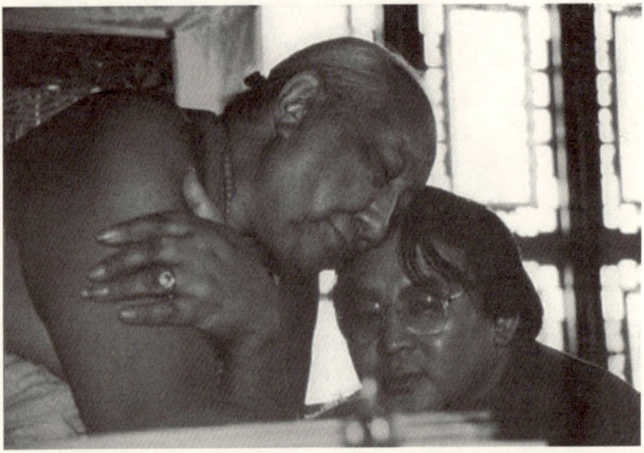

Dilgo Khyentse Rinpoche e Sogyal Rinpoche. Foto: Haeko Rah.

Nyoshul Khen Rinpoche (1932-1999) era um mestre tão realizado do Dzogchen, que seus discípulos o consideravam a encarnação do grande mestre Longchenpa. Ele foi professor de muitos lamas da nova geração e também de vários professores budistas ocidentais. Foto: Peter Fry.

Nyoshul Khenpo e Sogyal Rinpoche no retiro de Rigpa, no País de Gales, em 1986. Foto: Ruth Seehausen.

Khandro Tsering Chödrön foi a esposa espiritual de Jamyang Khyentse Chökyi Lodrö, e foi considerada a mais destacada mestra do budismo tibetano. Foto de Graham Price.

Khandro e Sogyal Rinpoche no centro Rigpa em Londres.
Foto de Graham Price.

APÊNDICE DOIS

PERGUNTAS SOBRE A MORTE

A destreza da ciência médica e os avanços da tecnologia no setor foram responsáveis pela salvação de incontáveis vidas e pelo alívio de indizíveis sofrimentos. Mas, ao mesmo tempo, colocaram muitos dilemas éticos e morais para os que estão morrendo, suas famílias e seus médicos; dilemas complexos e às vezes angustiosamente difíceis de resolver. Devemos, por exemplo, permitir que nossos parentes ou amigos que estão morrendo sejam ligados a um sistema de sustentação da vida, ou que sejam removidos de um? Para evitar o prolongamento da agonia de uma pessoa que morre, devem os médicos ter o poder de interromper a vida? E devem aqueles que se sentem condenados a uma morte longa e dolorosa ser encorajados, ou mesmo ajudados, a se matar? As pessoas sempre me fazem perguntas desse tipo sobre a morte e o morrer, e quero examinar algumas dessas questões aqui.

CONTINUAR VIVO

Há setenta anos muita gente morria em casa, mas agora a maioria de nós morre em hospitais e em clínicas de repouso. A perspectiva de ser mantido vivo por um máquina é real e assustadora. As pessoas se perguntam cada vez mais o que podem fazer para se assegurar uma morte humana e digna, sem que suas vidas sejam desnecessariamente prolongadas. Este assunto se tornou muito complicado. Como decidir se devemos autorizar dar suporte à vida de alguém após um sério acidente, por exemplo? E se a pessoa está em estado de coma, não consegue falar ou tornou-se mentalmente incapaz devido a uma doença degenerativa? E se for uma criança gravemente deformada e com lesão cerebral?

Não há respostas fáceis para perguntas como essas, mas há alguns princípios básicos que podem nos orientar. De acordo com o ensinamento do Buda, toda vida é sagrada; todos os seres têm a natureza búdica e a vida lhes oferece, como vimos, a possibilidade da iluminação. Evitar destruir a vida é considerado um dos primeiros princípios da conduta humana. Mas o Buda também nos advertia muito enfaticamente contra o dogmatismo, e acredito que não devemos ter uma visão rígida, uma posição "oficial", ou mesmo estabelecer regras sobre questões como essas. Podemos apenas agir com a sabedoria de que dispomos, de acordo com cada situação. E, como sempre, tudo depende da nossa motivação e da compaixão que está por trás dela.

Há alguma razão de se manterem artificialmente vivas pessoas que de outro modo morreriam? O Dalai Lama indicou um fator essencial – o estado mental da pessoa que está morrendo: "Do ponto de vista do budismo, se a pessoa que morre tem alguma possibilidade de ter pensamentos positivos e virtuosos, é importante – e há nisso um propósito – que ela viva mesmo que seja alguns minutos mais". Ele destaca a pressão sobre a família numa situação como essa: "Se não há essa possibilidade de ter pensamentos positivos, e além disso muito dinheiro está sendo gasto pelos parentes apenas para manter a pessoa viva, não parece haver razão para tanto. Mas cada caso precisa ser examinado individualmente; é muito difícil generalizar".[1]

Medidas de manutenção da vida ou de ressuscitamento podem ser causa de perturbação, contrariedade e distração no momento crítico da morte. Temos visto tanto nos ensinamentos do budismo quanto nos relatos das experiências de quase morte que, mesmo quando as pessoas estão em coma, elas podem perceber tudo o que está acontecendo à sua volta. Os momentos imediatamente antes da morte, o instante da morte e o período de separação final do corpo e da consciência são de enorme importância para todos, sobretudo para um praticante espiritual que está procurando fazer sua prática ou repousar na natureza da mente.

Em geral, há o risco de que um tratamento de sustentação da

vida que apenas prolonga o processo do morrer só venha a fomentar desnecessariamente o apego, a raiva e a frustração daquele que está morrendo, especialmente se esse não era o seu desejo original. Os parentes que se confrontam com decisões difíceis, e estão sobrecarregados com a responsabilidade de permitir que o ente amado morra, devem ponderar que, se não há esperança real de recuperação, a qualidade dos últimos dias ou horas da vida do seu ente querido pode ser mais importante do que mantê-lo mais tempo vivo. Além disso, como nunca sabemos de fato se a consciência está realmente no corpo, podemos até estar condenando-o a ficar aprisionado num corpo inútil.

Dilgo Khyentse Rinpoche disse:

> *Usar sistemas de suporte à vida em uma pessoa sem possibilidade de recuperação não faz sentido. É muito melhor deixá-la morrer naturalmente, numa atmosfera pacífica, e realizar ações positivas em sua intenção. Quando as máquinas de suporte à vida estão em uso, mas não há esperança de sobrevivência, não é crime desligá-las, uma vez que não há modo de a pessoa sobreviver, e você a está segurando viva artificialmente.*

A tentativa de ressuscitamento também pode ser por vezes desnecessária, uma perturbação dispensável para aquele que está morrendo. Um médico escreve:

> *O hospital entra num espasmo de atividade frenética. Dezenas de pessoas correm para o leito, num esforço desesperado para ressuscitar o paciente. Este, basicamente morto, é entupido de drogas, espetado por dezenas de agulhas e sacudido por choques elétricos. Nossos momentos finais são detalhadamente documentados pelo batimento cardíaco, nível de oxigênio no sangue, pela leitura de ondas cerebrais, e assim por diante. Finalmente, quando o último médico se dá por satisfeito, essa histeria tecnológica chega ao fim.*[2]

Você pode não querer que o liguem a um sistema de suporte à vida ou que o ressuscitem, e pode desejar permanecer imperturbado por algum tempo após a morte clínica. Como pode ter certeza de que serão respeitados seus desejos sobre esse ambiente pacífico recomendado pelos mestres aos que morrem?

Mesmo que você deixe expressa a sua vontade sobre querer ou não certo tipo de tratamento no hospital, seus pedidos podem não ser atendidos. Se seu parente mais próximo não concorda com sua vontade, poderá solicitar procedimentos específicos mesmo enquanto você ainda tem consciência e pode falar. Infelizmente não é raro que os médicos escutem mais a família do que aquele que está morrendo. Claro que a melhor maneira de ter algum controle sobre o tratamento nos seus últimos dias é morrer em casa.

Em algumas partes do mundo existem documentos conhecidos como "Testamento Vital", pelos quais é possível declarar a sua vontade no que diz respeito ao tratamento que receberá no caso de ocorrer uma situação em que já não possa tomar decisões sobre o seu futuro. É uma precaução sensata, que ajuda os médicos caso tenham que se defrontar com um dilema. No entanto, esses documentos não obrigam o médico, e não podem antecipar as complexidades de sua doença. Nos Estados Unidos pode-se redigir, com um advogado, o que lá se chama de "Procuração com Poderes Continuados para Tratamento de Saúde". Esse é o modo mais eficaz de deixar expressas suas escolhas e de assegurar, tanto quanto possível, que sejam respeitadas. Nele você nomeia um agente, um porta-voz legal, que compreende seus desejos e atitudes e que pode responder às circunstâncias especiais de sua doença, tomando decisões cruciais por você.

Meu conselho (como indiquei no capítulo 11 – "Conselho de Coração para Ajudar os que Estão Morrendo") é verificar se o seu médico se sente bem honrando seus desejos, especialmente se você quer que as medidas de prolongamento da vida sejam suspensas quando estiver morrendo, e não quer ser submetido a um ressuscitamento caso seu coração pare. Certifique-se de que seu médico informará à equipe do hospital, e deixará as suas escolhas por escrito no seu prontuário. Fale sobre o assunto da sua morte com os parentes. Peça à sua família ou amigos para exigirem da equipe o desligamento dos monitores quando começar o processo do morrer, e para removê-lo de uma eventual unidade de terapia intensiva para um quarto particular, se possível. Procure maneiras de fazer com que a atmosfera à sua volta possa ser tão tranquila, pacífica e livre de pânico quanto possível.

PERMITIR QUE A MORTE ACONTEÇA

Em 1986, a American Medical Association estabeleceu que é ético para os médicos determinar a remoção do sistema de prolongamento artificial da vida, inclusive alimento e água, no caso de doentes terminais que estão morrendo e daqueles que podem permanecer em coma prolongado. Quatro anos depois, uma pesquisa Gallup mostrou que 84 por cento dos americanos preferiam que seu tratamento fosse suspenso se eles estivessem sendo mantidos vivos artificialmente e sem esperança de cura.[3]

A decisão de limitar ou suspender esses tratamentos é comumente chamada "eutanásia passiva". Permite-se que a morte aconteça de modo natural, suspendendo a intervenção médica ou as medidas heroicas que só conseguem prolongar a vida de uma pessoa por dias ou horas, sendo sua condição impossível de ser melhorada pelo tratamento. Isso inclui: pôr um fim a tratamentos agressivos ou terapias buscando curar aquele que está morrendo; desligar ou descontinuar o uso de maquinaria de suporte artificial à vida, e a alimentação endovenosa; dispensar o ressuscitamento cardíaco. Essa forma passiva de eutanásia também ocorre quando a família e os médicos decidem não tratar um problema secundário que acarretará a morte. Por exemplo, uma pessoa que está morrendo nos estágios finais de câncer dos ossos pode ter uma pneumonia, que se não for tratada pode levar a uma morte mais pacífica, menos dolorosa e prolongada.

E sobre os doentes terminais que decidem por sua iniciativa se desligar dos sistemas de suporte à vida? Estão cometendo uma ação negativa ao encerrar sua vida? Kalu Rinpoche responde a essa pergunta com muita precisão:

> *A pessoa que decide que já sofreu bastante e quer que lhe permitam morrer está numa situação que nem podemos chamar de virtuosa nem de não virtuosa. Certamente não podemos culpar alguém por tomar tal decisão. Não é uma ação cármica negativa. É apenas a vontade de evitar o sofrimento, que é o desejo fundamental de todos os seres vivos. Por outro lado, também não é um ato particularmente virtuoso... Antes de ser o desejo de acabar com a vida, é a*

vontade de acabar com o sofrimento. Assim, é uma ação cármica neutra.

O que fazer se estamos cuidando de uma pessoa que está morrendo e que nos pede para ser removida do sistema de suporte à vida? Kalu Rinpoche diz:

> *Podemos não conseguir salvar a vida do paciente. Podemos não conseguir aliviar o seu sofrimento. Mas estamos fazendo o melhor que podemos, motivados da maneira mais pura possível. O que quer que façamos, mesmo que afinal não dê certo, jamais pode ser tomado como algo que causa prejuízo cármico ou é carmicamente negativo.*
>
> *Quando alguém cuida de um paciente que está próximo da morte e é por ele instruído a desligar os sistemas de suporte à vida, fica numa posição difícil, pois seus instintos de curador podem estar lhe dizendo: "Se essa pessoa ficar ligada ao sistema pode sobreviver. Se eu tirá-lo dela, morrerá". As consequências cármicas dependem das intenções desse curador, pois trata-se de privar alguém dos meios de sobreviver, não importa o fato de que foi essa mesma pessoa que nos disse para fazê-lo. Se a motivação básica do curador foi sempre a de ajudar e beneficiar essa pessoa e aliviar seus sofrimentos, então desse ponto de vista parece que nada carmicamente negativo pode advir da sua ação.*[4]

ESCOLHER MORRER

A mesma sondagem de opinião Gallup em 1990 mostrou que 66 por cento dos habitantes dos Estados Unidos acreditavam que uma pessoa submetida a grande sofrimento físico, "sem esperança de melhora", tinha o direito moral de terminar a própria vida. Num país como a Holanda, afirma-se que muitas pessoas por ano escolhem a eutanásia. Os médicos que as ajudam a morrer precisam provar que o paciente consente, que as alternativas foram extensamente discutidas com ele e que se ouviu uma segunda opinião de um colega médico.

Nos Estados Unidos a questão chegou a tal ponto que um livro ensinando claramente métodos de suicídio para pessoas que sofriam de doenças terminais tornou-se um *best-seller*, e apareceram movimentos pedindo a legalização da "eutanásia ativa" ou "ajuda para morrer".

Mas o que aconteceria se a eutanásia fosse legalizada? Muitas pessoas temem que pacientes chamados de terminais, especialmente os que passam por muita dor, possam escolher morrer mesmo que essa dor seja controlável e suas vidas ainda tenham condições de continuar. Outros receiam que os mais velhos possam simplesmente sentir-se no dever de morrer, ou escolham o suicídio somente para poupar o dinheiro e o tempo de suas famílias.

Muitos dos que trabalham com os que estão morrendo acham que um alto padrão de cuidados para doentes terminais é a solução para os pedidos de eutanásia. Quando interrogada a respeito de uma possível legislação sobre a eutanásia, Elisabeth Kübler-Ross respondeu: "Acho triste que tenhamos de ter leis sobre questões como essas. Penso que deveríamos usar nosso julgamento humano, e entrar em acordo com nosso próprio medo da morte. Poderíamos então respeitar a necessidade dos pacientes e ouvi-los, e não teríamos problemas desse tipo".[5]

As pessoas receiam que morrer seja insuportável, receiam ser dominadas pela paralisia, por doenças que as deixem mentalmente perturbadas ou por um tipo de dor intolerável e sem sentido. Os ensinamentos budistas nos propõem uma atitude diferente em relação ao sofrimento, que lhe dá um significado. O Dalai Lama considera que:

> *O seu sofrimento é devido ao seu próprio carma e de qualquer modo você tem que aguentar o fruto desse carma, nesta vida ou em outra, a menos que encontre algum modo de purificá-lo. Nesse caso, acredita-se que é melhor experimentar o carma nesta vida humana, onde você tem mais condições e capacidades para suportá-lo de maneira melhor do que, por exemplo, um animal, que não pode ser ajudado e por isso pode sofrer ainda mais.*

Conforme os ensinamentos budistas, devemos fazer o que pudermos para ajudar os que morrem a enfrentar a sua deterioração, sua dor e seu medo, oferecendo-lhes o apoio amoroso que dará significado ao fim de sua vida. Dame Cicely Saunders, fundadora do St. Christopher's Hospice, em Londres, disse: "Se um dos nossos pacientes solicita a eutanásia, significa que não estamos fazendo direito o nosso trabalho". Ela argumenta contra a legalização da eutanásia, dizendo:

> *Não somos uma sociedade tão pobre a ponto de não termos tempo, trabalho e dinheiro para ajudar as pessoas a viver até o momento da morte. Devemos isso a todos aqueles cuja dor – que os aprisiona no medo e na amargura – podemos eliminar. Para fazer isso não temos de matá-los... Legalizar a eutanásia [ativa] seria uma ação irresponsável, um auxílio contraproducente, um abuso da vulnerabilidade, abrir mão do verdadeiro respeito e da responsabilidade para com o frágil e o idoso, o incapacitado e o que vai morrer.*[6]

ALGUMAS OUTRAS PERGUNTAS

O que acontece com a consciência de um bebê que é abortado ou morre muito cedo? O que podem os pais fazer para ajudá-lo?

Dilgo Khyentse Rinpoche explica:

> *A consciência daqueles que morrem antes de nascer ou nascendo, ou ainda na tenra infância, viajará uma vez mais pelos estados do bardo para assumir outra existência. As mesmas práticas e ações meritórias podem ser feitas em sua intenção, como usualmente para os mortos: a prática de purificação e a recitação do mantra de Vajrasattva, oferenda de luzes, purificação das cinzas e assim por diante.*

No caso do aborto, somando-se a essas práticas usuais, se os pais sentem remorso, podem ajudar identificando-o, pedindo perdão e procedendo com ardor à prática da purificação de Vajrasattva. Podem também oferecer velas, salvar vidas, ajudar os outros ou patrocinar algum projeto espiritual ou humanitário, dedicando o mérito ao bem-estar e à futura iluminação da consciência do bebê.

O que acontece com a consciência de uma pessoa que comete suicídio?

Dilgo Khyentse Rinpoche diz:

> *Quando uma pessoa comete suicídio, a consciência não tem escolha senão seguir seu carma negativo, e é bem possível que um espírito mau se apodere dela, possuindo a sua força vital. Num caso de suicídio, um mestre poderoso deve realizar práticas de tipo especial, como as cerimônias do fogo e outros rituais, de modo a libertar a consciência da pessoa morta.*

Devemos doar nossos órgãos quando morremos? E se eles tiverem que ser removidos ainda enquanto o sangue está circulando, ou antes que se complete o processo da morte? Isso não perturba ou danifica a consciência no momento anterior à morte?

Mestres a quem fiz essa pergunta concordam que a doação de órgãos é uma ação extremamente positiva, desde que tenha surgido de um genuíno desejo compassivo de beneficiar outras pessoas. Assim, se essa for a vontade da pessoa que morre, não haverá nenhuma espécie de mal para a sua consciência que deixa o corpo. Ao contrário, essa ação final de generosidade acumula um bom carma. Outro mestre disse que todo sofrimento e dor que a pessoa possa padecer no processo de doar seus órgãos, e cada momento de perturbação, revertem para um bom carma.

Dilgo Khyentse Rinpoche explica: "Se a pessoa que definitivamente vai morrer dentro de alguns momentos expressou o desejo de doar seus órgãos, e sua mente está plena de compaixão, é bom para ela que seus órgãos sejam removidos, mesmo antes que o coração cesse de bater".

E sobre a criogenia ou congelamento, em que se congela o corpo de uma pessoa, ou apenas a sua cabeça, para aguardar um futuro em que a ciência médica terá progredido a ponto de poder ressuscitá-la?

Dilgo Khyentse Rinpoche disse que isso é completamente sem sentido. A nossa consciência não pode entrar de novo no nosso corpo depois de estarmos verdadeiramente mortos. A crença no fato de que o cadáver de alguém possa ser conservado para um ressuscitamento futuro pode levar a um aprisionamento da consciência da pessoa num trágico e crescente apego ao corpo, agravando imensamente o sofrimento e bloqueando o processo de renascimento. Um mestre compara o congelamento do corpo a baixas temperaturas a ir diretamente para um inferno gelado, sem nem mesmo passar pelo estado de bardo.

O que podemos fazer por um pai idoso, por exemplo, que se tornou senil e demente?

A essa altura pode ser inútil tentar explicar os ensinamentos, mas praticar com serenidade e recitar mantras em nome dos budas na sua presença com certeza ajudará. Kalu Rinpoche explica:

> *Você estará plantando sementes. Suas próprias aspirações e seu interesse altruísta por ele, nessa situação, são muito importantes. Ao oferecer esse serviço a seu pai nessa circunstância infeliz, você deve agir com a melhor das intenções, a partir de uma verdadeira preocupação com o bem-estar e felicidade dele. Esse é um fator crucial no seu relacionamento com ele... A ligação cármica entre pais e filhos é muito forte. E muitos benefícios podem ser gerados em níveis sutis por causa desse vínculo, se nos aproximarmos dos nossos pais com destacada compaixão e interesse, e se nosso envolvimento na prática espiritual não for apenas em nosso benefício, mas igualmente pelo bem de outros seres – sobretudo, nesse caso, dos nossos pais.*[7]

APÊNDICE TRÊS

DUAS HISTÓRIAS

Meus alunos e amigos do Ocidente me trouxeram muitos relatos inspiradores de pessoas que conheciam e que foram ajudadas, ao morrer, pelos ensinamentos do Buda. Deixe-me contar-lhe aqui as histórias de dois dos meus alunos e a maneira como enfrentaram a morte.

DOROTHY

Dorothy era uma aluna minha que morreu de câncer no St. Christopher's Hospice, em Londres, na Inglaterra. Foi uma talentosa artista e bordadeira, historiadora da arte, guia turística e também terapeuta – tendo-se dedicado à cromoterapia. Seu pai era um reconhecido *healer*, e ela nutria um grande respeito por todas as religiões e tradições espirituais. Na maturidade descobriu o budismo, sendo, como dizia, "fisgada" por ele. Afirmava que nos seus ensinamentos havia encontrado a mais completa e estimulante concepção da natureza da realidade. Deixo que um dos seus amigos espirituais, que cuidou de Dorothy quando ela morria, conte com suas próprias palavras como ela permitiu que os ensinamentos a ajudassem na chegada da morte:

A morte de Dorothy foi uma inspiração para todos nós. Morreu com tal graça e dignidade que todos os que estiveram em contato com ela sentiram sua força – médicos, enfermeiras, funcionários, outros pacientes e, não menos, os amigos espirituais que tiveram a felicidade de estar perto dela nas suas últimas semanas de vida.

Quando visitamos Dorothy em casa, antes que fosse para o *hospice*, ficou claro que o câncer estava numa fase muito agressiva, e que seus órgãos estavam começando a falhar. Estivera sob efeito de morfina por mais de um ano e naquele momento mal podia comer ou beber; mas nunca se queixava e jamais deixava transparecer a enorme dor que de fato sentia. Ficara terrivelmente magra, e em algumas ocasiões parecia estar exausta. Mas todas as vezes que alguém vinha visitá-la, recebia e entretinha a todos, irradiando notável força e alegria, sempre serena e atenciosa. O que mais gostava de fazer era recostar-se no sofá para ouvir as fitas com os ensinamentos de Sogyal Rinpoche; ficou encantada quando ele lhe mandou suas gravações de Paris dizendo que teriam um significado especial para ela.

Dorothy preparou e planejou tudo para a sua morte, até o último detalhe. Não queria deixar nada pendente para outros fazerem e passou meses nas providências práticas. Não parecia ter qualquer medo da morte, mas queria estar certa de não ter deixado nada pela metade e de que poderia assim chegar à morte sem distração. Sentia-se confortada com a ideia de que jamais fizera algum mal propositado para os outros em sua vida, e que havia recebido e seguido os ensinamentos. Como dizia, "fiz meu dever de casa".

Quando chegou a hora de Dorothy ir para o *hospice* e deixar seu apartamento pela última vez – um lugar que fora repleto de belos objetos, pequenos tesouros que ela colecionou durante anos – saiu com uma pequena mochila, sem olhar para trás nem uma única vez. Já havia doado a maior parte dos seus pertences pessoais, mas levou um pequeno retrato de Rinpoche que sempre trazia consigo, e o livrinho de meditação. Resumira de fato a sua vida a uma única maleta, "viagem leve", como ela a chamava. Foi uma saída muito simples, como se estivesse só indo fazer compras na esquina. Disse apenas "tchau, apartamento", acenou com a mão e atravessou a porta.

Seu quarto no hospital tornou-se um lugar muito especial. Havia ali sempre uma vela acesa na sua mesa de cabeceira, em frente ao retrato de Rinpoche; e uma vez, quando lhe perguntaram se gostaria de vê-lo pessoalmente, ela sorriu, olhou para a fotografia e disse: "não é preciso, ele está sempre aqui!" Seguia com atenção o conselho que Rinpoche dera no sentido de criar o “ambiente correto”, e tinha na parede à sua frente a pintura de um belo arco-íris; em toda parte havia flores trazidas pelos que a visitavam.

Dorothy ficou no comando da situação até o fim. A sua confiança nos ensinamentos parecia não esmorecer nunca, nem mesmo por um segundo. Era como se ela estivesse nos ajudando, em vez do contrário! Sempre alegre, confiante e cheia de humor – tinha uma dignidade que víamos nascer da sua coragem e confiança em si mesma. A alegria com que nos recebia ajudava-nos secretamente a compreender que a morte não é de modo algum sombria ou terrificante. Esse foi o seu presente para nós, e ele nos fez sentir honrados e privilegiados por estar com ela.

Tínhamos quase chegado a depender da coragem de Dorothy, e sentimo-nos humilhados quando percebemos que ela precisava da nossa força e apoio. Ela tratava de alguns detalhes finais do seu enterro quando de repente vimos que, depois de ter se preocupado tanto com os outros, o que ela precisava era deixar de lado aqueles detalhes para voltar sua atenção para si mesma. Tudo o que ela pedia era a nossa permissão para fazê-lo.

Foi uma morte difícil e dolorosa, e Dorothy foi uma guerreira. Tentou fazer o mais que pôde por sua própria conta para não dar trabalho às enfermeiras, até o momento em que o seu corpo não aguentou mais. Uma ocasião, quando ainda podia sair da cama, uma enfermeira lhe perguntou discretamente se queria ir ao banheiro. Dorothy foi e depois olhou para o seu corpo, reduzido quase a um esqueleto. Chamou nossa atenção para ele, rindo: “Olha só este corpo!” E porque seu corpo estava se desintegrando, seu espírito parecia irradiar e flutuar. É como se ela estivesse se dando conta de que o corpo já tinha cumprido a sua parte: não era mais “ela”, mas algo que habitara e que estava pronta a deixar.

Apesar de toda a luz e alegria que cercavam Dorothy, estava claro que morrer não era nada fácil; de fato, era trabalho muito duro. Houve momentos de desolação e angústia, mas ela os atravessou com imensa graça e fortaleza. Depois de uma noite especialmente dolorosa em que caiu no chão, Dorothy ficou com medo de morrer sozinha de um momento para o outro, e então pediu que sempre houvesse um de nós com ela. Foi assim que começamos um revezamento para estar com ela 24 horas por dia.

Dorothy praticava todos os dias, e a prática de purificação de Vajrasattva era a sua favorita. Rinpoche lhe recomendara ler ensinamentos sobre a morte que incluíam a prática essencial de Phowa. Às vezes nos sentávamos juntos lendo passagens para ela em voz alta; às vezes cantávamos o mantra de Padmasambhava. Às vezes simplesmente ficávamos em silêncio por algum tempo. Assim, criamos um ritmo suave e relaxado de prática e descanso. Havia momentos em que cochilava e acordava dizendo: "Ah, isso é adorável!" Quando parecia mais ativa e cheia de energia, e se sentia à vontade, líamos passagens sobre os ensinamentos do bardo para que ela pudesse identificar os estágios que ia atravessar. Estávamos todos surpresos com seu brilho e lucidez, mas ela queria manter a sua prática em extrema simplicidade – apenas o essencial. Quando chegávamos para "trocar a guarda", todos nos surpreendíamos com a atmosfera serena do quarto, Dorothy deitada ali, seus olhos bem abertos, fitando o espaço, ou mesmo quando estava dormindo e sua atendente sentada ao lado, ou tranquilamente recitando mantras.

Rinpoche sempre telefonava para saber do seu estado. Eles conversavam livremente sobre o quão perto da morte ela estava. Dorothy falava com objetividade, dizendo coisas como "faltam só uns poucos dias para ir, Rinpoche". Um dia as enfermeiras avisaram: "Chamada telefônica de Amsterdã". Dorothy despertou imediatamente, brilhando de contentamento ao atender a chamada de Rinpoche. Depois de desligar, ela nos olhou radiante e contou que ele lhe dissera que já não era necessário concentrar-se na leitura de textos, pois chegara o momento de simplesmente "repousar na natureza da mente; repousar na luminosidade". Próximo da morte, Rinpoche lhe telefonou pela última vez; contou-nos então que ele havia dito: "Não se esqueça de nós; visite-nos de vez em quando!"

Uma vez em que o médico veio ao seu quarto para ver como ela estava e para acertar sua medicação, Dorothy explicou de modo simples e espontâneo: "Olha, sou estudante de budismo e nós acreditamos que quando a morte chega veem-se muitas luzes. Acho que estou começando a ver clarões de luz, mas não tenho certeza se os vi mesmo". Os médicos estavam atônitos com a sua lucidez e vivacidade, particularmente, segundo nos disseram, pelo adiantado estado da doença, quando seria de esperar que ela estivesse inconsciente.

À medida que a morte ia chegando, a diferença entre dia e noite parecia se desvanecer, e Dorothy mergulhou cada vez mais fundo em si mesma. A cor do seu rosto mudou e os momentos de consciência ficaram mais raros. Pensamos que estávamos detectando os sinais dos elementos se dissolvendo. Dorothy estava pronta para morrer, mas o seu corpo não queria ceder, porque seu coração era forte. Assim, cada noite tornou-se uma provação para ela, e sempre acordava surpresa de manhã ao perceber que chegara a mais um dia. Nunca se queixou, mas podíamos ver como sofria; fizemos todo o possível para que se sentisse mais confortável, e quando já não podia tomar líquidos nós lhe molhávamos os lábios. Até as últimas trinta e seis horas ela delicadamente se recusou a tomar qualquer droga que pudesse interferir na sua atenção.

Não muito antes da sua morte, as enfermeiras a mudaram de posição no leito. Ela se deixou curvar numa postura fetal; mas mesmo com o seu corpo reduzido a quase nada e sem conseguir mais se mover ou falar, seus olhos ainda estavam abertos e vivos, mirando à frente, através da vidraça à sua frente, na direção do céu lá fora. Um momento antes de morrer ela se mexeu de modo quase imperceptível, olhou Debbie bem nos olhos e comunicou alguma coisa, fortemente. Era um olhar de reconhecimento, como se dissesse "É isso, então", com um esboço de sorriso nos lábios. Em seguida olhou de novo o céu, respirou uma ou duas vezes e morreu. Debbie deixou suavemente a mão de Dorothy, para que ela pudesse continuar sem perturbação através da dissolução interna.

A equipe do *hospice* disse que nunca havia visto alguém tão bem preparado para morrer quanto Dorothy, e sua presença e inspiração continuam sendo lembradas lá por muitas pessoas, mesmo passado um ano de sua morte.

RICK

Rick morava no Oregon e contraíra AIDS. Tinha quarenta e quatro anos e trabalhava como operador de computador. Algum tempo atrás compareceu ao retiro anual de verão que organizo nos Estados Unidos, e nos falou sobre aquilo que a morte, a vida e a sua doença significavam para ele. Fiquei admirado de como Rick, que só havia estudado os ensinamentos budistas comigo durante dois anos, os tinha trazido para o seu coração. Nesse curto período, ele captou a seu modo a essência dos ensinamentos: devoção, compaixão e a Visão da natureza da mente – tudo isso passou a fazer parte da sua vida. Rick sentou-se em sua cadeira e nos encarou a todos, contando-nos como se sentia quanto a morrer. Espero que estes trechos possam transmitir a qualidade dessa ocasião comovente:

Quando soube que estava morrendo, dois anos atrás, fiz o que era natural: implorei e fui atendido. E isso me custou várias semanas de febres terríveis, pensando que iria morrer no meio da noite... Essa devoção, esse apelo... Quando isso é tudo o que se pode fazer, tem-se aquela promessa de Padmasambhava de que ele está presente. E ele não mente: isso já me foi provado muitas vezes.

Se não fosse por Padmasambhava, que é, conforme Rinpoche ensina, a natureza da nossa própria mente, nossa própria natureza búdica; se não fosse por essa presença gloriosa e brilhante, eu não poderia atravessar o que estou atravessando. Sei que não poderia.

A primeira coisa que compreendi foi que é preciso assumir responsabilidade pessoal por si próprio. Estou morrendo porque tenho AIDS. Isso é de minha responsabilidade; não se pode culpar mais ninguém. De fato, não há que culpar ninguém, e nem mesmo a mim. Mas assumo a responsabilidade por esse fato.

Antes de vir para o budismo fiz um voto, perante mim mesmo e todos os deuses que existem, de que tudo o que eu queria era ser feliz. Quando... tomei essa decisão, aferrei-me a ela. E isso é muito importante ao fazer qualquer tipo de treinamento da mente. Você deve decidir que de fato quer mudar. Se não quer mudar, ninguém fará isso por você.

Nossa parte... é trabalhar com os aspectos cotidianos da nossa situação. Primeiro ser *grato* por estar neste corpo e neste planeta. Esse foi o começo para mim – desenvolver gratidão pela Terra, pelos seres vivos. Agora que sinto as coisas escapando lentamente de mim, estou me tornando ainda muito mais grato por todos e por tudo. Assim, minha prática se concentra agora nessa gratidão, simplesmente uma oferenda constante de louvor à vida e a Padmasambhava, que vive em todas essas múltiplas formas.

Não cometa o engano que cometi por muitos anos de acreditar que a "prática" significa sentar ereto e repetir mantras, pensando: "Estarei feliz quando tudo isso acabar!" Praticar é muito mais do que isso. Prática é cada pessoa que você encontra; prática é cada palavra grosseira que você ouve ou até que lhe é dirigida diretamente.

Quando você se levanta da sua almofada de meditação é que a prática realmente começa. Temos que ser muito engenhosos e criativos no modo de aplicar a prática à vida. Há sempre alguma coisa no nosso meio ambiente com que podemos nos conectar para fazer prática. Se estou muito disperso para visualizar Vajrasattva sobre minha cabeça, eu me levanto e vou lavar os pratos da manhã; o prato que seguro em minhas mãos é o mundo e os seres que nele sofrem. Digo então o mantra:.. OM VAJRA SATTVA HUM... e estou lavando os sofrimentos de todos os seres. Quando tomo um banho de chuveiro, não se trata de um chuveiro; é Vajrasattva sobre a minha cabeça. Quando saio ao sol, é a luz, como cem mil sóis, irradiando do corpo de Vajrasattva e entrando em mim, e eu o recebo. Quando vejo uma pessoa bonita descendo a rua, posso de início pensar "Que pessoa atraente", mas no instante seguinte ofereço isso de todo meu coração a Padmasambhava, e desapego-me. É preciso tomar as situações reais da vida e fazer delas sua prática. Do contrário, terá somente uma crença vazia que não lhe dará consolo nem força quando os tempos difíceis chegarem. É apenas uma crença: "Oh, algum dia irei para o céu. Algum dia serei um buda". Bem, você não será um buda algum dia. Você é um buda agora. E, quando pratica, está praticando ser aquilo que você é...

É muito importante tomar as situações que estão ocorrendo em sua vida e usá-las. Como Rinpoche sempre diz, se você praticou pedindo ajuda e esperando socorro, nos bardos será natural fazer o mesmo... Fiz um mantra a partir dessa frase de Dudjom Rinpoche: "Lama de irretribuível bondade, lembro-me apenas de você". Alguns dias, é tudo em que consigo pensar; é a única prática que consigo fazer. Mas ela funciona muito bem.

Assim... felicidade, autorresponsabilidade, gratidão... não confunda uma prática morta e ritualizada com outra que é viva, constante, mutável, fluida, aberta, gloriosa. Essa é minha experiência agora – e sei que talvez possa soar como meras palavras, mas sei no meu coração que não é assim – em tudo vejo Padmasambhava. Essa é toda minha prática. Cada pessoa, especialmente as difíceis, que tornam difícil a vida dos outros à sua volta, encontrá-las é a bênção do mestre. Para mim, esta doença é a bênção do mestre. É graça. É tanta graça que poderia até tocá-la.

Mas isso aconteceu porque treinei minha mente... Quando comecei, costumava julgar as coisas o tempo todo. Julgava esta pessoa, julgava aquela outra, julgava o seu jeito, julgava o modo como sentava; julgava assim: "Não gosto do dia hoje, está chuvoso, cinzento. Ai, pobre de mim... ai, ninguém me ama... ai, socorro!" Foi com isso que comecei. Havia uma crítica constante na minha mente. Mas eu comecei. Escrevia então pequenas notas para mim mesmo e as pendurava na geladeira: "Não julgue!"

Quando você vive na sua mente fica escolhendo entre isso e aquilo – "Isso é bom... isso é ruim, não quero isso"; entre esperança e medo, entre ódio e amor, entre alegria e tristeza – quando você se apega realmente a um desses extremos – a paz essencial de sua mente é perturbada. Um patriarca Zen diz: "O Grande Caminho não é difícil para aqueles que não têm preferências", porque sua natureza búdica está aí. A felicidade está em tudo.

Assim, comecei a trabalhar com a minha mente conceitual. De início parecia impossível; mas quanto mais praticava... descobri: se você deixa aquilo que surge no lugar, tudo fica perfeitamente bem onde está. Só esteja com o que aparece – e seja feliz, pois você sabe que tem a natureza búdica.

Você não precisa se *sentir* como quem tem a natureza búdica. Não é essa a questão. A questão é confiança, que é fé. A questão é devoção, que é entrega. Essa é a essência, para mim. Se você confia no que o mestre diz, estuda e tenta aplicar o ensinamento em você mesmo nos momentos difíceis, e treina a sua mente para que ela não caia nos padrões costumeiros, se consegue só ficar com o que de fato está acontecendo, com atenção pura, depois de algum tempo você percebe que nada fica por perto muito tempo. Nem mesmo os pensamentos negativos. Especialmente não o nosso corpo. Tudo muda. Se você deixa isso no seu lugar, tudo se liberará por si mesmo.

Numa situação como a minha, quando o medo se torna tão óbvio, tão predominante, e você sente como se fosse ser engolido por ele, tem que assumir a responsabilidade pela sua mente. Compreendi que o medo não vai me matar – ele é só alguma coisa que passa em minha mente. É um pensamento, e sei que os pensamentos se liberarão a si mesmos se não tocar neles. Também compreendi que isso é o que acontece nos bardos, quando você vê uma visão vindo para cima de você e isso o assusta; ela não está vindo de nenhum outro lugar senão de você mesmo! Todas aquelas energias que mantivemos abafadas e estancadas em nosso corpo estão sendo liberadas.

Logo descobri também, quando treinava minha mente, que há um certo ponto, uma certa linha que você precisa traçar, além da qual não pode deixar que a sua mente vá. Se deixar, você está se arriscando a passar por problemas mentais, está se entregando ao mau humor, está se arriscando até a ser alguém que realmente puxa para baixo os que estão à sua volta – isso seria o de menos. Mas você pode pirar. As pessoas piram mesmo, perdem o equilíbrio por acreditar no que a sua mente lhes diz sobre a realidade. Todos fazemos isso, mas há uma certa linha que não se pode ultrapassar... Eu tinha ataques de pânico. Achava que havia um enorme buraco negro no chão à minha frente. Desde que me permiti o privilégio e a graça de ser feliz, o tempo todo, não vejo mais buracos negros.

Alguns de vocês tornaram-se pessoas mais queridas para mim do que a minha família. Isso porque permitem que Padmasambhava venha até mim de outro modo, através do seu carinho, do seu cuidado e do seu amor. Vocês não parecem se incomodar com o fato de eu ter AIDS. Nenhum de vocês jamais me perguntou: "Como foi que você pegou isso?" Ninguém jamais insinuou que isso pode ser uma praga rogada contra mim; exceto um velho amigo que me chamou há uma semana mais ou menos e disse: "Não tem medo disso ser uma maldição de Deus?" Depois que parei de rir, respondi: "Você acredita que Deus amaldiçoou a terra, e que o corpo humano é impuro. Eu, ao contrário, acredito que o ponto de partida original é a bênção, não a maldição". Desde um tempo sem começo, tudo sempre foi completo, puro e perfeito.

Assim, o que faço agora é só repousar na radiância. Que está em toda parte. Não se pode fugir dela. É tão inebriante que às vezes sinto como se flutuasse nela. Deixo que Padmasambhava, voando pelo céu da mente, me carregue junto com ele.

Mas se eu estivesse sentado aí, ouvindo isto, diria: "Está bem, mas então por que você não está curado?" As pessoas me perguntaram isso. Não é que eu não tenha tentado: comprei uma mala inteira de remédios. Mas deixei de fazer essa pergunta algum tempo atrás. Acho que a razão é que me pareceu que isso era manipular e interferir no processo que eu havia iniciado. Esse processo é muito purificador para mim. Sei que há muito carma sendo queimado. É purificador talvez para minha mãe, porque eu dedico isso a ela. Ela sofre um bocado. E há amigos espirituais neste grupo que eu amo como irmãos e irmãs; eles também sofrem. Fiz esse acordo com Padmasambhava: se tiver de ficar por aqui e sofrer de modo que um pouco disso possa ajudar a purificar vocês e também a mim mesmo, que bênção isso seria! Esta é a minha oração. E não sou alguém que goste de sofrer, posso-lhes assegurar! Mas sinto aquela graça, aquela bênção, me empurrando delicadamente para o sofrimento.

A esta altura, depois de estudar o que estudei dos ensinamentos de Rinpoche sobre os bardos, a morte não é mais uma inimiga. Assim como nossos pensamentos não devem ser vistos como inimigos... E a vida não é inimiga. A vida é algo glorioso, porque nela podemos descobrir quem verdadeiramente somos.

Por isso peço a vocês – do fundo do meu coração – para não desperdiçarem a oportunidade que têm, enquanto ainda são relativamente saudáveis, de trabalhar com o que Rinpoche lhes oferece... Ele sabe como chegar ao essencial quando fala e ensina o que é o Dzogchen, e sabe como levar o seu coração até lá. O que é muito importante, principalmente quando você está se preparando para morrer.

Assim, estou aqui para dizer adeus. Pelo menos por esta vez... Quero dizer adeus a todos vocês que se tornaram meus irmãos e irmãs, vocês que encontrei, mas não tive o privilégio de conhecer melhor, a todos vocês que nem mesmo encontrei... Tenho a impressão de que nos próximos seis meses posso morrer. Ou pode ser nos próximos três meses. Tenho vocês todos no meu coração e vejo-os brilhantes e luminosos. Não há escuridão. É só a luz do coração de Padmasambhava, que preenche todos nós. Graças às bênçãos do mestre.

APÊNDICE QUATRO

DOIS MANTRAS

Os dois mantras mais famosos do Tibete são o mantra de Padmasambhava, chamado Mantra de Vajra Guru, OM AH HUM VAJRA GURU PADMA SIDDHI HUM, e o mantra de Avalokiteshvara, o Buda da Compaixão, OM MANI PADME HUM. Como a maioria dos mantras, eles são em sânscrito, antiga língua sagrada da Índia.

O MANTRA DE VAJRA GURU

ཨོཾ་ཨཱཿཧཱུྃ་བཛྲ་གུ་རུ་པདྨ་སིདྡྷི་ཧཱུྃ༔

O mantra de Vajra Guru, OM AH HUM VAJRA GURU PADMA SIDDHI HUM, é pronunciado pelos tibetanos como: Om Ah Hung Benza Guru Péma Siddhi Hung. Esta investigação do seu significado é baseada nas explicações de Dudjom Rinpoche e de Dilgo Khyentse Rinpoche.

OM AH HUM

As sílabas OM AH HUM têm significados externos, internos e "secretos". Em cada um desses níveis, no entanto, OM refere-se ao corpo, AH refere-se à fala e HUM diz respeito à mente. Eles representam as transformadoras bênçãos do corpo, fala e mente de todos os budas.

Externamente, OM purifica todas as ações negativas cometidas através do seu corpo, AH através da sua fala e HUM através da sua mente.[1] Pela purificação do seu corpo, fala e mente, OM AH HUM assegura a bênção do corpo, da fala e da mente dos budas.

OM é também a essência da forma, AH a essência do som e HUM a essência da mente. Recitando esse mantra você também purifica o ambiente, você mesmo e todos os demais seres. OM purifica todas as percepções, AH todos os sons e HUM a mente, com seus pensamentos e emoções.

Internamente, OM purifica os canais sutis, AH o vento, ar interno ou fluxo de energia, e HUM a essência criativa.[2]

Num nível mais profundo, OM AH HUM representa os três kayas da família Lótus dos budas: OM é o Dharmakaya – O Buda Amitabha, o Buda da Luz Ilimitada; AH é o Sambhogakaya – Avalokiteshvara, o Buda da Compaixão, e HUM é o Nirmanakaya – Padmasambhava. Isso significa, no caso deste mantra, que os três kayas são corporificados na pessoa de Padmasambhava.

No nível mais profundo, OM AH HUM traz a realização dos três aspectos da natureza da mente: OM traz a realização de sua Energia e Compaixão incessantes, AH traz a realização da sua Natureza radiante, e HUM a realização da sua Essência semelhante ao céu.

VAJRA GURU PADMA

VAJRA é comparado ao diamante, a mais forte e preciosa das pedras. Assim como o diamante pode cortar qualquer coisa sem ser danificado, também a imutável e não dual sabedoria dos budas pode cortar as ilusões e obscurecimentos sem nunca ser danificada ou destruída pela ignorância. As qualidades e atividades do corpo, da fala e da mente de sabedoria dos budas têm a capacidade de beneficiar os seres com o poder penetrante e desobstrutivo do diamante. E, como este, o Vajra é livre de defeitos; sua brilhante força vem da realização da natureza Dharmakaya da realidade, a natureza do Buda Amitabha.

GURU significa "importante", "pesado"; alguém repleto de todas as qualidades admiráveis, que encarna sabedoria, conhecimento, compaixão e meios hábeis. Tal como o ouro é o mais pesado e precioso dos metais, as qualidades inconcebíveis e perfeitas do Guru – o mestre – fazem-no inestimável e superior a todas as coisas em excelência. GURU corresponde ao Sambhogakaya e a Avalokiteshvara, o Buda da Compaixão. Além disso, como Padmasambhava ensinou o caminho do Tantra, que é simbolizado pelo Vajra, e através do Tantra ele obteve a suprema realização, tornou-se conhecido como "o Vajra Guru".

PADMA significa "lótus" e se refere à família Lótus dos budas, e especificamente o aspecto da fala iluminada que eles apresentam. A família Lótus é a família búdica a que pertencem os seres humanos. Como Padmasambhava é a emanação direta, o Nirmanakaya do Buda Amitabha – o Buda Primordial da família Lótus – ele é conhecido como "Padma". Seu nome Padmasambhava, "aquele que nasceu do Lótus", se refere de fato à história de seu nascimento, ocorrido no desabrochar de uma flor de lótus.

Quando as sílabas VAJRA GURU PADMA são tomadas de maneira conjunta, significam também a essência e a bênção da Visão, da Meditação e da Ação. VAJRA refere-se à imutável, diamantina e indestrutível Essência da verdade, que pedimos em nossas orações para realizar em nossa Visão. GURU representa a Natureza de luminosidade e as nobres qualidades da iluminação, que oramos para aperfeiçoar na nossa Meditação. PADMA diz respeito à Compaixão, que pedimos para realizar na nossa Ação.

Pela recitação do mantra, então, recebemos as bênçãos da mente de sabedoria, as nobres qualidades e a compaixão de Padmasambhava e de todos os budas.

SIDDHI HUM

SIDDHI significa "perfeição real", "consecução", "bênção" e "realização". Há duas espécies de siddhi: o ordinário e o supremo. Pelo recebimento da bênção dos siddhis ordinários, todos os obstáculos da nossa vida, como por exemplo uma saúde precária, são removidos; todas as nossas boas aspirações são atendidas; benefícios como riqueza, prosperidade e vida longa advêm naturalmente, e todas as várias circunstâncias da vida se tornam auspiciosas, conduzindo à prática espiritual e à realização da iluminação.

A bênção do siddhi supremo enseja a própria iluminação, o estado de completa realização de Padmasambhava, que traz benefícios tanto para nós quanto para todos os outros seres sencientes. Assim, lembrando-nos e orando para o corpo, a fala, a mente, as qualidades e a atividade de Padmasambhava, obteremos os siddhis ordinário e supremo.

Diz-se que SIDDHI HUM atrai todos os SIDDHIS, como o ímã atrai a limalha de ferro.

HUM representa a mente de sabedoria dos budas, e é o catalisador sagrado do mantra. É como proclamar seu poder e verdade: "Assim seja!"

O significado essencial do mantra é: "Eu o invoco, Vajra Guru, Padmasambhava; em sua bênção, conceda-nos os siddhis ordinário e supremo".

Dilgo Khyentse Rinpoche explica:

> *Diz-se que as doze sílabas OM AH HUM VAJRA GURU PADMA SIDDHI HUM contêm toda a bênção dos doze tipos de ensinamentos trazidos pelo Buda, a essência dos seus oitenta e quatro mil Dharmas. Dessa forma, recitar o mantra de Vajra Guru uma vez, equivale à bênção de recitar... ou de praticar o ensinamento inteiro do Buda. Esses doze ramos dos ensinamentos são os antídotos para nos liberar dos "Doze Elos da Originação Interdependente", que nos mantêm atados ao samsara: ignorância, formações cármicas, consciência discursiva, nome e forma, sentidos, contato, sensação, desejo ardente, apego, existência, nascimento, velhice e morte. Esses doze elos são o mecanismo do samsara, e é por eles que o samsara se mantém vivo. Pela recitação das doze sílabas do mantra de Vajra Guru, esses doze elos são purificados e você está pronto para remover e depurar completamente a camada de impurezas emocionais do carma, liberando-se assim do samsara.*
>
> *Embora não possamos ver Padmasambhava em pessoa, sua mente de sabedoria se manifesta em forma de mantra; essas doze sílabas são na verdade a emanação da sua mente de sabedoria, e são dotadas de todas as suas*

bênçãos. O Mantra de Vajra Guru é Padmasambhava em forma de som. Assim, quando você o invoca com a recitação das doze sílabas, a bênção e o mérito que obtém são tremendos. Nestes tempos difíceis, do mesmo modo como não podemos invocar buda ou refúgio mais poderoso que Padmasambhava, também não há mantra mais apropriado do que o de Vajra Guru.

O MANTRA DA COMPAIXÃO

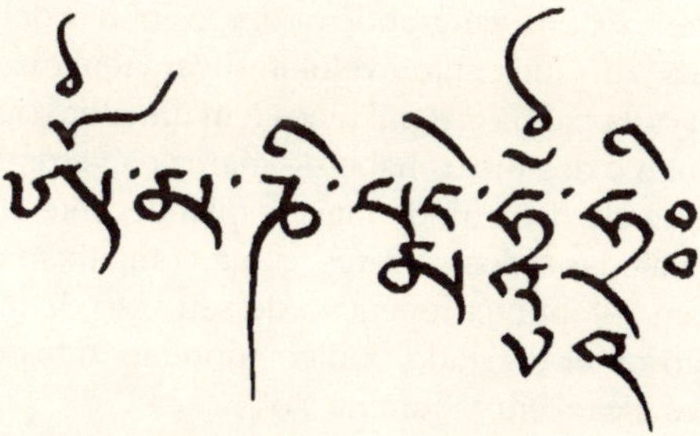

O Mantra da Compaixão, OM MANI PADME HUM, é pronunciado pelos tibetanos Om Mani Péme Hung. Ele encarna a compaixão e a bênção de todos os budas e bodisatvas, e invoca especialmente a bênção de Avalokiteshvara, o Buda da Compaixão. Avalokiteshvara é uma manifestação do Buda no Sambhogakaya, e seu mantra é considerado a essência da compaixão do Buda por todos os seres. Assim como Padmasambhava é o *mestre* mais importante do povo tibetano, Avalokiteshvara é seu *buda* mais importante e a deidade cármica do Tibete. Há um dito famoso que diz que o Buda da Compaixão está tão arraigado na consciência tibetana que qualquer criança que saiba dizer "mãe" sabe também recitar o mantra OM MANI PADME HUM.

Conta-se que, há inumeráveis eras, mil príncipes juraram tornar-se budas. Um deles quis tornar-se o buda que conhecemos como Sidarta Gautama. Avalokiteshvara, no entanto, prometeu não obter a iluminação até que todos os outros mil príncipes a tivessem conseguido. Na sua infinita compaixão, ele também fez o voto de liberar todos os seres sencientes do sofrimento dos vários reinos do samsara. Diante dos budas das dez direções, ele rezou: "Possa eu ajudar todos os seres, e se alguma vez cansar nesse trabalho imenso, possa o meu corpo ser despedaçado em mil partes". Conta-se que primeiro ele desceu aos infernos, subindo gradualmente através do mundo dos fantasmas famintos até o reino dos deuses. De lá olhou para baixo e viu horrorizado que, embora tivesse salvo inúmeros seres do inferno, incontáveis outros estavam caindo lá. Isso o deixou na mais profunda dor. Por um instante ele quase perdeu a fé no seu nobre voto, e seu corpo explodiu em mil pedaços. Em desespero, pediu ajuda a todos os budas, que vieram em sua direção de todos os recantos do universo como uma suave tempestade de neve com seus flocos brancos, segundo diz um texto. Com seu grande poder, os budas deixaram-no inteiro de novo, e a partir de então Avalokiteshvara tem onze cabeças e mil braços, e em cada palma das mil mãos tem um olho, significando a união da sabedoria e dos meios hábeis – marca da verdadeira compaixão. Nessa forma ele ficou ainda mais resplandecente e poderoso do que antes para ajudar todos os seres, e sua compaixão aumentou de intensidade com a contínua repetição de seu voto diante dos budas: "Possa eu não obter o estado búdico supremo antes que todos os seres sencientes alcancem a iluminação".

Conta-se ainda que, em sua tristeza pela dor do samsara, duas lágrimas caíram do seu rosto: pela bênção dos budas elas se transformaram nas duas Taras. Uma é Tara em sua forma verde, que é força ativa da compaixão, e a outra é Tara em sua forma branca, que é o aspecto materno da compaixão. O nome Tara significa "aquela que liberta": a que nos transporta através do oceano do samsara.

Está escrito nos sutras do Mahayana que Avalokiteshvara deu seu mantra ao próprio Buda, que em troca lhe deu a nobre e especial tarefa de ajudar todos os seres do universo no caminho para o estado búdico. Nesse momento, todos os deuses fizeram chover flores sobre eles, a terra estremeceu e no ar ressoou o som de OM MANI PADME HUM HRIH.

Nas palavras do poema:

Avalokiteshvara é como a lua
Cuja luz refrescante apaga os fogos ardentes do samsara.
Em seus raios o lótus noturno da compaixão
Abre todas as suas pétalas.

Os ensinamentos explicam que cada uma das seis sílabas do mantra – OM MA NI PAD ME HUM – tem um efeito poderoso e específico para produzir transformações em níveis diferentes do nosso ser. As seis sílabas purificam por completo as seis emoções negativas, que são a manifestação da ignorância e que nos fazem agir negativamente com nosso corpo, fala e mente, criando desse modo o samsara e nosso sofrimento nele. Orgulho, ciúme, desejo, ignorância, ganância e ódio são transformados pelo mantra na verdadeira natureza de cada um deles: as sabedorias das seis famílias búdicas que se tornam manifestas na mente iluminada.[3]

Assim, quando recitamos OM MANI PADME HUM, as seis emoções negativas que são a causa dos seis reinos do samsara, são purificadas. Desse modo, recitar as seis sílabas previne o renascimento em cada um desses seis reinos, e também dissolve o sofrimento inerente de cada reino. Ao mesmo tempo, a recitação OM MANI PADME HUM purifica os agregados do ego – os skandhas – e aperfeiçoa os seis tipos de ação transcendental do centro da mente iluminada, as *paramitas*: generosidade, conduta harmoniosa, perseverança, entusiasmo, concentração e visão interior. Também se diz que OM MANI PADME HUM assegura forte proteção contra todo tipo de influência negativa e várias formas diferentes de doença.

Com frequência, HRIH, a "sílaba-semente" de Avalokiteshvara, é acrescida ao mantra para fazer OM MANI PADME HUM HRIH. Essência da compaixão de todos os budas, HRIH é o catalisador que ativa a compaixão dos budas para transformar nossas emoções negativas na sua natureza de sabedoria.

Kalu Rinpoche escreve:

> *Outro modo de interpretar o mantra considera que a sílaba OM é a essência da forma iluminada. MANI PADME, as quatro sílabas do meio, representam a fala da iluminação. A última sílaba, HUM, representa a mente da iluminação. O corpo, a fala e a mente de todos os budas e bodisatvas são parte intrínseca do som desse mantra. Ele purifica os obscurecimentos do corpo, da fala e da mente, e traz todos os seres ao estado de realização. Quando se junta à nossa própria fé e aos nossos esforços na meditação*

> *e recitação, o poder transformador do mantra aparece e aumenta. É verdadeiramente possível purificar-nos desse modo.*[4]

Para aqueles que estão familiarizados com o mantra e o recitaram com fervor e fé toda sua vida, o *Livro Tibetano dos Mortos* afirma que no bardo: "Quando o som do dharmata ruge como mil trovões, possa todo ele se tornar o som das seis sílabas". Da mesma forma lemos no Surangama Sutra:

> *Como é doce e misterioso o som transcendental de Avalokiteshvara! É o som primordial do universo... É o murmúrio suave da maré vazante. Seu som misterioso traz a libertação e a paz a todos os seres sencientes que em sua dor estão pedindo ajuda, e traz a sensação de serena estabilidade aos que estão buscando a paz ilimitada do Nirvana.*

NOTAS

PREFÁCIO

1. *Rinpoche* é uma expressão respeitosa que significa "O Precioso", dada aos mestres altamente reverenciados no Tibete. Era muito empregada na parte central do país, mas no Tibete oriental o título é tido em tanta consideração que tende a ser aplicado somente aos grandes mestres.

2. *Bodisatvas* são seres cujo único desejo é beneficiar todos os seres sencientes e que, portanto, dedicam toda a sua vida, obra e prática espiritual a se iluminarem com o objetivo de ajudar o quanto possível os seres.

3. Jamyang Khyentse foi também um líder que inspirou movimentos de transformação espiritual; em tudo o que fez promoveu harmonia e unidade. Amparou mosteiros que passavam por momentos difíceis; descobriu praticantes desconhecidos de grande realização espiritual, e encorajou mestres de linhagens pouco conhecidas, dando-lhes apoio até que fossem reconhecidos pela comunidade. Tinha grande magnetismo e ele próprio foi uma espécie de centro espiritual vivo. Onde quer que houvesse um projeto que precisasse ser levado a termo, ele atraía para lá os melhores especialistas e artífices para implementá-lo. De reis e príncipes à pessoa mais humilde, deu a todos sua atenção pessoal irrestrita. Não há ninguém que o tenha conhecido que não guarde alguma coisa significativa para contar a seu respeito.

1. NO ESPELHO DA MORTE

1. Esse relato está conforme as lembranças de Khandro Tsering Chödrön sobre a morte de Lama Tseten.

2. O nome Lakar foi dado à família pelo grande santo tibetano Tsongkhapa, no século XIV, quando parou na casa deles em sua viagem para o Tibete central, vindo da província de Amdo, no nordeste do país.

3. Chagdud Tulku Rinpoche, *Life in Relation to Death* (Junction City, CA: Padma Publishing, 1987), 7. [Traduzido para o português sob o título *Vida e Morte no Budismo Tibetano* (Três Coroas: Makara, 2008).]

4. José Antonio Lutzenberger, citado no *Sunday Times*, de Londres, março de 1991.

5. Robert A. F. Thurman, em *MindScience, An East-West Dialogue* (Boston: Wisdom, 1991), p. 55.

6. Samsara é o ciclo incontrolado de nascimento e morte no qual os seres sencientes levados por ações inábeis e emoções destrutivas, repetidamente perpetuam seu próprio sofrimento. Nirvana é um estado além do sofrimento, a realização da verdade última ou estado de Buda.

Dilgo Khyentse Rinpoche afirma: "Quando a natureza da mente é reconhecida, isto se chama nirvana. Quando está obscurecida pela ilusão é chamada samsara".

2. IMPERMANÊNCIA

1. Michel de Montaigne, *The Essays of Michel de Montaigne*. Traduzido e editado por M. A. Screech (London: Allen Lane, 1991), 95. [Traduzido para o português sob o título *Ensaios de Montaigne* (São Paulo: Abril Cultural - Coleção Os Pensadores, 2 vol., 1972).]

2. Milarepa, *The Hundred Thousand Songs of Milarepa*, vol. 2. Traduzido por Garma C. C. Chang (Boston: Shambhala, 1984), p. 634.

3. *Songs of Spiritual Change: Selected Works of the Seventh Dalai Lama*. Traduzido por Glenn H. Mullin (Ithaca, NY: Snow Lion, 1982), p. 61.

4. Kenneth Ring, *Heading Towards Omega: In Search of the Meaning of the Near-Death Experience* (New York: Quill, 1985), p. 69. [Traduzido para o português sob o título *Rumo ao Ponto Ômega – Em busca do Significado da Experiência de Quase Morte* (Rio de Janeiro: Rocco, 1996).]

5. Raymond A. Moody, Jr., M.D., *Life After Life* (New York: Bantam, 1976), p. 65-67. [Traduzido para o português sob o título *A Vida Depois da Vida* (São Paulo: Butterfly, 2004).]

6. Kenneth Ring, *Heading Towards Omega*, p. 67.

7. No Mahaparinirvana Sutra.

8. Gary Zukav, *The Dancing Wu Li Masters* (New York: Bantam, 1980), p. 197.

3. REFLEXÃO E MUDANÇA

1. Kenneth Ring, *Heading Towards Omega: In Search of the Meaning of the Near-Death Experience* (New York: Quill, 1985), p. 99.

2. Margot Grey, *Return from Death: An Exploration of the Near--Death Experience* (London: Arkana, 1985), p. 97.

3. Dr. R. G. Owens e Freda Naylor, G. P., *Living While Dying* (Wellingborough, UK: Thorsons, 1987), p. 59.

4. O Tibete tem seu próprio sistema tradicional de medicina natural e sua particular compreensão das doenças. Os médicos tibetanos reconhecem certas perturbações que a medicina tem dificuldade de curar sozinha, razão pela qual recomendam a adoção de práticas espirituais juntamente com o tratamento médico. Os pacientes que seguem essas práticas são, em muitos casos, completamente curados; no mínimo, através das práticas, ficam mais sensíveis ao tratamento que recebem.

5. Nyoshul Khenpo Rinpoche, *Rest in Natural Great Peace: Songs of Experience* (London: Rigpa, 1987), p. 27.

6. Portia Nelson, citada por Charles L. Whitfield, M.D., em *Healing the Child Within* (Orlando, Flórida: Health Communications, 1989).

7. “Eternity”, em *Blake: Complete Writings*. Editado por Geoffrey Keynes (Oxford e New York: Oxford University Press, 1972), p. 179.

8. Alexandra David-Neel e Lama Yongden, *The Superhuman Life of Gesar of Ling* (Boston: Shambhala, 1987), Introdução.

9. No Samadhirajasutra, citado em *Ancient Futures: Learning from Ladakh,* Helena Norbert-Hodge (London: Rider, 1991), p. 72.

10. Chagdud Tulku Rinpoche, *Life in Relation to Death* (Cottage Grove, OR: Padma Publishing, 1987), p. 28.

11. Sua Santidade o Dalai Lama, *A Policy of Kindness: An Anthology of Writings by and about the Dalai Lama* (Ithaca, NY: Snow Lion, 1990), p. 113-114.

12. Em *Letters to a Young Poet,* Rainer Maria Rilke. Traduzido por Stephen Mitchell (New York: Vintage Books, 1986), p. 92. [Traduzido para o português sob o título de *Cartas a um jovem poeta* (L&PM Editores, 2006).]

13. Um famoso verso de Milarepa, citado por Patrul Rinpoche no seu *Kunzang Lamé Shyalung.*

4. A NATUREZA DA MENTE

1. Dudjom Rinpoche, *Calling the Lama from Afar* (London: Rigpa, 1980).

2. Chögyam Trungpa, *The Heart of the Buddha* (Boston: Shambhala, 1991), p. 23.

3. Neste livro, a mente ordinária, *Sem,* é referida como "mente", e a consciência intrínseca pura e mais profunda, *Rigpa,* é referida como "natureza da mente".

4. Nyoshul Khen Rinpoche (Nyoshul Khenpo), *Rest in Natural Great Peace: Songs of Experience* (London: Rigpa, 1989), p. 4.

5. John Myrdhin Reynolds, *Self-Liberation through Seeing the Naked Awareness* (New York: Station Hill, 1989), p. 10.

5. TRAZENDO A MENTE PARA CASA

1. Thich Nhat Hanh, *Old Path, White Clouds* (Berkeley, Califórnia: Parallax Press, 1991), p. 121. [Traduzido para o português sob o título de *Velho Caminho, Nuvens Brancas* (Bodigaya, 2007).]

2. Os animais ferozes e selvagens que eram ameaça no passado, hoje foram substituídos por outros perigos: nossas emoções selvagens e descontroladas.

3. Marion L. Matics, *Entering the Path of Enlightenment: The Bodhi-*

caryavatara of the Buddhist Poet Shantideva (London: George, Allen and Unwin, 1971), p. 162.

4. Esse encontro direto com a natureza mais profunda da mente leva a práticas de meditação avançadas como Mahamudra e Dzogchen. Espero que um próximo livro possa explorar em maior profundidade o modo exato pelo qual o caminho da meditação se desenrola através de Shamatha e Vipashyana até Dzogchen.

5. O futuro Buda, Maitreya, é representado, de fato, sentado numa cadeira.

6. No momento você pode não estar fazendo essa prática, mas manter os seus olhos abertos cria uma condição auspiciosa para quando vier a fazê-la no futuro. Ver capítulo 10 – "A Essência Mais Profunda".

7. Ver no apêndice 4 uma explicação desse mantra.

8. Embora eu tenha dado aqui uma instrução completa para essa prática, deve-se ter em mente que a meditação não pode ser aprendida num livro, mas apenas com a orientação de um mestre qualificado.

9. Rainer Maria Rilke, em *Duino Elegies*. [Traduzido para o português sob o título de *Elegias de Duino*, por Dora Ferreira da Silva (São Paulo: Globo, 2001).]

10. Lewis Thompson, *Mirror to the Light*. (Coventure.)

6. EVOLUÇÃO, CARMA E RENASCIMENTO

1. Adaptado de "Middle Length Sayings", citado por H. W. Schumann, em *The Historical Buddha* (London: Arkana, 1989), p. 54-55.

2. Citado por Hans TenDam, em *Exploring Reincarnation* (London: Arkana, 1990) p. 377. Outras personalidades da história moderna do Ocidente que aparentemente acreditaram na reencarnação foram Goethe, Schiller, Swedenborg, Tolstoi, Gauguin, Mahler, Arthur Conan Doyle, David Lloyd George, Kipling, Sibelius e o General Patton.

3. Alguns eruditos budistas preferem a palavra "renascimento" a "reencarnação", que eles sentem implicar a noção de uma "alma" que encarna, o que não condiz com o budismo. As estatísticas americanas sobre a crença na reencarnação podem ser encontradas em *Adventures in Imortality: a Look Beyond the Threshold of Death*, de George Gallup Jr. e William Proctor (London: Souvenir, 1983). Uma pesquisa

do *Sunday Telegraph*, de Londres, de 15 de abril de 1979, indicou que 28% dos ingleses acreditam na reencarnação.

4. Joan Forman, *The Golden Shore* (London: Futura, 1989), p. 159-163.

5. Ian Stevenson, *Twenty Cases Suggestive of Reincarnation* (Charlottesville: University of Virginia Press, 1974); *Cases of the Reincarnation Type*, vol. 1-4 (Charlottesville: University of Virginia Press, 1975-1983); *Children Who Remember Previous Lives* (Charlottesville: University. of Virginia Press, 1987).

6. Kalsang Yeshi, "Kamaljit Kour: Remembering a Past Life", em *Dreloma*, Nº 12 (New Delhi: junho de 1984), p. 25-31.

7. Raymond A. Moody, Jr., *Life After Life* (New York: Bantam, 1986), p. 94.

8. Margot Grey, *Return from Death: An Exploration of the Near--Death Experience* (Boston e London: Arkana, 1985), p. 105.

9. Kenneth Ring, *Heading Towards Omega: In Search of the Meaning of the Near-Death Experience* (New York: Quill, 1985), p. 156.

10. É interessante que Mozart, numa carta a seu pai, refere-se à morte como "a verdadeira e melhor amiga da humanidade...a chave que descerra a porta para o nosso verdadeiro estado de felicidade". "À noite," escreveu ele, "nunca me deito sem pensar que talvez (jovem que sou) eu não viva para ver o dia seguinte, e apesar disso nenhuma das minhas amizades pode dizer que no convívio com elas sou refratário ou insociável – e por essa fonte de felicidade eu agradeço ao Criador todos os dias, e de todo meu coração desejo o mesmo aos meus semelhantes". *Mozart's Letters,* edição ilustrada, tradução de Emily Anderson (London: Barrie and Jenkins, 1990).

11. *Plato's Republic*, traduzido por F. M. Cornford (Oxford: Oxford University Press, 1966), p. 350. [Há várias traduções da *República* de Platão em português.]

12. Explanação dada por Sua Santidade o Dalai Lama, durante preleção pública em Nova York, outubro de 1991.

13. Sua Santidade o Dalai Lama, num diálogo com David Bohm, em *Dialogues with Scientists and Sages: The Search for Unity,* editado por Renée Weber (London: Routledge and Kegan Paul, 1986), p. 237 [Traduzido para o português sob o título de *Diálogos com Cientistas e Sábios* (São Paulo: Cultrix, 1991.)]

14. H. W. Schumann, *The Historical Buddha* (London: Arkana, 1989), p. 139.

15. H.W. Schumann, *The Historical Buddha*, p. 55.

16. Shantideva, *A Guide to the Bodhisattva's Way of Life (Boddhicaryavatara).* Traduzido por Stephen Batchelor (Dharamsala: Library of Tibetan Works and Archives, 1979), p. 120.

17. Sua Santidade o Dalai Lama, *A Policy of Kindness: An Anthology of Writings by and about the Dalai Lama* (Ithaca, NY: Snow Lion, 1990), p. 58.

18. Saddharmapundarika Sutra, citado por Tulku Thondup, em *Buddha Mind* (Ithaca, NY: Snow Lion, 1989), p. 215.

19. David Lorimer aborda esse tópico em profundidade no seu *Whole in One: The Near-Death Experience and the Ethic of Interconnectedness* (London; Arkana, 1990).

20. Raymond A. Moody, Jr., *Reflections on Life After Life* (London: Corgi, 1978), 35. [Traduzido para o português sob o título *Reflexões sobre a Vida depois da Vida* (São Paulo: Butterfly, 1992).]

21. Kenneth Ring, *Heading Towards Omega*, p. 71.

22. Raymond A. Moody, Jr., *The Light Beyond* (London: Pan, 1989), p. 38. [Traduzido para o português sob o título *A Luz do Além* (Rio de Janeiro: Nórdica, 1997).]

23. P. M. H. Atwater, *Coming Back to Life* (New York: Dodd, Mead, 1988), p. 36.

24. De Albert Einstein, *Ideas and Opinions*, traduzido por Sonja Bargmann (New York: Crown Publishers, 1954), citado por Weber, ed. em *Dialogues with Scientists and Sages*, p. 203.

25. Sua Santidade o Dalai Lama, *My Land and My People: The Autobiography of the Dalai Lama* (London: Panther, 1964), p. 24. [Traduzido para o português sob o título *Minha Terra e Meu Povo* (São Paulo: Palas Athena, 1988).]

7. BARDOS E OUTRAS REALIDADES

1. O próprio *Livro Egípcio dos Mortos* é um título artificial cunhado por seu tradutor, E. A. Wallis Budge, a partir do *Livro dos Finados*, árabe, tendo pouco a ver com o título original: "Saindo para o Dia".

2. Ver capítulo 10 – "A Essência Mais Profunda" – sobre Dzogchen.

Os Tantras do Dzogchen são os ensinamentos originais do Dzogchen, compilados pelo primeiro mestre humano que os ensinou, Garab Dorje.

3. Os mestres do Tibete não fizeram alarde da sua iluminação. Podem ter tido imensos poderes psíquicos, mas quase sempre guardaram-nos para si mesmos. Isso é o que nossa tradição recomenda. Os verdadeiros mestres não utilizam em nenhum caso os seus poderes buscando o autoengrandecimento. Só o fazem quando sabem que trarão benefício real para outros; ou em circunstâncias e condições especiais, quando permitem a uns poucos de seus discípulos mais próximos testemunhá-los.

8. ESTA VIDA: O BARDO NATURAL

1. Tulku Thondup, *Buddha Mind* (Ithaca, NY: Snow Lion, 1989), p. 211.

2. Kalu Rinpoche, *Essence of the Dharma* (Delhi, Índia: Tibet House), p. 206.

3. Do "The Marriage of Heaven and Hell", em *Blake: Complete Writings* (Oxford e New York: Oxford University Press, 1972), p. 154.

4. Os três kayas são os três aspectos da verdadeira natureza da mente descritos no capítulo 4: sua essência vazia, sua natureza radiante e sua energia que tudo permeia; ver também o capítulo 21 – "O Processo Universal".

5. Shunryu Suzuki, *Zen Mind, Beginner's Mind* (New York: Weatherhill, 1973), p. 21. [Traduzido para o português sob o título *Mente Zen, Mente de Principiante* (São Paulo: Palas Athena, 1994).]

9. O CAMINHO ESPIRITUAL

1. Os Tantras são os ensinamentos e escritos que descrevem as práticas do budismo Vajrayana, corrente predominante no Tibete. Os ensinamentos tântricos se baseiam no princípio da transformação da visão impura na visão pura através do trabalho com o corpo, a energia e a mente. Os textos tântricos usualmente descrevem as práticas do mandala e da meditação vinculadas a uma particular deidade ou ser iluminado. Embora sejam chamados de Tantras, os Tantras do Dzogchen

são uma categoria específica dos ensinamentos do Dzogchen que não se baseia na transformação, mas na autoliberação (ver capítulo 10 – "A Essência Mais Profunda").

2. Dilgo Khyentse, *The Wish-Fulfilling Jewel: The Practice of Guru Yoga According to the Longchen Nyingthig Tradition* (London e Boston: Shambhala, 1988), p. 51.

3. Dakini é uma encarnação feminina da energia iluminada.

4. Stupa é uma construção tridimensional que simboliza a mente dos budas. Frequentemente contém relíquias de grandes mestres.

5. Dilgo Khyentse, *The Wish-Fulfilling Jewel,* p. 11. Essa citação contém muitos elementos tradicionais, e um louvor do mestre semelhante é encontrado nos escritos de Patrul Rinpoche.

6. Mateus 7:7 e 8.

7. Dilgo Khyentse, *The Wish-Fulfilling Jewel,* p. 3.

8. Do Guru Ioga, na famosa prática preliminar do ciclo de Jikmé Lingpa sobre os ensinamentos Dzogchen: *Longchen Nyingtik.*

9. Dilgo Khyentse, *The Wish-Fulfilling Jewel,* p. 83.

10. A ESSÊNCIA MAIS PROFUNDA

1. O Ngöndro é tradicionalmente dividido em duas partes. As Preliminares Externas, começando com a Invocação do lama, consistem na contemplação da singularidade da vida humana, da impermanência, do carma e do sofrimento do samsara. As Preliminares Internas são a Tomada de Refúgio, a Geração de *Bodhichitta* (o coração da mente iluminada), a Purificação de Vajrasattva, a Oferenda do Mandala e finalmente o Guru Ioga, seguido por Phowa (a transferência da consciência) e a Dedicação.

2. Esta não é a ocasião para explorar em detalhe essas práticas preliminares. Espero no futuro poder publicar uma completa explanação delas para os que tiverem interesse em segui-las.

3. O Mosteiro Dzogchen foi uma universidade monástica fundada no século XVII em Kham, no Tibete oriental. Foi um dos maiores e mais influentes centros da tradição dos ensinamentos de Padmasambhava e do Dzogchen, até sua destruição pelos chineses em 1959. Tinha um renomado centro de estudos e produziu eruditos e professores da mais alta qualidade, tais como Patrul Rinpoche (1808-

1887) e Mipham (1846-1912). Com a bênção do Dalai Lama, o mosteiro foi reconstruído no exílio pelo Sétimo Rinpoche do Dzogchen em Mysore, no sul da Índia.

4. Citado no livro de Tulku Thondup Rinpoche, *Buddha Mind*, p. 128.

5. O mandala normalmente significa o ambiente e a moradia sagrados de um buda, um bodisatva ou deidade, visualizado pelo praticante na prática tântrica.

6. Um modo seguro que encontrei de avaliar se você está no estado de Rigpa é a presença de sua Essência que é como o céu, sua Natureza radiante e sua livre Energia compassiva, assim como as cinco sabedorias, com suas qualidades de abertura, precisão, equanimidade que tudo abrange, discernimento e realização espontânea, como descrito na página 215

7. Pela prática do Tögal, um praticante realizado pode obter os três kayas durante sua vida (ver capítulo 21 – "O Processo Universal"). Essa é a Fruição do Dzogchen.

8. De uma aula dada em Helsinki, Finlândia, em 1988.

11. CONSELHO DE CORAÇÃO PARA AJUDAR OS QUE ESTÃO MORRENDO

1. Elisabeth Kübler-Ross, *On Death and Dying* (New York: Collier, 1970), p. 50.

2. Dame Cicely Saunders, "I Was Sick and You Visited Me", em *Christian Nurse International*, p. 3, Nº 4 (1987).

3. Dame Cicely Saunders, "Spiritual Pain", trabalho apresentado na Quarta Conferência Internacional do Hospice St. Christopher, Londres, 1987, publicado em *Hospital Chaplain* de março de 1988.

4. Elisabeth Kübler-Ross, *On Death and Dying*, p. 36.

5. Recomendo com ênfase seu detalhado livro sobre como cuidar dos que morrem, *Facing Death and Finding Hope* (Doubleday, 1997).

12. COMPAIXÃO: A JOIA QUE REALIZA DESEJOS

1. É comum as pessoas me perguntarem: "É errado, de algum modo, nos preocuparmos conosco, cuidando dos nossos próprios problemas?" Não se pode concluir sempre que o acalentamento do eu, que é eliminada pela compaixão, seja *o apego por e o acalentamento de um falso eu*, tema abordado no capítulo 8. Não se deve interpretar de maneira errônea a afirmação de que o acalentamento do eu é a raiz de todo mal, concluindo que é egoísta ou errado ser bom para si mesmo, ou que simplesmente pensando nos outros os nossos problemas se resolverão por si. Como expliquei no capítulo 5, é central para os ensinamentos, e está implícito neles, ser generoso para consigo mesmo, amigo de si mesmo e reconhecer a própria bondade e confiança. Assim, ao revelarmos nosso próprio Bom Coração, nossa bondade fundamental, identificamo-nos e encorajamo-nos com esse aspecto de nós mesmos. Veremos adiante neste capítulo, quando se tratar da prática Tonglen, como é importante começar trabalhando consigo mesmo, fortalecendo o próprio amor e compaixão, antes de ajudar os outros. Do contrário, nossa "ajuda" pode ser afinal motivada por um egoísmo sutil, ou pode tornar-se um fardo para os outros; pode até torná-los dependentes de nós, roubando-lhes a oportunidade de se responsabilizarem por si próprios, o que obstruiria seu desenvolvimento.

Os psicoterapeutas também dizem que uma das tarefas essenciais dos seus clientes é desenvolver o autorrespeito e uma "visão positiva de si mesmos", para curar seus sentimentos de perda e empobrecimento interior, permitindo-lhes experienciar o bem-estar que é parte fundamental do nosso crescimento como seres humanos.

2. Shantideva, *A Guide to the Bodhisattva's Way of Life (Bodhicaryavatara)*, traduzido por Stephen Batchelor (Dharamsala: Library of Tibetan Works and Archives, 1979), p. 120-121.

3. Sua Santidade o Dalai Lama, *A Policy of Kindness: An Anthology of Writings by and about the Dalai Lama* (Ithaca, NY: Snow Lion, 1990), p. 53.

4. Citado em *Acquainted with the Night: A Year on the Frontiers of Death*, Allegra Taylor (London: Fontana, 1989), p. 145.

5. Shantideva, *A Guide to the Bodhisattva's Way of Life*, p. 34.

6. Os ensinamentos definem estas quatro "qualidades imensuráveis" com grande precisão: bondade amorosa é o desejo de levar felicidade àqueles desprovidos dela; compaixão é o desejo de libertar os sofredores de seu sofrimento; alegria é o desejo de que a felicidade obtida pelas pessoas nunca termine; e equanimidade é ver e lidar com as coisas sem preconceito, apego ou aversão e sim com infinito amor e compaixão.

7. Bodhichitta é classificada de diferentes formas. A distrinção entre "Bodhichitta na aspiração" e "Bodhichitta na ação é descrita por Shantideva como a diferença entre decidir partir em viagem e de fato viajar. Bodhichitta é também classificada em "Bodhichitta relativa ou convencional" e "Bodhichitta suprema". Bodhichitta relativa traz o desejo compassivo de atingir a iluminação para o benefício de todos os seres e o treinamento descrito aqui. *Bodhichitta* suprema é o insight direto da natureza última de todas as coisas.

8. No capítulo 13 – "A Ajuda Espiritual aos que vão Morrer"– explico como a pessoa que vai morrer pode praticar o Tonglen.

9. Shantideva, *A Guide to the Bodhisattva's Way of Life*, p. 119.

13. A AJUDA ESPIRITUAL AOS QUE VÃO MORRER

1. Dame Cicely Saunders, "Spiritual Pain", trabalho apresentado na Quarta Conferência Internacional do Hospice St. Christopher, Londres, 1987, publicado em *Hospital Chaplain* de março de 1988.

2. Stephen Levine, entrevistado por Peggy Roggenbuck, *New Age Magazine*, setembro de 1979, p. 50.

3. Jamyang Khyentse Chökyi Lodrö escreveu isto em seu *Heart Advice* para minha tia-avó Ani Pelu (London: Rigpa Publications, 1981).

4. Um mídia com palestras sobre o *Livro Tibetano do Viver e do Morrer* foi lançada, para ajudar as pessoas que estão em vias de morrer.

5. "Filho/filha de uma família iluminada": todos os seres sencientes estão num estágio ou outro de purificação ou de revelação de sua inerente natureza búdica, e assim são coletivamente conhecidos como "a família iluminada".

6. A palavra sânscrita *dharma* tem muitos significados. Aqui ela significa o ensinamento budista como um todo. Como diz Dilgo

Khyentse Rinpoche: "A expressão da sabedoria do Buda em favor de todos os seres sencientes". Dharma pode significar verdade ou realidade final; dharma também significa qualquer fenômeno ou objeto mental.

7. Lama Norlha citado por Kalu Rinpoche, em *The Dharma* (Albany: State University of New York Press, 1986), p. 155.

8. Marion L. Matics, *Entering the Path of Enlightenment: The Bodhicaryavatara of the Buddhist Poet Shantideva* (London: George, Allen and Unwin, 1971), p. 154; Shantideva, *A Guide to the Bodhisattva's Way of Life* (*Bodhicaryavatara*), traduzido por Stephen Batchelor (Dharamsala: Library of Tibetan Works and Archives, 1979), p. 30-32.

14. AS PRÁTICAS PARA O MOMENTO DA MORTE

1. Lati Rinbochay e Jeffrey Hopkins, *Death, Intermediate State and Rebirth in Tibetan Buddhism* (Ithaca, NY: Snow Lion, 1985), p. 9 [Traduzido para o português sob o título *Morte, Estado Intermediário e Renascimento no Budismo Tibetano* (São Paulo: Global, 2006).]

2. Uma coleção de fotografias das pessoas e lugares mencionados neste livro será publicada em futuro próximo.

3. De Francesca Fremantle e Chögyam Trungpa, *The Tibetan Book of the Dead* (Boston: Shambhala, 1975), p. 68. [Traduzido para o português sob o título: *O Livro Tibetano dos mortos*: *a grande libertação através da audição no Bardo*/pelo Guru Rinpoche e de acordo com karma-lingpa; tradução para o inglês e comentários de Francesca Fremantle & Chogyam Trungpa; tradução de Murillo Nunes de Azevedo: Rocco, 2002.]

4. Ver o apêndice 4 para uma explicação sobre esse mantra.

5. Ver capítulo 15 – "O Processo de Morrer".

6. Um texto explica: "O caminho pelo qual a consciência deixa o corpo determina o futuro renascimento. Se ela escapa pelo ânus, o renascimento ocorrerá no reino infernal; se pelo órgão genital, no reino animal; se pela boca, no reino dos fantasmas famintos; se pelo nariz, nos reinos humano e do espírito; se pelo umbigo, no reino dos 'deuses do desejo'; se pelos ouvidos, no reino dos semideuses; se pelos olhos, no reino do 'deus forma'; se pelo alto da cabeça (quatro dedos atrás da margem do cabelo), no reino do 'deus da não forma'.

Se a consciência escapa pela coroa da cabeça, o ser renascerá no Dewachen, paraíso ocidental de Amitabha". Em *Bardo Teachings*, de Lama Lödo (Ithaca, NY: Snow Lion, 1987), p. 11.

7. A pesquisa foi relatada em "Psychophysiological Changes Due to the Performance of the Phowa Ritual", *Research for Religion and Parapsychology*, Nº 17 (dezembro de 1987), publicado pela International Association for Religion and Parapsychology, Tóquio, Japão.

8. Dilgo Khyentse Rinpoche falou-me de vários desses casos. Quando o famoso mestre de Dzogchen, Khenpo Ngakchung, era ainda um menino, viu o cadáver de um bezerro que havia morrido de fome no final do inverno. Cheio de compaixão e rezando intensamente pelo animal, visualizou sua consciência viajando rumo ao paraíso do Buda Amitabha. Nesse instante, uma abertura apareceu na cabeça do bezerro, de onde saíram sangue e um fluido.

9. Há também certos budas cujo nome, se ouvido no momento da morte, é de grande ajuda – isso foi prometido por eles próprios. Basta recitar seu nome no ouvido daquele que morre para que ele se beneficie. Pode-se também fazer isso com animais que estão morrendo.

10. De modo literal, o "prana-mente": um mestre explica que "prana" expressa o aspecto de mobilidade da mente, e "mente" seu aspecto de percepção, mas são ambos uma só e mesma coisa.

11. A explicação de Padmasambhava é citada por Tsele Natsok Rangdrol em sua bem conhecida exposição sobre o ciclo dos quatro bardos publicada em inglês como *Mirror of Mindfullness* (Boston: Shambhala, 1989).

15. O PROCESSO DE MORRER

1. Esses são métodos de observar sua sombra no céu ao amanhecer, no período da lua nova.

2. *Ambrosia Heart Tantra*, anotado e traduzido pelo Dr. Yeshi Dhondhen e Jhampa Kelsang (Dharamsala: Library of Tibetan Works and Archives, 1977), p. 33.

3. Em Kalu Rinpoche, *The Dharma* (Albany: State University of New York Press, 1986), p. 59.

4. Dilgo Khyentse Rinpoche explica que os ventos da sabedoria pura estão presentes juntamente com os ventos cármicos impuros, mas quando os últimos são predominantes os primeiros são obstados. Quando os ventos cármicos são levados ao canal central pela prática da ioga eles se esvanecem, e somente os ventos da sabedoria circulam pelos canais.

5. C.Trungpa Rinpoche, *Glimpses of Abhidharma* (Boulder, Colorado: Prajna, 1975), p. 3.

6. Em *Inquiring Mind*, 6, Nº 2, Winter/Spring 1990, de um ensinamento de Kalu Rinpoche em 1982.

7. A ordem em que surgem Aumento e Aparecimento pode variar. Ela depende, segundo Dilgo Khyentse Rinpoche, de qual emoção é mais forte no indivíduo: desejo ou raiva.

8. Há vários relatos desse processo de dissolução interna. Aqui escolhi uma das descrições mais simples, preparada por Patrul Rinpoche. A experiência negra é chamada "Consecução", e o desenvolvimento da Luminosidade Base, identificável por um praticante experiente, é a "Plena Consecução".

9. Sua Santidade o Dalai Lama, *The Dalai Lama at Harvard* (Ithaca, NY: Snow Lion, 1988), p. 45.

10. Ver capítulo 21 – "O Processo Universal" – e também o comentário de C. Trungpa Rinpoche em *The Tibetan Book of the Dead*, Francesca Fremantle e Chögyam Trungpa (London: Shambhala, 1975), p. 1-29. [Traduzido como: *O livro tibetano dos mortos: a grande libertação através da audição no Bardo*/pelo Guru Rinpoche e de acordo com karma-lingpa; tradução para o inglês e comentários de Francesca Fremantle & Chogyam Trungpa; tradução de Murillo Nunes de Azevedo: Rocco, 2020].

16. A BASE

1. "His Holiness In Zion, Illinois", em *Vajradhatu Sun*, vol. 4, Nº 2 (Boulder, Colorado, dezembro de 1981-janeiro de 1982), 3. (Esta publicação chama-se agora *Shambhala Sun*.)

2. Bokar Tulku Rinpoche, em "An Open Letter to Disciples and Friends of Kalu Rinpoche", 15 de maio de 1989.

3. Os sutras são as escrituras contendo os ensinamentos originais

do Buda; frequentemente tomam a forma de diálogos entre o Buda e seus discípulos, desenvolvendo um tema particular.

17. A RADIÂNCIA INTRÍNSECA

1. Em *Dialogues with Scientists and Sages: The Search for Unity*, editado por Renée Weber (London: Routledge and Kegan Paul, 1986), p. 45-46.

2. Kalu Rinpoche, *The Dharma* (Albany: State University of New York Press, 1986), p. 61.

3. Kalu Rinpoche, *The Dharma*, p. 62.

4. Esse é o bodisatva Samantabhadra e não o Buda Primordial.

5. Ver capítulo 21. Nessa passagem sou muito grato pelas sugestões do Dr. Gyurme Dorje, cuja tradução do *Livro Tibetano dos Mortos*, editada por ele e Graham Coleman, foi publicada pela Penguin em 2006.

18. O BARDO DO VIR A SER

1. Kalu Rinpoche, *The Dharma* (Albany: State Univ. of New York Press, 1986), p. 18.

2. Diz-se que há somente dois lugares onde o corpo mental não pode ir: o ventre de sua futura mãe e Vajrasana, o lugar onde todos os budas se iluminam. Esses dois lugares representam as entradas do samsara e do nirvana. Em outras palavras, renascer ou obter a iluminação levaria ao fim de sua vida no bardo.

3. Há relatos de mestres que conseguiram perceber seres do bardo, ou mesmo viajaram para o reino do bardo.

4. Chökyi Nyima Rinpoche, *The Bardo Guidebook* (Kathmandu: Rangjung Yeshe, 1991), p. 14.

5. Esta cena faz parte dos dramas populares e óperas do Tibete, e é também relatada pelos déloks. Ver capítulo 20 – "A Experiência de Quase Morte: Uma Escada para o Céu?".

6. Raymond A. Moody, Jr., *Reflections on Life After Life* (New York: Bantam, 1977), p. 32.

7. Kenneth Ring, *Heading Towards Omega: In Search of the Meaning of the Near-Death Experience* (New York: Quill, 1985), p. 70.

8. Diz-se que onde quer que um casal faça amor, multidões de seres do bardo se juntam, esperando ter a conexão cármica para renascer. Uns conseguem, outros morrem de desespero; isso pode acontecer sob a forma das experiências semanais de morte no bardo.

9. Fremantle e Trungpa, *The Tibetan Books of the Dead*, p. 86. [Traduzido como: *O livro tibetano dos mortos: a grande libertação através da audição no Bardo*/pelo Guru Rinpoche e de acordo com karma-lingpa; tradução para o inglês e comentários de Francesca Fremantle & Chogyam Trungpa; tradução de Murillo Nunes de Azevedo: Rocco, 2002].

10. Vajrasattva é a divindade central das Cem Divindades Pacíficas e Iradas. Ver capítulo 19 – "Ajuda após a Morte".

19. AJUDA APÓS A MORTE

1. Ver apêndice 4 para uma explicação desse mantra.

2. Mesmo assim, no caso de um praticante espiritual que morreu e que vê amigos e parentes apegados e insinceros depois da sua morte, é possível que em vez de se sentir ferido e indignado possa compreender que todo aquele comportamento é simplesmente da natureza do samsara. A partir disso, pode gerar um profundo sentimento de renúncia e compaixão, que pode ser de grande benefício para ele no bardo do vir a ser.

3. Quando pedimos a um mestre que pratique e ore por uma pessoa morta, é costume enviar-lhe uma doação em dinheiro, por menor que seja. A doação estabelece uma conexão tangível entre o falecido e o mestre, que sempre usará esse dinheiro exclusivamente para pagar os rituais pelo morto ou fazer oferendas em santuários sagrados; poderá também destinar a importância a alguma obra em que esteja trabalhando, em nome da pessoa que morreu.

4. Uma resposta dada por Sua Santidade o Dalai Lama a uma série de perguntas sobre a morte e o morrer. Ver apêndice 2, nota 1.

5. Práticas tradicionais como esta exigem treinamento e não podem ser seguidas apenas com as intruções deste livro. Certas práticas também requerem iniciação por um mestre qualificado. Pretendo organizar no futuro programas de treinamento sobre a abordagem budista da morte e o cuidado com os que morrem, que incluirão alguns

desses métodos. Uma cerimônia simples e orientação para os mortos estarão disponíveis, seguindo o conselho de Dilgo Khyentse Rinpoche.

6. O mantra das Cem Sílabas é OM VAJRA SATTVA SAMAYA MANUPALAYA VAJRA SATTVA TENOPA TISHTHA DRI DHO ME BHAWA SUTOKHAYO ME BHAWA SUPOKHAYO ME BHAWA ANURAKTO ME BHAWA SARWA SIDDHI ME PRAYATSA SARWA KARMA SUTSA ME TSITTAM SHRIYAM KURU HUM HA HA HA HA HO BHAGAWAN SARWA TATHACATA VAJRA MAMEMUNTSA VAJRIBHAWA MAHA SAMAYASATTVA AH.

7. Judy Tatelbaum, *The Courage to Grieve: Creative Living, Recovery and Growth through Grief* (New York: Harper & Row, 1980).

8. De "Dove that Ventured Outside", em *The Selected Poetry of Rainer Maria Rilke*, editado e traduzido por Stephen Mitchell (New York: Vintage Books, 1984), p. 293.

9. Elisabeth Klübler-Ross em "The Child Will Always Be There. Real Love Doens't Die", por Daniel Goleman, *Psychology Today* (setembro de 1976), p. 52.

10. Raymond A. Moody, Jr., *Reflections on Life After Life* (New York: Bantam, 1977), p. 112.

20. A EXPERIÊNCIA DE QUASE MORTE: UMA ESCADA PARA O CÉU?

1. Bede, *A History of the English Church and People*, traduzido por Leo Sherley-Price (Harmondsworth, UK: Penguin Books, 1968), p. 420-421.

2. Em George Gallup Jr., com William Proctor, *Adventures in Immortality: A Look Beyond the Threshold of Death* (London: Souvenir, 1983).

3. Kenneth Ring, *Life at Death: A Scientific Investigation of the Near-Death Experience* (New York: Quill, 1982), p. 55.

4. Kenneth Ring, *Life at Death*, p. 63.

5. Margot Grey, *Return from Death: An Exploration of the Near-Death Experience* (Boston e London: Arkana, 1985), p. 42.

6. Melvin Morse, *Closer to the Light: Learning from Children's Near-Death Experiences* (New York: Villard, 1990), p. 115.

7. Margot Grey, *Return from Death*, p. 47.

8. Michael Sabom, *Recollections of Death: A Medical Investigation of the Near-Death Experience* (London: Corgi, 1982), p. 66.

9. Kenneth Ring, *Life at Death*, p. 59.

10. Margot Grey, *Return from Death*, p. 46.

11. Margot Grey, *Return from Death*, p. 33.

12. Margot Grey, *Return from Death*, p. 53.

13. Melvin Morse, *Closer to the Light*, p. 120.

14. Melvin Morse, *Closer to the Light*, p. 181.

15. Margot Grey, *Return from Death*, p. 35.

16. Kenneth Ring, *Life at Death*, p. 45.

17. Michael Sabom, *Recollections of Death*, p. 37.

18. Michael Sabom, *Recollections of Death*, p. 155.

19. Michael Sabom, *Recollections of Death*, p. 37.

20. Michael Sabom, *Recollections of Death*, p. 40.

21. Michael Sabom, *Recollections of Death*, p. 56.

22. Michael Sabom, *Recollections of Death*, p. 54-55.

23. Kenneth Ring, *Heading Towards Omega: In Search of the Meaning of the Near-Death Experience* (New York: Quill, 1985), p. 199.

24. Raymond A. Moody, Jr., *Reflections on Life After Life* (London: Corgi, 1978), p. 10.

25. Raymond A. Moody, Jr., *Reflections*, p. 14.

26. Margot Grey, *Return from Death*, p. 52.

27. Michael Sabom, *Recollections of Death*, p. 71.

28. Margot Grey, *Return from Death*, p. 50.

29. Raymond A. Moody, Jr., *Reflections*, p. 17.

30. Margot Grey, *Return form Death*, p. 5l.

31. Margot Grey, *Return from Death*, p. 59.

32. Margot Grey, *Return from Death*, p. 65.

33. Margot Grey, *Return from Death*, p. 63.

34. Margot Grey, *Return from Death*, p. 70.

35. Raymond A. Moody, Jr., *Reflections*, p. 19.

36. Françoise Pommaret, *Les Revenants de l'Au-Delà dans le Monde Tibétain* (Paris: Editions du CNRS, 1989).

37. Na tradição hindu, a kundalini refere-se ao despertar da energia sutil que pode produzir uma transformação psicofisiológica e a união com o divino.

38. Margot Grey, *Return from Death*, p. 194.

39. Kenneth Ring, *Life at Death*, p. 145.
40. Melvin Morse, *Closer to the Light*, p. 193.
41. Melvin Morse, *Closer to the Light*, p. 93.
42. Do *The NDE: As Experienced in Children*, uma palestra da IANDS.
43. Do *The NDE: Can It Be Explained in Science?*, uma palestra da IANDS.
44. Kenneth Ring, *Heading Towards Omega*, p. 7.

21. O PROCESSO UNIVERSAL

1. J. M. Reynolds, *Self-Liberation through Seeing with Naked Awareness* (New York: Station Hill, 1989), p. 13.
2. "Auguries of Innocence", em *Blake: Complete Writings* (Oxford e New York: Oxford University Press, 1972), p. 431.
3. Kalu Rinpoche, *The Dharma*, p. 38.
4. Ver, por exemplo, o Dalai Lama, et al., *em MindScience, An East-West Dialogue* (Boston: Wisdom, 1991).
5. Renée Weber, ed., *Dialogues with Scientists and Sages: The Search for Unity* (London: Routledge and Kegan Paul, 1986), p. 93-94.
6. Renée Weber, *Dialogues with Scientists and Sages*, p. 48.
7. David Bohm, *Unfolding Meaning: A Weekend of Dialogues with David Bohm* (London: Ark, 1987), p. 73.
8. David Bohm, *Unfolding Meaning*, p. 90-91.
9. Paavo Pylkkänen, ed., *The Search for Meaning* (Wellingborough: Crucible, 1989), p. 51; David Bohm, *Unfolding Meaning*, p. 93.
10. David Bohm, *Wholeness and the Implicate Order* (London: Ark, 1988), p. xi. [Traduzido para o português sob o título *Totalidade e a Ordem Implicada* (São Paulo: Madras, 2008).]
11. David Bohm, *Unfolding Meaning*, p. 107, 96.

22. SERVIDORES DA PAZ

1. Thomas Merton, *The Wisdom of the Desert* (New York: New Directions, 1960), p. 11.

APÊNDICE 2: PERGUNTAS SOBRE A MORTE

1. Fiz a Sua Santidade o Dalai Lama, Dilgo Khyentse Rinpoche e outros mestres uma série de perguntas sobre a morte e o morrer, inclusive questões como a manutenção artificial da vida e a eutanásia, e neste apêndice citarei algumas de suas respostas. Espero no futuro publicar suas palavras na íntegra.

2. Melvin Morse, *Closer to the Light* (New York: Villard Books, 1990), p. 72.

3. Pesquisa Gallup citada na *Newsweek* de 26 de agosto de 1991, p. 41.

4. Kalu Rinpoche, *The Gem Ornament* (Ithaca, NY: Snow Lion, 1986), p. 194.

5. Em Elisabeth Klübler-Ross, *Questions on Death and Dying* (New York: Macmillan, 1974), p. 84.

6. Dame Cicely Saunders, "A Commitment to Care", em *Raft, The Journal of the Buddhist Hospice Trust*, 2, Winter 1989/90, London, p. 10.

7. Kalu Rinpoche, *The Gem Ornament*, p. 194.

APÊNDICE 4: DOIS MANTRAS

1. Há três atividades negativas do corpo: tirar a vida, roubar e má conduta sexual; quatro da fala: mentiras, palavras grosseiras, difamação e intriga, e três da mente: avareza, malícia e visão errônea.

2. *Nadi, prana* e *bindu* em sânscrito; *tsa, lung* e *tiklé* em tibetano. Ver capítulo 15 – "O Processo de Morrer".

3. Cinco famílias búdicas e cinco sabedorias aparecem com frequência nos ensinamentos; a sexta família búdica aqui abarca as outras cinco juntas.

4. Kalu Rinpoche, *The Dharma* (Albany: State University of New York Press, 1986), p. 53.

BIBLIOGRAFIA SELECIONADA

ENSINAMENTOS TIBETANOS TRADICIONAIS SOBRE A MORTE E O MORRER

Bokar Rinpoche. *Death and the Art of Dying*. San Francisco: Clearpoint Press, 1994.

Chagdud Tulku Rinpoche. *Life in Relation to Death*. Junction City, CA: Padma Publishing, 1987. [Traduzido para o português sob o título *Vida e Morte no Budismo Tibetano* (Três Coroas: Makara, 2008).]

Chökyi Nyima Rinpoche. *The Bardo Guidebook*. Kathmandu: Rangjung Yeshe, 1991.

Delog Dawa Drolma. *Delog: Journey to Realms Beyond Death*. Junction City, CA: Padma Publishing, 1995.

Dorje, Gyurme, Thupten Jinpa, e Graham Coleman. *The Tibetan Book of the Dead*. New York: Viking, 2005.

Dzogchen Ponlop. *Mind Beyond Death*. Ithaca, NY: Snow Lion, 2008.

Fremantle, Francesca. *Luminous Emptiness: Understanding the Tibetan Book of the Dead*. Boston: Shambhala, 2001.

Fremantle, Francesca e Chögyam Trungpa. *The Tibetan Book of the Dead*. Boston: Shambhala, 1975.

Lama Lodö. *Bardo Teaching: The Way of Death and Rebirth*. Ithaca, NY: Snow Lion, 1987.

Mullin, Glenn H. *Death and Dying: The Tibetan Tradition*. London: Arkana, 1986.

Padmasambhava. *Natural Liberation*. Traduzido por Alan B. Wallace. Somerville, MA: Wisdom Publications, 1998.

Padmasambhava and Karma Lingpa. *The Tibetan Book of the Dead: Awakening Upon Dying*. Traduzido por Elio Guarisco and Nancy Simmons. Berkeley, CA: North Atlantic Books, 2013.

Rangdröl, Tsele Natsok. *The Mirror of Mindfulness*. Traduzido por Erik Pema Kunsang. Kathmandu: Rangjung Yeshe, 1987.

Rinbochay, Lati and Jeffrey Hopkins. *Death, Intermediate State and Rebirth in Tibetan Budism*. Ithaca, NY: Snow Lion, 1985. [Traduzido para o português sob o título *Morte, Estado Intermediário e Renascimento no Budistmo Tibetano* (São Paulo: Global, 2006).]

Thondup Tulku. *Peaceful Death, Joyful Rebirth*. Editado por Harold Talbott. Boston: Shambhala, 2005.

CUIDANDO DOS QUE ESTÃO PRÓXIMOS DA MORTE, DOS VIVOS E DOS QUE ESTÃO EM LUTO

Baugher, John. "The 'Quiet Revolution' in Care for the Dying." In *Inner Peace-Global Impact*, editado por Kathryn Goldman Schuyler. Charlotte, NC: Information Age Publishing Inc., 2012.

Bernhard, Toni. *How to be Sick: A Buddhist-lnspired Guide for the Chronically Ill and Their Caregivers*. Somerville, MA: Wisdorn Publications, 2010.

Borysenko, Joan. *Minding the Body, Mending the Mind*. Rev. ed. Cambridge: Da Capo Press, 2007.

Buckman, Robert. *I Don't Know What to Say ...: How to Help and Support Someone Who Is Dying*. New York: Vintage, 1992.

Buckman, Robert, M.D. *How to Break Bad News: A Guide for Health Care Professionals*. Baltimore: John Hopkins University Press, 1992.

Byock, Ira, *Dying Well: Peace and Possibilites at the End of Life*. New York: Riverhead, 1989.

Cairns, Moira, Marney Thompson, Wendy Wainwright, and Victoria Hospice Society. *Transitions in Dying and Bereavement: A Psychological Guide for Hospice and Palliative Care*. Baltimore: Health Professions Press, 2003.

Callanan, Maggie e Patricia Kelley. *Final Gifts: Understanding the Special Awareness, Needs and Communications of the Dying.* New York: Simon & Schuster, 1992.

De Hennezel, Marie. *Intimate Death: How the Dying Teach Us How to Live.* Traduzido por Carol Brown Janeway. New York: Knopf, 1997.

DeLeo, Kirsten. *Present Through the End. A Caring Companion's Guide to Accompanying the Dying.* Boulder: Shambhala Publications, 2019.

Doka, Kenneth, ed. *Living with Grief: Before and After the Death.* Washington, DC: Hospice Foundation of America, 2007.

Fitzgerald, Helen. *The Mourning Handbook.* New York: Fireside, 1995.

Grieco, Mary Hayes. *Unconditional Forgiveness.* New York: Atria, 2011.

Halifax, Joan. *Being with Dying: Cultivating Compassion and Fearlessness in the Presence of Death.* Boston: Shambhala, 2008.

Hoblitzelle, Olivia Ames. *Ten Thousand Joys & Ten Thousand Sorrows: A Couple's Journey Through Alzheimer's.* New York: Tarcher, 2010.

Kübler-Ross, Elisabeth. *On Death and Dying.* New York: Collier, 1970.

Levine, Stephen. *A Year to Live: How to Live This Year as If It Were Your last.* New York: Bell Tower, 1998.

Lief, Judith L. *Making Friends with Death: A Buddhist Guide to Encountering Mortality.* Boston, Shambhala, 2001.

Longaker, Christine. *Facing Death and Finding Hope: A Guide to the Emotional and Spiritual Care of the Dying.* New York: Main Street Books, 1997.

Lynn, Joanne, M.D. *Handbook for Mortals: Guidance for People Facing Serious Illness.* Oxford e New York: Oxford University Press, 1999.

Newland, Guy. *A Buddhist Grief Observed.* Somerville, MA: Wisdom Publications, 2016.

Nouwen, Henri. *Our Greatest Gift: Meditations on Dying and Caring.* San Francisco: HarperOne, 1994.

Nyima, Chökyi, and David R. Shlim. *Medicine & Compassion.* Somerville, MA: Wisdom Publications, 2006.

Puchalski, Çhristina, and Betty Ferrell. *Making Health Care Whole.* West Conshohocken, P A: Templeton Press, 2010.

Tatelbaum, Judy. *The Courage to Grieve: Creative Living, Recovery and Growth Through Grief.* New York: Harper & Row, 1980.

Ward, Barbara. *Healing Grief: A Guide to Loss and Recovery.* London: Vermillion, 1993.

Watts, Jonathan S., and Yoshiharu Tomatsu, eds. *Buddhist Care for the Dying and the Bereaved.* Somerville, MA: Wisdom Publications, 2012.

A EXPERIÊNCIA DE QUASE MORTE

Fenwick, Peter, and Elizabeth Fenwick. *The Truth in the Light.* Guildford, United Kingdom: White Crow Books, 2011.

Grey, Margot. *Return from Death: An exploration of the Near-Death Experience.* Boston e London: Arkana, 1985.

Holden, Janice Miner, Bruce Greyson, and Debbie James, eds. *The Handbook of Near-Death Experiences: Thirty Years of Investigation.* Santa Barbara, CA: Praeger, 2009.

Lorimer, David. *Whole in One: The Near-Death Experience and the Ethic of Interconnectedness.* London: Arkana, 1990.

Moody, Jr., Raymond A. *Life After Life.* Covington, GA: Mockingbird Books, 1975. [Traduzido para o português sob o título *A Vida Depois da Vida* (São Paulo: Butterfly, 2004).]

———. *Reflections on Life After Life.* Covington, GA: Mockingbird Books, 1977.

Morse, Melvin. *Closer to the Light: Learning from Children's Near-Death Experiences.* New York: Villard Books, 1990.

Parnia, Sam. *Erasing Death: The Science That Is Rewriting the Boundaries Between Life and Death.* San Francisco: HarperOne, 2013.

Ring, Kenneth. *Heading Towards Omega: In Search of the Meaning of the Near-Death Experience.* New York: HarperCollins, 1985. [Traduzido para o português sob o título *Rumo ao Ponto Ômega - Em Busca do Significado da Experiência de Quase Morte* (Rio de Janeiro: Rocco, 1996).]

______. *Life at Death: A Scientific Investigation of the Near-Death Experience*. New York: Quill, 1980.

Sabom, Michael B. *Recollections of Death: A Medical Investigation of the Near-Death Experience*. New York: Harper & Row, 1982.

van Lommel, Pim. *Consciousness Beyond Life: The Science of the Near-Death Experience*. San Francisco: HarperOne, 2010.

PARALELOS CIENTÍFICOS

Bohm, David. *Unfolding Meaning: A Weekend of Dialogue with David Bohm*. New York: Routledge, 1987.

Dalai Lama, and Paul Ekman. *Emotional Awareness*. New York: Henry Holt, 2008.

Dalai Lama, et al. *MindScience, An East-West Dialogue*. Somerville, MA: Wisdom Publications, 1991.

Damasio, Antonio. *The Feeling Of What Happens: Body, Emotion and the Making of Consciousness*. Boston: Houghton Mifflin Harcourt, 2000.

Davidson, Richard J., and Sharon Begley. *The Emotional Life of Your Brain*. New York: Plume, 2013.

Fraser, Andy, ed. *The Healing Power of Meditation*. Boston: Shambhala, 2013.

Gilbert, Paul. *The Compassionate Mind*. London: Constable & Robinson, 2009.

Goleman, Daniel. *Destructive Emotions: A Scientific Dialogue with the Dalai Lama*. New York: Bantam, 2003.

______. *Healing Emotions*. Boston: Shambhala, 1997.

Mansfield, Vic. *Tibetan Buddhism and Modern Physics*. West Conshohocken, PA: Templeton Foundation Press, 2008.

Pylkkänen, Paavo, ed. *The Search for Meaning*. Wellingborough, UK: Crucible, 1989.

Ricard, Matthieu, and Trinh Xuan Thuan. *The Quantum and the Lotus: A Journey to the Frontiers Where Science and Buddhism Meet*. New York: Three Rivers Press, 2001.

Wallace, B. Alan, ed. *Buddhism and Science: Breaking New Ground*. New York: Columbia Univ. Press, 2003.

Weber, Renée, ed. *Dialogues with Scientists and Sages: The Search for Unity*. London: Routledge and Kegan Paul, 1986. [Traduzido para o português sob o título *Diálogos com Cientistas e Sábios* (São Paulo: Cultrix, 1991).]

Zajonc, Arthur, ed. *The New Physics and Cosmology: Dialogues with the Dalai Lama*. New York: Oxford Univ. Press, 2004.

LIVROS DO DALAI LAMA

Advice on Dying and Living a Better Life. Translated by Jeffrey Hopkins. New York: Atria Books, 2002.

The Art of Happiness: A Handbook for Living. London: Hodder & Stoughton, 1998.

Beyond Religion: Ethics for a Whole World. New York: Houghton Mifflin Harcourt, 2011.

The Dalai Lama at Harvard. Translated and edited by Jeffrey Hopkins. Ithaca, NY: Snow Lion, 1988.

Dzochen: *The Hearth Essence of the Great Perfection*. Traduzido por Geshe Thupten Jinpa e Richard Barron. Ithaca, NY: Snow Lion, 2000. [Traduzido para o português sob o título *Dzochen: A Êssencia do Coração da Grande Perfeição* (São Paulo: Editora Gaia, 2006).]

Ethics for a New Millennium. New York: Riverhead, 1999. [Traduzido para o português sob o título *Uma Ética para o Novo Milênio* (Rio de Janeiro: Sextante, 2000).]

Freedom in Exile: An Autobiography of the Dalai Lama of Tibet. San Francisco: Harper San Francisco; London: Hodder and Stoughton, 1990. [Traduzido para o português sob o título *Liberdade no Exílio: Uma Autobiografia do Dalai Lama no Tibete* (São Paulo: Siciliano, 1992).]

Kindness, Clarity and Insight. Translated by Jeffrey Hopkins. Edited by Jeffrey Hopkins and Elizabeth Napper. Ithaca, NY: Snow Lion, 1984. [Traduzido para o português sob o título *Bondade, Amor e Compaixão* (São Paulo: Editora Pensamento, 2012).]

Mind in Comfort and Ease: The Vision of Enlightenment in the Great Perfection. Somerville, MA: Wisdom, Publications 2006. [Traduzido para o português sob o título *Mente em Conforto e Sossego* (São Paulo: Editora Gaia, 2008).]

Policy of Kindness, A: An Anthology of Writings by and about the Dalai Lama. Edited by Sidney Piburn. Ithaca, NY: Snow Lion, 1990.

Towards a Kinship of Faiths: How the World's Religions Can Come Together. New York: Three Rivers Press, 2010.

Universe in a Single Atom, The: The Convergence of Science and Spirituality. New York: Morgan Road Books, 2005. [Traduzido para o português sob o título *O Universo em um Átomo - o encontro da ciência com a espiritualidade* (Rio de Janeiro: Ediouro Publicações, 2006).]

O BUDA E SEU ENSINAMENTO

Chödrön, Pema. *When Things Fall Apart: Heart Advice for Difficult Times*. Boston: Shambhala, 2002. [Traduzido para o português sob o título *Quando Tudo se Desfaz* (Rio de Janeiro: Gryphus, 1999).]

Dudjom Rinpoche. *Counsels from My Heart*. Boston: Shambhala, 2003.

Gehlek Rimpoche. *Good Life, Good Death*. New York: Riverhead, 2001.

Goldstein, Joseph, and Jack Kornfield. *Seeking the Heart of Wisdom: The past of Insight Meditation*. Boston e London: Shambhala, 1987.

Gunaratana, Bhante. *Mindfulness in Plain* English. 20th Anniversary Edition. Somerville, MA: Wisdom Publications, 2011.

Hanh, Thich Nhat. *Being Peace*. Berkeley: Parallax Press, 1987.

_______. *The Miracle of Mindfulness: An Introduction to the Practice of Meditation*. Traduzido por Mobi Ho. Boston: Beacon Press, 1976. [Traduzido para o português sob o título de *O Milagre da atenção plena: Uma introdução à prática da meditação*. (São Paulo: Vozes, 2018.)]

_______. *Old Path, White Clouds: Walking in the Footsteps of the Buddha*. Traduzido por Mobi Ho. Berkeley: Parallax Press, 1991. [Traduzido para o português sob o título de *Velho Caminho, Nuvens Brancas* (Porto Alegre, RS: Bodigaya, 2007).]

Kalu Rinpoche. *The Dharma That Illuminates All Beings Impartially Like the Light of the Sun and the Moon*. Albany: State University of New York Press, 1986.

Karmapa Ogyen Trinley Dorje. *The Heart Is Noble: Changing the World from the Inside Out*. Boston: Shambhala, 2013.

Khandro Rinpoche. *This Precious Life: Tibetan Buddhist Teachings on the Path to Enlightenment*. Boston: Shambhala, 2005.

Khyentse, Dilgo. *The Heart of Compassion: The Thirty Seven Verses on the Practice of a Bodhisattva*. Translated by the Padmakara Translation Group. Boston: Shambhala, 2007.

———. *The Wish-Fulfilling Jewel: The Practice of Guru Yoga According to the Longchen Nyingthig Tradition*. Translated by the Padmakara Translation Group. Boston: Shambhala, 1988.

Khyentse, Dzongsar Jamyang. *Not for Happiness: A Guide to the So-Called Preliminary Practices*. Boston: Shambhala. 2012.

Kongtrül, Dzigar. *It's Up to You: The Practice of Self-Reflection on the Buddhist Path*. Boston: Shambhala, 2006.

Lama Zopa Rinpoche. *How to be Happy*. Edited by Josh Bartok and Ailsa Cameron. Somerville, MA: Wisdom Publications, 2008.

Patrul Rinpoche. *The Words of My Perfect Teacher*. Translated by Padmakara Translation Group. Revised edition. Boston: Shambhala, 1998.

Rahula, Walpola. *What the Buddha Taught*. Revised and expanded. New York: Grove Press, 1974.

Ringu Tulku. *Daring Steps: Traversing the Path of the Buddha*. Ithaca, NY: Snow Lion, 2010.

Sakya Trizin. *Freeing the Heart and Mind: Introduction to the Buddhist Path*. Somerville, MA: Wisdom Publications, 2011.

Salzberg, Sharon. *Lovingkindness: The Revolutionary Art of Happiness*. Revised edition. Boston: Shambhala, 2002.

Shantideva. *A Guide to the Bodhisattva's Way of Life (Bodhicaryavatara)*. Tradução de Stephen Batchelor. Dharamsala: Library of Tibetan Works and Archives, 1979.

———. *The Way of the Bodhisattva*. Translated by Padmakara Translation Group. Boston: Shambhala, 2008.

Sogyal Rinpoche. *The Spirit of Buddhism: The Future of Dharma in the West*. San Francisco: HarperOne, 2003.

Suzuki, Shunryu. *Zen Mind, Beginner's Mind*. New York: Weatherhill, 1973. [Traduzido para o português sob o título *Mente Zen, Mente de Principiante* (São Paulo: Palas Athena, 1994).]

The Twelfth Tai Situpa. *Relative World, Ultimate Mind.* Boston: Shambhala, 1992.

Thondup Tulku. *The Healing Power of Mind.* Boston: Shambhala, 1998.

_______. *Masters of Meditation and Miracles: Lives of the Great Buddhist Masters of India and Tibet.* Boston: Shambhala, 1999.

Thurman, Robert. *Essential Tibetan Buddhism.* San Francisco: HarperSanFrancisco, 1996.

Trungpa, Chögyam. *Cutting Through Spiritual Materialism.* Boston: Shambhala, 1973.

_______. *Training the Mind and Cultivating Loving-Kindness.* Boston: Shambhala, 1993.

Tsoknyi Rinpoche and Eric Swanson. *Open Heart, Open Mind: Awakening the Power of Essence Love.* New York: Harmony Books, 2012.

Urgyen Tulku Rinpoche. *Rainbow Painting: A Collection of Miscellaneous Aspects of Development and Completion.* Translated by Erik Pema Kunsang. Kathmandu: Rangjung Yeshe, 2009.

Yongey Mingyur Rinpoche. *The Joy of Living: Unlocking the Secret and Science of Happiness.* New York: Harmony Books, 2007

ÍNDICE REMISSIVO

AGRADECIMENTOS

Na tarefa de apresentar o trabalho contido neste livro de maneira fidedigna, e também com o propósito de chegar até as mentes modernas, fui inspirado pelo exemplo de Sua Santidade o Dalai Lama e pelo modo como encarna toda a autenticidade e pureza da tradição, ao mesmo tempo em que manifesta uma grande abertura para o mundo moderno. Não há palavras para expressar a profundidade da minha gratidão a ele, fonte constante de coragem e inspiração não apenas do povo tibetano, mas de incontáveis pessoas no mundo, transformadas por sua mensagem. Soube que a ligação que me prende a ele se estende por muitas vidas passadas, e pela profunda afinidade que sinto por ele sei que isso é verdade.

Por sua inspiração e seus ensinamentos, que são a essência deste livro, agradeço a cada um dos meus mestres e lhes ofereço esta obra. Jamyang Khyentse Chökyi Lodrö, que me reconheceu e me criou, deu-me a base e o significado da vida; ele me deu de fato as duas coisas mais preciosas que tenho: devoção e entendimento. Sua esposa espiritual, Khandro Tsering Chödrön, a mais importante ioguine do budismo tibetano, foi com seu carinho e amor uma verdadeira mestra para mim também; vejo-a como completamente inseparável de Jamyang Khyentse e é só pensar nela para ver, refletida, a majestosa presença dele. Ela foi como uma mãe espiritual para mim: sinto-me sempre protegido graças às suas orações e ao seu amor.

Foi Dudjom Rinpoche quem transformou em flores aquelas sementes de entendimento que Jamyang Khyentse plantou em mim, com sua bondade pessoal e seus ensinamentos. A afeição que me dedicou, às vezes penso, era a de um pai pelo filho. E então Dilgo Khyentse Rinpoche lá estava para aprofundar todo entendimento que eu tinha, dando-lhe eloquência. Com o passar dos anos ele assumiu o papel de meu professor, com a atenção pessoal e o conselho que me dava livremente e de forma tão delicada e bondosa. Cada vez mais, quando pensava no "mestre" minha mente se voltava para Dilgo Khyentse Rinpoche, e ele se tornou para mim a materialização do professor completo, um verdadeiro buda vivo.

Esses grandes mestres continuam a me inspirar e guiar sempre, e nenhum dia se passa sem que me lembre deles e de sua irretribuível bondade, ou fale acerca deles com meus alunos e amigos. Rezo para que alguma coisa da sua sabedoria, compaixão e poder, bem como sua visão da humanidade, possa viver nas páginas deste livro que eles tanto inspiraram.

Não vou me esquecer jamais de meu tio Gyalwang Karmapa, que me mostrou especial afeição em minha infância, e cuja lembrança me comove até as lágrimas. Penso muito também no grande Kalu Rinpoche, o Milarepa dos nossos tempos, que me deu enorme encorajamento por sua confiança em mim, e no calor e respeito com que sempre me tratou.

Gostaria de manifestar aqui meu reconhecimento e uma dívida de inspiração para com outros grandes mestres, como Sua Santidade Sakya Trizin, um amigo querido de infância, que foi meu professor e também como um irmão, encorajando-me sempre. Agradeço profundamente a Dodrupchen Rinpoche, que é um guia constante, especialmente neste livro, e fonte de refúgio para mim e todos meus alunos. Alguns dos momentos mais preciosos destes anos recentes foram passados com Nyoshul Khen Rinpoche; tive o privilégio de esclarecer os ensinamentos à luz da sua experiência e ilimitada sabedoria. Dois outros renomados e eminentes mestres que foram fonte especial de inspiração são Tulku Urgyen Rinpoche e Trulshik Rinpoche, e devo agradecer também aos muito instruídos Khenpo Appey e Khenpo Lodrö Zangpo, que desempenharam parte tão importante nos meus estudos e na minha educação. Tampouco esquecerei Gyaltön Rinpoche, que me mostrou tal bondade depois que meu mestre Jamyang Khyentse morreu.

Desejo pagar tributo especial ao encorajamento e maravilhosa visão de Penor Rinpoche, destacado mestre que trabalhou de maneira incessante para manter a ininterrupta transmissão da rica tradição dos ensinamentos que vêm diretamente de Padmasambhava.

Sou profundamente grato à família de Dudjom Rinpoche: a sua esposa Sangyum Kusho Rikzin Wangmo, por sua bondade e compreensão, e a seu filho e filhas, Shenphen Rinpoche, Chime Wangmo e Tsering Penzom, por seu constante apoio. Por seu calor e generosa ajuda gostaria de agradecer a Chökyi Nyima Rinpoche, cujo trabalho inspirou parte deste livro, e a Pema Wangyal Rinpoche, que foi tão diligente ao trazer os ensinamentos dos grandes mestres ao Ocidente.

Entre a jovem geração de mestres, devo destacar Dzongsar Jamyang Khyentse Rinpoche, a "emanação de atividade" de meu mestre Jamyang Khyentse Chökyi Lodrö. O brilho e o frescor do seu ensinamento continuam a me fascinar e a reforçar a esperança no futuro. Da mesma forma quero agradecer, por sua ajuda maravilhosa e espontânea, a Shechen Rabjam Rinpoche, herdeiro de Dilgo Khyentse Rinpoche, que dele recebeu ensinamentos desde os cinco anos.

Sou sempre tocado e encorajado por um mestre que me é muito próximo, cujo trabalho é um com o meu: Dzogchen Rinpoche. Tendo agora reconstruído o Mosteiro Dzogchen com enorme vitalidade, no sul da Índia, ele já assumiu, em seu aprendizado e na notável pureza e natural simplicidade da sua presença, o porte do grande mestre que será amanhã.

Um grande número de mestres respondeu em detalhes certas perguntas específicas acerca dos ensinamentos apresentados neste livro: Sua Santidade o Dalai Lama, Dilgo Khyentse Rinpoche, Nyoshul Khen Rinpoche, Trulshik Rinpoche, Dzongsar Khyentse Rinpoche, Lati Rinpoche e Alak Zengkar Rinpoche. A eles sou profundamente grato.

Gostaria de expressar minha gratidão a Ringu Tulku Rinpoche por sua amizade ao longo dos anos, sua ajuda gentil e constante aos meus alunos e a mim e seu maravilhoso trabalho de tradução, inclusive a tradução deste livro para o tibetano.

Gostaria de agradecer e saudar os pioneiros dos ensinamentos budistas, aqueles mestres de diferentes tradições cujo trabalho trouxe, por décadas, auxílio a tantas pessoas no Ocidente. Penso especialmente em Suziki Roshi, Shögyam Trungpa, Tarthang Tulku e Thich Nhat Hanh.

Permita-me expressar minha gratidão ao país de Sikkim e seu povo, o falecido Rei, a Rainha-Mãe, o falecido Principe Tenzin Namgyal, o atual Rei Wangchuk e toda a família real, bem como o professor Nirmal C. Sinha, que foi diretor do Instituto de Pesquisas de Sikkim.

Queria também manifestar minha gratidão à minha mãe e ao meu pai, pelo apoio e por toda a ajuda que me deram para que eu fizesse tudo o que fiz: meu pai, Tsewang Paljor, que foi secretário de Jamyang Khyentse e seu assistente pessoal desde os dezoito anos, ele próprio um grande praticante e iogue; e minha mãe, Tsering Wangmo, que sempre me estimulou e encorajou no meu trabalho. Minha gratidão também para meu irmão Thigyal e minha irmã Dechen, por seu auxílio e lealdade.

Alguém que foi sempre fonte de inspiração e de encorajamento para mim, especialmente neste livro, foi David Bohm, a quem desejo manifestar minha gratidão. Quero também agradecer a vários outros cientistas e eruditos: Dr. Kenneth Ring, um velho amigo; Dr. Basil Hiley; Geshe Thubten Jinpa, tradutor de Sua Santidade o Dalai Lama, que muito amavelmente leram partes deste livro e ofereceram seus conselhos. Gostaria de agradecer a Tenzin Geyche Tethong, secretário de Sua Santidade o Dalai Lama; Lodi Gyari Rinpoche, presidente da Campanha Internacional pelo

Tibete; Konchog Tenzin, secretário de Dilgo Khyentse Rinpoche e seu atendente por sua ajuda.

Obrigado aos meus amigos Andrew Harvey, um conhecido e muito talentoso escritor, pela apaixonada, dedicada e generosa maneira como deu forma a este livro e contribuiu para que a majestade dos ensinamentos brilhasse através das palavras com radiante simplicidade. Ele oferece seu trabalho para os seus próprios mestres: Thuksey Rinpoche – de quem me lembro como alguém que irradiava amor e que cuidou de mim com muita afeição, a quem sempre quis retribuir em bondade – e Mãe Meera e seu trabalho de harmonização entre todas as religiões do mundo.

Sou grato a Patrick Gaffney por sua paciência inesgotável, sua devotada perseverança, seu ardor e o sacrifício que fez para acompanhar este livro ao longo de suas muitas transformações, durante muitos anos. Ele é um dos meus alunos mais antigos e próximos, e se há alguém que conhece minha mente ou meu trabalho, é ele. Este livro é tanto meu quanto dele, porque sem ele não posso imaginar que a obra tivesse se tornado possível. Gostaria de dedicar este trabalho ao seu desenvolvimento espiritual e à felicidade de todos os seres.

Sou grato a Christine Longaker por todos os preciosos insights que ela partilhou comigo, com sua longa experiência de ajudar os que estão morrendo e de ensinar sobre a morte e o morrer. Saúdo também a Harold Talbott, um de meus primeiros amigos e alunos ocidentais, bem como Michael Baldwin, por sua dedicação e ajuda para consolidar o ensinamento do Buda no Ocidente, e pelo incentivo que sempre me deram. Na Harper San Francisco, gostaria de agradecer a Amy Hertz, Michael Toms e toda a equipe por sua inestimável e entusiasta assistência.

Aproveito esta oportunidade para agradecer a Philip Philippou, Dominique Side, Mary Ellen Rouiller, Sandra Pawla, Doris Wolter, Ian Maxwell, Giles Oliver, Lisa Brewer, Dominique Cowell, Sabah Cheraiet, Tom Bottoms, e Ross Mackay, por sua contínua ajuda e dedicação, e a John Cleese, Alex Leith, Alan Madsen,

Bokara Legendre, Lavinia Currier, Peter e Harriet Cornish, Robin Relph e Patrick Naylor, por sua visão e apoio.

Sou grato a todos meus alunos e amigos que de certo modo foram como professores para mim, que partilharam este livro em todos os estágios do seu preparo e me toleraram com profunda devoção. Eles são para mim fonte constante de inspiração. Minha gratidão vai também para os que verdadeiramente trabalharam com esses ensinamentos e os puseram em prática, em especial os que cuidam dos que morrem e dos que perderam entes queridos e que contribuíram com muitas percepções úteis a este livro. Estou comovido pelos esforços dos meus alunos na tentativa de entender e aplicar os ensinamentos, e rezo para que eles tenham sucesso.

Dei aqui o melhor de mim para transmitir a essência dos ensinamentos; pelo que eventualmente esteja faltando e por quaisquer imprecisões e erros que tenham ocorrido, peço a indulgência do leitor, e oro para que meus mestres e os protetores dos ensinamentos me perdoem!

Grato reconhecimento é devido às seguintes editoras pela permissão para reprodução de excertos:

Stonebarn publishers pela poesia "There is a Hole in my Sidewalk" de Portia Nelson, © 1989.

Penguin Books Ltd. por excertos de *Essays*, de Michel de Montaigne, traduzido por J. M. Cohen, copyright © 1959; excertos de Return from Death de Margot Grey, copyright © 1985 de Margot Grey; excertos de *A History of the English Church and People de Bede*, traduzido por Leo Sherley-Price, copyright © 1955. Reproduzido com permissão da Penguin Books Ltd.

Shambhala Publications por excertos de *The Tibetan Book of the Dead*, traduzido de Francesca Fremantle e Chogyam Trungpa, © 1975 de Francesca Fremantle e Chogyam Trungpa; excertos de *The Wish-Fulfilling Jewel* de Dilgo Khyentse, © 1988 de Sua Santidade Dilgo Khyentse Rinpoche. Reproduzido com permissão de Shambhala Pulbications, Inc., 300 Massachusetts Ave., Boston, MA 02115.

William Morrow & Company, Inc. por excertos de *Heading Toward Omega* de Kenneth Ring, © 1984 de Kenneth Ring. Reproduzido com permissão de William Morrow & Co., Inc.

Station Hill Press por excertos de *Self Liberation Through Seeing with Naked Awareness* de John Reynolds, © 1989. Reproduzido com permissão de Station Hill Press.

Parallax Press por excertos de *Old Path, White Clouds* de Thich Nhat Hanh, © 1991. Reproduzido com permissão de Paralax Press, Berkeley, CA.

Snow Lion Publications, Inc., por excertos de *Dalai Lama: A Policy of Kindness* de Sidney D. Piburn, copyright © 1990 de Sidney Piburn; excertos de *The Gem Ornament of Manifold Oral Instructions* de Kalu Rinpoche, editado por Nancy J. Clark e Caroline M. Parke, copyright © 1986 de Sua Eminência Kalu Rinpoche; publicado pela primeira vez por KDK Publications, San Francisco, 1986; primeira edição Snow Lion de 1987. Reproduzido com permissão de Snow Lion Publications, Inc.

Library of Tibetan Works and Archives por excertos de *Ambrosia Heart Tantra* traduzido de Jampa Kelsang e Dr. Yeshe

Dhonden, publicado em 1971. Também publicado em *Tibetan Medicine Series 1983*. Excertos de Guide to the Bodhisattva's Way of Life traduzido por Stephen Batchelor, publicado em 1987. Reproduzido com permissão da Library.

State University of New York Press por excertos de *The Dharma de Kalu Rinpoche*, copyright © 1986 de Kagyu Thubten Choling. Publicado pela State University of New York Press, Albany.

HarperCollins Publishers por techos de *Recollections of Death* de Michael B. Sobom. Reproduzido com permissão de Harper Collins Publishers.

Mockingbird Books, Inc. por excertos de *Reflections on Life After Life* de Raymond A. Moody. Reproduzido com permissão de Mockingbird Books, Inc.

Sierra Club Books por trechos de *Ancient Futures: Learning from Ladakh* de Helena Norbert-Hodge. Reproduzido com permissão de Sierra Club Books.

Carol Publishing Group por excertos de *The Hundred Thousand Songs of Milarepa* editado e traduzido por Garma C. C. Chang, copyright © 1977 de Garma C. C. Chang. Publicado com permissão de Carol Publishing Group.

Routledge por excertos de *Wholeness and the Implicate Order* de David Bohm; excertos de *Unfolding Meaning* de David Bohm.

Villard Books por *Closer to the Light* de Melvin Morse e Paul Perry, copyright © 1988 de Melvin Morse e Paul Perry. Reproduzido com permissão de Villard Books, uma divisão da Random House, Inc.

SOBRE O AUTOR

Nascido em Kham, no Tibete Oriental, Sogyal Rinpoche foi reconhecido na primeira infância como encarnação de Tertön Sogyal Lerab Lingpa, um dos mestres do décimo terceiro Dalai Lama. Recebeu a formação tradicional dos lamas tibetanos sob a zelosa supervisão de Jamyang Khyentse Chökyi Lodrö, um dos mestres espirituais mais destacados do século XX, que criou Rinpoche como seu próprio filho.

Estudou ainda com muitos outros mestres de todas as escolas do budismo tibetano, especialmente Dudjom Rinpoche e Dilgo Khyentse Rinpoche. Inicialmente como tradutor e assistente de seus reverenciados mestres, e mais tarde dando ensinamentos de maneira autônoma, Sogyal Rinpoche visitou muitos países e observou a realidade da vida dos indivíduos enquanto buscava maneiras de tornar os ensinamentos do budismo tibetano relevantes e significativos para as pessoas do tempo atual.

Assim nasceu seu estilo único de ensino, e sua habilidade excepcional de adaptar esses ensinamentos à vida moderna, como demonstrado vivamente em sua primeira obra pioneira, *O Livro Tibetano do Viver e do Morrer.*

Sogyal Rinpoche transmitiu seus conhecimentos por mais de quarenta e cinco anos, e fundou uma rede internacional de centros e grupos budistas que ele chamou de Rigpa. Viajou pela Europa, Américas, Austrália e Ásia e deu ensinamentos a milhares de pessoas em seus retiros e viagens. Ele faleceu em 2019.

RIGPA

Rigpa é uma organização que visa apresentar a tradição do budismo tibetano de modo inteiramente autêntico e, ao mesmo tempo, tão relevante quanto possível para a vida e necessidades dos homens e mulheres dos tempos atuais.

Aberto a todas as linhagens e tradições da sabedoria budista, Rigpa oferece àqueles que seguem os ensinamentos budistas um caminho completo de estudos e práticas, bem como acesso a um ambiente onde podem vivenciar a plenitude dos ensinamentos. Ao mesmo tempo, Rigpa busca explorar maneiras de aplicar a sabedoria e compaixão dos ensinamentos do Buda a diferentes áreas da vida moderna.

> Rigpa *é uma palavra tibetana cujo significado geral é "inteligência" ou "consciência". Contudo, na linhagem Dzogchen, os ensinamentos mais profundos da tradição do budismo tibetano,* rigpa *significa "a natureza mais fundamental da mente". Todo o ensinamento do Buda trata da realização dessa natureza última, o estado de onisciência ou iluminação – uma verdade tão universal, tão primordial, que vai além de todos os limites e transcende inclusive a religião.*
>
> – Sogyal Rinpoche

Inspirado pelo significado da palavra *rigpa*, Sogyal Rinpoche deu o nome de Rigpa à sua obra e ao veículo que ele desenvolveu para servir aos ensinamentos do Buda. Hoje, Rigpa tem mais de 117 centros, com grupos em 24 países pelo mundo.

Ao longo dos anos, muitos eminentes mestres de todas as tradições do Budadarma ofereceram ensinamentos nos centros e retiros Rigpa em todo o mundo, inclusive Sua Santidade o Dalai Lama, Kyabje Dudjom Rinpoche, Kyabje Dilgo Khyentse Rinpoche, Sua Santidade Sakya Trichen, o 16º Gyalwang Karmapa, Yongdzin Ling Rinpoche, Penor Rinpoche, Trulshik Rinpoche e Yangthang Rinpoche, entre outros.

O percurso gradual de aprendizado e práticas compreende programas e cursos nos centros Rigpa urbanos, nos locais de retiro e online. Estes são complementados por retiros internacionais em Lerab Ling, no sul da França, e retiros de longa duração em Dzogchen Beara, no sudoeste da Irlanda. O autêntico templo tibetano tradicional construído em Dzogchen Beara fica no sudoeste da Irlanda e foi inaugurado por Sua Santidade o Dalai Lama em 2008, sendo que 400 praticantes participaram do retiro de três anos que aconteceu de 2006 a 2009.

Na Ásia o Rigpa dá suporte à atividade de grandes mestres e mosteiros, em especial patrocinando encontros de oração e práticas rituais que mantêm vivas as grandes tradições espirituais do Tibete.

Em julho de 2017, depois de 40 anos como Diretor Espiritual do Rigpa, Sogyal Rinpoche renunciou ao cargo após denúncias de improbidade feitas por ex-alunos. Ele passou a responsabilidade pela organização a um grupo de alunos dedicados, incluindo um Conselho, responsável por levar o Rigpa ao futuro sob o aconselhamento de um grupo de lamas tibetanos.

Em resposta às denúncias, o Rigpa declarou:

> *Lamentamos profundamente e pedimos desculpas pelo sofrimento experimentado pelos membros da comunidade Rigpa do passado e do presente. Faremos todo o possível para procurar e apoiar todos aqueles que foram afetados, assumin-*

do inteira responsabilidade por garantir que o Rigpa ofereça um ambiente seguro para todos.

Informações adicionais sobre mudanças no Rigpa podem ser encontradas em www.rigpa.org/learning-journey.

Sogyal Rinpoche faleceu em agosto de 2019. Rigpa, a organização fundada por ele, continua a orientar milhares de alunos ativos no estudo e prática dessa profunda tradição de sabedoria.

CENTROS E GRUPOS NACIONAIS E CONTATOS

ALEMANHA
Soorstrasse 85
14050 Berlin
Tel: +49 (0)30 23 25 50 10
Website: www.rigpa.de
Email: info@rigpa.de

AUSTRÁLIA
158 Australia Street, Newtown
Sydney, NSW 2050
Tel: +61 (0)2 9211 5304
Website: www.rigpa.org.au
Email: rigpa.australia@rigpa.org.au

ÁUSTRIA
Web: www.rigpa.de/zentren/wien/
Email: rigpa.wien@gmail.com

BÉLGICA
10 rue Fernand Bernier
1060 Bruxelles
Tel: +32 (0) 479 34 20 74
Website: www.rigpa.be
Email: contact.rigpa.be@gmail.com

CANADÁ
C.P. 202
Succ. St-Dominique
Montreal (Quebec)
H2S 3K9
Tel: +1 514 490 9092
Website: www.rigpacanada.org
Email: info@rigpacanada.org

CZECH REPUBLIC
Email: czech@rigpa.de
Website: www.rigpa.de/zentren/daenemark-oesterreich-tschechien/

DINAMARCA
Website: www.rigpa.de/zentren/daenemark-oesterreich-tschechien/

ESPANHA
Avda Germanías, nº 36-1º, ptas 1ª y 2ª.
46006 Valencia
Tel: +34 (0)630 117 617
Website: www.rigpameditacion.org
Email: info@rigpameditacion.org

ESTADOS UNIDOS
P.O. Box 28577
Bellingham, WA 98228
Tel: +1 866 200 5876
Website: www.usa.rigpa.org
Email: info@rigpaus.org

FRANÇA
6 bis rue Vergniaud
92300 Levallois-Perret, Paris
Tel: +33 (0)1 46 39 01 02
Website: www.rigpa.fr

ÍNDIA
Email: mauro.demarch@rigpa.org

IRLANDA
12 Wicklow Street, [3rd floor]
Dublin 2
Tel: +353 (0)1 670 3358
Website: www.rigpa.ie
Email: info@rigpa.ie

ISRAEL
Email: talsade28@gmail.com

ITÁLIA
Website: www.rigpa.it
Email: info@rigpa.it

PAÍSES BAIXOS
Kuiperstraat 148
1073 EV Amsterdam
Tel: +31 (0)20 470 5100
Website: www.rigpa.nl
Email: rigpa@rigpa.nl

REINO UNIDO
330 Caledonian Road
London N1 1BB
Tel: +44 (0)207 700 0185
Website: www.rigpa.org.uk
Email: enquiries@rigpa.org.uk

REPÚBLICA TCHECA
Email: czech@rigpa.de
Website: www.rigpa.de/zentren/daenemark-oesterreich-tschechien/

SUÉCIA
Email: info@rigpa.se

SUIÇA
Gubelhangstr. 7
CH-8050 Zürich
Website: www.rigpa.ch
Email: info@rigpa.ch

TAIWAN
Email: jingmeei@gmail.com

Para encontrar centros Rigpa em outros países, visite o website: www.rigpa.org/locations

CENTROS DE RETIRO

Dzogchen Beara
Garranes, Allihies
Beara, Co. Cork P75C670
Irlanda
Tel: +353 (0)27 730 32
Website: www.dzogchenbeara.org
Email: info@dzogchenbeara.org

Lerab Ling
L'Engayresque
34650 Roqueredonde
França
Tel: +33 (0)4 67 88 46 00
Website: www.lerabling.org
Email: lerabling@rigpa.org

PROJETOS E ATIVIDADES

Dzogchen Beara Spiritual Care Centre
Garranes, Allihies
Beara, Co. Cork P75C670
Irlanda
Tel: +353 (0)27 73370
Website: www.dzogchenbeara.org/spiritual-care-centre/
Email: carecentre@dzogchenbeara.org

PRAJNA
Biblioteca online e eventos
Website: https://prajnaonline.org/

RIGPA SHEDRA
Website: www.rigpashedra.org

RIGPA WEBSITE
Website: www.rigpa.org

LOJA RIGPA
ZAM SARL
Tel: +33 (0)4 67 88 46 36
Website: www.zamstore.com
Email: informationsclients@zamstore.com

SHEDRA WIKI
Website: www.rigpawiki.org

Texto composto em Sangatin, Agaramond Pro.

IMPRESSO EM PAPEL CHAMBRIL AVENA 80gr PELA TRUST GRÁFICA